근대 국제질서와 한반도

1
국제정치와 한국

근대 국제질서와
한반도

국제관계연구회 엮음
책임편집 | 박상섭 · 전재성

을유문화사

│ 총서 발간에 부쳐 │

한국에서 국제정치학이 독립된 학문 분야로서 본격적으로 성장하기 시작한 것은 1957년 서울대학교에 외교학과가 설립된 이후라 할 수 있다. 서울대학교 외교학과는 지난 반세기 동안 많은 국제정치 연구자와 전문가를 배출해 왔다. 국제관계연구회는 서울대학교 외교학과와 후속 과정에서 지적 훈련을 받고 현재 활발하게 활동하고 있는 국제정치학 연구자들의 연구모임이다. 국제관계연구회는 한국적 국제정치학의 정립이라는 실천적 문제 의식을 갖고 한반도 국제정치와 세계정치를 본격적으로 연구하고 토론하는 공공의 장이 되고자 노력해 왔다.

한국은 국제정치적 삶을 살아야 하는 숙명을 안고 있다. 우리는 현재 문명사적 변화의 조짐을 보이는 21세기를 맞이하여 현대 세계정치 질서를 새롭게 조망하는 한국적 세계정치학을 필요로 하고 있다. 국제관계연구회는 21세기 한국 국제정치학의 과제에 대한 해답을 모색하고 그 방향을 제기하기 위해 외교학과의 지적 전통에서 이루어진 연구 성과를 정리하는 작업을 시작하기로 했다. 본 총서는 그 첫 작업으로서 회원들의 대표 연구 논문을 묶은 것이다.

본 총서의 제1권은 한국의 세계정치학의 이론적 기반을 이루는 근대 국가 질서와 그 동양적 수용의 양상을 다루고 있다. 제2권은 근대 국제질서의 20세기 전개 양상을 분석하고 있다. 제3권은 현대 세계정치의 핵심분야로 부상한

정치경제, 환경, 문화, 과학기술, 정보의 국제정치에 관해 성찰하고 있다. 제4
권은 현대 세계질서 속에서 전개되고 있는 미국, 중국, 러시아, 유럽, 남미의
지역정치를 고찰하고 있다.

총서의 논문들은 언뜻 보면 주제와 분석시각이 다양한 듯이 보이지만 거의
모두 국제정치 현상의 보편성과 특수성을 함께 보는 외교학과의 지적 전통을
공유하고 있다. 이 글들에는 한반도가 속한 세계질서와 지역질서를 우리 나름
의 시각에서 그려보려는 문제 의식이 숨어 있으며, 현대 세계질서의 역사적, 공
간적, 영역별 전개 과정을 한반도의 관점과 입장에서 바라보려는 고민이 들어
있다. 우리는 이러한 문제의식을 갖고 자기 성찰과 미래 지향적 사고를 계속해
갈 때 21세기 한국 국제정치학의 과제를 조금씩 풀어갈 수 있으리라 믿고 있다.

이 총서의 발간은 김용구 선생님의 정년 퇴직이 계기가 되었다. 국제관계연
구회 회원들은 외교학과 제1회 입학생이며 한평생 모과 교수로 재직하신 김
용구 선생님의 정년 퇴직을 기념하는 논문집을 준비하려 했었다. 그러나 선생
님의 간곡한 사양으로 이 계획은 실천에 옮길 수 없었다. 이를 대신해 우리 제
자들은 자신들의 대표적인 연구 논문을 모아 이 총서를 기획하게 된 것이다.

우리는 이 총서를 탄생시키는 과정에서 나름대로 열과 성의를 다했지만 부
족하고 미진한 점이 적지 않을 것이다. 그러나 서울대학교 외교학과 스승님들
의 학은에 대한 조그마한 보답이자 향후의 연구를 채찍질하는 우리들의 노력
의 산물이라는 점에 의미를 부여하여 책을 엮게 되었다. 독자 여러분의 애정
어린 질정을 바란다.

총서기획위원을 대표하여

2003년 10월

하영선

21세기의 국제정치는 혁명적 변화를 겪고 있다. 냉전의 종식 이후 형성된 탈냉전기 미패권의 국제정치라는 새로운 국제환경뿐 아니라, 근대 국제체제에서 형성된 행위자로서의 주권국가의 권능의 약화, 즉 세계화로 인한 초국경적 현상의 증대와 국제제도의 힘의 강화, 시민사회 및 비정부기구 등과 같은 비국가행위자의 역할 증대, 정보화 기술의 발전으로 인한 초국적 지식 거래의 결과 출현하고 있는 세계시민의 현상 등, 근대주권국가체제의 근본적 변화를 예고하고 있는 많은 현상들이 출현하고 있다. 이러한 변화는 21세기의 국제관계가 탈근대이행기에 접어들고 있다는 사실을 말해주는 듯하다. 이제 국제정치학은 근대 국제체제의 성립과 발전, 그리고 이행을 총체적으로 재조명해야 하는 단계에 진입하였으며, 그러한 의미에서 근대정치의 본질에 대한 재성찰은 반드시 필요한 학문적 작업이다. 정치철학자 및 국제정치사상가들이 근대 국제관계의 형성의 철학적 기반, 이의 확산에 기반이 된 이념들을 어떻게 조망하고 있는지 살펴보는 일은 탈근대이행을 준비해야 하는 21세기의 국제정치학자들에게 많은 시사점을 줄 것이다.

국제정치 전반의 격변은 동아시아의 한반도에서 국제정치학을 공부하는 학자들에게 또다시 버거운 연구 주제를 안겨주고 있다. 100여 년 전, 서구에서 밀려오는 새로운 문명권과 주권국가체제는 조선인들에게 엄청 난 시련과 국가적 과제를 안겨준 바 있고, 이에 적응하는 데 실패한 우리 는 국망의 위기를 맞이하였다. 외부의 충격에 의해 폭력적으로 경험한 근 대적 이행의 과정을 차분히 되돌아봄으로써 우리는 탈근대적 이행을 어떻 게 준비해야 하는가, 성공적인 이행의 국가전략은 어떻게 마련되어야 하 는가 하는 문제를 되돌아보아야 할 것이다. 100년 전을 반성하는 국제정 치학이 100년 후의 국가의 안위와 번영을 준비할 수 있는 것이다.

제1권은 『근대 국제질서와 한반도』로서 한국을 둘러싼 국제정치의 제 반 문제를 다루고 있다. 제1부는 "근대 국가와 근대 국제질서"로서 현대 국제정치학의 기본이 되는 중요한 문제들에 관한 이론적 분석 논문 여섯 편을 싣고 있고, 제2부는 "근대성의 전파와 동양적 수용"으로서 근대 한국 이 당면했던 국제정치의 제반 문제에 관한 심층적인 논문들을 담고 있다.

제1장에서 박상섭 교수는 "폭력과 국가 : 마키아벨리의 stato 개념의 전 통성과 혁신성"에서 서양 정치사상사의 전통에서 폭력과 국가의 관계를 논하면서, 마키아벨리가 폭력의 문제를 그 자체의 문제로서 정면으로 다 룬 최초의 논의로서 의미를 갖는 점임을 전제하고, 그 폭력의 문제를 동의 의 문제와 관련시켜 국가의 문제를 다룬 점을 논하고 있다. 따라서 마키아 벨리로부터 국가의 문제는 전혀 새로운 각도에서 토론되기 시작하였는데 국가는 더 이상 이상적 형태의 정치공동체(polis, civitats, città)에 관한 문 제가 아니라 효과적 권력 조직(stato)의 문제로 토론되기 시작한다. 박상 섭은 바로 이점이 stato라는 말로 지칭되는 마키아벨리의 새로운 국가 개 념의 근대성, 그리고 그의 사상의 독창성의 근거가 된다고 밝히고, 논문에 서 마키아벨리에 있어 전통적 공동체 개념에서 근대적 국가(stato)의 개념

으로 전환이 어떻게 이루어지고 있는가를 검토하고 있다.

박상섭은 마키아벨리의 사상이 갖는 혁신적 측면을, 폭력을 바탕으로 하는 명령과 복종의 관계로서 국가를 규정하는 그의 현실주의적 시각이라는 관점에서 검토하고, 그 결과로 나타나는 논의가 대단히 흥미롭게도 실제 정치현장에서 정치의 업무를 수행하는 정치인의 입장에서 그에게 주어진 고민과 그 고민의 극복이라는 문제, 즉 권력관계 속에서의 자신의 지위를 유지하거나 개선하기 위한 구체적 방책이라는 문제에 바로 질러 들어간다고 시사하고 있다. 즉 마키아벨리의 논의가 제3자적 입장에서의 정치현실에 대한 이론적 또는 개념적 이해가 아니라 당사자의 실천문제라는 각도에서 다루어지기 때문에 독자들에게 대단히 박진감 있게 다가오며 오늘날 새로운 언어로 정치세계를 파악하는 데 많은 함의를 주고 있다는 것이다.

제2장 "푸코의 전쟁과 평화"에서 최정운 교수는 푸코의 전쟁과 정치에 대한 생각을 추적하고 있다. 물론 푸코는 국제정치학자가 아니었고 그의 애초의 관심은 근대 서구 사상, 특히 이성(理性)의 문제였지만 후기에 접어들어 근대 서구 특유의 권력의 문제에 천착하였다는 점에 착안하여 푸코의 전쟁과 평화개념이 주는 시사점을 논하고 있는 것이다. 저자는 근대 서구인의 삶과 동일성(identity)을 규정하는 근대의 권력은 결국 국가간의 전쟁과 그의 결과, 전쟁에 대한 공포 그리고 다가오는 전쟁에 대한 준비에서 비롯되었고 나아가서 근대 권력은 다시 전쟁을 특정한 방향으로 이끌어 갔다고 본다. 즉 전쟁의 문제에서 연유된 독특한 죽음과 삶의 문제는 근대 서구 문화의 핵심을 이루었다는 것이다. 이 논의를 위해 저자는 푸코의 권력론을 "정치는 다른 수단에 의한 전쟁"이라는 명제에서 직접적인 추론을 통해 재구성하고, 근대 서구 사상에서 인간의 출현과 인간 과학의

문제를 전쟁과 평화의 틀에서 재구성한다. 또한 19세기 이후 전쟁의 그림자로서의 근대 권력이 서구 근대의 담론과 문화에 투영되어 있는 삶과 죽음의 관계를 조명하여, 이러한 포괄적 재구성을 통해 푸코의 국제정치 문제 일반과 서구인의 삶에 대한 생각을 정리해 보고 있다.

최정운은 푸코가 법적 권력에 대하여 근대의 생태적 권력이나 규율 권력과는 본질적으로 다르며 근대의 사회가 움직이는 중심적인 권력의 메커니즘이 아니라는 점을 강조했다고 본다. 즉 새로운 근대 권력은 법적 권력과 같이 이름을 붙이고, 정리하고, 공제(控除)하는 권력이 아니라 실제 살아있는 인간을 가두고, 기르고, 훈련시켜 그들의 힘을 확대하고 통제하는 능력인 것이다. 푸코는 법적 권력은 왜 그 외형이 유지되어야 하는가의 질문에 권력은 논리상 본질을 은폐하여야 하기 때문이라고 답하며 서구사회는 소극적 형태의 법적 권력에게만 정치권력으로서의 정통성을 부여하기 때문이라는 것이다. 이러한 분석을 통해 중세와 계몽시대, 제2차 세계대전 이후 서구사회의 권력과 전쟁, 평화의 문제를 조망할 수 있는 포괄적인 틀을 제시하고 있다.

박의경 박사는 제3장 "열린 시대의 개인, 국가 그리고 사회 : 민족주의와 민주주의의 만남"에서 지구화 또는 세계화의 문제와 관련하여 민족주의의 보편성 및 열린 민족주의의 가능성을 진단한다. 필자는 지구화 혹은 세계화가 인간과 보편적 인간 가치의 부정과 그 발전 가능성에 대한 모든 종류의 인종적, 문화적, 언어적, 지리적, 제도적, 관습적 차이와 구별에서 형성되는 제한에 대한 도전과 극복 유형을 의미한다고 보며, 적자생존의 논리에 근거한 무한 경쟁만이 국제화 시대의 유일한 특징이 아니고, 건전한 상호 경쟁을 통한 상호 공생이 그 근본 목적임을 간과해서는 안 된다고 주장한다. 즉 열린 시대에는 모든 종류의 민족적, 문화적, 지역적, 전통적 차이에서 유래하는 다양한 가치와 삶의 양식의 인정과 존중이 요구된다는 것이다. 하나의 가치에 의한 전 인류의 획일적 동질화가 아니라, 다양한 가치와 존재 양식, 이질적 문화와 언어의 공존에서 인류의 공동 삶이 위태롭게 되지 않을 정도의 원칙과 기준 설정이 이 시대의 중요한 목표이며, 타민족, 국가, 지역, 종교, 문화에의 존중과 그들의 신념과 삶에의 관용이 존재하는 곳에서 국제화 시대의 시민 정신이 거론될 수 있다는 것이다.

저자는 세계화, 지구화, 국제화의 개념을 분석적으로 논하고, 새로운 시대의 민족주의의 과제 및 민주주의의 형태에 대한 분석을 통해 민족주의나 세계주의(cosmopolitanism)나 국제주의(internationalism)의 문제는 생존을 위한 제로섬게임이 아니라고 보며, 인류에게 보다 나은 삶을 보장하기 위하여 어떻게 협조하여 궁극적으로 현실 정치에서 인간의 행복을 최대로 실현시킬 것인가 하는 것으로서 우리 생존을 위한 당면 과제라고 논한다. 국제화 시대에는 여전히 다양한 문화 공동체의 존재가 부정되지 않을 것이고, 국제화 시대에 보편화된 가치인 민주주의가 민족주의와 바로 여기서 만나야 하고, 프랑스대혁명으로 극적인 결합을 이루었으나 이후 역사의 흐름에서 비극적으로 결별해야 했던 자유주의가 민주주의로 거듭나 이제 새로운 모습으로 민족주의와 함께 국제화 시대를 형성해 갈 것이라고 본다.

전재성 교수는 제4장 "E.H. 카의 비판적 현실주의 국제정치이론"에서 20세기 현실주의 국제정치이론의 정립에 선구적 역할을 했던 E. H. 카의 국제정치이론의 주요 논지를 살펴보고 있다. 카는 전간기의 이상주의 국제정치이론에 대한 비판을 통해 자신의 논지를 전개하는데, 그의 현실주의가 이상주의의 희망적 사고의 틀에 비해 과학적 사고를 강조하는 측면에서 이상주의와 대비되어 왔으나, 논문은 카의 현실주의 국제정치이론의 요체가 비판성에 있다는 점을 강조하고 있다. 저자는 현실주의의 비판성에 대한 논의를 위해서 카의 인식론을 살펴보고, 카의 현실주의는, 실증주의의 사조와 미국적 현실상황에 의해 변화되는 신현실주의가 등장하기 이전에 성립된 것으로서 소위 "고전적 현실주의"라 명명될 수 있고, 라인홀트 니부어, 한스 모겐소 등의 사상과 함께 신현실주의와 확연히 구별되는 인식론적 요소를 가지고 있다고 본다. 카는 역사적, 사회적, 정치적 사실에 대한 인간의 인식이 개인과 집단의 도덕적, 정치적 입장을 반영할 수밖에 없다고 강조함으로써, 가치중립성을 지지하는 실증주의를 비판하고 있다. 또한 저자는 카가 실증주의에 대한 인식론적 비판을 통해 이론에 있어보다 반성적이고 자기 초월적인 입장이 정립되며, 다양한 입장들간의 간주관적 합의가 가능하리라는 희망을 피력하고 있다고 본다. 더불어 이 논문은 카의 가치론에 대한 제한된 시각에서 비롯된 그의 현실주의의 실천적 한계를 논하고 있다.

제5장 "지역의 재등장과 새로운 아시아 : 동아시아 지역화 논의와 새로운 국제공간으로서의 지역에 대한 성찰"에서 필자 이철호 박사는 아시아 지역주의에 대한 근본적인 물음을 제기하고 있다. 즉, 아시아에서 재생되고 있는 지역관념을 논함에 있어 국가 중심의 영속적인 단위관념에 전적으로 기초한 지역인식은 지양되어야 한다는 문제의식 아래, 인간활동의 복합성과 유동성에 기초하여 지역을 관찰할 필요가 있다는 주장이 논의되고 있다. 이를 위해 저자는 첫째, 국제관계에 대한 사회학적 분석들이 강조하고 있는 바인 국민국가의 '안과 밖'의 구분을 넘어 축조되고 있는 새로운 정치공간에 대한 인식을 제시하고 있고, 둘째, 이러한 인식은 지역을 구성하는 장소들의 영속성보다는 이들간의 상호작용을 관찰해야 한다는, 소위 '새로운 지리학'에서의 지리적 공간관을 내세우고 있다.

이러한 문제의식에서 논문은 아시아의 새로운 국제공간으로서, 동아시아 지역화논의를 촉발시켰던 국지경제권들에 주목하는데, 이러한 국지적 국제공간들의 지리적 경계나 정체성, 분권화와 같이 국민국가 내의 변화와 관련된 등장배경, 작동 메커니즘, 거시적 지역통합과의 관계 등을 구체적으로 다루기보다는 동 공간들이 아시아의 장기적 발전과정에서 결코 간과되어선 안 될 또 하나의 중추적 역할을 담당해 왔다고 보고, 이들 공간의 다이나미즘의 역사적 성격을 밝힘으로써 지역화 논의에서 이들이 차지해야 할 제자리를 찾아주려는 목적을 추구하고 있다. 저자는 이들 지역의 재등장이 근대 국제질서의 중심에 자리하고 있는 영토패러다임의 변화를 함축하는 것으로서, 이들에 대한 성격 규명은 크게는 아시아의 근대 국제질서의 이후(post)를 전망하는 데 필요할 뿐만 아니라, 작게는 아시아 지역화과정에서 역내의 초국경적 행위자들을 규정하고 관리할 수 있게 해준다는 정책적 함의도 지닌다고 보고 있다.

남궁곤 교수는 제6장 "여론과 외교정책의 다원주의 전통과 명제 : 외교신념의 합리성, 인식구조, 그리고 영향력을 중심으로"에서 외교정책 결정과정에서 여론의 의미와 역할에 대해서 다원주의 입장을 취하는 논지들을 이론적 관점에서 검토하는 것을 주된 목적으로 하고 있다. 다원주의 입장은 외교정책 결정과정에서 여론이 담당하는 역할에 대해서 회의적 입장을 취하는 현실주의 외교정책 이론과는 대립된다고 보며, 다원주의 관점에서 여론의 중요성을 지적하면서 자연스럽게 국제정치이론 중에서 현실주의 논지의 한계를 지적하고 있다. 논문은 또한 이론적 논의를 통해 앞으로 한국의 국제정치학계에서 다루어야 할 외교정책 분야의 연구방향을 제시하는 데도 목적을 두어 외교정책과 여론 분야에서 국제정치학계에서 전개되어 온 논쟁점을 이론적으로 검토해 보고 우리가 얻을 수 있는 시사점은 무엇인지를 설득력 있게 제시하고 있다.

저자는 첫째로 외교정책을 실행하는 국가의 정부형태는 여론의 역할을 규정하는 매개 변수라는 점을 밝히고, 둘째로 외교정책 결정과정에서 여론의 역할을 생각할 때는 외교정책 사안이 얼마나 급박한 것인지를 설명해 주는 정책 상황이 고려돼야 한다고 보며, 셋째로 외교정책에서의 여론의 역할은 해당 외교정책 내용이 얼마만큼 일반 대중들의 일상생활과 밀접한 사항인지의 여부에 따라 크게 좌우된다는 결론을 제시하고 있다. 본 논문은 문헌정보적 자료를 제공하는 역할을 함으로써, 이를 시발점으로 외교정책 전반에 걸쳐서 여론의 중요성에 대한 연구의 시발점을 제공해 주고 있다.

제2부에서 장인성 교수는 제7장 "근대 동아시아 국제정치와 '인종' : 동아시아연대론의 인종적 정체성과 지역적 정체성"에서 19세기 후반 일본과 조선의 연대론에 투사된 '인종'과 '민족'(또는 '종족') 관념의 동아시아적 함의를 밝히고, 초기연대론의 인종적 정체성과 민족적 정체성을 드러냄으로써 동아시아연대론에 나타난 지역적 정체성의 실체를 밝히고 있다. 저자는 '인종'과 '민족'의 시공간적 함의를 포착하는 작업은 권력현상의 종속변수로서 간과되기 쉬운 '문화'의 요소를 재발견하는 의미를 주고, '국가'와 '국민' 중심의 동아시아 국제정치론에 대한 반성적 성찰을 제공한다고 보며 '동양연대론'과 '아시아연대론'의 형성과 전개과정 등을 추적하고 있다. 분석대상은 주로 동아시아 삼국을 주체로 설정한 러일전쟁 때까지의 초기연대론에 한정시키고 있다.

저자는 동아시아의 연대론은 지역레벨에서 인종적 정체성을 매개로 지역적 정체성의 형성을 모색한 인종론이자 국제관계론이었다고 결론짓고 있다. 조선의 동양연대론에는 서양에 대한 증오뿐 아니라 일본에 대한 애증이 표출되었고 일본의 아시아연대론도 서양의 침략성에 대항하여 아시아에 대한 애정을 표현했지만, 서양문명에의 욕구(=탈아적 의지) 때문에 아시아 민족들은 애증의 대상이 되었다는 것이다. 또한 동아시아의 인종주의는 서구 근대 인종주의가 '차별화'의 논리에 기반한 것과 달리 '동일화'를 지향했다고 보며, 지역수준에서 본다면 서구인종주의가 '특수'를 지향했다면 동아시아의 인종주의는 '보편'을 추구한 것이었다는 점이 지적되고 있다. 한편, 인종적 정체성을 통해 지역적 정체성을 확보하려는 연대의 발상은 '국가'와 '민족'의 가치가 높아지면서 추락할 수밖에 없었고, 대외 위협의 존재와 자국의 열세라는 연대론의 성립조건은 일본의 대국화와 제국주의로 외부(백인종)적 위협과 내부(동양 삼국)적 '정립'이 균형을 상실하면서 무너지게 되며 실제 일본의 민족적 정체성이 동아시아의 인종적 정체성을 압도하고 왜곡되는 과정이 논의되고 있다.

조성환, 김용직 두 교수는 제8장 "문명과 연대로서의 동아시아 : 근대 중국과 한국 지식인의 동아시아 인식"에서 근대 중국과 한국 지식인의 동아시아 인식을 재조명하며, 21세기적 전환의 주요 추세인 지역화(광역화)를 염두에 두고 지역단위로서의 동아시아에 대한 통시적 의식개발을 위해 서양의 문명적 충격이 진행되고 제국주의적 압력이 압도하였던 19세기 말, 20세기 초 중국과 한국 지식인의 동아시아 관념을 '문명론과 연대론'을 중심으로 재해석하고 있다. 필자들은 20세기 초 중국과 한국 지식인의 동아시아 관념은 서양에 대한 지역 문명의 동일성 인식에서 출발하며 이는 중화적 천하질서라는 전통적 세계관에서 벗어나 근대적 개별국가로서의 민족인식의 형성에 매개적 관념의 위상을 지녔다고 본다. 요컨대 동아시아 지역관념은 근대적 민족인식의 매개항목이었다는 것이다. 문명으로서의 동아시아 인식은 제1차 세계대전 직후, 서양 제국주의 세력의 후퇴를 틈타 동북아시아에 대한 팽창적 제국주의를 구사하기 위해 일본의 조야(朝野)에서 제시한 '아시아연맹' 정책의 대외명분으로 분식됨으로써 정치성을 띠기 시작했다. 이에 대한 중국 및 한국 지식인의 대응은 일본의 대아시아주의가 주장하는 문명적 연대의 언설에 내포된 지배와 팽창의 실질을 고발하고 '인도와 평화'에 의한 연대를 주장하였다.

논문은 서양에 대한 아시아적 지리와 인종과 문명의 정체성 인식에서 시작하여 연대의 조건에 대한 정치적 사유로 발전된 근대 중국 및 한국 지식인의 동아시아 인식은 제국주의라는 극단적 국가주의의 자기모순에 대한 비판과 경고의 시대정신이었다고 본다. 비록 제국주의와 민족주의의 피아투쟁이라는 엄정한 상황에 눌려 그것이 갖는 중요한 문명적, 정치적 의미가 실현되지는 못했지만 그렇다고 그 의미가 반감되는 것은 아니라는 것이다. 논문은 오히려 21세기적 지역화의 추세에 강조되는 동아시아 문명담론과 연대의식의 통시적 시각, 혹은 역사인식의 지평을 확대·심화하기 위해 이를 재발견하고 그 현재적 및 미래적 의미를 되새기는 데 필요한 지적 원천이 될 것이라고 결론짓고 잇다.

제9장 "관념, 전파, 제도 : 근대 일본의 경제구상"에서 손열 교수는 일본의 중상주의 전략의 성립을 설명함에 있어서 현실세계의 변화는 그에 상응하는 관념의 변화를 수반한다는 구성주의(constructivism)적 관점에서 관념의 형성과 제도화의 문제에 분석의 초점을 맞추고 있다. 즉 관념은 물질세계의 변화를 반영하는 것이 아니라 물질세계를 구성하고 그 속에 자신을 위치 지우는 것이 되며, 이는 사회·정치과정에 의해 지탱되고, 따라서 관념과 사회적·정치적 행위는 상호작용 하는 것으로 본다. 구체적으로 이 글은 합리적 선택론과 문화주의의 비판으로부터 출발한다. 즉 합리

적 선택론이 거부하는 관념·문화의 자율성을 인정하고 중시하되 이를 고정불변화, 전체화하는 문화주의를 비판한다. 일본의 관념·문화는 토착적이며 고정불변한 요소가 아니라 외부적인 요소와 교섭되고, 타협되고, 복합되는 것이며 이 과정은 결국 정치적 싸움으로 표현된다. 요컨대, 경제전략의 구성은 관념간의 조우, 전파, 수용, 변형의 복합적인 과정의 결과이며 이는 고도의 상태의존적(contingent)이고, 동시발생적(conjunctural)으로 경합되는 권력관계, 정치적 거래의 과정으로 표현된다.

저자는 자유주의 관념과 마찬가지로 중상주의 관념 역시 서양으로부터, 즉 우월한 정치·경제세력의 언어로 매개되어 들어왔으며, 피전파지역의 지배층(오쿠보, 이토 등 메이지 과두)이 매체가 되었다고 본다. 즉, 일본이 자생적인 중상주의체제를 수립하고 이 과정에서 서양이 단지 내부적 발전의 외적 촉매제로 기능한 것은 아니라 도쿠가와 중상주의 관념 역시 서양(네덜란드)의 영향을 받은 것이었으며, 이후 메이지의 지도자들에게 이 관념은 국제적인 것으로, 즉 보편적인 것으로 수용되었다는 것이다. 즉, 당시 메이지 일본이란 지역과 사회는 중상주의 정치경제권으로 편입된 것이고 당시 일본의 구미에 맞게 수정되었다는 결론이다. 더불어 중상주의란 언어가 근대 일본에 새로운 문화적 공간을 열었다면, 그 속에서 새로운 제도적 장치들이 마련되어져 갔다. 여기서 당시 일본이 처한 외적 환경은 제도 구성자들에게 제약이었던 동시에 기회로서, 불평등조약으로 인한 관세자주권의 상실로 그들은 특정한 형태의 중상주의적 제도를 만들어내야 했고, 서양의 것을 보고 변형하면서 산업정책 수단을 고안해 내었다는 것이다.

김수암 박사는 제10장 "1870년대 조선의 대일관 : 교린질서와 만국공법질서의 충돌"에서 메이지유신 이후 정치체제의 변화를 공식 통보하는 것을 계기로 일본이 전통질서를 타파하려는 서계문제로부터 1876년 조일수호조규를 체결한 이후 서양과의 조약체결 문제가 논의되는 1880년까지의 조선의 대일관에 대하여 살펴보고 있다. 당시 이양선으로 통칭되는 이질적인 서양세력에 대한 위기감이 고조되고 있는 상황에서 일본이 서양문물을 적극 수용하면서 대일관은 서양과 연계된 형태로 정립되기 시작하는데, 서양이 결합된 형태로서의 대일관의 핵심 논리가 '倭洋一體'인데, 왜양일체라는 인식도 만국공법이라는 새로운 질서가 점진적으로 수용되는 과정에서 교린질서와의 충돌 속에서 그 내용이 질적으로 변화를 겪게 된다. 논문은 왜양일체라는 기본적인 인식틀 속에서 조선 내에서 일본에 대한 인식이 어떻게 질적인 변화를 겪고 있는지를 살펴보고 있다. 필자에 의하면 이러한 조선의 대일관은 당시 조선 내 제세력의 정치역학관계와의 연관하에 정치적 이해관계에 따라 복잡한 양상을 띠면서 전개되고 있는데, 각 정치세력의 이해관계에 따른 대일관의 모습과 이에 기반한 정책대안을 중심으로 대일관이 논의되고 있다.

논문은 서계문제가 평화적으로 해결되지 못한 상황에서 무력적 위협에 의해 조일수호조규가 체결되면서 대일관은 만국공법질서관이 매개된 형태로 변하기 시작한다고 보지만, 왜양일체가 여전히 강력한 여론을 형성하고 있는 상황에서 집권층은 만국공법질서 전파의 한 축인 일본으로부터 공개적으로 만국공법질서를 수용할 수 없는 제약을 안고 대응할 수밖에 없었다고 결론짓고 있다. 즉, 만국공법질서관에 입각하여 국내여론을 적극적으로 설득하기보다는 왜양분리론과 교린질서의 회복이라는 논리로 대응하는 한계를 노출하고 있었다는 것이다. 이러한 한계 속에서도 수신사의 파견에서 보듯이 서양화한 일본의 실상을 파악하게 되면서 하나의 단일한 전체로서 서양을 보던 인식에서 벗어나 점차 개별국가 차원에서 서양을 이해하는 인식이 자리잡아 가게 되지만, 서양에 대한 안보위협론과 결합된 왜양일체론에 기반한 국내 저항으로 인해 일본으로부터 공개적으로 만국공법질서를 수용하지 못함으로써 일본의 의도와 정책에 치밀하게 대응하지 못하는 결과를 초래하게 되었다는 결론을 도출하고 있다.

제11장 "청일전쟁 시기 미국의 대조선정책의 이상과 현실 : 미 국무성의 '불개입정책'과 주한 미국 공사의 '적극적 관여'를 중심으로"에서 김현철 박사는 구한말 일본의 식민지로 전락해간 조선의 정치외교사를 되돌이켜볼 때, 약소국 입장에서 살아남을 수 있는 현실적 외교정책은 과연 무엇이었는가라는 문제의식하에, 구한말 조선이 청·일 양국 군대의 전쟁터가 된 1894-95년간의 청일전쟁 당시 과연 미국이 조미수호조약에 의거하여 적극 개입할 의도를 지녔으며, 필요하다면 군대를 파견할 능력과 이에 대비한 정책적 사고를 지니고 있었는가라는 질문을 제기하고 있다. 필자는 이러한 질문은 당시 조선의 대미 인식 및 접촉이 미국의 대조선정책에 대해 어느 정도 정확한 인식을 바탕으로 전개되었는지에 대한 일종의 판단기준을 제공해주며, 당시 고종 등 조선 정부와 친미개화파의 '미국 활용' 구상이 왜 성공할 수 없었는가에 대한 해답을 제공하는 데 도움이 되리라고 보고 있다.

이 글은 1890년대 중반 조선을 포함한 동북아 지역에 대한 미국의 대외정책의 기본 방향 및 성격을 개괄한 후, 당시 미 국무성과 주한 미 공사관 사이에 오고간 전보 및 전문의 내용을 중심으로 청일전쟁 시기 조선 문제 및 미국의 중재 역할에 대한 미 국무성의 입장과 현지 주한 미 공사들의 태도 및 활동 등을 살펴보고 있다. 이어서 당시 주한 미국 공사였던 실(J. M. B. Sill) 공사가 조선의 국내 정세와 국제적 지위를 어떻게 파악하였으며, 고종 등 조선의 궁정에 대해 어떤 태도를 취했는가를 살펴보면서, 이를 통해 1890년대 청일전쟁으로 위기에 처한 조선이 조미수호조약에 의거하여 미국에 의존하거나 또는 고종이 주한 미국 공사와 긴밀한 관계를 맺는 등 일종의 '미국 활용'을 시도하는 것의 현실적 가능성과 그 한계 및 시사점을 도출해내고 있다.

정용화 교수는 제12장 "개화개혁론에서 국권·민권·군권의 관계"에서 한국의 근현대 정치외교사는 유럽중심의 근대 국제질서 속에서 한반도의 근대 국민국가 형성을 위한 노력이라는 차원, 즉 안과 밖의 입체적, 복합적 틀 속에서 분석되어야 한다고 지적하고 있다. 논문은 19세기 후반 한국의 초기 근대화의 좌절 원인을 밝히는 한편, 단지 외부 세력의 '충격'에 대해 수동적으로 '반응'하는 입장이 아니라, 우리의 눈으로 당시 세계를 어떻게 이해하고 어떻게 대응코자 했는가를 논하고 있다. 또한 외세의 압도를 고려하더라도 자주적 역량을 발휘할 수 있는 여지는 없었는가, 그것이 실패한 원인은 무엇인가라는 문제를 제기하고 분석하고 있다. 이를 위해 필자는 개항 이래 대한제국 시기 독립신문 폐간(1899년 12월 4일) 때까지 개화개혁론자들의 근대 국민국가 건설 노력을 국권(國權)·민권(民權)·군권(君權)의 관계를 중심으로 검토하며, 이를 통해 안과 밖의 역동성을 충분히 파악하고 이를 복합적으로 활용하지 못한 데서 초기 근대화 실패의 한 원인을 도출하고 있다.

필자는 19세기 후반 한반도가 '근대화'에 실패하고 국권을 상실한 원인은 안과 밖의 역동성을 충분히 파악하고 이를 복합적으로 활용하지 못한 데서 주원인을 찾을 수 있다고 보며, 이를 첫째, '국제적 차원'에서 국제질서의 변화에 대한 인식 부족과 국제 역량의 미흡, 둘째, '정치체제 차원'에서 국민통합으로 내부 역량을 극대화할 수 있는 체제개혁에서의 실패, 셋째, '사회세력관계 차원'에서 지도층이 국민통합을 저해하는 계급적 이해관계를 극복하지 못했다는 점으로 나누어 결론짓고 있다.

마지막 제13장 "문명의 국제정치학 : 19세기 조선의 문명 개념 도입사"에서 하영선 교수는 한국이 19세기 문명 표준에 성공적으로 대응하지 못하고, 다시 한 번 21세기 문명 표준과 새롭게 만나는 오늘의 시점에서, 바람직한 한반도의 삶을 가꿔 나가기 위해서는 19세기 이래 한반도 현실을 문명의 국제정치학이라는 시각에서 새롭게 조명할 필요가 있다는 점을 지적하고 있다. 그리고 한반도를 위한 문명의 국제정치학은 19세기 조선의 문명 개념 도입사 연구부터 출발해야 한다는 점을 밝히고 있다. 이를 위한 연구로서 필자는 19세기 조선의 문명 개념 도입이 단순히 문명이라는 용어의 새로운 사용을 의미하는 것이 아니며, 문명이라는 개념이 한반도에 자리잡기 위해서는 구미 중심의 근대 국제질서와 중국 중심의 천하질서가 서로 만나는 속에 서양의 무력, 금력과 함께 문명 개념이 도입되었으며, 이러한 도입과정에서 국내의 정치·사회 세력간에 치열한 언어 전쟁이 벌어졌다는 점을 강조하고 있다.

필자는 코젤렉(Reinhart Koselleck)의 개념사(Begriffsgeschichte) 연구에 주목하면서 한반도를 비롯한 동아시아의 개념사 연구 수준이 초보적인 어원사 또는 개념전파 경로사의 차원을 벗어나지 못하고 있는 실정에 비추어 볼 때, 논문의 조선 문명 개념 도입사의 연구가 한반도의 국제정치 개념 도입사를 문명의 국제정치학이라는 거시적 틀 속에서 조명해 보려는 첫 출발이 될 것이라고 보고 있다.

필자에 의하면, 19세기 조선은 근대 서양 세력과의 만남에서 일차적으로는 서양을 문명이 아닌 금수로 부르고 전통적 부국강병의 자기모색을 시도하게 되나 현실적 한계에 부딪히게 되었고, 따라서 저항의 국제정치 대신에 활용의 국제정치를 추진하기 위해 중국형 문명화 모델의 수용을 위한 노력을 시작했으며, 보다 뒤늦게 일본형 문명화 모델에 관심을 갖게 되었다. 일본형 문명화 모델에 자극을 받은 개화파 유길준은 조선 최초의 일본과 미국 유학생으로서 조선이 당면하고 있는 국내외 정치 현실의 어려움 속에서 이를 극복하기 위해 전통과 근대를 복합화한 조선형 문명화 모델의 가능성을 모색하였으나, 갑신정변의 실패로 인해, 청국의 영향력이 비정상적으로 커지는 반면에 개화세력은 급격히 약화되었기 때문에, 그는 이러한 노력을 행동이 아닌 『서유견문(西遊見聞)』이라는 글로 남길 수밖에 없었다. 그 후 고종을 중심으로 한 대한제국의 문명화를 위한 마지막 노력이 이루어졌으나, 결국 조선은 20세기 상반기에 종속의 정치 현실로서 일본화의 길을 걷게 되었고, 1945년에 제2차 세계대전의 종전과 함께 일본화의 종속으로부터는 벗어나게 되었으나, 미국과 소련을 중심으로 하는 냉전질서의 형성과 함께 한반도의 남과 북은 다시 한 번 미국형과 소련형의 문명화 모델을 수용하게 되었다. 필자는 한반도가 냉전질서의 어려움을 계속해서 겪고 있는 속에, 세계는 21세기를 앞두고 서서히 냉전의 역사를 벗어나서 탈근대 복합국가들의 부국강병을 넘어선 복합목표를 새롭게 추구하는 신문명의 가능성을 맞이하고 있으며, 따라서 한반도는 19세기 유길준이 꿈꾸었던 전통과 근대의 복합화라는 조선형 문명화의 길을 넘어서서 전통, 근대, 그리고 탈근대의 복합화라는 21세기 한반도형 문명화의 꿈을 새롭게 꾸어야 할 절박한 상황에 놓여 있다고 논하고 있다.

이제 국제정치학은 근대와 탈근대, 구미와 아시아, 19세기와 21세기의 교직 속에서 미래를 정확히 내다보고 준비하는 임무를 지니게 되었다. 20세기의 국제정치학이 근대화를 주도했던 유럽과 미국의 국제정치학을 수입하고, 이를 소화하는 데 막대한 노력을 기울였다고 한다면, 이제 우리가 해나가는 국제정치학은 우리의 과거와 현재의 세계를 비판적으로 인식하는 한편, 우리의 고유한 경험에 기초하여 우리의 미래를 설계하는 학문이 되어야 할 것이다. 또한 이러한 노력은 열린 민족주의의 이념에 기반하여 비단 우리의 미래뿐 아니라 세계 전체의 변화에도 기여하는 결실을 맺어야 할 것이다.

2003년 9월

책임편집 박상섭 · 전재성

제1부

근대 국제정치의 본질

폭력과 국가
—마키아벨리의 stato 개념의 전통성과 혁신성

박상섭 | 서울대학교

I. 객관적 사실로서의 폭력의 인식

마키아벨리가 혁신적인 정치사상가로서 평가를 받는 가장 중요한 근거
는 그가 비르투의 개념을 바탕으로 정치문제의 핵심적 사항이라고 할 수
있는 폭력과 관련된 제반 사항을 그 자체로서 정면으로 다루고 있는 점에
서 발견된다. 주지되고 있듯이 마키아벨리가 사용하는 의미의 비르투는
그가 『군주론(君主論)』 15장에서 18장에 걸쳐 파괴를 시도했던 당시에 일
반적으로 이해되던 기독교 또는 인문주의의 도덕적 이상, 즉 자비, 관용,
겸손, 자기희생과 같이 특정한 내용을 담는 것은 아니었다. 마키아벨리의
비르투는 중세 기독교 사상보다는 오히려 고대적 관념에 복귀한 탈실체화
(dehypostatized)된 개념으로 무엇인가를 훌륭히 수행하는 능력 즉 탁월
성을 말하는 것이었다. 마키아벨리가 관심을 갖는 비르투는 당연히 신군

주로 상징되는 정치인의 능력을 말하는 것이고 이때 그 능력은 우연과 불확실성의 세계로 규정되는 현실 정치 속에서 살아남아 안정된 정치질서를 조직하고 지휘할 수 있는 능력을 의미한다.[1]

이때 이 능력의 핵심은 군사력의 형태로 구현되는 물리적 폭력이다. 이러한 의미에서 정치질서 수립과 유지에 수반되는 물리적 강제력 또는 폭력의 문제는 정치문제에 관련된 본원적 사실, 즉 그 자신의 표현을 사용하면 '사물의 유효한 진실'인 것이다. 바로 이러한 까닭에 그는 전체 26개장으로 구성된 『군주론』에서 세 개의 장을 (12~14) 군사의 기술적 문제의 토론에 할애하고 있는 것이다. 14장 첫 머리에서 군주의 유일한 관심사는 바로 군사의 문제임을 다음과 같이 분명히 말하고 있다.

따라서 군주는 자신의 전업(專業)으로서 전쟁, 전쟁의 조직, 기율 외에 다른 어떤 목적이나 생각도 가져서는 안 된다. 왜냐하면 다스리는 사람에게 있어 그것만이 유일한 기술이기 때문이다. 그러한 기술은 군주로 태어난 사람으로 하여금 그 지위를 유지케 할 뿐 아니라 평민으로 태어난 사람으로 하여금 그러한 지위에 오르게 할 수 있는 그러한 비르투이다. 반대로 군주가 전쟁 외의 다른 안락함을 생각하면 자신의 국가를 잃게 된다. 군주가 그 지위를 잃게 되는 첫 번째 원인은 그 (무력의) 기술을 게을리하는 것이고 군주가 그 지위를 획득하게 해주는 요인은 그 기술의 전문가가 되는 것이다.

이렇게 군주, 즉 정치가의 기본 덕목으로 군사 또는 폭력의 기술을 앞세우는 마키아벨리의 전체 논의 속에서 비르투의 인물로 천거되는 사람들이, 물론 소수의 예외는 있지만, 사실상 전부 군사 기술자 또는 전사적 자

---

1 마키아벨리의 비르투 개념의 뜻과 이것을 둘러싼 여러 가지의 문제점에 관해서는 "Virt 의 개념을 중심으로 본 마키아벨리의 政治思想 研究," 『國際問題硏究』 22 (서울대 국제문제연구소, 1998), pp. 1~42.

질의 소유자인 것은 대단히 자연스럽게 여겨진다.[2] 마키아벨리는 로마 왕국의 창건과 관련하여 종교를 도입한 누마 폼필리우스(Numa Pompilius)의 공적이 로물루스에 못지 않거나 그보다 더 나았음을 말하면서도(D I-11)[3] 그의 공적과 관련하여 비르투라는 표현을 사용하지 않는 사실에 주목할 필요가 있을 것이다.

정치에서 폭력의 문제가 중요하게 취급되는 것은 예외적인 비상사태의 경우에만 해당되는 일은 아니다. 마키아벨리에 따르면 사람의 본성은 나태하기 때문에 일상의 정치는 대단히 쉽게 부패하게 마련이다. 이러한 상황을 교정하는 데에는, 즉 상황을 새롭게 하는 (즉 혁신의) 작업에는 엄청난 저항이 따르게 된다. 사람의 천성을 바꾸는 일은 대단히 어려운 일이기 때문이다. 따라서 사람들이 피부로 느끼는 필요성에 바탕을 둔 강박에 의하지 않고서는 사람들의 행동 패턴을 변화시키는 일이 쉽지 않은 것으로 그는 말하고 있다. 그가 볼 때 일반적으로 사람들이 가장 급박하게 생각하는 필요(necessit)는 당장 눈앞에 닥쳐 있는 고통과 공포를 피하고자 하는 것이고 이러한 점은 인간의 본성에서 연유하는 것이다. 사람들의 행동을 일정한 방향으로 몰고 가려고 할 때 사용될 가장 전형적이고 효과적인 강박의 수단으로서 법과 종교가 제시된다. 법은 동료 인간들에 의한 처벌의 공포를, 종교는 신에 의한 겁벌(怯罰)의 공포를 가져다 주기 때문이다.

이러한 혁신의 작업은 백지 상태에 있는 질료에 형상을 새롭게 부여하는 것이 아니라 이미 일정한 형상을 갖고있는 질료의 모습을 바꾸는 것이기 때문에 더욱 어려운 것이다. 이 작업은 마치 서투른 조각가에 의해 잘

2 이 점에 관해서는 Neal Wood, "Machiavelli's Concept of Virt Reconsidered," *Political Studies* 15-2 (1967), pp. 159~72를 볼 것.
3 「로마사논고」의 인용은 D I-1의 형식으로 본문에서 바로 표시함.

못 조각되다가 중단된 대리석을 원석으로 하여 새로운 조각품을 만드는 일에 비유된다(D I-11). 질료에 해당되는 시민들이 이미 부패한 상태에서는 시민들의 자발적 행동에 바탕을 두는 공화정의 방식에 의한 혁신은 불가능하다. 시민들이 부패했기 때문에 이들의 자발적 행동은 기대할 수 없기 때문이다. 이러한 까닭에 마키아벨리는 "그 질료의 부패 때문에 쇠퇴한 국가가 다시 일어날 수 있게 된다면 그것은 시민 집합체의 비르투가 아니라 살아 있는 한 개인의 비르투를 통해서 이루어지는 것이다"라고(D I-17) 단언한다.

상당한 정도의 부패에 물든 사회를 바로잡는 일은 전폭적이고 급격한 제도의 변혁을 수반한다. 제대로 바뀌어진 국가에서는 부자는 가난하게 되고 가난한 자는 부자가 되며 이름이나 관직 등 손이 닿지 않은 부분이 없게 된다고 본다(D I-26). 모든 제도가 일순에 바뀌는 이러한 변화는 국가의 창건 작업과 거의 같은 일이다. 국가 창건과 같은 비상의 상황이 일상적인 절차에 따라 이루어지는 것은 거의 불가능하다. 대신 비상의 수단이 필요한데 따라서 자신의 방식에 따라 마음대로 행동할 수 있는 군주가 필요한 것이고(D I-18) 이러한 의미에서 국가의 창건 작업은 비상한 능력을 갖춘 어떤 한 사람에게 맡겨야 한다(D I-9)는 주장은 상당한 설득력을 갖게 된다.

이때 비상의 수단이란 폭력의 수단을 말한다. 이미 확립된 관습을 그대로 따르면 되는 세습군주에게 폭력의 사용은 거리가 먼 것이지만 확립된 질서를 깨고 모든 것을 새롭게 조직해야만 하는 신군주의 경우 폭력의 사용은 불가피한 일이다. 이 때문에 "신군주는 잔혹하다는 명성을 피할 길이 없는 것"으로 말하는 마키아벨리는 실제 잔혹함을 바탕으로 단합과 평화를 이룩할 수 있다면, 의도는 자비로움으로 시작되었지만 결과적으로는 무질서와 방종을 낳는 통치보다 전자가 훨씬 자비로운 것임을 말한다. 따라서 군주는 자신이 명백한 목적만 갖는다면 잔혹하다는 평판을 거리낄 필요가 없다고 말한다. 잔혹성은 처단되는 극소수의 범죄자들을 다치게 하겠지만 자비로움은 공동체 전체를 상하게 할 수도 있기 때문에 위험이 가득한 상황 속에서는 잔혹함이 그 결과에 있어서는 더 자비로울 수 있다는 점은 단순한 역설로 그치지 않는다는 것이다(D I-17). 바로 이러한 역설적 상황의 전형적인 예로 들고 있는 것이 로마냐 지방을 무력으로 통일하여 안정된 질서를 마련해 주었던 체사레 보르쟈였다.

이와 유사한 또 다른 역사적 예로서 마키아벨리는 한니발의 경우를 들고 있다(『군주론』 17장). 한니발이 다양한 지역 출신의 병사들로 구성된 대규모의 부대를 한번의 반란도 일으키지 않게 하면서 일사불란하게 지휘한 점에 대해 적지 않은 사람들이 경탄하였으면서도 다른 한편으로는 한니발이 시행한 대단히 엄한 군기에 대해서는 비판하였던 점과 관련하여 마키아벨리는 이렇게 말한다. 즉 한니발이 그렇게 잔인하다는 평을 받아가면서도 군기를 엄하게 했기 때문에 그러한 일사불란한 지휘가 가능했던 것인데 이점을 잊고 엄한 군기에 대해 비판하는 것은 경솔한 판단이라는 것이다. 사람들은 좋은 결과 그 자체에 대해서는 칭찬하면서도 그것을 낳게 만든 요인은 비난하는 경우가 많은데 이러한 태도는 정말로 자기모순적인 일로 비판받아 마땅한 일이라고 지적한다.

이렇게 마키아벨리는 일상적 정치에 있어서도 폭력 적용의 필요성을 강조하지만 그러한 강조 자체는 폭력의 현상이 결코 일상적인 것은 아니라는 일반적인 인식을 전제로 할 때 의미 있는 것이 된다. 마키아벨리는 폭력은 국가의 시작 때 전형적으로 나타나는 것으로 보고 있다. 그가 말하는 혁신, 즉 새롭게 한다는 말은 시작 또는 원리로 돌아간다는 것을 의미하는 것이고[4] 이것은 다시 국가가 시작될 당시의 처벌에 대한 공포감을 사람들에게 다시 상기시킨다는 것을 의미하는 것이다. 여기에서 우리는 국가의 시작을 기본적으로 폭력적인 현상으로 보고 그러한 점을 굳이 또 다른 상위의 원인에 돌려 설명하거나 기성 도덕적 관점에서 윤리적 평가를 시도하지 않고 그 자체를 그대로 객관적 사실로서 받아들이고 있는 마키아벨리를 발견하게 된다. 이렇게 폭력의 문제를 하나의 객관적 사실로서 취급하고 나아가 정치 문제 논의의 중심 주제로 정면에서 다루고 있는 것은 고전 또는 중세 서양사상의 전통에서는 없었던 일이었고 바로 이점에서 마키아벨리의 서양 사상사에서의 혁신적 의미가 발견된다.

물론 마키아벨리 이전의 이론가들이 폭력의 상황에 무관심한 것은 아니었다. 그러나 이들이 주로 관심을 가져온 점은 폭력이라는 추악한 사태를 가능하면 도덕적 관점에서 비판하거나 비정상적인 사태로 규정함으로써 폭력이 갖는 잔혹성이 발휘하는 충격적인 심리적 영향력을 축소시키는 것이었다. 따라서 폭력과 관련된 문제는 '권위' '법률' 등과 같은 완곡 표현으로 바뀌어 논의되었고 그 결과 강제력을 통한 행동의 통제는 단순한 억제 또는 규제로 그 의미가 축소될 수 있었다. 물론 모든 종류의 강제가 극단적 폭력과 동일한 것은 아니지만 극단적 형태의 폭력이 배경에 물러나 있는 한이 있더라도 일단 폭력 사용의 개연성이 존재할 때 비로소 다양한 종류의 강제가 그 효과를 발휘할 수 있다는 점을 고려한다면 폭력 현상은 결코 예외적인 현상으로 취급될 수는 없다. 그러나 마키아벨리에 이르기까지의 서양 정치사상의 전통에서는 그와 정반대의 역사가 주조를 이루었

---

4 『로마사논고』 3권 1장의 제목은 "교회 조직 또는 공화국(국가)이 오래 살아남기 위해서는 자주 시작으로 복귀될 필요가 있다"인데 이때 시작에 해당되는 principio라는 말은 시작과 함께 원리의 의미를 같이 품고 있음에 유의할 필요가 있을 것이다.

음에도 불구하고, 폭력을 비정상적 또는 예외적 현상으로 보는 관점이 주도적인 시각이 되었다. 물론 폭력 현상의 잔혹한 모습에 대한 언급이 없었던 것은 아니지만 강제력 특히 물리적 폭력의 지속적이고 일관된 적용이 사회 전반에 누적되어 나타난 결과에 대하여 정면으로 언급한 경우는 드물었던 것이 사실이었다.[5]

  폭력의 문제와 관련된 마키아벨리의 논의의 가장 큰 특징은 폭력의 현상에 대한 윤리적 비판이 아니라 그것의 효용성과 효과적/효율적 사용에 더 큰 관심을 보인다는 점이다. 효용성의 문제는 부패와 관련하여 제기된다. 앞서 논의되었듯이 부패 상황의 교정은 특정 개인의 비르투를 통해서 이루어지는 것이라고 했을 때, 그것은 바로 폭력의 적용을 통한 처벌의 공포를 의미하는 것이었다. 시민의 부패로 인해 시민의식이 사라진 곳에서 시민의식을 부활시키는 데에는 폭력의 사용을 통한 충격 요법 외에 다른 방법이 별 소용이 없다는 것이 마키아벨리의 입장이다.

  폭력의 효용성은 그 사용 방법과도 관련된다. 폭력의 효용성은 그 잔혹함에 대한 사람들의 공포심에 근거하는 것인데 그 잔혹성에 대해 사람들이 공포심을 넘어 혐오감을 갖게 되면 폭력의 효용성은 감소할 수 있다. 마키아벨리에 따르면 폭력 현상에 대한 혐오감을 막기 위해서는 잔혹성에 대해 사람들이 지치지 않아야 하고 지치지 않기 위해서는 잔혹한 폭력 행사의 반복이 회피되어야 한다. 폭력 현상의 반복을 막기 위해서는 폭력이 일단 사용될 경우 그 적용이 충분하게 이루어져 일회의 폭력사용으로 소기의 목적이 달성됨으로써 또 다른 폭력조치가 불필요하게끔 되어야 한다. 바로 이점이 마키아벨리가 『군주론』 8장에서 전달하고자 한 기본적 메

---

5 이 점에 대한 보다 자세한 논의로는 Sheldon Wolin, *Politics and Vision*(Boston: Little, Brown, 1960), pp. 220–21 참조할 것.

시지이다. 즉 잔혹함이 잘 사용된다는 평을 듣기 위해서는 잔혹한 폭력의 적용이 합당한 이유를 바탕으로 이루어지되 가능한 한 짧게, 즉 일거에 이루어져야 하고 반복되지 않아야 하며 또한 백성의 이익을 위한 것으로 전환되어야 한다는 것이다.

이러한 식으로 볼 때 폭력의 효용성과 효과적/효율적 사용방식은 마키아벨리의 전체 논의의 중심적 위치를 갖는 문제로서 취급될 수 있는 바 이러한 점을 일러 월린은 '폭력의 경제'라는 말로 축약하고 있다.[6] 마키아벨리가 폭력의 문제를 자신의 논의의 중심으로 삼고 있는 것은 분명하지만 이러한 점이 폭력의 찬양을 의미하는 것은 결코 아니다. 마키아벨리는 폭력 그 자체를 존경 또는 비난의 대상으로 보지 않는다. 그것이 어떤 목적으로 사용되느냐에 따라 비판도, 칭송도 될 수 있다. 즉 폭력이 무엇인가를 만드는 데가 아니라 파괴하는 데 사용될 경우 마땅히 비난받아야 한다는 (D I-9) 그의 주장에서 폭력에 대한 그의 태도를 엿볼 수 있다.

마키아벨리에 따르면 정치의 영역에서 폭력의 사용은 불가피한 것이지만 그것이 보다 큰 효용성과 효과를 갖기 위해서는 사용의 목적과 방식에서 일정한 제한이 가해져야 한다. 목적 면에서는 파괴 그 자체로 그치지 않고 창조로 이어져야 한다. 방식과 관련하여서는 반복되는 폭력 사용으로 인한 혐오감의 발생이 방지되어야 한다. 어떤 의미에서 마키아벨리의 궁극적 관심은, 또는 그가 의도하는 새로운 '정치학'의 목적은 구체적인 정치상황에 따라 얻고자 하는 정치적 결과를 달성하기 위해 적용되어야 할 적절한 폭력의 양을 산정하는 데 있다고도 할 수 있다. 구체적인 상황이 주어지지 않는 한 구체적인 답이 주어질 수는 없지만 원론적으로 그가

---

6 Wolin (1960), pp. 220–24. 월린은 마키아벨리를 다루고 있는 7장의 제목을 "정치와 폭력의 경제 (Politics and the Economy of Violence)"로 하고 있다.

말할 수 있는 점이 있다면 "그 폭력이 너무 많아서 혐오감을 자극해서도 안 되고 너무 적어서 효과를 나을 수 없어도 안 된다"는 점일 것이다.

우리는 여기에서 마키아벨리에 있어 폭력의 효용과 효과적 사용의 문제는 폭력 그 자체의 규모나 양의 문제로 그치는 것이 아니라 사람들이 그 폭력을 받아들이는 태도와도 밀접히 연결되어 있는 것으로 보인다는 점에 주의를 기울일 필요가 있다. 이 점은 『군주론』 8장의 아가토클레스의 행적과 관련된 논의 가운데 폭력이 가능한 한 백성의 이익을 위한 것으로 전환된다면 '잘'(훌륭히) 사용된다고 할 수 있다고 하는 마키아벨리의 언명에서 엿볼 수 있는 것이다. 이 말을 약간 더 확대하고 표현을 바꾸면 폭력 사용에 대한 일반화된 동의가 있어야 폭력이 효과적으로 사용될 수 있다는 말로 이해할 수도 있을 것이다. 일반화된 동의가 제도화된 모습으로 나타날 때 이것은 곧 국가질서를 의미하는 것이다. 이러한 관점에서 볼 때 마키아벨리의 폭력의 논의는 자연스럽게 국가의 문제로 연결된다.

서양 정치사상사의 전통에서 마키아벨리는 폭력의 문제를 그 자체의 문제로서 정면으로 다룬 최초의 논의로서 의미를 갖는다는 점을 앞서 지적하였지만 더 흥미로운 점은 그 폭력의 문제를 동의의 문제와 관련시켜 국가의 문제로서 바꾸고 있는 사실이다. 따라서 국가의 문제는 전혀 새로운 각도에서 토론되기 시작하였는데 따라서 국가는 더 이상 이상적 형태의 정치공동체(polis, civitats, citt)에 관한 문제가 아니라 효과적 권력 조직(stato)의 문제로 토론되기 시작한다. 바로 이점이 stato라는 말로 지칭되는 마키아벨리의 새로운 국가 개념의 근대성, 그리고 그의 사상의 독창성의 근거가 되는 것이다. 이 논문은 마키아벨리에 있어서 전통적 공동체 개념에서 근대적 국가(stato)의 개념으로 전환이 어떻게 이루어지고 있는가를 검토하는 것을 기본 목적으로 한다.

II. 지배관계로서의 국가

일반적으로 폭력의 효과적 사용은, 어떤 사람이 폭력의 적용을 통해 그 소기의 목적을 달성하고 또한 폭력의 공포를 적절히 심어 놓고 더 나아가서는 (가능하다면) 폭력의 사용을 사회 구성원들의 구체적인 이익의 실현과 연결시킴으로써 다음부터는 폭력의 직접 사용보다는 사용 가능성을 상기시키기만 함으로써도 소기의 의도하는 바를 실현할 수 있게 하는 지속적 관계의 수립을 전제로 하는 것이다. 이것은 월린이 '폭력의 경제' 라는 말로 지시하는 폭력의 효율적 사용이 이루어지는 구체적인 정치사회학적 환경을 말하는 것이다. 월린의 이러한 표현이 마키아벨리의 전체 논의를 옳게 축약하는 것이라고 할 수 있다면 마키아벨리의 주된 관심은 원초적 폭력 그 자체보다는 그것이 제도화되어 지속성과 안정성을 갖게 되고 국가라는 이름의 정치조직을 통해 사회의 집합적 능력을 산출해내는 문제에 두어져 있었던 것으로 말할 수 있을 것이다.

따라서 마키아벨리에 있어서 원초적 폭력의 문제가 항상 논의의 배면에 상시적으로 떠올라 있어도 그의 주관심사는 국가라는 이름으로 제도화되고 순화된 폭력이 되고 있다고 하겠다. 앞에서 이미 논의되었던 아가토클레스의 문제를 다루고 있는 『군주론』 8장이 우리의 흥미를 끄는 것은 비르투에 대한 마키아벨리의 복합적 사상을 잘 보여주고 있기 때문이기도 하지만 어쩌면 그보다 더 중요한 문제는 폭력 사용이 지속성을 바탕으로 권력 관계로 접어들기 위해서는 최소한의 동의를 바탕으로 한다는 그의 인식이 상당히 분명하게 나타나기 때문이기도 하다. 이러한 인식은 모든 권력의 관계는 일방적인 폭력 현상으로 출발하는 경우가 대부분이지만, 그래도 그 권력관계가 지속적인 관계가 되기 위해서는 기본적으로 명령자와 복종자의 양 당사자의 존재를 전제로 하는 양방향적 관계로 발전해야 한다는 점에 대한 인식을 뜻하는 것이다.

일반적으로 지배관계는 일회적 폭력의 단계를 넘어서는 일상화된 또는 제도화된 권력을 매개로 하여 명령과 복종의 관계로서 수립되는 것으로 이해된다.[7] 지배관계가 수립되었다는 말은 어떤 명령이 내려질 때 그에 대한 복종이 당연히 있을 것으로 예상되는 그러한 인간관계가 성립되었다는 점을 말하는데 이러한 지배관계의 안정성 또는 지속성은 일상의 현실 속에서는 정치공동체의 모습을 통해 표시된다. 정치공동체의 문제는 물론 마키아벨리 이전에도 이미 여러 사상가들에 의해 중심 문제로 다양하게 논의되어 왔다. 그러나 정치공동체의 문제를 다루면서 그 기본 골격을 이루고 있는 다양한 집단 또는 개인간의 권력관계 또는 지배관계라는 차원에서 논의를 전개한 사람은 마키아벨리 이전에는 사실상 없었다. 서양 정치사상사의 전통에서 마키아벨리가 차지하는 독특한 의의는 바로 이점에서 찾을 수 있다. 이러한 관점에서 규정되는 정치공동체라는 의미의 국가를 언급할 때 마키아벨리는 전통적으로 사용되던 'civitas'(citt) 또는 'res publica' (republica)를 사용하는 대신 이와 구별되는 'lo stato'(the state)라는 말을 사용하고 있다.[8] 이 stato라는 단어를 사용하면서 그가 염두에 두고 있던 바는 기본적으로 통치권 또는 지배권의 문제였고 따라서 당연히 획득, 탈취, 정복, 또는 상실의 대상으로서 이점은 『군주론』 1장의 첫 문장에서 "사

---

7 권력과 지배 두 개념의 개념적 차이와 연관성에 대해서는 Max Weber, *Economy and Society*, G. Roth and C. Wittich, eds.(Boston: Bedminster, 1968), pp. 53-54 및 Raymond Aron, "Macht, Power, Puissance: Democratic Prose or Demoniacal Poetry?" in Steven Lukes (ed.), *Power*(New York: New York University Press, 1986), pp. 253-77을 볼 것.

8 엄격하게는 civitas와 res publica는 서로 분명히 구별된다. 이 두 단어는 각각 고전 그리스 사상에서의 polis (도시국가)와 politeia(정체)의 라틴어 번역이었다. politeia는 물론 polis를 바탕으로 한 단계 더 추상화된 단어로 (도시)국가의 성질, 즉 정치체제의 유형을 지칭하는 말로 라틴어에서는 각기 civitas와 res publica로 번역되었으나 영어에서는 city와 republic으로 번역되다가 중세에 와서는 구별없이 state로 번역되기도 하였다.

람들에 대하여 지속해서 명령권을 갖고있는 영역"(dominii che hanno avuto e hanno imperio sopra gli uomini)이라고 하는 국가의 정의에서 착오의 여지가 없이 대단히 잘 드러난다.

당시까지 서양 정치사상사의 주류를 이루던 국가 또는 정치공동체에 관한 사상은 고전 그리스의 국가이론과 부분적으로는 이에 기초하고 있던 기독교 사상이었다. 고전 정치이론에서 정치공동체는 인간의 완성을 위한 제도적 조건으로서 이해되었고 따라서 논의의 초점을 그러한 목적에 가장 적합한 형태, 즉 이상적 국가형태에 대한 탐구에 두었다. 이상적 정치공동체의 탐구 노력은 기독교가 전파된 이후에도 여전히 지속되어 신국(神國)의 개념을 통해 재현되었다. 현실의 혼돈된 정치상황은 타락한 인간성의 표현으로 이해되면서 현실세계의 국가는 그러한 혼돈을 최소화하기 위한 방편으로 이해되었다. 따라서 이상적인 공동체의 실현은 여전히 추구되었지만 이것은 신의 세계에서만 가능한 것으로 관념되었다. 현실 세계의 문제를 탐구하는 정치학은 당연히 신학의 일부로서 그 시녀의 지위를 차지하였다.

그러나 마키아벨리는 르네상스 당시 이탈리아의 각 지역에서 수많은 새로운 도시국가들이 창건되고 또한 멸망해 가는 현실을 육안으로 관찰하면서 국가 또는 정치공동체의 문제를 더 이상 전통적 방식으로 논의할 수 없었다. 왜냐하면 예컨대 무자비한 정책을 바탕으로 인위적으로 새로운 국가를 만들어내고자 한 체사레 보르자나 그와 유사한 인물들의 작업을 염두에 둘 때 정치권력의 현실적 작용을 무시한 채 이상적 정치질서만을 모색하는 전통적 논의들은 현실과는 무관한 상상된 개념에 불과한 것이었기 때문이다. 현실의 정치 속에서 성공을 거두기 위해 군주는 그리스 신화에 나오는 켄타우로스 같은 반인반수(半人半獸)의 인물이어야 한다고 그는 강조한다. 그리고 그 짐승도 때로는 사자, 또 때로는 여우와 같이 될 만큼 유연해야함을 말한다. 왜냐하면 정치세계에 있어 사태의 유효한 진실은 국가권력의 획득과 유지 아니면 상실과만 관계가 있기 때문이다.

현실주의자로서 마키아벨리의 관심은 인간의 윤리적 삶이 실현되는 이상적 공동체의 모습을 구상하는 데 있지 않고 현실의 세계에서 안정된 지배관계의 수립, 즉 잘 다스려지는 국가 조직의 획득과 유지에 있었다. 이러한 문제의식을 바탕으로 논의되는 국가는 전통적 개념의 'civitas'(citt)로 표기되기 어려웠다. 이에 새로운 stato의 개념을 사용하게 된 것이다. 이에 우리는 마키아벨리에서 stato라는 낱말이 어떻게 사용되고 어떤 의미를 갖고 있는가를, 그리고 마키아벨리 본인은 의식하지 않았지만 서양 정치사 및 정치사상사의 맥락에서 그러한 새로운 논의가 갖는 의미에 대해 살펴보고자 하는 것이다.

III. 마키아벨리와 stato

마키아벨리의 전체 논의는 한 마디로 요약한다면 stato에 관한 것, 즉 stato라는 이름으로 불리는 공권력의 획득/탈취, 유지 및 상실에 관한 것이다. 이 stato라는 단어는 라틴어의 status의 이탈리아어식 표기인데 이 status라는 말의 원래의 뜻은 오늘날 영어에서 사용되는 status라는 말과 거의 동일하여 중세 때에는 사회적 지위 또는 법적 지위를 의미하는 것이었다.

중세 후반에 이르면 이 status라는 말은 점차 정치적 함의를 갖게 되었는데 처음에는 통치자의 지위(status regis), 그리고 뒤에는 통치영역의 상태(status regni)라는 두 가지 의미로 사용되었다.[9] 중세 때까지 status라는 말은 독립적으로 사용되지 않았는데 이것은 아직 지배자나 피지배자와는 분리되어 있고 일정하게 확정된 영토 안에서 최고의 정치적 권위를 구성하는 공권력(公權力)의 일 형태로서의 국가(國家), 또는 독립적인 정부기구라는 근대적 관념이 출현하지 않았다는 점을 말하는 것이다.[10]

  status 및 stato라는 말이 중세적 의미를 벗어나 근대적으로 처음 사용된 것은 이탈리아 안에서 독립적 도시국가라는 새로운 정치조직이 등장하면서 나타난 군주귀감서에서였다고 설명된다. 특히 이 도시국가들이 선출제에서 일인독재체제(signori)로 넘어간 후 많이 나타난 귀감서에서 집중적으로 다루어진 문제는 대체로 두 가지였다. 하나는 통치자가 자신의 영광과 백성들의 복지를 달성하는 방법에 관한 것이었고 다른 하나는 지배자가 자신의 정치적 지위를 유지하는 방법, 즉 영역을 효과적으로 통치하는 지배자로서의 정치적 지위를 유지하는 방법에 관한 것이었다. 따라서 지배자의 정치적 지위(political standing)를 의미하는 stato라는 말의 사용은, 군주들이 stato의 유지를 위해서는 어떻게 행동할 것인가의 토론과 함께 14세기 이탈리아의 정치문헌의 중심 주제가 되었다. 이러한 귀감서 전통의 마지막에 속하는 마키아벨리의 논의도 결국은 군주들이 여하히 자신의 stato, 즉 정치적 지위를 유지할 것인가에 관한 것이었다.[11]

---

9 J. H. Hexter, *The Vision of Politics on the Eve of the Reformation* (New York: Basic Books, 1973): 155; Skinner, "The State," in Terence Ball, James Farr and Russell L. Hanson(eds.), *Political Innovation and Conceptual Change* (Cambridge: Cambrdige University Press, 1989), pp. 91~95. 한편 이때의 status는 일반적 상태로 그치는 것이 아니라 안정의 상태 또는 좋은 상태를, 따라서 status regni라 할 경우는 단순히 영역의 상태라기보다는 영역의 번영을 의미하는 것이었다. 이점에 대해서는 Harvey C. Mansfield, "Machiavelli's Stato and the Impersonal Modern State," in H. C. Mansfield, *Machiavelli's Virtue* (Chicago: University of Chicago Press, 1996), p. 285를 볼 것.
10 Skinner (1989), p. 96.
11 Skinner (1989), pp. 97~98.

지배자가 자신의 지위(standing)를 유지한다는 말은 자신의 기존 정체를 유지한다는 의미인데 이런 뜻에서 status/stato는 군주의 상태(state, condition)뿐 아니라 어떤 특정의 정체(regime) 또는 정부체제의 존재를 지적하는 말로서도 사용되었다. status/stato는 다시 정체유형이라는 의미로 사용되었는데 예컨대 마키아벨리는 『군주론』 5장의 머리에서 과두정이라는 의미로 'stato di pochi' 라는 표현을 쓰기도 하였다.

기존의 stato를 유지하는 두 번째의 전제조건에는 이미 주어진 영토를 잃지 않아야 한다는 점이 있다. 이러한 뜻에서 status/stato는 지배자가 통치권을 행사하는 지역을 의미하게 되었다. 예컨대 『군주론』 3장과 24장에서 새로운 stato를 획득했다거나 상실했다는 표현을 쓸 때는 주로 이러한 영토의 의미가 담겨 있다. 귀감서의 저자들이 항상 강조했듯이 state의 유지를 위한 가장 중요한 전제조건으로 군주는 기존의 권력구조와 정부제도에 대한 자신의 장악을 유지해야 한다고 한다. 이로써 stato는 기존의 정체를 지칭하는 것뿐 아니라 정치공동체 안에서 질서를 조직하고 유지하는 데 봉사할 정부의 제도와 강제적 통제의 수단을 의미하게 되었다.[12]

마키아벨리는 앞서 지적하였듯이 정치공동체의 문제를 논의할 경우 인간의 도덕적 잠재력의 실현을 위한 제도적 조건이라는 관점에서 공동체의 문제를 다루던 고전 사상의 문제를 다룰 때에는 citt를 썼지만 새로운 정치현실의 출현과 관련하여 효과적 권력조직과 그것을 바탕으로 장악되는 영토의 문제를 다룰 경우에는 예외 없이 stato라는 말을 사용하였다. 그리고 이 단어의 빈번한 출현이 바로 당시까지의 다른 사상가들과 마키아벨리를 구별지어주는 가장 큰 특성으로 말할 수 있을 것이다.

---

12 Skinner (1989), pp. 100~101.

헥스터에 의하면 마키아벨리는 stato라는 단어를 『군주론』에서 총 115 회 사용하였다.[13] 이 가운데 특별한 정치적 의미를 갖지 않는 5회를 제외하면 나머지 110회는 전부 중세 후기 때의 의미 즉 통치자의 지위(status regis) 또는 통치영역의 상태(status regni)라는 의미로 사용되고 있는데 이 가운데 주격(主格)으로 사용되는 것은 7-8회에 지나지 않고 나머지는 전부 동사의 목적어로서 사용된다. 이러한 진술의 핵심적 의미는 다음과 같다. 즉 오늘날에 와서 국가는 행동의 주체, 그것도 주권을 행사하는 행동주체로 이해되는데 비해 마키아벨리 당시만 해도 군주의 정치적 행동의 대상에 불과한 것으로 관념되었다는 것이다. 오늘날 사람들은 국가 속에 포함되어 있는 것으로 관념되는데 이러한 국가는 당시 patria 또는 citt로서 표기되었고 stato는 반대로 사람—정치인, 군주—에게 속하는 사물에 불과하였다.

헥스터가 조사한 바에 따르면 stato를 목적어로 갖는 동사로 가장 빈번하게 사용되는 것에는 획득하다(acquistare), 보유하다(tenere), 유지하다(mantenere), 탈취하다(togliere), 상실하다(perdere)의 다섯 개가 제일 많은데 모두 35회 나온다. 그리고 이 다섯 개의 단어와 유사한 것(예컨대 공격, 점령, 약탈 같은 단어들)을 모두 포함시키면 전체 110번 사용의 7할 이상이 획득과 상실의 대상으로 사용되고 있다.[14]

위에서 지적하였듯이 마키아벨리의 stato 개념은 몇 개의 약간 상이한 의미로 사용된다. 따라서 일관성이 결여되었다는 비판이 제기되기도 하였다. 그러나 stato 개념의 의미를 집중적으로 조사하고 있는 헥스터는 마키아벨리가 엄격한 정의를 바탕으로 그 말을 사용하고 있지 않은 것은 사실

---

13 필자가 조사한 바에 따르면 『로마사논고』에서는 약 300회 정도를 사용하고 있다.
14 Hexter (1973), pp. 156-60.

이지만 stato를 이용 또는 획득(그리고 반대로 상실)의 대상으로 보고 있다는 점에서는 상당히 일관된 자세를 보이고 있고 바로 이러한 사실, 즉 군주가 자신의 국가를 어떻게 획득하고 유지하는가, 또는 어떤 이유로 상실하게 되는가 등의 문제가 국가 문제와 관련된 유효한 진실이라고 말한다.[15] 결국 마키아벨리의 stato 개념의 핵심을 한 마디로 요약한다면 그가 사용하고 있는 imperio, 즉 명령 권력(지배)의 개념을 들 수 있을 것이다.

IV. 마키아벨리의 국가 개념의 역사적 성격

마키아벨리가 정치공동체를 지칭할 때 전통적인 civitas(citt) 또는 patria라는 말 대신에 stato라는 말을 사용했을 때 그가 지적하고자 했던 점은 정치공동체가 갖고 있는 다양한 측면 가운데 명령 권력 또는 명령과 복종 관계의 측면이었다. 즉 지배자가 장악하고 있던 군사력이나 기타 관련되는 물질적 권력 자원 또는 공권력이 갖고 있는 권위, 그리고 강제력의 조직 등으로 앞서 지적하였듯이 전부가 획득과 탈취 또는 상실의 대상이 되는 것이다. 예컨대 『군주론』 10장의 머리 부분에서 군주국의 성질을 검토할 때 "군주 자신이 지배할 수 있는 충분한 (tanto) stato를 갖고 있는지의 여부"를 고려해야 한다고 말하는데 이때의 stato는 일반적으로 권력 자원으로 이해하고 있다. 또한 18장에서는 국가의 위엄(maest dello stato)을 말하고 있는데 이것은 국가라는 공조직이 갖는 권위가 힘의 중요한 기

---

15 마키아벨리의 stato 개념은 사용될 때마다 영토, 영토와 주민, 자원과 능력 일반, 주민과 별도의 정부, 주민-영토-정부의 전체를 돌아가면서 의미하고 있다고 헥스터 교수는 지적한다. Hexter (1973), p. 161. 마키아벨리는 『군주론』 10장의 첫 문장에서 군주국의 특성을 알기 위해서 고려되어야 할 사항 가운데 군주가 충분한 stato를 갖는가의 여부를 포함시키는데 이때의 stato는 군사력 등의 능력 또는 자원을 의미하는 것이다.

반의 한 부분이 되고 있음을 지적하는 것이다.

정치공동체를 지칭하는 단어로서 stato를 자주 쓰기 시작했다는 것은 그 이전의 논의에서는 별로 잘 다루어지지 않던 정치의 특정, 즉 권력관계의 측면이 새롭게 조명받기 시작했다는 것을 의미한다. 이와 관련하여 우리가 당연히 흥미를 갖고 제기해야 할 문제는 마키아벨리의 stato 개념이 어느 정도 전통적인 성격을 지니고 있고 또 어느 정도 혁신적인, 즉 근대적인 면모를 갖추고 있는가 하는 점이다. 마키아벨리가 활동하던 당시는 통일 왕조국가로서의 새로운 모습을 띠면서 출현한 프랑스와 스페인을 주도로 하는 새로운 근대국가의 정치질서와 봉건적 질서가 교체되던 과도기였는데 과연 이러한 전환기적 변화가 마키아벨리의 stato 개념에서 어느 정도 반영되고 있는가 하는 문제는 아주 자연스럽게 제기될 수 있다. 왜냐하면 마키아벨리 자신이 그러한 변화를 얼마나 분명하게 의식하고 있었는지는 확실히 말하기 어렵지만 마키아벨리처럼 stato를 중심적 개념으로 빈번히 사용하면서 정치문제를 다루었던 당대의 인물들은 없었던 관계로 그러한 stato를 중심으로 하는 새로운 방식의 논의가 당시의 역사적 변화를 반영하고 있고 또 그 논의 속에서 그러한 변화를 반영하는 여러 가지 간접적 증거가 발견될 수 있을 것이라는 점은 전혀 무리한 기대가 아니기 때문이다.

마키아벨리가 사용하는 국가(stato) 개념이 어느 정도 근대적 성격의 것인가를 둘러싸고서는 학자들간에 이견이 존재한다. 마키아벨리 사상의 근대성을 강조하고자 하는 학자들은 당연히 그의 stato 개념에서 근대적 성격을 발견하고자 한다. 이러한 논의의 대표적 작업으로서는 이탈리아의 마키아벨리 학자인 키아펠리의 것을 들 수 있다.[16] 마키아벨리의 주요 개

---

16 Fredi Chiappelli, *Studi sul linguaggio del Machiavelli* (Florence: F. Monnier, 1952).

념들을 그것들이 사용되는 구체적 맥락 속에서 갖는 의미를 분석하고 있는 키아펠리에 의하면 마키아벨리의 국가(stato) 개념은 그것이 문법적으로 주어로 쓰이던 목적어로 쓰이든 상관없이 정치적, 민족적 및 영토적으로 완전히 성숙된 의미로 사용되고 있다고 언명한다.[17]

마키아벨리의 stato 개념을 훨씬 자세하게 검토하고 있는 헥스터에 의하면 마키아벨리의 lo stato는 오늘날 우리가 일상적으로 생각하는 그러한 국가는 전혀 아니라고 말한다.[18] 물론 오늘날에도 국가는 권력수단 또는 권력장치로서 획득과 탈취의 대상으로 여겨지고 있지만 마키아벨리에 있어서는 국가를 스스로 주체적으로 행동하는 주체로 또는 사회적 가치의 기반으로서의 정치체(body politic)로 보는 근대적 관점이 전적으로 결여되고 있다는 점이 마키아벨리의 국가 관념의 결정적 특징이라고 지적된다.[19]

키아펠리의 견해에 대해서 스키너도 회의적이다. 스키너에 따르면 근대적 국가 관념은 "일정한 영토 안에서 최고의 정치권위를 이루면서 지배자와 피지배자 모두로부터 분리되어 있는 공권력의 형식"이라는 관점에서 규정되는데 이러한 관점은 장 보당에서 효시적인 모습으로 나타난다.[20] 국가(stato)를 권력 장치로 보는 견해는 물론 상당히 근대적인 시각을 반영하고 있지만 마키아벨리에서와 같이 국가를 특정 군주 또는 정치인에게 개인적으로 속하는 수단으로 보는 한 이것은 여전히 전통적 견해를 잇고 있는 것으로 그는 말한다.[21]

---

17 chiappelli (1952), pp. 61–68.
18 Hexter (1973), p. 167.
19 Hexter (1973), pp. 169–72. 한편 헥스터는 키아펠리의 주장에 대해 세밀한 비판을 가하고 있다. Appendix A (pp. 173–75)를 볼 것.
20 Quentin Skinner, *The Foundations of Modern Political Thought* (Cambridge: Cambridge University Press, 1978), vol. II, p. 353.
21 Skinner (1989), pp. 102–04.

마키아벨리의 국가(stato)가 인격적 요소를 벗어나지 못하고 있다는 점에 대해서는 맨스필드도 마찬가지의 의견을 보인다.[22] 그러나 맨스필드는 마키아벨리의 국가 개념의 근대성 여부를 탈인격화(depersonalization) 여부에서만 찾을 것은 아님을 강조한다. 맨스필드에 따르면 아리스토텔레스적 국가 개념에서 드러나는 인격성과 마키아벨리 개념에서 보이는 인격성에는 상당한 변화가 있는 것으로 말한다.

아리스토텔레스의 국가 개념에서의 인격성은 그의 정체 유형론에서 나타나는 것으로 보고 있다. 아리스토텔레스에 따르면 국가(polis)의 성격은 국가의 질료인 주민과 영토가 아니라 형상인 정체(politeia)에 의해 규정된다. 그런데 국가의 성격은 그 주민에 의해 규정되지 않지만 정체는 주민 속에 있는 것으로 이해된다. 즉 탈인격적이고 중립적인 근대국가와는 달리 아리스토텔레스적 국가는 지배권을 장악하는 사람들(politeuma)의 주장을 반영한다. 즉 지배권을 장악한 사람들의 성격에 따라 군주정, 과두정 또는 민주정이 규정된다. 즉 이들은 이미 주어진 국가의 틀 속에서 각자의 이익을 주장하는 것이 아니라 자신과 반대되는 견해에 맞서 자신의 고유한 정체를 주장하는 것이다. 따라서 정체는 필연적으로 당파적 성격을 띠게 된다.

맨스필드에 의하면 마키아벨리의 국가 개념에서의 인격성은 국가가 누군가의 소유로 되어 있는 권력장치로서 이해되고 있는 점에서 분명히 드러난다. 누군가의 소유가 되기 위해서는 먼저 그 누군가에 의해 획득되어야 한다. 그리고 이 국가는 지속성을 누리기 위해 영광과 안전을 획득해야

---

22 Harvey C. Mansfield, "On the Impersonality of the Modern State: A Cpmment on Machiavelli's Use of Stato," *The American Political Science Review* 77(1983), pp. 849-57. 이 논문은 현재 Mansfield(1996): 281-94에 재수록되었다.
23 Mansfield (1996), p. 283.

만 한다. 마키아벨리의 관심사, 즉 사태의 유효한 진실은 군주 또는 정치인이 자신의 국가를 획득하고 또 영속할 수 있는 방법에서 발견된다. 이러한 점에서 마키아벨리에게 더 흥미 있는 군주정과 공화정의 차이는 도덕적 차이보다는 어떤 쪽이 보다 효과적인 획득을 가져올 수 있는가 하는 문제였다. 마키아벨리의 국가 개념이 여전히 인격적인 면을 보이고 있기 때문에 전통적 국가 개념에 머무른다는 스키너의 주장은 마키아벨리의 근대성의 측면을 놓친다는 것이 맨스필드의 핵심 논지이다. 맨스필드는 비인격성의 문제보다는 아리스토텔레스에서 나타나지 않는 효과적 획득의 문제에서 마키아벨리의 특성이 살아나고 있고 또한 이와 관련하여 나타나는 공화정과 군주정의 상대적 이점에 관한 공리주의적 판단과 도덕적 중립자세 속에서 마키아벨리의 근대성이 추적되어야 함을 강조한다. 왜냐하면 근대국가 속에서 나타나는 비인격적 합법성이라는 공식은 결국 마키아벨리가 말하고 있는 국가의 (불편부당한) 획득욕구가 표시된 것이기 때문이다.[24]

V. 마키아벨리의 stato와 근대국가

위에서 검토된 마키아벨리의 stato 개념의 근대성 여부에 관한 논쟁을 통해 우리는 다음과 같은 점을 알 수 있다. 즉 엄격한 텍스트상의 증거를 바탕으로 할 경우 마키아벨리가 사용하는 국가의 개념에서 드러나는 강한 전통적인 성격은 부인하기 어렵다. 또한 마키아벨리가 stato라는 말을 쓰

---

24 Mansfield (1966), pp. 293-94.

고는 있지만 이것을 바탕으로 그가 우리가 오늘날 근대국가라는 개념으로 이해하고 있는 그러한 점을 논의하고 있다고 주장하기도 쉽지 않다. 그럼에도 이러한 결론을 바탕으로 그를 여전히 중세적 이론가로 말하고 넘어가기에는 석연치 않은 점들이 적지 않다.

우선 마키아벨리가 stato의 개념을 전통적 의미대로 사용하고는 있지만 사실 그가 굳이 공동체에 대한 다른 지칭을 두고 굳이 stato라는 단어를 쓴 것은 정치공동체의 명령권력의 측면을 부각시키기 위한 것이었다. 이러한 명령권력의 측면에 대한 문제의식 자체는 대단히 근대적인 것으로 볼 수 있다. 앞에서 지적되었듯이 전통적 공동체이론은 고전철학이든 기독교 사상이든 간에 지배관계의 측면보다는 그 점은 논외로 한 채 이상적 질서의 본질과 그것의 실현 가능성에 초점을 맞추고 있었다. 그러나 마키아벨리에서는 이상적 질서의 논의가 원천적으로 빠지고 대신 권력의 효과적 사용, 지배관계의 성공적 구축 그리고 현실적 효용 등이 주된 관심사로 등장한 것이다. 이때의 효용은 공동체의 영광과 안정이라는 기본 가치의 달성과 관련된다.

이렇게 그의 문제가 근대적 방식으로 구성되고 관심이 근대적 문제에 초점을 두고 있음에도 그의 용어 사용방식에서 드러나는 사고와 논의의 전통적 형식 사이의 간격을 우리는 어떻게 설명할 수 있을까. 그 첫 번째의 가능성으로 다음과 같은 점을 들 수 있을 것이다. 즉 마키아벨리의 문제의식의 참신성이나 사고의 혁신성도 마키아벨리 자신에 의해 의식적으로 시도된 것이라기보다는 의도치 않았던 우연적 결과로 풀이할 수 있을 것이다. 그러나 앞에서 여러 번 인용하였듯이 마키아벨리 자신은 자신의 작업이 전인미답의 작업이기 때문에 상당한 위험을 수반하고 있고 또한 선인들의 작업을 부인하기 때문에 건방진 것으로 받아들여질 위험도 있다고 말하고 있다. 이러한 점으로 미루어 보아 이러한 설명은 별로 큰 설득력이 없어 보인다.

보다 큰 설득력이 있는 또 다른 설명으로 다음과 같은 점을 들 수 있을 것이다. 모든 종류의 담론이 그렇듯이 정치이론도 기본적으로는 예상되는 청중들에 의해 이해될 수 있어야 하며 이를 위해서 어떤 논객도 특정의 이론틀과 개념들을 사용할 때는 주어진 어떤 시점에서의 논의와 관련하여 확립되어 있는 관행들을 존중해야만 한다. 이런 점을 생각한다면 마키아벨리의 stato 개념이 전통적 이해 방식에서 크게 벗어나지 않는다고 하는 점은 전혀 이상한 일도 아니고 따라서 그의 사상의 내용 자체가 전근대적인 성격의 것이라고 주장할 수 있는 근거도 되지 못한다.

전통적 개념을 바탕으로 전통적 사고의 틀을 비판하는 것은 반드시 국가의 개념과 관련되어 나타나는 것이 유일한 것도 또한 제일 큰 것도 아니다. 전통적 담론의 틀을 바탕으로 전통적 담론 자체를 붕괴 또는 전복시키려는 기도는 마키아벨리의 독특한 수사술적 논의 전개 방식과 관련하여 더 극적으로 표출되는 것으로 지적된다. 수사술은 마키아벨리의 직접적 지적 원류를 이루고 있는 르네상스 인문주의의 독특한 전통이었다. 출중한 인문주의자로서 마키아벨리는 이 수사술을 완벽하게 구사하는 능력을 발휘하였는데, 그는 이 능력을 다른 것이 아닌 인문주의의 도덕주의적 또는 이상주의적 정치관에 대한 비판에 가장 극적으로 사용하였던 바 그 전형의 모습은 『군주론』 15장-19장에서 잘 드러난다.[25]

이러한 마키아벨리의 토론 전술을 고려할 때 그의 텍스트 자체에서 국

---

25 원숙한 수사술의 기술자로서 마키아벨리의 측면에 대한 뛰어난 분석으로는 Victoria Kahn, *Machiavellian Rhetoric: From the Counter-Revolution to Milton* (Princeton, N.J.: Princeton University Press, 1994), pp. 3-59를 볼 것.

가 개념의 근대성 또는 혁신성이 바로 나타날 것을 기대하기는 어렵다. 그보다는 당시에 진행되던 역사적 변화에 대한 그의 직접적 언급을 바탕으로 그가 전통적 정치질서에서 근대 국가질서로의 전환과정을 분명히 의식하고 있었음을 지적하고 이 점이 어떻게 그가 사용하는 국가 개념에 영향을 미치고 있는가를 살펴보는 일이 훨씬 성과 있는 작업으로 여겨진다.

실제 이 작업은 그리 어려운 것이 아니다. 왜냐하면 마키아벨리는 분명하게 당시 소규모 도시국가로 분열되어 있던 이탈리아에 비해 새롭게 통일을 이룬 프랑스와 스페인이 갖는 이점을 논의하고 있기 때문이다. 그의 주된 관심은 당시 백년전쟁 이후 근대적 통일국가로 새롭게 등장한 프랑스와 아랍 세력으로부터 국토를 재탈환하고 왕실의 혼인을 통해 통일국가로 성장하기 시작하던 스페인과 같은 전혀 새로운 정치조직의 경험을 어떻게 이탈리아라는 독특한 정치상황에 이식시킬 수 있는가 하는 문제였다. 특히 이들 두 국가의 성장은 이탈리아 역사 전개에 결정적인 영향을 미쳤다. 1494년 샤를 8세의 프랑스 침공과 1512년 스페인의 이탈리아 내정 개입, 그리고 이탈리아 안에서 벌인 이 두 강대국 사이의 전쟁은 이탈리아가 갖고 있던 정치적, 군사적 약점을 백일하에 드러나게 만들었다.

이미 앞에서 몇 차례 언급된 바와 같이 이 문제는 『로마사논고』 1권 12장에서 로마교황청에 대한 강한 비판의 맥락에서 논의되고 있다. 마키아벨리에 따르면 로마교황청은 두 가지 점에서 큰 잘못을 저질렀다. 하나는 로마교회의 부패로 인해 이탈리아인이 전체적으로 신앙심을 상실케 하였고 이로 인해 상당한 무질서가 초래하였다는 것이라고 그는 말한다. 이보다 더 큰 잘못은 이탈리아의 통일을 방해하였다는 점에서 찾고 있다.

　… 진실로 어떤 나라도, 프랑스나 스페인 같이, 하나의 공화정이나 군주 밑에

관할되지 않으면 통합되거나 행복한 삶을 누릴 수 없었다. 이탈리아가 같은 조건에 놓이지 못하고 있고 그것을 다스릴 하나의 공화국이나 군주를 갖지 못한 것은 전적으로 교회 때문이다. 로마교회가 이탈리아 안에서 세속적인 지배권을 유지하여 왔지만 이탈리아 내의 다른 국가들의 권력을 탈취하여 자신이 [유일한] 군주로 등장할 만큼 강한 힘이나 비르투를 갖지 못했다. 다른 한편 로마교회는, 이탈리아 안에서 어떤 세력이 지나치게 강력해져서 세속사에 대한 자신의 지배권을 상실할 것이 두려울 경우, 다른 세력을 불러들여 자신을 방어하지도 못할 만큼 약한 것은 아니었다. 이러한 점은 많은 경험을 통해 드러난다. 즉 롬바르디인들이 거의 전체 이탈리아의 군주가 되었을 때 로마교회는 샤를마뉴를 불러들여 이를 저지했고, 오늘날에는 프랑스를 불러들여 베니스의 힘을 탈취하였으며 또한 스위스의 힘을 빌어 프랑스를 축출하였다. 이렇게 교회는 전체 이탈리아를 장악할 만큼 강력하지도 못했고 누군가 다른 세력이 그렇게 하는 것을 허용하지도 않았다. 따라서 교회는 이탈리아가 단일 지도자 밑에서 통일되는 것을 막았고 다수의 군주들과 참주들에 의해 분열되도록 함으로써 분열되고 취약해져 야만인들뿐 아니라 누가 공격해와도 그 먹이가 될 수밖에 없었다.

이 인용문에서 분명히 드러나고 있듯이 프랑스 또는 이탈리아 같이 이름으로만 존재해 오던 지리적 단위체가 단일한 권력조직, 즉 국가(stato)에 의해 효과적으로 지배될 때—효과적 지배가 가능한 한 정체의 유형은 문제가 되지 않는다—비로소 번영이 가능하다는 점에 대해 마키아벨리가 분명히 의식하고 있었고 나아가 그는 이탈리아도 번영을 바란다면 정치적 통일을 달성한 프랑스나 스페인의 예를 따라야 할 것임을 강조한다.

다시 이 인용문에서 보이듯이 마키아벨리의 정치적 관심은 이탈리아가 프랑스나 스페인 같은 통일국가를 이룩하는 방법에 있었는데, 이 문제는 구체적으로 이탈리아가 그것을 달성하지 못하는 원인의 규명과 직결되는 것이다. 그 원인은 당연히 기성의 소규모 도시국가들과 기타 봉건귀족 등의 분권주의적 정치세력들의 기득권 보호에서 찾아야 하는 것이었다. 당연히 해결책은 이것을 타파할 수 있는 통일국가(national state)의 수립이었는데 이러한 국가는 통일, 방어 및 정복이라는 군사적 기능은 물론이고 이 외에 정치적, 경제적, 사법적 그리고 이데올로기적 기능을 동시에 수행할 수 있어야 한다. 즉 새로운 통일국가는 폭력을 기본 수단으로 하면서 동시에 동의를 끌어낼 수 있는 능력, 그람시적 용어로 말한다면 헤게모니를 장악할 수 있어야 한다는 점에 대해 알튀세가 지적한 바 있다. 이점은 앞서 논의되었듯이 안정된 권력관계의 구축에는 일반화된 동의가 필요하다는 논지로서 아가토클레스를 논의하는 『군주론』의 8장에서 선명한 모습으로 제시된 바 있다.

이러한 점에서 정치적으로 의미를 가질 수 있는 "단일 민족(국민)의 형성이 오로지 폭력과 동의를 동시에 동원할 수 있는 국가라는 수단에 의해서만 이룩될 수 있는 것이라면 근대국가는 민족적일 수밖에 없다" (외국의 힘으로는 안 된다)는 점이 마키아벨리의 기본 논지라고 보는 그람시-알튀세의 주장에 경청할 필요가 있다.[26]

---

[26] Louis Althusser, *Machiaveli and Us*, Gregory Elliott, tr., (London: Verso, 1999), pp. 12-13. 마키아벨리의 작업은 궁극적으로는 이탈리아와 같이 분열된 나라에서 통일국가의 창건의 전제조건이 무엇일까 하는 정치적 질문이었고 그 답은 구질서의 타파 또는 봉건질서와 연결되어 있는 자유도시국가를 포함한 일체의 정치단위체들의 일소였다고 알튀세는 말한다. 마키아벨리는 그 작업의 효과적 수행을 위한 폭력 자원을 동원하고 조직할 수 있는 신군주의 출현만이 그 문제에 대한 효과적 답을 줄 수 있는 것으로 보았다고 알튀세는 풀이한다. 이렇게 구정치질서의 종말과 신질서의 시작에는 반드시 상당한 양의 폭력이 개재된다는 마키아벨리의 지적을 일컬어서, 마르크스의 유명한 "자본의 시원적 축적"이라는 명제를 빌어, 민족국가의 시작에 관련된 "시원적 정치적 축적"의 이론가로서 성격 지우고 있다. 즉 국가의 창건 과정에 필연적으로 개재되는 폭력을 어떤 이데올로기적 은폐 없이 그대로 보여줄 수 있었던 최초의 인물로서 그려진다. Althusser(1999), p. 125.

VI. 맺음말

지금까지 우리는 마키아벨리의 사상이 갖는 혁신적 측면을, 폭력을 바탕으로 하는 명령과 복종의 관계로서 국가를 규정하는 그의 현실주의적 시각이라는 관점에서 검토하였다. 그 결과로 나타나는 논의가 대단히 흥미를 끄는 것은 정치문제의 논의가 실제 정치현장에서 정치의 업무를 수행하는 정치인의 입장에서 그에게 주어진 고민과 그 고민의 극복이라는 문제, 즉 권력관계 속에서의 자신의 지위를 유지하거나 개선하기 위한 구체적 방책이라는 문제에 바로 질러 들어가기 때문이다. 즉 마키아벨리의 논의가 제3자적 입장에서의 정치현실에 대한 이론적 또는 개념적 이해가 아니라 당사자의 실천문제라는 각도에서 다루어지기 때문에 독자들에게 대단히 박진감 있게 다가오는 것이다.

너무 실천문제에 근접해 있는 데다가 거시이론적 변동 개념이 결여된 구식의 역사 이해 방식 때문에 당시에 진행되던 근대국가의 출현과 관련된 변화를 마키아벨리가 제대로 포착하지 못했을 것이라는 우려도 충분히 있을 수 있다. 그러나 프랑스나 스페인이라는 새로운 형태의 국가가 이미 이탈리아 내의 도시국가들로서는 감히 대적하기 어려운, 전적으로 새로운 정치조직이라는 점을 그는 이미 분명히 감지하고 있었다. 이러한 감각은 그가 이론가로서 훈련받은 결과가 아니라 현실정치인의 시각에서 권력 자원의 동원이라는 문제를 중심으로 정치를 관찰하였던 덕분에 길러진 것으로 여겨진다.

여기에 덧붙여 우리는 다음과 같은 사항들도 마키아벨리를 당시까지의 지배적 지적 전통의 구속으로부터 상대적으로 자유롭게 해주었던 점으로 지적할 수 있을 것이다. 우선 기독교 사상은 당시 기독교의 중심이던 이탈리아에서 교회가 대단히 부패했고 또한 세속정치에 너무 깊이 그리고 노골적으로 관여했던 까닭에 최소한 이탈리아 내부에서는 정신적 또는 지적 지주로서의 역할을 상실하고 있었다. 한편 로마교회의 정치 관여를 자극했고 또한 기회를 제공한 이탈리아의 소규모 정치단위, 즉 도시국가들 사이의 지속적 갈등상태는 현실정치를 육안으로 관찰할 수 있는 좋은 기회가 되었다. 비록 강한 인문주의의 전통 속에서 지적으로 성장하였지만 마키아벨리의 경우 인문주의의 사회적 기반인 상류층에 대한 강한 반감도 갖고 있었고 또한 기질적으로도 인문주의의 도학자적 자세에 반발하고 있었기 때문에 인문주의 교육은 인문주의를 다시 공격하는 기술을 익히는 데 더 큰 기여를 하였다. 이렇게 전통으로부터 상대적으로 자유로웠기 때문에 전통의 용어로는 설명될 수 없었던 새로운 정치현상을 목도하면서 마키아벨리는 새로운 언어를 쉽게 구사할 수 있었던 것이다.

②

푸코의 전쟁과 평화

최정운 | 서울대학교

I. 서론

프랑스의 철학자 미셸 푸코(Michel Foucault, 1926~1984)는 권력에 대한 논의를 클라우제비츠(Carl von Clausewitz)의 유명한 말을 뒤집어 "정치는 다른 수단에 의해 추구되는 전쟁이 아닌가?"라는 질문을 던지며 시작한다.[1] 이 말은 성(性, sexuality)이라는 특정한 문제에서 제시되었지만 그의 초기부터의 연구 전체를 가로질러 재조명하는 영감을 담은 독백(獨白)으로 읽어야 할 것이다. 이 글의 목적은 푸코의 전쟁과 정치에 대한 생각을 추적해 보고자 함이다. 그는 물론 국제정치학자는 아니었고 그의 애초의 관심은 근대 서구사상, 특히 이성(理性)의 문제였다. 후기에 접어들어

---

[1] Foucault, *The History of Sexuality* 1, Tr. Robert Hurley (N.Y.: Vintage, 1980), p. 93. 이하에서 Foucault의 글은 그의 이름을 언급하지 않고 표기한다.

그는 근대 서구 특유의 권력의 문제에 천착하였다. 근대 서구인의 삶과 동일성(identity)을 규정하는 근대의 권력은 결국 국가간의 전쟁과 그 결과, 전쟁에 대한 공포 그리고 다가오는 전쟁에 대한 준비에서 비롯되었고, 나아가서 근대 권력은 다시 전쟁 또한 특정한 방향으로 이끌어 갔다는 것이다. 전쟁의 문제에서 연유된 독특한 죽음과 삶의 문제는 근대 서구 문화의 핵심을 이루었다는 것이다.

우선 다음 장에서는 푸코의 권력론을 "정치는 다른 수단에 의한 전쟁"의 명제에서 직접적인 추론를 통해 재구성한다. 셋째 장에서는 근대 서구 사상에서의 인간의 출현과 인간 과학의 문제를 전쟁과 평화의 틀에서 재구성한다. 넷째 장에서는 19세기 이후 전쟁의 그림자로서의 근대 권력이 서구 근대의 담론과 문화에 투영되어 있는 삶과 죽음의 관계를 조명한다. 이러한 포괄적 재구성을 시도하고 나면 그의 국제정치 문제 일반과 서구인의 삶에 대한 생각을 정리해 볼 수 있을 것이다.

II. 근대 권력의 특징

푸코가 제기한 "정치는 다른 수단에 의한 전쟁"이라는 명제는 권력의 행사는 전쟁과 같은 전략적 행위지만 전쟁은 아니라는 복합적 의미를 담고 있다. 이 말에서 우리는 다음의 세 가지 추론을 도출할 수 있고 이는 상호 연관되어 그의 권력이론 전반을 포괄한다.

첫째, 폭력 특히 치명적 폭력은 권력의 중심적 수단이 아니라는 것이다.[2]

---

2 "Omnes et Singulatim: Towards a Criticism of 'Political Reason'," *The Tanner Lectures on Human Values II* (Salt Lake City: University of Utah Press, 1981), pp. 253-4.

체벌은 권력의 중요한 수단이지만, 권력의 전략과 기술에 종속되어 그 효과에 대한 엄밀한 계산하에 사용되는 여러 수단 중의 하나이다.[3] 폭력의 사용이나 전쟁의 승리는 권력이 발휘될 수 있는 기회를 주는 필요조건 또는 출발점에 불과하며 그 자체는 아니다. 푸코가 보여주는 권력의 핵심은 인간의 지적(知的) 활동에 있으며 이는 과거의 전쟁에 대한 기억의 재생산과 '대항기억', 나아가서 미래의 더욱 효과적인 폭력 사용에 대한 준비를 포함한다. 근대 권력은 인간의 지적 능력과 육체의 비대칭적 대결이며 권력의 사악한 측면은 영혼과 영혼, 육체와 육체의 대결이 아닌 즉 전쟁이 끝난 또는 전쟁에 이르지 못하는 상황의 재생산이라는 점이다. 근대 권력은 정교한 장치를 갖고 고도의 지식을 동원하여 육체에 파고들어 작동한다. 푸코가 제시하는 권력기술의 전형은 인간의 생활영역 전체를 밀봉하는 공간과 시간의 세밀한 구성과 시각과 청각을 통한 관찰을 통해 행사되며 또한 일회적인 것이 아니라 긴 시간을 두고 지속적으로 행해진다. 나아가서 권력 기술은 제도화된 학습과정을 통해 축적되어 발전되고 과학으로 추구된다.

둘째, 정치는 전쟁과 같은 전략적 행위이며 상대방의 행위와 반응을 기대하고 그에 적응하며 이루어지는 행위이다. 권력 행위는 주체성(主體性)에 근거한 행위가 아니라 관계에 근거한다. 이에 푸코는 권력은 획득하거나, 공유할 수 있는 것이 아니고 다수의 "힘의 관계"(rapports de force)로 보아야 한다고 하였다. 즉 권력이란 원초적인 형태에서 인간간에 발휘되는 힘이지, 외부에 존재하여 사람이 잡거나 소유할 수 있는 어떤 '것'이 아니다. 이른바 관직 또는 '상품적 권력'은 권력이 역사적으로 특정하게 제도화된 형태에 불과하며 권력은 관직이 정의한 바가 아니라 권력자와 다

---

3 "Subject and Power," in H. Dreyfus & P. Rabinow, *Michel Foucault: Beyond Structuralism and Hermeneutics*, 2nd Ed. (Chicago: University of Chicago Press, 1983), pp. 223-4.

른 사람들 간에 이루어지는 구체적 관계에 의존한다. 따라서 권력은 '경제관계' '성관계' 등의 여러 가지 관계의 외부에 존재하는 것이 아니라 내재하는 것이다. 이러한 관계들은 원초적 권력관계의 발달과 변화의 결과이며 원초적 권력관계는 분화(differentiation)의 내부조건을 이룬다.[4] 권력관계 자체에 정치적 또는 경제적 성격이 내재하지 않으며 관계의 분화는 권력이 담론을 통해 사회 전체적 전략을 형성할 때 담론에서 이루어지는 것이다. '정치', '경제', '성' 등은 담론 표면의 굴곡에 붙여진 이름들이며 이러한 이름들은 관계를 다시 규정할 수 있다. 정치의 분화 또한 원초적 권력관계가 특정한 담론을 통한 발현된 것이며, 이러한 의미에서 권력은 상부구조가 아니라 그 형성의 원인이 된다.

관직을 포함하여 전략의 주체는 권력관계에 의해 규정된다. 푸코는 권력은 밑으로부터 올라오며 지배자와 피지배자의 항구적 구별은 없다고 하였다. 이 말은 결국 주체인 인간이 없다는 뜻이 아니라 관계를 떠나 고정된 주체가 없다는 것이다. 이의 극단적인 예는 판옵티콘(panopticon)이다. 누구인가에 상관없이 장치 안에 만들어진 자리의 위치에서 죄수와 간수가 구별된다. 즉 지배자와 피지배의 구별은 관계가 규정한 결과이며 나아가 권력론에서 흔히 말하는 엘리트(elite)나 지배집단은 사전(事前)에 정의(定義)되는 것이 아니라 권력의 전략, 전술의 변화에 따라 형성, 분열, 재편된다. 그는 "권력은 어디에나 있다"고 하였다. 이 말은 모든 것이 권력이라는 뜻이 아니라 권력은 유동적으로 재분배될 수 있다는 뜻이다. 베버(Max Weber)가 제시한 지배는 권력관계가 상당 기간 유지된 "패권적 효과"라 하였다. 이 시점에서 푸코의 권력 이론에서 가장 문제시되는 "권력

---

4 Dreyfus, Rabinow and Foucault(1983), p. 223.

이란 의도적이고 전략적인 것이며 비주체적(非主體的)이다"는 명제가 도출된다. 이 말은 권력의 주체는 관계에 의해 규정되지만 관계에 자리잡은 인간들은 그 관계를 유지, 발전시키기 위해 전술과 전략을 꾸미고 조직적이고 체계적으로 관계를 변형, 발전시킨다는 것이다. 많은 경우 전략적인 의도는 명백하게 표현되지만 그 작가(作家, author)는 전략적 단위의 대리인일 따름이다. 우리의 주체성과 동일성은 권력에 의해 부여된다. 법적 권력은 모든 사람을 법의 주체와 대상체로서 이름과 가계와 각종 번호를 부여하며, 근대의 생태적 권력(bio-pouvoir)은 우리의 이해(利害)와 욕망을 만들어내고 신체적, 심리적 특수성을 부여한다.

마지막으로 전쟁과 정치의 공식은 권력의 행사는 필요한 경우 전쟁으로 전환될 수 있다는 의미를 갖는다. 권력의 각종 장치에는 전쟁으로의 전환이 준비되고 있으며 권력의 행사에 폭력은 일상화되어 있다. 푸코는 권력의 과정에서 저항을 내부적인 것으로 보고 있다. 권력이 있는 곳에는 늘 저항이 있고 동의(consent)는 권력의 조건이 아니다.[5] 이 말은 저항은 소용없는 짓이라는 뜻이 아니라 저항은 권력이 기대하는 상대이며 기술 발달의 토대이자 기회의 역할을 한다는 것이다. 권력이 발현되는 모든 미세관계에서 저항은 다양한 형태를 띠고 나타나며 사회를 분열시키기도 하고 혹은 제도화되면 혁명세력으로 등장할 수도 있다. 그러한 의미에서 "전투는 계속된다."[6] 푸코의 이러한 논의는 자칫 기능주의로 오해될 수 있다. 그러나 푸코의 권력론은 주체를 상정하지 않는다 하여도 전략 차원의 분석은 기능주의적 위험에 대처되고 있다. 권력을 지식과 진리가 만들어지는 과정으로 파악함으로서 사회적 기능의 자의적(恣意的) 전제는 배제되고

---

5 *Dreyfus, Rabinow and Foucault*(1983), pp. 219–20.
6 "Body/Power," in Colin Gordon, ed., *Power/Knowledge* (N.Y.: Pantheon, 1980), p.56.

있다.

푸코의 권력론의 독창성은 반명목론적(反名目論的) 입장에 있다. 푸코는 그간 사회과학에서 대표적인 권력으로 간주되던 '법적-담론적 권력 (juridico-discursive power)' 또는 국가권력은 근대사회에서 발휘되는 권력의 핵심이 아니며, 오히려 그간 권력과는 전혀 다른 범주로 취급해 오던 '과학', '공동체' 나아가서 '교육' 등의 행위 영역을 권력의 핵심으로 보았다. 푸코는 근대 서구의 새로운 권력을 법적 담론적 권력과 구별하고 대비시킨다. 푸코는 새로운 권력의 다양한 형태를 생태적 권력으로 포괄하며 그의 한쪽 끝에 규율 권력을 놓고 다른 한쪽 끝에 종(種, species)에 대한 권력을 놓아 그 사이에 전염병, 건강, 인구, 노동, 성 문제에 관한 수많은 전략적 행위들을 위치시킨다. 이러한 권력은 도식적으로 크게 세 가지 부분으로 나누어 볼 수 있다. 첫째는 감옥, 병원, 정신병원, 연구소 같은 판옵티콘의 구조로 이루어진 전문화된 공간이고, 둘째는 이 공간에서 권력이 행사되며 만들어지는 지식과 담론이며, 그리고 셋째는 이러한 지식과 담론을 바탕으로 형성되는 모세혈관(capillary)과 같은 사회 전체에 파고드는 전술적 관계의 그물망(network)이다.

푸코는 생태적 권력은 주권(sovereignty), 즉 형식화된 법적 국가권력으로부터 독립적으로 작용한다고 주장한다. 나아가서 19세기 이래 법적 권력은 외형에 불과하며 법적 권력을 초점으로 삼는 권력 이론은 권력의 실상을 이해(理解)하지 못하는 시대착오적인 발상이라고 주장한다.[7] 푸코에 의하면 법적 권력과 생태적 권력은 전혀 다른 원리로 작동한다. 재판소를 핵심으로 작동하는 법적 권력은 중세 후기에 왕권이 투쟁하는 다수의 권

---

7 푸코는 "아직도 서구는 왕의 머리를 자르지 못했다"고 하였다. Foucault(1980), pp. 88-9.

력체간의 분쟁을 정의(justice)라는 형식적 원칙에 근거하여 해결하는 중재자의 역할로서 정통성을 주장하여 비롯되었으며[8] 또한 근대에 제정된 합리적 법, 특히 형법 또한 "죄와 벌의 린네(Linne)"라 할 수 있는 낡은 고전시대의 분류학의 재판(再版)이라 하였다.[9] 또한 법적 권력은 획일화된 주체에게 보편적으로 적용되는 반면 생태적 권력은 개인의 특성을 형성해내며 개별적 '케이스'로서 적용된다. 나아가서 법적 권력은 목숨이나 재산 등을 포함하여 모든 것을 빼앗고 줄이는 공제(控除, prel vement)의 권력임에 반하여 생태적 권력은 삶의 확장과 최고의 효율성을 이끌어내는 생산적인 권력이라는 것이다.[10]

푸코는 사회를 권력의 장(場)으로 보았다. 법적 담론적으로 정의된 국가에 초점을 맞춘 권력론은 권력을 공동체 또는 사회의 외적 요인으로 보아 왔고, 그 대표적인 예는 국가와 시민사회의 양분법과 권력과 권위, 영향력의 구별이다. 베버의 관료주의론은 이러한 양분법을 극복하려 하였지만 여전히 법적 권력론을 벗어나지 못하였다. 푸코의 권력론은 이러한 양분법을 과감히 극복한다.[11] 푸코는 사회를 권력이 전개되고 있는 장소로 그리고 권력이 전술적인 배치(配置)를 통해 동원할 수 있는 권력 자원의 보고(寶庫)로 보고 있다.[12] 구체적으로 성의 문제에서 보듯이 부모자식 관계, 사

---

8 Foucault(1980), pp. 86-7.
9 *Discipline and Punish*, trans. Sheridan Smith (N.Y.: Pantheon, 1977), pp. 96-100.
10 Foucault(1980), pp. 135-40.
11 푸코는 국가와 시민사회의 구분은 18세기 후반 자유주의자들의 정치적 논쟁을 위하여 만든 개념으로 19세기까지 타당하였을지 몰라도 현재는 적용하기 힘들다고 주장한다. "Social Security," Lawrence D. Kritzman, ed., *Michel Foucault: Politics, Philosophy, Culture*, tr. Alan Sheridan et al (London: Routledge, Chapman & Hall, 1988), pp. 167-8.
12 "고전시대의 왕들은 거대한 국가 장치들─군대, 경찰 그리고 재정행정─을 개발했을 뿐만 아니라 무엇보다 새로운 권력의 '경제'라 할 수 있는 것을 확립했다. 그것은 말하자면 권력의 효과로 하여금 社會體 전체를 통해 지속적으로 중단 없이 스스로 적응해가며 '개인화되어' 순환하게 할 수 있는 절차들인 것이다." "Truth and Power" in Gordon, *Power/Knowledge*, p. 119; "The Politics of Healh in the Eighteenth Century," in *Power/Knowledge*, p. 39.

제관계, 의사와 환자의 관계는 담론을 통해 권력의 전략이 세워지게 되면 전술적, 미시적(微視的) 권력의 현장으로 변한다. 판옵티콘의 눈길과 '짓궂은 보석'의 귀는 우리의 가장 가까운, 사랑하는 사람들에게 전이(轉移)되고 이러한 감시와 통제의 권력은 섬세한 손길로 무한한 시간을 통해 발휘되는 것이다. 사회는 바로 사회적 성격으로 인해서 권력의 전략에 공명(共鳴)하며 권력 전략은 사회 곳곳에 '사랑의 올바른 방법'으로 전이되고 권력의 그물망은 이러한 방법으로 전사회적으로 형성되는 것이다.

III. 인간의 등장과 인간 과학

초기에 푸코는 르네상스 시대의 '인간'의 등장을 지식과 광인(狂人)의 등장으로 접근하였다. 이러한 시대적 관심이 부각된 배경을 푸코는 중세의 붕괴와 역병과 전쟁으로 제시한다. 광인에 대한 공포와 호기심과 유혹은 죽음에 대한 공포와 다가오는 세계의 종말과 친숙해지고 그리하여 이를 극복하려는 고뇌의 표현이었다. 광인은 살아서 증언하는 죽음 그 자체로 그러나 동시에 인간이 이성(理性)으로 범접할 수 없는 피안의 지식의 담지자로 여기고 그들과 극적 대화를 시도하기도 하였다.[13] 이 지식의 여명기에는 자연과 우주를 사물간의 유사성(similitude)의 연쇄로 보고 이를 알아낼 수 있는 신(神)이 남긴 표식(signature)을 찾고 해석하는 마술적 지식이 추구되었다.[14]

근대의 이성을 출범시킨 고전시대의 구조화된 담론의 연원인 17세기는

---

13 *Madness and Civilization*, Tr. Richard Howard (N.Y.: Vintage, 1965), pp. 12-7.
14 *The Order of Things* (N.Y.: Vintage, 1973), pp. 18-44.

종교전쟁과 기근, 역병 등의 일반적 위기 상황이었다. 당시 절대주의적 왕권은 광인들을 포함한 각종 거지, 부랑자들을 소탕하여 이른바 대감금(the Great Confinement)을 단행하였다. 대혼란에 처한 부르주아 사회에서 나태는 신에 대한 반란이었고 노동의 윤리는 칼로 세워졌다. 대감금은 '비이성'(非理性, unreason)의 물리적 격리였다. 광인들은 비리성의 일부로 그러나 동시에 언어적으로 정의된 이성에서의 일탈, '에러' 또는 "현혹된 이성"으로 나타났고 동시에 그의 반대항인 이성은 언어의 형태로 규정되었다.[15] 이러한 타자의 격리와 광기의 추방은 이성과 자연의 형식적 구성으로 이어졌다. 17세기의 난세를 극복하려는 이성은 자연의 질서를 구축하였다. 그들은 르네상스의 중구난방의 지식을 극복하고 사물들의 유사성이 아니라 다름(difference)와 같음(identity)을 통해 질서를 구성하였다. 그들은 대상체들 간의 상이함의 정도를 비교하여 사물들에게 상대적 위치를 "자의적 언어"로 부여하여 분류표를 만들면 자연의 질서가 정확히 재현 (representation)될 수 있다고 믿었다.[16] 단적으로 시선을 통해서 자연은 투명하게 비추어지며, 언어는 재현의 기능을 갖고 있어, 표식의 분석을 통해 정확한 언어를 사용하여 분류표를 만들면 자연의 질서를 알 수 있다는 낙관론은 이 시대의 에피스테메(episteme)를 형성하였다.

푸코는 권력에 대하여 토론하는 가운데 고전시대의 에피스테메를 중세 후기부터 발달하기 시작한 법적 권력과 연관된 지식 체계로 제시하였다.[17] 법적 권력, 즉 왕의 주권은 신민들과 투쟁의 당사자가 아닌 제3자적 중재자로 나타났고 자리 매김을 본분으로 하는 법적 권력은 고전시대의 에피스

---

15 Howard(1965), pp. 54–101.
16 *Order of Things*, pp. 59–62.
17 Smith(1977), pp. 225–7.

테메의 분류적 존재론과 유사한 의미의 행위라는 것이다. 법적권력과 분류적 과학은 공통적으로 그 대상체로 하여금 진실을 말하게 하고 그에 따라 존재 위치를 규정하는 것이었다. 법적 권력으로서의 왕권은 전쟁의 주체이기는 하지만 푸코가 제기한 전쟁과 정치의 공식으로 이해할 수 있는 권력의 형태는 아니었다. 그러나 법적 권력은 전쟁의 주체로서 근대국가의 출발과 아울러 스스로의 모습에 따라 이성과 비이성을 물리적으로 구분하고, 이성을 형식화시키고, 타당한 지식의 형태를 정형화시키게 되었고 이는 바로 근대 서구의 철학과 사상의 출발이었다. 또한 이 시기에는 근대국가의 핵심인 상비군이 창설되었다. 푸코는 후일 판옵티콘으로 절정을 이루는 근대 서구의 새로운 권력의 직접적인 연원을 17세기부터 발달한 군사훈련 기술에서 찾았다. 훈련 기술의 핵심인 공간의 정교한 구성을 통한 집단과 개인의 통제와 훈련 및 전투 대형과 전술은 고전시대의 에피스테메의 핵심인 분류표의 공간 이미지의 연장이었다. 고전시대의 분류표는 신이 창조한 자연의 질서의 표현이라는 의미에서 인간 이성의 발현이었다면, 공간 구성을 통한 권력기술은 신을 흉내내어 인간이 이룰 수 있는 지고의 실천이성이었다. 나아가서 이 시대에 '군대 모델'은 사회의 무질서와 혼란을 방지하는 근본적 처방이었다. 푸코에 따르면 "전략을 가로지르는 정치-전쟁의 연속(series)이 있듯이, 전술을 가로지르는 군대-정치의 연속이 있었다."[18]

18세기 말은 또 하나의 중대한 변화의 시기였다. 우선 그간 잠잠했던 광인들과 미친 몽상가들은 사회적 공포로 등장했고 고전시대의 에피스테메는 '생명'과 '인간'의 등장에 의해 붕괴되었다. 푸코는 이 시기에 생태

---

18 Smith(1977), pp. 136–68. 계속해서 푸코는 다음과 같이 말한다. "지성사학자들은 보통 완벽한 사회의 꿈을 18세기의 철학가와 법률가들에서 찾는다. 그러나 그곳에는 또한 사회의 군대식 꿈이 있었고, 그의 근본적 기준은 자연상태가 아니라 면밀하게 복속된 기계의 부품이었고, 일차적인 사회계약이 아니라 영원한 강제였고, 근본적 권리가 아니라 훈련의 무한정 발전하는 형태였고, 일반의사가 아니라 자동적 순종이었다." Ibid., p. 169.

적 권력의 기술 발달을 철학 사상에서 생명의 등장과 밀접히 연관된 현상으로 보았다. 한편으로 노동가치설은 인간을 노동을 통해 가치를 창조하는 존재로 제시하여 중상주의 경제학을 타파하였고 유기체로서의 생물의 분석은 고전시대의 분류학적 동식물학을 매장하였다. 또한 언어에서의 비논리적 생명력의 발견은 일반 문법을 무력화시켰다. 이제 언어는 논리적 표현의 기능이 삭감되자 오히려 독자적 생명을 얻었고 이에 문학은 새로운 의미를 얻었다. 생명의 일차적인 특징은 유한성(finitude)이었고 이는 철학의 본질적인 문제를 제기하였다. 칸트(Kant)는 인간 이성의 한계를 제시하여 분류적 이성의 가능성을 붕괴시켰다. 객체보다 나을 것이 없는 주체의 선험적 순수이성은 객체의 표피를 뚫지 못한다. 이전의 데카르트의 시선은 어디에 있던지 상관없이 한 점의 그림자도 남기지 않고 대상체의 진리를 가차없이 판단하였다.[19] 그러나 새로운 인식론은 대상체 안에 암흑의 공간을 인정하였다.

18세기 말의 광인의 재등장은 위의 현상과 밀접히 연관된 것이었다. 노동가치설이 거지와 부랑자들을 노동력으로서 복권시키자 비이성의 범주는 분해되고 정신병은 이성의 문제에서 윤리적 문제로 전환되었다. 더구나 사회에 만연된 '미친 사람들'에 대한 공포와 사드(Fran ois de Sade) 같은 광인 문학가가 보여주는 끝없는 엽기적 욕망은 이성으로 규정할 수 없는 인간을 발견하였다. 칸트가 이성의 한계를 보여주었다면 사드는 동시대인으로서 그의 한계를 의도적으로 뛰어넘는 위반(transgression)이라는 행위를 창시했다는 것이다.[20] 미친 철학가, 문학가 그리고 예술가들로 점

---

19 *The Birth of the Clinic*, Tr. A. M. Sheridan (N.Y.: Vintage, 1975), p. xiii.
20 "A Preface to Transgression," in Donald F. Bouchard, ed., *Language, Counte-Memory, Practice* (Ithaca: Cornell University Press, 1977), pp. 38-40.

철되어 있는 근대 서구의 모습을 푸코는 문화의 구조적 측면으로 보고 있다.[21] 시선의 주권은 암흑을 제거하기 위해 '빛'을 뿌려야 했지만 암흑의 그림자에게 영토를 허락하지 않을 수 없었다. 인간 과학이 빛의 공간에서 잉태되었다면, 근대 문학은 암흑의 공간에서 자라났다. 횔덜린(Friedrich Hölderlin)에게 암흑의 공간은 신이 떠난 자유의 세계였다.[22] 사드나 횔덜린 같은 광인 문호들은 인간 과학에 저항하며 동시에 용인하고 그와 공모한 것이다.[23]

푸코는 18세기 말의 '인간의 등장'과 새로운 권력에 관하여 다양한 측면을 제시하였다. 우선 푸코는 거시적으로 18세기를 통한 경제적 발전과 상대적 평화를 계기로 죽음의 공포로부터 풀려난 서구인의 인간성의 표출로 보았다.[24] 다른 한편으로는 인간과 생명의 등장은 군대를 중심으로 구왕조 하에서 등장한 규율 권력이 실제 인간의 복합적 모습을 발견한 것으로 설명하였고,[25] 또 다른 곳에서는 이와 정반대로 그러나 유사한 맥락으로 규율 권력에 복속되어 훈련되고 단련된 인간들의 자기발견과 저항으로 설명하고 있다.[26] 18세기 후반의 생태적 권력의 등장에 관하여 푸코는 규율 권력의 최초의 담론을 통한 전략, 더 정확히 표현하면 새로 등장한 저항하는 인간들을 다시 복속시키려는 새로운 세련된 전략의 모색으로 보았다. 나아가서 푸코는 계몽철학 전체를 권력의 새로운 전략으로 해석하고

21 "The Father's 'No'." Bouchard(1977), pp. 74-5.
22 "The Father's 'No'," Bouchard(1977), pp. 83-6.
23 "Language to Infinity," Bouchard(1977), p. 59.
24 Foucault(1980), pp. 142-3.
25 구체적으로 푸코는 고전시대의 에피스테메의 붕괴와 직접 연관되는 사회의 진보(progress)와 개인들의 생성 (geneses)의 개념들은 "아마 권력의 새로운 기술 특히 시간의 새로운 관리 방법"와 상호 관련되었던 것 같다고 하였다. 나아가서 푸코는 "복속의 새로운 기술의 발전으로 인하여 지속적 진보의 동학(dynamics)은 거룩한 사건들의 왕조학(dynastics)을 대체하였다"고 하였다. Smith(1977), p. 160.
26 "Body/Power," Gordon(1980), p. 56.

계몽의 '빛'(la lumière)은 새로운 전략의 상징이었다고 하였다.[27] 18세기 말의 이러한 복잡한 흐름은 푸코가 제기하는 권력과 저항의 미묘한 문제가 첨예하게 표출되는 부분이다.

푸코는 이 시기의 성 문제의 변화에 주목하고 있다. 이전에는 주로 교회의 고해성사로 지식이 축적되고 법적인 담론으로 통제되던 주제였으나 18세기 후반에는 공공(公共)의 문제로 전환되어 의사, 교육자, 경제학자들이 가세하게 되었다. 그 이유는 성의 문제는 인구 문제를 해결하는 전략적 교두보였기 때문이었다. 즉 성 문제는 개인에 대한 통제와 집단, 주민의 다수를 동시에 통제할 수 있는 전략적 교두보로 인식되었기 때문이었다. 특히 의사들의 등장으로 성은 과학적인 문제로 변환되었다. 말하자면 성(sexuality)은 영혼의 문제가 아니라 육체의 문제로, 금기의 문제로부터 "쾌락의 과학"으로 전환되었다. 아울러 중요한 변화는 '변태'의 등장이었다. 푸코는 이전의 시기에는 교회에 의한 성의 규제에서 합법적 부부들이 담론의 중심적인 인물이었음에 반하여 18세기 말에는 변태 등의 비정상적 욕망의 소유자들이 중심 인물로 등장했음을 지적한다. 푸코는 이 현상을 근대 권력의 자기팽창의 논리로 보았다. 더불어 자위행위(onanism), 여성 문제 등의 등장도 권력을 사회 깊숙이 침투시키려는 새로운 전략으로 보았다.[28] 이러한 권력전략의 일환으로 가족은 사회의 구성 단위에서 개인의 생산에 관한 기능적 단위로 그 의미가 변화되었다.

푸코의 논의로부터 우리가 추론할 수 있는 중요한 정치적 변화는 민족주의의 등장이었다. 근대의 에피스테메에서 민족은 살아 있는 언어적 실

---

27 Sheridan(1975), p. 39. 푸코는 구왕조의 왕권을 부정하고 법원칙의 보편성을 주장한 계몽주의 철학자들은 결국 인간의 생명을 조작하는 기술권력의 본격적인 배치와 활용을 주장하였다고 제시하였다. "What is Enlightenment," Paul Rabinow, ed., *Michel Foucault Reader* (N.Y.: Pantheon, 1984), pp. 32–50.

28 Foucault(1980), pp. 38–45.

체로 등장하였다. 다른 민족은 언어가 통하지 않는, 아무리 번역하여도 그 생명력이 전달될 수 없는 언어적 타자였다. 결국 공통의 언어와 사랑을 핵심으로 하는 민족의 등장은 국가와 정치를 이성의 영역이 아니라 감성과 비리성의 영역에 재정립한 것이며 공화제와 민주주의 역시 절대적 이성이 부정된 조건에서 제시된 것이다. 진정한 민족의 정신은 시선이 꿰뚫을 수 없는 감성과 사랑으로 이루어지며 이는 철학이나 과학이라기보다는 문학과 예술만이 그 존재를 확인시킬 수 있었다. 정치는 이제 철학과 이성의 영역이 아니라 사랑과 증오의 세계가 되었다. 18세기 말에 이르면 근대의 규율 권력은 법의 이성을 따르지 않는 새로운 모습의 인간을 발견했고, 이러한 인간의 저항에 규율 권력은 전술의 차원에서 탈피하여 새로운 기술 발달로 사회적 담론의 표면을 장악하며 새로운 전략을 구사해 나갔다. 근대의 민족국가는 이러한 권력 전략의 산물이었다.

IV. 서구의 죽음과 생명

푸코는 19세기를 계몽사상으로 표출된 생명에 대한 권력이 왕권 즉 법적 권력의 손아귀를 벗어나 담론의 표면을 장악하며 전사회적 지배를 실현한 시대로 보았다. 근대의 권력은 프랑스 혁명과 나폴레옹 기간을 통해 기술의 문턱을 넘었다. 푸코가 그의 첫 작품인 정신병리학의 역사 서문에서 지적한 "정적"(靜寂)은 19세기 초반 병원, 정신병원 그리고 감옥소에서 구체적으로 이루어졌다. 언어가 차단된 피동적 육체로부터 얻어진 생명에 대한 기술과학을 통해 근대의 권력은 범죄, 성 등의 분야를 거점으로 전사회에 확대되며 독특한 근대 서구인을 만들어 나갔다.

18세기까지의 의학의 핵심은 고전시대적 에피스테메에서 만들어진 병리학(nosology)이었다. 병을 일연의 증세(symptom)로 이루어진 자연적이자 반(反)자연적인 종(species)으로 보고, 이러한 '말의 덩어리'로서의 병을 비교, 분류하고 환자를 대하는 것이 의사의 임무였다. 이러한 명목론적 체계에서 벗어나 의사의 시선과 환자의 만남으로서의 의학이 성립된 것은 프랑스 혁명과 전쟁 기간이었다. 일차적인 조건은 혁명 중에 행하여진 기존의 의과대학, 협회 등의 모든 의료제도의 철폐였다. 이러한 정치적 상황이 만든 담론의 공백은 전쟁 기간을 거쳐 자발적인 사설 병원과 학교의 설립으로 진정한 임상이 성립될 수 있는 조건을 이루었다. 근대 의학이 성립된 계기는 병리해부학(pathological anatomy)의 발달이었다. 19세기 초에 인체의 기관(organ)을 넘어서는 조직(tissue)의 분석이 이루어졌고, 조직분석에 기초하여 병리적 요인으로 통해 죽음에 이르는 과정이 면밀하게 관찰되었다. 죽음의 과정에 대한 지식은 고전시대의 병리학을 와해시키고 근대 의학을 성립시켰다. 살아 있는 인간에 관한 과학이 시체에서 얻은 지식으로 이루어지자, 의사와 환자의 만남, 즉 임상의 양태 또한 변화하였다. 의사의 진찰은 환자가 죽은 후의 해부를 생각하며 몸통 깊숙이 숨겨진 죽음의 과정을 상상하며 이리저리 두드리고 흔들어 확인하는 것이었다. 또한 각종 죽음의 분석을 배경으로 설정된 '병리적'(pathological)과 '정상적'(normal)인 기준은 전통적인 건강과 병의 의미를 폐기하였고, 인간은 이제 의사를 통하지 않고는 자신의 몸에 대하여 판단하지 못하게 되었다. 이러한 변화는 나아가서 생명의 철학을 의학에서 제거하였다. 생명은 죽음으로 이르는, 그러나 아직 이르지 않은 유한성으로 재정립되었다. 푸코에 따르면 이러한 생명의 재정립에 의해 근대 서구의 삶의 진리는 다가오는 죽음만이 말해주는, 그러나 철학이 말해주는 보편적 진리가 아니라

문학적 고백을 통해서만 들을 수 있는, 결국 공유할 수 없는 개인적인 경험으로 귀착되었다는 것이다.[29]

근대 정신의학의 등장은 밝고 깨끗한 정신병원, 즉 전혀 새로운 공간의 창조에서 시작된다. 언어적으로 정의된 이성의 일탈로서의 '비이성'으로 정의된 정신병의 관념은 18세기 말에 이르러 유지될 수 없었고, 정신병은 윤리적인 '비정상'으로 재편되었다. 정신병원에서 미친 사람들을 쇠사슬에서 풀어주게 된 '인도주의적' 계기는 새롭게 제시된 통제방법이 대성공을 거두었기 때문이었다. 그것은 환자들에게 처벌을 조건으로 스스로의 행동을 관찰하고, 다른 환자들을 자신의 거울로서 관찰하고 스스로의 행동에 책임지게 함으로서 환자들이 스스로 행위를 통제하게 하는 방법이었고 이 자발적 통제에서 '정적'은 그 전제 조건이었다. 이러한 방법은 결국 처벌과 공포의 위치를 수용소의 담장에서 환자들의 마음속으로 옮겨온 것이며, 정신병이란 이제 공포의 정적 속에서 재정립되었다. 즉 그것은 고전시대와 같이 언어의 문제나 이성이나 의식의 문제가 아니라 밖에서 눈으로 관찰할 수 있는 행동의 문제로 귀착되었고 정신병의 모든 치료는 처벌의 의미를 가질 뿐이었다. 푸코는 이것이 바로 근대 심리학의 출발이었다고 하였다.[30]

19세기 초에 등장한 판옵티콘에서의 처벌 또한 생명을 길들여 노동자와 시민으로 교화시키는 것이었다. 생명에 권력이 작용함은 육체를 인간의 가치로 재정립함을 의미하는 것이었다. 이에 판옵티콘에서의 처벌 대상은 범죄 행위가 아니라 범죄의 가능성 즉 '범죄성'(criminality)이 충만된 장소로서의 범죄자였다. 판옵티콘이 인간의 처벌 장소이자 실험실로서

29 Sheridan(1975), pp. 155-72.
30 Howard(1965), pp. 261-2.

등장하여 시선이 지배하고 관찰하는 전제조건은 독방에서의 고독과 정적이었고 판옵티콘의 구조는 이를 효율적으로 강제하기 위한 것이었다. 물론 이러한 조건은 위에서 논한 정신병원의 정적과 생명의 빛을 밝히는 시체를 관찰하는 시선의 정적과 같은 맥락에 있는 것이다. 죄수의 고독은 정신병자와 같이 스스로의 행위의 '비정상'을 내적으로 반성하게 하며 다른 한편으로는 감시자의 시선의 주권을 확립하도록 하기 위한 것이었다. 그러나 판옵티콘에서 시도된 죄수의 교화는 실패였고, 그럼에도 불구하고 사라지지 않고 있다. 그 이유는 형무소는 그 실패에도 불구하고 중요한 사회통제의 기능을 하기 때문이라는 것이다. 통제의 주된 메커니즘은 범죄자에 대한 지식을 체계적으로 축적하여 이루어지는 '우범자'의 양산과 추적이었다. 우범자들을 통하여 근대 권력은 사회의 어두운 구석에 관한 지식을 쌓고, 사회적으로 위험한 범죄자를 색출할 수 있기 때문이다. 이러한 판옵티콘의 시선과 담론은 19세기 중반에는 사회 구석구석으로 확산되어 갔다.

성의 영역에서도 담론 구조가 재정립되었다. 19세기 초에는 의사들에 의하여 일련의 장치를 통해 해석학적 과학으로 성립되었다.[31] 첫째, 말하도록 만드는 절차가 임상적으로 성문화되었다. 고백적 진술에 과학적 지위를 부여하기 위해 개인에 관한 데이터를 수집하고 혹은 최면술을 사용하는 절차를 통해 진술의 객관성을 주장할 수 있는 방법이 강구되었다. 둘째, 성의 문제에 광범위한 인과율을 상정했다. 성의 문제는 반드시 고백해야 하는 일이며 성의 진리는 반드시 규명되지 않으면 안 되는 것으로 상정하기 위하여 온갖 육체적 · 정신적 질환 나아가서는 종(species)으로서의

---

31 Foucault(1980), pp. 64-7.

인류의 타락이 성 문제로 유발될 수 있다고 제시되었다. 셋째, 잠재성(latency)의 원칙이 제시되었다. 고백은 본인이 감추려는 것을 이끌어낼 뿐만 아니라 본인 스스로도 알지 못하는 감추어진 부분이 중요하다는 것이다. 즉 고백은 스스로 행하는 부분 외에 전문가의 도움으로 혼자 다다를 수 없는 부분에 다다를 수 있다는 것이었다. 넷째, 고백된 내용은 자체 진리를 드러내지 못하며 다시 전문가에 의하여 해석되어야 한다. 이는 고백으로부터 진리치(眞理値)를 삭감하여 고백 자체는 완성된 의미를 갖지 않는, 진리 이전의 단계로 격하시켰음을 뜻한다. 마지막으로 전문가에게 행하는 고백 행위의 결과에 치유력이 부여되었다. 말하자면 고백 행위 자체가 보람 있는 일이 되기 위하여 성행위의 주체는 '병리적' 상태에 놓여지게 되었고 성은 '정상'과 '병리'의 기준으로 판단되었다. 이러한 장치들의 성립은 '짓궂은 보석'이 의사의 환자에 대한 또 하나의 권력 도구로 추가되었음을 의미한다. 나아가서 이 장치들은 성의 문제와 인과적으로 연관된 여러 요소의 총체로서 추상적 의미의 이른바 성(性), '섹슈얼리티'(sexuality)를 구성했다는 것이다. 푸코의 주장은 위의 여러 인과적 연결은 성의 과학이 발견한 것이 아니라 성에 관한 말이 과학적 담론으로 성립되기 위하여 고안된 말하자면 담론의 기능이 이루어지기 위하여 제시된 가정들(postulates)이었다는 점이다. 이러한 가정들은 성의 일반적 관념과 사회에서의 성 문제의 존재 양태를 변환시키게 되었다. 성(sexuality)은 자연에 의해 주어지고 과학이 발견한 것이 아니며 권력으로 발휘되기 위한 담론적 장치의 결과로 보아야 하며 그것은 "역사적 구조물(a historical construct)에 주어질 수 있는 이름"일 따름이다. 그것은 "육체의 자극, 쾌락의 심화, 담화의 고취, 전문지식의 형성, 통제와 저항의 강화 등이 지식과 권력의 몇 가지 전략에 따라 서로 연결되어 있는 거대한 표면의 네트워크인 것이다."[32]

성의 얘기가 과학적 담론으로 만들어지는 과정에서 '성'은 모든 인간 의식의 뒤에 앉아있는 생리적 생명과 '무의식'(unconscious)의 핵심으로, 가장 신비스러운 비밀로 제기되고 이제 우리는 성을 통하지 않고는 자신에 대하여 알지 못하게 되었다. 다시 우리들의 성의 비밀은 과학적 전문가들만이 우리들의 고백을 듣고 말해줄 수 있는 것이다. 나아가서 성의 담론은 이상화된 '성'(sex)을 만들고 구체적인 인간들로부터 박탈하였고 '성'의 박탈은 인간의 수많은 비정상을 설명해주는 전가(傳家)의 보도(寶刀)였다. 이제 서구인에게 섹스는 목숨과도 바꿀 수 있는 것이 되었다. 성은 '죽음의 본능'과 나아가서 '신의 죽음과' 연관되고 성의 담론은 '탈자연화'되어(denatured) 한계를 모르는 폭력과 비이성으로 치달았다.[33] 성의 담론은 성적 욕망으로 충만되고 효율적 육체로서의 개인을 만들기 위한 것이었다. 19세기 후반에 이르면 욕망에 사로잡힌 서구의 애정행각은 낭만을 넘어 타락의 미학을 이루었다. 푸코는 근대 권력은 "근대의 영혼"(the modern soul)을 낳았다고 하였다. 근대의 영혼이란 어떤 실체를 말하는 것이 아니며 오히려 영혼이 사라진 또는 영혼의 의미가 없어진 인간을 말한다.[34] 근대의 영혼은 판옵티콘이 애초에 의도했던 교화된 죄수가 아니며, 성의 권력이 만들어내려 했던 건강하고 효율적인 부르주아도 아니다. 근대의 영혼은 자유롭지도 않고, 도덕적이지도 않고 다만 권력에 길들여지고, 그 두려움을 잘 체득한 인간을 의미한다. 근대 인간 과학이 보여주는 인간은 이성의 가능성보다는 물질적 이해(利害)와 성적 충동에 따라 행

---

32 Foucault(1980), pp. 105–6.
33 "A Preface to Transgression," pp. 29–30.
34 Smith(1977), p. 30.

동하는, 그런 존재들인 것이다.

19세기는 '긴 평화'의 시대였다. 그러나 전쟁의 준비는 이제 사회의 모든 부문과 연관되고, 전쟁기술의 발달은 그 어느 시기보다 빨랐다. 그러나 무엇보다 19세기 생명에 대한 권력이 국가권력에 침투한 이래 전쟁은 그 어느 시기보다도 피비린내 나는 것이었다. "전쟁은 수호할 주권의 이름으로 행하여지는 것이 아니라 모든 사람의 존재를 위하여 행하여지며, 전국민은 생의 필연이라는 미명하에 대량학살을 위하여 동원되었다."[35] 클라우제비츠가 보았듯이 19세기 이래 서구의 전쟁은 합리성을 벗어나 버렸다. 의학이 정의한 생명에 근거하는 한, 또 그에 따른 성의 담론의 인간관을 따르는 한, 생명의 권력이 확장시키는 유한한 생명은 내용과 한계를 가질 수 없는 것이다. 의사의 관찰을 통하여만 판단되는 죽음의 반대로서의 생명은 근대 서구가 만들어내는 유일한 종류의 생명일 수밖에 없었고, 유한한 생명이 진리를 찾는 방법은 죽음을 대하는 길 외에는 없었다. 국민전과 섬멸전은 생명의 권력의 소산이었다.

나아가서 19세기 중반에 이르면 '과학적 실재론'(scientific realism)에 근거한 권력은 사실주의(realism) 문학이 과학적으로 묘사한 인간을 생산했고, 이제 서구의 낭만은 스스로에 대한 혐오로 대체되고 삶의 권력에 대한 저항으로 자살은 사회적 문제로 제기되어 뒤르켐(Emile Durkheim)에 통하여 근대 사회학(sociology)을 성립시켰다. 평화는 부패의 지루한 시간이고, 생명은 다시 투쟁을 통해서만 되살아날 수 있었다. 18세기 후반에 평화가 시대적 문제였다면 19세기 후반에 이르면 전쟁은 새로운 연구 대상으로 부각되었다. 클라우제비츠는 그들이 발견한 악마이자 천재였고 그

---

35 Foucault(1980), p. 136.

는 한 세기의 두 시대를 모두 대변한 것이다. 19세기의 긴 평화는 광란의 제국주의와 세계대전으로 끝나고 말았다. 문학의 사실주의가 정교하게 만들어낸 인물들은 정치적 현실주의(realism)를 부활시켰다. 푸코는 20세기의 파시즘을 근대 권력의 역사적 변형으로 제시하고 있다. 19세기 초반에 이루어진 생태적 권력의 법적 권력에의 침투는 19세기 말에 이르러 성의 담론이 '인류의 퇴보(degeneration)와 타락'의 문제를 제기하자 두 가지 권력의 병존은 '융합'(fusion)되어 '인종주의'(racism)라는 기형적 국가권력으로 등장하였다. 푸코는 파시즘을 근대의 두 가지 종류의 권력이 병존하는 사회가 다다를 수 있는 하나의 길, 그러나 "막다른 골목"이었다고 하였다.[36] 그러나 20세기의 자유주의자들에게도 계속되어온 유한한 생명의 무한한 확대의 꿈은 복지국가와 함께 핵무기라는 궁극적인 파괴의 힘을 이루었다. 국민들의 끝없는 복지에 대한 권리와 핵무기의 무한한 파괴력은 동일한 문화의 양면에 불과하다는 것이다.[37]

V. 맺음말

합리성, 과학, 철학, 사랑, 예술 등을 포함한 근대 서구사회는 전쟁이 내화(內化)된 결과이다. 푸코는 "오랫동안 모든 형태의 전쟁에서 전쟁으로 표현되어 왔던 힘의 관계가 정치 권력의 질서에 점차 파고들게 된 것은 서구사회의 본질적 특징 중의 하나"라고 하였다.[38] 물론 이 말은 어떠한 사회나

---

36 Foucault(1980), pp. 107-8.
37 "Social Security," *Michel Foucault: Politics, Philosophy, Culture*, pp. 171-2.
38 Foucault(1980), p. 102.

어떤 정도로 전쟁을 겪으면 근대 서구와 같이 변한다는 뜻이 아니다. 또는 17세기 서구에 극심한, '빅뱅'과 같은 전쟁이 있었고 그리하여 전쟁의 문명이 일어났고 그 문명이 오늘에 이르게되었다는 뜻도 결코 아니다. 오히려 17세기까지의 서구 사회에는 여러 다양한 요소가 있었고, 전쟁의 준비는 그 중의 미미한 부분이었다. 이러한 전쟁의 준비에서 태어난 한 요소는 평화에 파고들었고, 이러한—푸코의 말대로—"작은 요정과 같은" 전쟁 준비의 기술은 근대에 이르러 서구의 모든 평화적 삶을 목숨을 건 싸움의 자세와 눈길로 바꾸어 놓고, 나아가서는 전쟁 자체를 바꾸어 나갔다. 17세기의 전쟁의 시대는 복합적인 시대였다. 교회가 있었고, 이미 부르주아와 자본주의도 있었고, 텅 빈 채 새로운 수용자들을 기다리는 나병환자 수용소도 있었다. 또한 정의(正義)를 대변하고 막강한 폭력을 행사하는 왕도 있었고, 그의 상비군도 있었다. 그러나 19세기 이후의 평화의 시대는 순수한 전쟁의 시대였다.

푸코는 법적 권력에 대하여 근대의 생태적 권력이나 규율 권력과는 본질적으로 다르며 근대의 사회가 움직이는 중심적인 권력의 메커니즘이 아니라는 점을 강조한다. 새로운 근대 권력은 법적 권력과 같이 이름을 붙이고, 정리하고, 공제(控除)하는 권력이 아니라 실제 살아 있는 인간을 가두고, 기르고, 훈련시켜 그들의 힘을 확대하고 통제하는 능력인 것이다. 주권은 스스로를 위한다는 동의어반복(tautology) 뒤에서 근대의 실제 권력에게 이름을 빌려 주고 있다는 것이다. 푸코는 법적 권력은 왜 그 외형은 유지되어야 하는가의 질문에 권력은 논리상 본질을 은폐하여야 하기 때문이라고 답하며 서구사회는 소극적 형태의 법적 권력에게만 정치권력으로서의 정통성을 부여하기 때문이라는 것이다. 주권 개념을 창시한 중세의 왕권은 경험적으로 전쟁의 주체였다. 그러나 강조할 점은 법적 권력은 푸코가 제시한 '전쟁-정치'의 공식으로 이해될 수 있는 권력은 아니다. 법적 권력은 인간들을 영주로, 시민으로 또는 농노로 규정하고 그들 상호 간의 투쟁 절차를 규정하는 것이다. 이러한 위치의 설정은 규율 권력의 작용과는 다르다. 후자의 경우에는 주체와 객체, 지배자와 피지배자 외에 제3자의 자리는 없으며 이러한 의미에서 전쟁과 정치는 동일선상에 있게 된다. 즉 아(我)와 타(他)로 양분된 세계인 것이며 이러한 권력은 인간의 규정이 아니라 인간의 변화를 목적으로 한다. 그러나 재판관으로서의 왕권은 형식적으로는 소송 당사자와 전략적 관계에 있지 않다. 왕은 권력의 주체는 그 신민에 대하여 전쟁 또는 전략의 주체가 아닌 것이다. 전략적인 의도를 갖는 경우라 할지라도 정의라는 형식적인 원리에 의존하며 이러한 경우는 재판관으로서는 기만을 선택하는 위험부담을 지지 않을 수 없다.[39]

그러나 중세에 등장한 법적 권력도 '정치-전쟁'의 공식으로 이해되어야 한다. 왕은 신민들에게 치명적 폭력을 의도적으로 행사하였다. 결국 정의와 법의 담론은 의도적인 기만이며 이 기만은 정통성의 결정적인 부분이다. 한편 근대의 권력 또한 푸코는 기만으로 보고 있다. 즉 스스로 권력임에도 불구하고 권력이라 하지 않고 '너를 위한' 과학이니 사랑이니 하고 모습을 가리고 있는 것이다. 이러한 두 개의 권력은 결국 두 가지의 다른 방향으로 거짓말을 하고 있는 것이다. 법적 권력의 경우는 평화를 위하여 전략적으로 눈길을 옆으로 돌리는 방법을 택하였고 그 눈이 피지배자의 눈과 마주치지 않는 한 지배는 동의(consent)에 근거할 수 있었다. 반면, 근대의 권력은 전략적 눈을 그대로 유지한다. 우리는 후자(後者)의 눈을 보고 전자(前者)의 거짓말을 역사를 읽을 수 있었다. 근대 권력이 전략

---

39 "On Popular Justice: A Discussion with Maoist," Gordon(1980), pp. 1-36.

적 눈을 유지하는 독특한 방법은 피지배자의 눈에서 몸통이나 그의 눈 뒤편으로 시선을 옮기는 일이었다. 권력의 눈은 이러한 곳을 관찰하고도 전략을 행사할 기술을 갖고 있었고, 그 결과로 피지배자는 스스로 전략적인 눈을 감아버린 것이다. 근대 권력의 거짓말은 각종 담론의 도구와 장치로 피지배자를 '정상'(正常)과 사회 윤리의 기준에 따라 실제로 변화시키는 고도의 기술을 갖고 있거나 또는 피지배자가 그러한 기술이 있다고 스스로 믿는 조건하에서만 가능한 것이다.[40] 결국 기술의 발달 정도는 근대의 권력이 평화에서 전쟁을 유지시키는 결정적인 조건인 것이다.

계몽시대는 초기의 근대 권력이 저항에 부딪치고 이를 극복하기 위하여 기술의 문턱을 넘기 위한 전략을 모색하던 시대였다. 인간은 유한한 존재임을 발견하고 삶과 죽음은 사상의 중심적인 문제로 닥쳐왔다. 혁명과 전쟁의 와중에 권력은 급기야 기술과학의 문턱을 넘었고 19세기 이래 서구인의 삶은 죽음을 통해 생명의 기술을 발견한 권력에 의해 지배되었다. 인간 과학은 삶의 뒤편에 죽음의 반대로 정의된 생태적 생명을 정립하고 이를 조작함으로서 새로운 인간형을 생산하였다. 근대의 생명은 죽음과 마찬가지로 부정적 개념으로 죽음과 생명은 마치 마주 선 한 쌍의 거울이 되었고 말과 글은 그 사이에서 무한히 반사되며 끝없는 담론의 환상적 세계를 만들어 나갔다.[41] 결국 그러한 생명이 진리를 찾는 길은 죽음을 스스로 대하는 수밖에 없었다. 그러나 이러한 진리의 경험은 죽음과 함께 파묻혀 버리고 죽음과 생명의 공허한 변증법의 함정은 아무도 미리 가르쳐 줄 수 없었다. 19세기 말부터 제국주의를 계기로 시작되는 대팽창과 대량학살

---

40 "Intellectuals and Power," Gordon(1980), pp. 209-10.
41 "Language to Infinity," Bouchard(1977), p. 56; "La Pens e de dehor," in Critique, No. 229, pp. 87-109; "What is an Author?" Bouchard(1977), pp. 116-20, etc.

은 이 한 쌍의 거울이 축적하여 방출한 레이저 광선에 다름 아니다. 근대 서구를 베버와 같이 합리주의로 보는 것은 그 내부의 시대적 문제의식을 대변하는 좁은 시각인 것이다. 서구의 합리성과 비합리성은 서로 섞이거나 중화되지 않는 또 한 쌍의 거울이며 전쟁의 권력이 만들어낸 또 하나의 요술인 것이다. 푸코는 오히려 근대 서구를 초합리주의와 광란과 말의 혼돈으로 특징지을 것이다.

푸코는 제2차 세계대전 이후의 서구 사회는 한계에 이르렀음을 지적한다. 근대 서구인들은 공허한 삶을 확대시키며 술과 담배와 건강을 해칠 완벽한 사적(私的) 권리를 즐기며 한편 국가에게 '건강'을 무한히 요구하는 복지국가와 상호 종족적 말살을 보장하는 핵무기 발달은 하나의 인과관계를 형성한다. 푸코는 이러한 상황에서 비서구적인 아이디어를 제시한다. 복지국가에 대하여 푸코는 모든 사람들에게 안락사(安樂死)의 권리와 시설을 제공할 것을 제시하며[42] 다른 한편으로는 침묵과 윤리의 회복을 주장한다.[43] 흔히 제기되는 이성이나 사랑의 회복은 수백 년 동안 계속되어 온 고통스러운 공방(攻防)을 또 반복하게 하고야 말 것이다. 푸코가 제기하는 안락사의 문제는 한편으로 죽음과 생명의 변증법의 마지막 한계를 핵전쟁이 아니라 고통의 공포로부터 해방된 자유로운 죽음을 직시함으로서 삶의 의미를 생각하여야 한다는 것이다. 물론 이러한 제안은 진지하게 받아들일 수는 없지만 이 시대의 문제는 어떤 지식인의 묘책으로 해결될 수 있는 것이 아니라 모든 사람들이 스스로 삶의 의미의 문제를 첨예하게 느껴야 한다는 것이다. 또한 침묵의 회복이란 종알종알 말하고 또 말하는 근대 서구

---

42 "Social Security," pp. 159–77.
43 "The Minimalist Self," in *Michel Foucault: Politics, Philosophy, Culture*, pp. 3–16; The History of Sexuality 2, Tr. Robert Hurley (N.Y.: Vintage, 1986), pp. 3–32; "An Aesthics of Existence," in *Michel Foucault: Politics, Philosophy, Culture*, pp. 47–53, etc.

문화를 벗어나 내면의 소리에 귀를 기울여야 한다는 것이다. 혼자 떠들기 위해, 자신의 강론을 위해 타인에게 강요하는 '정적'이 아니라 스스로 내면의 소리를 경청하는 침묵인 것이다. 윤리의 회복의 의미는 도덕률의 회복을 의미하는 것이 결코 아니다. 외부에서 판단되는 행동의 규율이 아니라, 의사가 진단하는 '정상'(正常)이 아니라, 자기 스스로 즐기고 욕망을 해소하고 그러면서도 지나치지 않도록 조절하는, 강요받을 필요도 없고 남에게 강요하지도 않는, 뜨겁게 사랑하지도 욕망하지도 않고 뜨겁게 증오하지도 않는, 삶의 미학을 의미하는 것이다.

열린 시대의 개인, 국가 그리고 사회
─ 민족주의와 민주주의의 만남

박의경 | 성균관대학교

I. 서론 : 근대를 넘어 새시대로

국제정치적으로 탈근대라는 말은 이미 10여 년 전부터 사용되어 왔으나, 진정한 의미에서의 의식과 정신의 탈근대를 의미하는, 즉 패러다임의 변화가 일어나는 역사적 전환기이다. 이미 21세기를 맞이한 현대 세계는 여러 가지 변화 속에서 단순한 변화로 끝나지 않고, 새로운 질서를 형성해 가고 있다. 현대 세계질서는 전통적인 근대 국제 질서와 미래 지향적인 탈근대 세계질서의 과도기에서 신세계질서를 구축하기 위한 시도를 하고 있다고 볼 수 있겠다. 근대적 사고가 세계, 국가, 계급 그리고 개인을 상호 배타적으로 인식해 왔다면, 새 시대에 걸맞는 탈근대적 사고는 세계, 국가, 계급 그리고 개인을 상호 포용적으로 인식하고 이에 따른 실천적 대안을 마련해야 할 것이다.[1] 즉 '제로섬 게임'(zero-sum game)적 사고에서

'포지티브섬 게임'(positive-sum game)적 사고로 우리의 사고 체계도 변화되어야 할 것이다. 그 목표는 한마디로 '모두 다같이 잘사는 사회'를 만들어 나가자는 것이다.

21세기에 들어선 현 시점에서 세계는 탈근대를 바탕으로 하여 하나의 지구촌으로서 '지구화'(globalization) 현상을 보이고 있다. 탈근대, 탈냉전, 정보화, 개방화, 국제화, 지구화 등 역사적 전환기를 규정하는 용어는 다양하지만, 가장 포괄적인 개념은 '탈근대 지구화'(postmodern globalization) 또는 세계화가 아닐까 한다. 탈근대 지구화 또는 세계화는 상당히 강렬한 개념으로 시공간적 차원에서 기존 경계의 해체와 재구성을 의미하고 있다.[2] 많은 사람들이 이를 논하고 있으나, 현실에서 아직 이러한 현상이 도래하고 있는 것 같지는 않다. 위의 모든 개념을 사용해도 현재의 상황을 제대로 설명하지 못하고 있는 것이 현실이다. 그럼에도 불구하고 이러한 인식 변화의 주된 배경으로는 1990년을 전후하여 발생한 공산권 붕괴로 인한 냉전의 해체를 들 수 있다. 냉전 이후의 세계질서의 불확실성은 동유럽과 중앙아시아에서 볼 수 있듯이, 국내에서 기성 정권의 몰락과 퇴조와 함께, 국제적으로는 일견 이전의 민족주의로 회귀할 것 같이 보이기도 하지만, 전세계적으로 보면 그러한 민족주의를 이제 지난날의 추억으로 치부하면서 근대국가의 개념을 뛰어넘는 통합을 향한 새로운 질서를 형성해 가는 듯한 복잡한 양상을 드러내고 있다. 예를 들어 인민의 낙원을 보장한다던 공산 정권이 인민의 손에 의해 무너졌고, 복지국가를

1 하영선 편, 『탈근대 지구정치학』 (서울: 나남, 1993), p. 24.
2 S. Hall, D. Held, D. and A. McGrew, A. eds. *Modernity and Its Future* (Cambridge: Polity Press, 1992); R. Robertson, *Globalization: Social Theory and Global Culture* (London: Sage, 1992); A. Giddens, *The Consequences of Modernity* (Cambridge: Polity Press, 1990). 본문에서 인용한 것은 Hall의 개념으로 하영선 (1993), pp. 445-446에서 재인용하였다.

내세운 정권들이 복지의 비용을 부담하지 못해 실각하고, 제3의 길을 외치고 있는 정권도 많은 실정이다. 개발을 위해 독재를 정당화시켰던 권위주의정권이나 군사정권도 개발의 진전과 함께 몰락하고 있다. 오랜 세월 꿈으로 생각하여 왔던 유럽의 통합이 이미 어느 정도는 실현되어 운용되고 있고, 일각에서는 민족주의적 반향과 충돌이 발생하고 있다. 한 국가 내부에서도 민족주의와 국제화에 대한 동시 전개가 진행되고 있는 상황이다. 이제 민주주의도 공산주의도, 자본주의도 사회주의도, 그 어느 이데올로기도 개인의 복지를 추구하는 사회를 장악하지 못하고 있는 것이다. 탈냉전이라는 정치적 현실이 탈근대라는 문화적 상황과 맞물리면서 탈이데올로기 시대로 움직여 온 것이다.

이러한 세계적 흐름 속에서 여전히 힘을 잃지 않고 있는 것이 바로 '국제화'(internationalization)이다. 정보 통신의 급속한 발전과 확대에 힘입어 세계의 시민으로 살면서도 여전히 개인은 한 국가와 민족에 소속되어 있다. 이러한 이중 구조는 아직도 상당 기간 계속되리라는 것이 일반적인 관측이다. 여기에 세계화나 지구화 개념보다는 각 개별국가의 존재와 그 영향력을 인정하고 있는 국제화 개념의 적실성이 드러난다. 경제부문부터 시작된 국가 경계의 소멸이 곧바로 정치에서의 국경의 사라짐과 함께 인간들의 삶의 양태가 동일한 방향으로 움직이리라고 생각하는 것은 역사의 흐름을 단선적으로 파악하고 있는데 기인한다고 보겠다. 빨리 변하는 것이 20세기 후반의 세상이 모습이라고 볼 수도 있지만, 여전히 그렇게 빠르지만은 않다는 점도 우리의 일상생활에서 드러난다.

국제화 시대의 전형적인 모습은 근대 민족국가의 자율성 및 주권의 쇠퇴 현상에서 극명하게 드러난다. 민족국가는 지구화와 개인, 초국가적 기업 등의 등장으로 통합과 분열 작용을 거듭하며 안팎으로부터의 이중적 도전에 직면하여 근대 세계를 지배해 온 그 절대적 능력과 권위를 위협받고 있다. 국제화 과정이 선도하고 있는 탈근대 국제정치 현상의 측면에서 보면, 민족주의는 이미 퇴색한 근대의 주제라고 볼 수도 있다. 특히, 유럽 공동체 등 지역 블록이 주도하고 있는 국제적 통합 움직임에 비추어 볼 때, 민족주의에 대한 집착은 지극히 과거 지향적이라는 인상을 지울 수 없는 것도 사실이다. 그럼에도 불구하고 여전히 존재하고 있는 민족과 국가를 재정립할 필요성이 바로 여기에 있다. 본 논문은 그 초점을 탈근대 시대의 국제화 현상과 함께 그에 따른 민족주의의 새로운 전개에 맞추고 있다.

현실은 일방통행적으로 움직이지 않는다는 것을 우리는 역사적 경험으로 알고 있다. 위에서 언급했듯이, 국제화 과정의 중요한 특징은 통합과 분화 현상의 동시적 대두에 있다고 하겠다. 유럽의 통합에 자극을 받아 중남미와 동아시아도 제각기 지역 통합의 기초 여건 조성에 긍정적으로 임하고 있는 것도 사실이지만, 소련과 동구 사회주의의 몰락 이후 계속되었던 소수 민족들의 분리 독립 요구, 유고슬라비아의 인종주의와 민족 분규 등은 또한 분화 현상의 일부 사례에 불과하다. 이후 코소보 사태로 비롯된 나토(NATO)에 의한 유고공습, 동티모르 사태와 함께 구소련에서 분리 독립한 몇몇 국가의 재통합 요구 등이 공존하는 것이 현재의 상황이다. 이렇게 통합을 궁극적 목표로 하는 '동질화'(homogenization)나 개체 중심의 '분화'(differentiation)와 달리 국제화는 이 두 개념을 하나로 묶어줄 수 있는 새로운 틀로 이해될 수 있으리라 본다.

무엇보다 바람직한 것은 전체로서 지구화되어 가는 세계 속에서도 각 민족과 국가의 본질과 원리들이 계속 유지 발전될 수 있어야 한다는 것이다. 개체의 원리가 사라져버린 전체는 역사적 유연성을 상실하게 되고, 개체의 활동을 통하여 전체가 비로소 가능한 것이기도 하기 때문이다. 그러나 문제는 이러한 개체가 전체와 조화에 있다. 개체가 가지고 있는 특수성, 개별성과 전체가 지니는 보편성의 조화가 바로 이 시대의 과제인 것이다. 각자가 개별성을 지닌 채 보편성을 공유할 수 있을 때, 개체도 전체도 의미를 지닌다는 말이다. 지구화 또는 세계화를 지향하는 현 시대가 여전히 민족과 국가의 존재를 개별 요소로 포괄하는 국제화 시대로 규정될 수 있음은 바로 이 때문이다.

II. 국제화 시대의 의미

(1) 국제화와 탈근대 지구화 개념의 등장

1) 통합과 분화의 공존

현재 '지구화'는 각 분야에서 동시적으로 진행되고 있는 세계사적 경향이다. 그러나 사실상 이 '지구화' 개념이 사용되기 시작한 것은 상당히 최근의 일이다. 1980년대 초반 또는 중반까지 산발적으로 사용되면서도, 학계에서 명백히 인정받은 개념은 아니었다. 사회학자 로버트슨(Roland Robertson)에 따르면, 1980년대 후반에 이미 삶의 여러 분야에서 '지구화'라는 용어가 다양하게 사용되기 시작하여 10여 년의 짧은 기간 내에 사회 전반으로 확산되었다는 것이다.[3] 1991년에 발간된 『옥스퍼드 신조어 사전Oxford Dictionary of New Words』을 보면 '지구적'(global)이라

---

3 Robertson은 20세기의 민족국가 체제는 지구화 과정에서 파악되어야 한다고 주장하면서, 지구화의 주요 요소로서 민족국가 외에 국제정치체제, 개인과 인류라는 개념을 들고 있다. R. Robertson, "Mapping the Global Condition: Globalization as the Central Concept," M. Featherson. ed. *Global Culture* (1990).

는 단어를 '환경적 용어'로 사용되는 새로운 언어로 소개하고 있다. 나아가서 '전지구적 의식'이란 전세계적 범위에서의 사회·경제적, 그리고 환경론적 문제들에 대한 인식의 공유를 의미한다고 부연 설명하고 있다. 통신 매체, 특히 TV의 발달로 인한 정보의 공유, 정보의 동시성이 지구화, 또는 지구촌 공동체가 가능하게 될는지도 모른다는 생각을 우리에게 심어준 것이다. 실제로 100년 전 이 땅에 살았던 우리 선조들보다, 지금 현재를 공유하고 있는 뉴욕과 파리, 동경의 또래 집단이 더욱 가까이 느껴지리라는 것은 어느 정도 짐작이 가능하다.

그러나 이러한 문화적 해석만으로는 오늘 이 세계를 지배하는 지구화의 실상을 정확히 이해할 수 없다. 오늘날 이 지구화란 궁극적으로 '단일 세계시장'(global market)으로의 통합을 의미하는 것이기 때문이다. 따라서 지구화라는 세계적 추세를 둘러싸고 우리 사회는 경쟁력 강화를 강조하고 있다. 지구화를 위해서는 국가 경쟁력, 기업 경쟁력, 국제 경쟁력 등이 강화되어야 한다고 전략의 초점을 맞추고 있다. 이는 사실상 우리 사회에 지구화 현상에 대한 위기의식이 팽배해 있음을 반영하는 것이기도 하다. 우루과이 라운드 협정의 타결로 인한 새로운 국제경제질서 체제로 등장하는 세계무역기구(WTO)에 대한 충분한 대응 전략이 준비되어 있지 않다는 반증이기도 하다. 세계무역기구 체제의 등장과 경제협력개발기구(OECD)의 가입 등으로 지금까지 우리가 추구하고 향유해온 후발국으로서의 이득을 일부 내놓아야 하는 상황으로 가고 있는 것이다. 더구나 우리는 그 동안 개도국으로서의 개발 혜택을 누리면서도, 민주주의의 우선적 확립이라는 국가적 요구로 인하여, 이미 수년 전부터 제기되어 온 새로운 개방이라는 국제적 흐름을 따라잡지 못하고 있었다. 지구화 현상 속에 내재된 국제화와 개방화라는 대세를 두고 우리 국가와 사회는 상당한 위기감을 느꼈고,

이미 그 태풍에 휘말린 경험을 우리는 가지고 있다. 어쨌든 우리에게 지구화, 국제화, 개방화라는 명제는 민족과 국가의 사활을 결정하는 중대한 문제이며, 우리는 이미 그 중심권에 놓여 있는 형편이다.

지구화와 더불어 현재의 세기적 상황을 아우르는 용어로서 국제화, 세계화 등이 있으며, 이들은 모두 열린 시대를 알리는 개방화를 전제로 하고 있다. 개방화는 인간의 사회화 과정에서 파생되는 개념이다. 개인이 다른 사람, 사회 그리고 국가와 관계를 맺기 시작할 때 개방은 시작되는 것이다. 열린 시대의 일 개인은 상대—개인, 국가, 사회를 막론하고—와 열린 상태에서 관계를 맺는다. 사회화 과정에서 볼 수 있는, 인간의 관계에 있어 그 대상은 무한히 열려 있는 것이다. 즉 씨족, 부족, 도시국가 등을 통하여 봉건사회, 시민사회, 국제사회로까지 이어진 것이다. 이렇게 볼 때, 이러한 열림의 현상이 특별히 새로울 것은 없다. 다만 그 진행 속도의 차이로 인하여 변화의 흐름에 적응하지 못하는 경우 당혹스럽게 느껴질 뿐이다.

사회가 바람직한 방향으로 열리기 위해서는 다음과 같은 세 가지 조건이 전제되어야 한다. 첫째는 행위 주체의 정체성 확보이다. 행위 주체로서 각 개인이 타의 간섭을 받지 않는 독자성을 지녀야 한다. 둘째로 각 행위 주체의 관계가 평등해야 한다. 동시에 입장과 판단 기준의 다양성도 인정되어야 한다. 마지막으로 공평성의 확보로서, 이는 앞의 두 가지 조건이 지켜져야 가능해진다. 대체로 객관적인 원리가 수립되고 적용되어야 한다. 지금까지의 국제정치 상황은 국가를 분석 단위로 하여 정치적, 경제적, 문화적 교류의 수단으로 개방을 추진하여 왔으나, 현재의 개방화 논쟁은 국가들만의 사회를 넘어선, 열린 개념의 국제사회—즉 행위 주체로서 국가 외에도 다국적 기업을 필두로 민간단체나 때로는 개인까지도 포함되는 사회—형성을 의미하는 것이다. 여러 가지 차원에서 지역간, 국가간 교류는 열린 사회가 가져오는 구체적 산물이다. 한마디로, 국제화는 인간 사회 또는 국제사회에 무한 경쟁 또는 무차별 경쟁과 또한 상호 협력이 동시에 일어나는 열린 시대로 진행되고 있다.

이렇게 국가의 비중이 약화되면서, 새로이 등장한 각종 행위 주체의 교류는 국제화와 지구화 개념 두 가지로 정리할 수 있다. 일반적으로 국제화나 지구화는 큰 구분 없이 국가간의 상호 의존과 연관성이 증대하는 시대적 추세나 과정이라는 의미로 사용되어 왔으나, 개념의 명확성을 위하여 구분하여 논의해 보고자 한다. 먼저 국제화란 일반적으로 19세기나 20세기 초, 중기의 근대적 현상으로 국가가 중심이 된 국제사회에서 증대하는 상호 의존이나 이에 적응하려는 국가 중심의 전략으로 이해할 수 있다. 반면에, 지구화는 21세기 탈근대 추세가 강해지면서 기존 국가 체계의 질서가 약화되고 각종 초국가 단체 및 민간 국제기구, 다국적기업 등 국가에 필적하는 다양한 새로운 정치조직체가 출현한 상태에서 등장한 개념이다. 전자가 경쟁에 중점을 두는 데 비하여, 후자는 국경을 넘어 호혜 협력을 증진시키며, 지구촌 공동의 문제를 함께 해결해 나가야 한다고 생각한다. 기본적으로 국가 중심적인 국제화에 비하여, 지구화는 경쟁보다는 인류의 공존 논리가 개발되어야 함을 더 강조한다. 다시 말하여, 지구촌의 일원으로서 공동의 이익, 공동의 운명을 자각하고 있는 것이 지구화 개념이다.[4] (Featherstone 1991)

이렇게 보면, 국제화와 지구화는 외견상 대립적인 개념으로 보일 수도 있다. 그러나 궁극적으로 양자 모두 개인, 국가, 사회 등의 모든 행위 주체들에게 공동의 이익을 가져다 줄 것으로 기대되고 있다. 따라서 양자는 유

---

4 김여수, "서구화, 국제화 그리고 세계화," 『철학과 현실』 20 (1994 봄호). pp. 50-57.

기적으로 연관되어 인류의 공동선에 이바지 할 수 있게 되는 것이다. 이런 의미에서 필자는 '지구화'를 앞서 논의된 국제화와 국가 범주를 벗어난 행위 주체 중심의, 좁은 의미의 지구화를 모두 포함하는 상위 개념으로서 '국제사회에서 보편적으로 통용될 수 있는 제도와 규범, 그리고 의식을 갖추는 동시에 국가 경쟁력 강화와 인간 생활의 질을 향상시키는 작업'이라고 파악한다.[5] 그러나 현재의 상황은 지구화라기보다는 국제화적인 경향을 보이고 있다. 국가와 민족이 이전보다 그 개념이나 독점적 권위가 퇴색한 상태이기는 하지만, 여전히 강력한 힘을 발휘하고 있음을 현재 지구촌에서 발생하는 각 지역의 분쟁에서 볼 수 있는 상황에서, 지구화는 인간의 이상이 감정이입되어 형성된 개념으로 현실에 전적으로 적용하기에는 아직 무리가 따른다고 하겠다. 즉 역사는 이상을 따라 흐르는 것이 아니라, 현실의 골을 따라 흐르는 것이다.

2) 시민사회의 등장과 민주주의의 보편화 : 개인과 국가의 관계 변화

국가는 그 국민이 일차적으로 귀속감을 느끼는 단위로서, '지구화' 경향 속에서는 극복의 대상으로 볼 수도 있지만, '국제화' 개념으로 보면 국제사회를 가능케 하는 기본 요건이 된다. 따라서 국가라는 단위로 구성된 국제사회라는 기본 틀은 상당 기간 유지되겠으나, 장기적으로 국가를 중심으로 하는 국제 관계는 현저하게 변화할 것이다. 물론 국가는 새로운 상황과 도전에 집단적으로 대응할 수 있는 기본적인 정치조직이므로, 경제적으로 발생하는 지구화 또는 통합 현상과는 무관하게 계속 존립할 가능성이 다분하다. 다만, 경제적 측면에서의 지역 블록화가 진행되는 과정에서 일부 국

---

5 R. Robertson, *Globalization: Social Theory and Global Culture* (London: Sage, 1992), p. 8.

가 고유의 권한과 기능이 불가피하게 이전될 것이다. 유럽통합 등 국가연합과 NAFTA, APEC의 창설 등 지역 블록화로 국가 주권의 일부가 이양될 수밖에 없으며, GATT체제를 뒤이은 WTO의 출현은 일국의 국제 관세를 완화 내지 철폐시키기에 충분한 압력 수단이 되고 있으며, 또한 국제적 환경 위기를 중시하는 세계 추세는 국내 개발을 제약하기에 충분하다. 그러나 「리우 세계환경회의」에서 합의된 '지속 가능한 발전'(sustainable development)이라는 용어에서 볼 수 있듯이 분열과 통합을 동시에 포괄하는 방식으로 전개되고 있다.

국제화 시대의 통합 추진 세력과 주권국가와의 관계 설정, 그리고 새로운 행위 주체—개인, 시민 단체, 국제기구, 다국적기업 등—의 조정 역할 등이 열린 시대의 새로운 관건이라고 할 수 있겠다. 지구화의 행위 주체로서 국가를 볼 때, 국가 내에 존재하는 시민사회도 고려해야 할 중요한 요건이라고 하겠다. 국가로부터 독립하여 존재하는 집단체로서의 시민사회는 그 개념적 정의가 다양하고 매우 상이하기도 하지만, 공통적인 현상도 존재한다. 즉 사적 영역과 공적 영역, 개인적인 것과 사회적인 것, 공공 윤리와 개별 이익, 개인적 열망과 공적 관심사 등의 관계가 중요한 관건이 되는 것이다. 시민사회는 결국 자유롭고 자치적인 개개인이 자신의 욕구와 개인적인 독립성의 만족을 요구하는 영역이다. 시민사회 내에서의 공적인 상호 행위는 사적 인간으로서의 시민사회에 들어가는 사회적 행위 주체와 구분될 때에만 공적 영역을 구성한다. 그러므로 사적 영역이 존재하지 않는 곳에서는 공적인 영역이 없다. 즉 양자는 어느 한 영역으로 구성된다는 의미에서 변증법적 통일성을 이루고 있다.[6]

---

6 A. B. Seligman, *The Idea of Civil Society* (New York: The Free Press, 1992), p. 5.

국제화 시대가 도래하면서 민주주의가 세계적 현상으로 보편화되는데, 이러한 과정에서 발생하는 것이 시민사회의 재등장과 성장이다. 여기서 시민사회는 국가권력에 대비되는 개념으로서 제도권 내의 정치활동 영역이 아닌 민간 부문을 가리킨다. 그러나 시민사회 내에서도 제도화되지 않은 형태의 정치활동이 있다. 즉 정치적인 영향력을 행사할 수 있는 이익단체와 사회 세력이 존재하고 여론을 형성하고 정치적 지지 및 정당성을 뒷받침하는 기반이 되고 있다. 그러므로 시민사회가 항상 비정치적 성격을 지니는 것은 아니며 상황에 따라서 정치사회로 변하여 국가에 대해 자체 이익을 대변할 수 있는 잠재력도 아울러 가지고 있다.

　서구에서 국가는 최소한 19세기 이후, 대표적으로 프랑스혁명을 계기로 사회와의 연관성 속에서 상대적으로 인식되었다. 개개인이 모인 집단과 조직은 사회로 발전시켰고, 자신들의 번영과 안정을 위해 국가라는 지배 또는 통제 메커니즘을 형성하였다. 국가는 사회 구성원들 내에서 발생하는 제반 문제와 갈등을 중재하고, 국가와 사회는 상호 대등한 입장에서 견제와 균형을 이루는 두 개의 축으로 이해된다. 절대적 성격이 강화되면서 사회를 억압하는 기제로 변한 국가는 자본주의화 되면서 도시화, 근대화, 산업화 및 개인주의의 발달과 더불어 시민혁명 과정을 거쳐 시민사회를 재분리해 내게 되었다.

　시민사회의 등장과 성장은 시민을 '정치적 신민'(subject)에서 '진정한 시민'(citizen)으로 변화시키는 중요한 계기가 되었다. 사적 영역에서 조직된 기구의 권한과 영향력이 국가와 공공기구에 대하여 상대적으로 신장되었다. 이는 사적 영역과 시민사회에 대한 국가의 권능과 영향력을 제한하게 되었고, 국가의 개입을 억제시키게 되었던 것이다. 따라서 국가와 시민사회와의 대립은 피할 수 없게 된다. 그리하여 노동운동, 농민운동, 빈민운동으로부터 시작하여, 반공해운동, 환경보호운동, 반핵운동, 평화운동 등을 포함하는 녹색운동과 경제정의운동, 성차별반대운동, 소비자보호운동까지, 모두 시민사회의 자발성, 민주성과 다양성에 기반을 둔 것들이었다.[7] 시민사회의 성숙을 위해서는 지역 연고주의의 긍정적 개발, 공공정신의 확립을 강조하는 민족적 시민의식의 형성, 그리고 다원화, 자율화, 분산화를 촉진하는 지역 시민정서의 함양 등을 들 수 있겠다.

  국제화 시대에 대중 민주주의를 중심으로 하는 건강한 시민사회는 국가가 직접 대처하기 힘든 문제를 해결하는 데 커다란 도움을 줄 수 있다. 국제화 시대의 통합을 향한 지구화 추세가 심화될수록 민족적 특수성에 대한 이해가 요구되고, 민족적 주체성이 확립되어야 하고, 투철한 민족 의식이 형성되어야 하는 이유가 바로 여기에 있다. 내가 확립되어 있어야 남이 존재함을 인식할 수 있는 것이다. 사실상 진정한 국제화의 장애 요인은 외부보다는 내부에 존재한다. 즉 개개인의 국제화에 대한 인식 제고가 국제화의 관건인 것이다. 국민 모두가 일상생활에서 열린 공정 경쟁 원리와 그 결과를 수용하는 사회, 문화 의식의 국제화가 요청된다. 또 시민사회에 강하게 남아 있는 폐쇄적이고 배타적인 의식, 제도, 관행을 타파하여 국제화, 개방화의 흐름을 적극 수용하면서 유리하게 이용할 수 있는 개인의 의식이 우선되어야 한다. 국제화를 성공적으로 달성하기 위하여 국가 부문과 민간 부문이 협력하여야 하고, 그러기 위하여 개인의 의식 변화와 그에 따른 시민사회의 역할 증대가 요구되는 것이다.

---

7 각종 시민단체 활동을 보라. 국내적, 국제적으로 국가의 정책결정에 영향을 미치는 언론에 못지않는 제5의 기관으로 인정받고 있다.

(2) 국제화 시대 민족의 역할 : 문화 공동체의 발견

국제화 시대는 통합과 더불어 분화 현상을 동시적으로 수반하며, 민족주의는 이러한 분화 작용을 배경으로 하여 국제정치의 중심적 사안으로 부상하고 있다. 국가의 권위가 상대적으로 퇴조하는 틈새에서 민족이 살아 나오게 된 것이다. 앞에서 분석한 바와 같이 통합의 동력은 경제적인 반면, 분화의 기초에는 문화적 요인이 자리잡고 있다. 현재 우리가 일반적으로 언급하는 민족주의가 종족과 문화에 기초한 민족주의이기 때문이다. 또한 경제와 기술의 통합은 문화의 통합을 유발, 촉진하기도 한다. 앞서 전제한 바와 같이 지구화는 문화에 관한 한 통합과 동질화를 추구하지 않고, 오히려 문화는 '정체성'의 위기의식을 고조시키면서 분화 요인으로 작용하고 있다.

국제화 과정은 국가간의 관계에 대하여, 상대적으로 독립적인 사회 문화적 분화에 기초하는 현상이다. 이러한 국제화 과정은 20세기에 들어선 이래 지속적으로 가속화되어 왔다. 국제기구의 증가, 지구적 커뮤니케이션의 증가, 통일된 지구적 시간의 수용, 지구적 경쟁과 제도의 발전, 시민권 개념의 보편화, 인권과 인류라는 공통 개념의 대두와 발전을 위한 공동노력 등을 그 결과로 지적할 수 있다. 이러한 경향으로 일부 성급한 사람들은 '지구적 보편 공동체'의 형성이 곧 다가올 것으로 이해하기도 한다. 이전에는 고립되어 있던 문화를 연계시킴으로써 문화적 동질화를 초래하고, 국경을 넘어서는 소위 '제3의 문화'를 창출하기도 한다. 여행, 이민, 탈출 등 사람의 흐름과, 기업과 정부에 의한 기술, 돈, 정보와 이념과 이미지의 흐름 등이 이를 가능케 한 것이다. 각 개인은 이제 적어도 하나 이상의 문화와 연관되게 되었다. 이 와중에서 형성되는 인간은 한 방향으로만 움직이지는 않으리라 본다. 인간의 직접 대면에 기초하고 영토와 결부된

'지역주의' 형, 초국가적 문화의 흐름에 기초한 '세계시민'(cosmopolitan) 형, 그 어디에도 소속되기를 거부하는 '이방인' 형 등 다양한 상황에 우리는 직면하게 될 것이다. 다양한 문화의 흐름은 제3의 문화를 창출하고 모든 것을 포용하는 관용과 보편주의로 진행될 수도 있으나, 반서구주의, 근본주의로의 복귀 등 국제화에 대한 저항을 낳을 수도 있다. 이렇게 문화의 국제화 과정은 문화적 배타성을 완화시킬 가능성과 문화민족주의의 가능성을 동시에 가지고 있는 것이다.

국제화 시대에 특징적으로 나타나는 문화적 동질화는 효율성을 강조하는 경제적 통합현상에 의해 촉발되고 가속화된다. 그러나 이러한 동질화 경향은 각종 정체성 집단과 문화적 전통으로 저지된다. 특히 경제부문의 국제화로 인한 국가 역할의 축소는 국가라는 조직체가 없는 민족과 국경을 초월하는 종족적, 종교적 집단에 의사 표현의 기회를 제공한다. 환경운동, 성평등운동, 신사회운동 등이 이들 집단을 중심으로 발생하고 있는 것이 현실이다. 이리하여 민족은 국제화를 포괄하는 지구화 과정에도 불구하고, 아니 오히려 '지구화'의 귀결로서 계속 움직이면서 집단 정체성으로 움직이는 민족주의를 재활성화시키게 되는 것이다.[8]

한마디로 '지구화'는 역사의 끝에 발생하는 최종적 결과가 아니며, '지구화'가 포괄하고 있는 국제화는 새로운 갈등과 화해의 시대를 여는 현상이라고 할 수 있다. 국가에 묻혀 같이 움직여 가던 개인이 탈근대의 시대에 그 톱니바퀴를 벗어나, 자율적으로 무엇인가를 형성하고 결정해 간다. 여기에 인간의 삶에 절대적으로 요구되는 정체성이 자아로부터 국가가 아닌 자율 집단으로 확산되어 사회적으로 영향력을 발휘하게 되는 것이다.

---

8 하영선 (1993).

이리하여 거대한 해일처럼 덮쳐 오는 지구화의 물결 속에서도 민족주의는 살아 있고, 살아 있어야 하는 것이다. 집단 정체성의 완강한 저항력이 국제화 시대를 지나면서 오히려 자극되고 강화되고 있다. 여기에서 중요한 것은 그 힘이 그 이전의 힘과는 다르다는 사실이다. 국제화가 진행되는 시기의 민족주의가 국가의 절대권이 강화되던 시기의 민족주의와 같을 수 없다. 절대 국가 시대의 국민은 그 충성심을 국가에 바쳤지만, 이제 그 충성의 대상이 다양하게 분산된 것이다. 앞서 언급한 바와 같이 탈근대의 특징의 하나로 행위 주체의 다원화를 지적한다면, 중요한 행위 주체로서 등장한 개인의 재발견과 이들의 정체성이 문화에 투영되어 구현된 민족이 재조명되어야 하고, 이를 통한 시민사회의 활성화와 더불어 인류 공동 과제를 실현해 나가야 할 것이다.

III. 민족주의의 현대적 적용

(1) 민족과 민족주의

'민족'은 사실상 한마디로 정의하기 지극히 어려운 개념이다. 따라서 민족과 차별화되어 사용되고 있는 '국가' 개념과의 비교를 통하여 접근하는 것이 비교적 용이한 설명이라 하겠다. 대체로 국가는 제도적인 영역에서, 민족은 제도의 형성과 활동에 참여하는 집단의 성원으로서의 개인이라는 측면에서 설명되고 있다. 즉 민족이란 그 성원들이 공통의 연대 의식과 문화 의식, 나아가서는 민족 의식으로 결속되어 있는 사람들의 공동체를 지칭하는 것이며, 국가는 시민에게 복종과 충성을 요구할 수 있는 강권을 보유한 법적, 정치적 조직체라고 할 수 있겠다. 보이드 셰이퍼(Boyd

Shafer)는 민족주의를 군주정, 귀족정 등에 대항하는 공화주의와 민주주의를 향한 일반적 사회운동의 일환이라고 파악한다.[9] 이러한 측면에서 민족 또는 민족국가는 그로 인하여 인간이 자유를 얻을 수 있고 행복을 추구하는 도구적 개념으로 등장하였다고 보기도 한다.

민족을 역사적 맥락에서 형성된 집단이라고 파악하면서, 헤이스(C. Hayes), 콘(H. Kohn), 카(E.H. Carr) 등이 민족주의를 역사, 정치적 개념으로 포착한다. 오늘날 우리가 알고 있는 민족주의는 프랑스 혁명 이후 서유럽에서 출현하였으며, 그것은 민족국가의 정치적 명분으로 민족국가와 불가분의 관계에 있다는 것이 바로 그러한 인식의 출발점이었다. 이렇게 서유럽에서 시작한 민족주의는 자유주의와 국민 주권의 원리를 필수적 구성 요소로 하고 있었으나, 전세계로 확장되는 과정에서 저항이 강조되고 자유주의적 요소가 희석되었다 보겠다. 이는 민족주의의 양면성이 역사적 사건 속에 상징적으로 드러난 양상이라고 할 수 있다. 민족주의는 19세기 전반에서 근대 민족국가의 통일 원리로 제시되었고, 19세기 후반에는 소수 민족의 해방 이념으로 채용되는가 하면, 20세기에는 공격적, 침략적 식민주의 또는 선민주의로, 그리고 현대에 와서는 반식민주의와 민족 해방의 논리로 주장되기도 하였다. 이렇게 민족주의는 자체의 개념이 그대로 전달되기보다는 당시의 정치적, 사회적 상황 논리에 따라 이데올로기적 변경을 넘나들었다고 볼 수 있다. 여기에 사회학적, 인류학적 연구가 가세하면서, 민족주의 이론은 진일보하게 되는 바, 민족주의에 선행하며 다양한 집단의 의식적인 선택에 영향을 미치는 집단 정체성을 고려하게 된다. 이리하여 민족공동체를 포함한 모든 공동체는 문화적으로 구성된

---

9 Boyd Shafer, *Nationalism: Myth and Reality* (N.Y: Harcourt, Brace and World, 1955), pp. 114~115.

것이라는 데에 생각이 미치게 된다. 따라서 공동체 형성의 근본을 따지는 것은 부질없는 짓이며, 중요한 것은 공동체가 어떠한 방식으로 구성되며 재현되는가 하는 점이다. 자본주의의 발전으로 기본 동력을 제공받고, 매스커뮤니케이션과 대량 이민이 근대적 민족 개념을 현실에서 완성시켰다는 것이다. 특히 인쇄술과 언어의 상호작용이 중요한데, 모국어로 출판된 대량 인쇄물은 자동적으로 민족의식의 고취로 이어졌다는 것이다.[10] 그러나 이렇게 민족주의를 사회적으로 형성된 개념이라고 보면서 인간의 의식 변화가 고려되지 않고 있다.

이에 대하여 스미스는 민족주의가 의도적으로 형성된 개념이라는 것만 가지고 그 역사적 지속성을 설명할 수는 없으리라고 판단하면서, 민족주의에 있어서 전근대적인 종족적 유대를 강조하고 있다. 민족주의가 근대의 산물임을 부인하는 것은 아니지만, 민족의 형성은 경제적 통합, 행정적 통제, 문화적 결합이라는 세 가지 측면이 모두 고려하여 이루어지는 것이라고 보았다. 한마디로 시민적 요소와 종족적 요소는 근본적으로 근대 민족의 상호의존적인 구성 요소라는 것이다.[11]

(2) 국제화 시대의 민족주의

1) 새로운 민족 정체성의 모색

형성 원인 측면에서 논란의 여지는 있으나, 민족주의가 근대 민족국가의 정치적 명분이자 이데올로기로서 작용하였음은 분명하다. 따라서 민족주

---

10 B. Anderson, *Imagined Communities: Reflections on the Origins and Spread of Nationalism* (London: Verso, 1991).

11 A. Smith, *Theories of Nationalism* (London: Duckworth, 1971); Smith, *The Ethnic Origins of Nations* (Oxford: Blackwell, 1986).

의가 근대 민족국가의 위상 변화에 영향을 받으리라는 것은 자명한 일이다. 현재 민족국가는 통합과 분화라는 안팎으로부터의 도전에 직면해 있다. 국가 체제의 저항도 완강하지만, 민족국가가 지금까지처럼 정치 경제적으로 특권적 지위를 유지하기는 힘들 것으로 보인다. 앞장에서 논의한 바와 같이, 지구화 과정의 와중에서 이제 민족국가가 더 이상 집단 정체성과 문화적 동질성의 유일한 단위가 될 수는 없다. 집단 정체성으로서의 민족주의는 문화적 동질성을 명백히 내세울 수 있는 종족의 명분으로 작용하게 될 가능성이 크다. 따라서 지구화 과정이 진행되고 있는 국제화 시대의 민족주의는 집단 정체성이라는 문화적 측면에서 이해될 필요가 있다고 본다.

여기서 필자는 앤더슨과 스미스가 각기 민족주의의 기반을 인간 집단의 의식과 그 전통적, 종족 문화적 요소에서 발견하고 있음을 중시한다. 이에 따르면, 대체로 인간들은 자신이 처한 현재를 과거나 미래와 연결시켜 주는 공동체에 대한 집착을 지니고 있으므로, 지구화 과정에서 영토적 민족국가에서 문화적 정체성 확보 기능이 박탈될 때 또 다른 공동체로 눈을 돌릴 수도 있게 된다. 이 힘의 공백을 종족이나 인종이 차지할 가능성이 다분한 것은 물론이다. 실제로 대부분의 근대국가에는 여러 가지 종류의 집단이 혼재하고 있다. 외견상으로는 문화적 통일성을 표방하고 있으나, 사실은 결집하고 있음을 의미할 뿐 연합과 제휴로 단수 결집된 차별적인 언어, 인종, 종교집단을 안고 있는 상태이다.

그러한 혼성체는 사실상 복합 민족으로 되어 있으며, 여러 가지로 골치 아픈 존재일 수밖에 없다. 미국은 소위 '인종의 도가니탕'(melting pot of race)으로 불리면서도 여러 문화가 공존하는 가운데 하나의 문명을 형성하고 있는 국가로서 분열의 징후는 보이지 않는다. 캐나다는 '세 가지 문명, 두 종류의 문화, 그리고 하나의 국가'로 표현되는 절충적 민족 개념으로, 퀘벡 주의 분리에 관한 찬반투표를 실시하는 등 많은 혼란을 겪고 있다. 반면에 벨기에와 스위스는 명백히 혼합된 문화의 존재에도 불구하고 하나의 민족임을 주장하는 복합 민족의 또 다른 일례이다. 또한 여기서 식민 문화의 유산으로 다문화성을 물려받아 단일 문화 전통이 소멸되어 버린 다수의 피식민국가도 고려하지 않을 수 없다. 식민지 행정당국이나 제국주의 전쟁이라는 외적 요인으로 국경의 변동까지 겪으면서, 때로는 하나의 민족으로 생각하기조차 어려운 상황도 있었다. 아프리카를 살펴보면, 이는 극명하게 드러난다. 아프리카의 신생국들은 국가와 민족에게 가장 중요한 경계 설정마저 허락되지 않아, 현재 명목상으로만 하나의 국가로 존재할 뿐 단일한 민족 전통과는 거리가 먼 국가가 되어 버렸다.[12] 중동 지역에 위치한 국가들은 종교적으로 이슬람을 신봉하고 언어적으로 아랍어를 사용하여 아랍족으로 통칭되고는 있으나, 실제로 중동국가, 이슬람국가, 아랍국가라는 세 가지 카테고리가 서로 선택적으로 중첩되면서 민족과 국가가 융합되는 현상을 보인다.

콘(Kohn)과 케두리(Kedourie)에 의하면, 민족 개념은 역사적으로 전승된 구체적 문화와 계몽사상적 전통인 합리주의, 중앙집권적 행정체계와 일원화된 법률체계 등과 연결되어 있다는 것이다. 이는 프랑스 대혁명의 중앙집권적 경향과 나폴레옹식 관료적 법치주의와 더불어 오히려 강화되어 가고 있었다. 그럼에도 불구하고, 민족 개념은 제국주의적 전통과 여전히 갈등하고 있었던 것도 사실이다. 그리스/로마 시대 이래 제국주의는 전통적으로 권력이나 법 또는 다른 형태의 초문화적 지배에 근거한 통치체제를 선호하면서, 혈족 집단의 배타성에 근거한 문화적 동질성 주장이나

---

12 Benjamin R. Barber, "Voluntarist Nationalism," Hannah Arendt Symposium (1989); 박의경, "하이브리드 민족주의: 미국적 예외주의를 중심으로," 『국제정치논총』 제36집 2호 (1996), pp. 3–24 참조.

지역적 경계 구분 등을 경시하여 왔다. 제국주의 시대와 그 이후의 대부분의 민족 구조는 다문화적 체제를 유지한다. 즉 단일한 통일 정부하에 다양한 민족이 살아서 움직이고 있는 다민족 국가를 의미한다. 이렇게 혈족적인 게마인샤프트에 근거하고 인종적으로 단일한 민족과 법과 행정체계로 통합되어 있는 다문화 공동체가 존재하고 있는 것이 사실이다.

지금까지 언급된 유형을 집약하여 보면, 다음과 같은 세 가지 민족 유형이 드러난다. 첫째는 '순수한 자연적 민족형'(pure nation)으로, 이는 단일한 문화 유형을 보유한 민족을 의미하는 것으로, 역사/정치적으로 파악되는 기본적인 민족 개념이다. 한국이 바로 이의 전형적인 예가 된다. 둘째는 '다문화 공존의 제국형'(multicultural imperium)으로, 이는 독특하고 다양하지만 법률과 행정 체계로 연결된 여러 문화를 조각조각 엮어 하나의 통일된 조직으로 만들어낸 민족 유형이다. 인도, 스위스, 또는 구소련 등 연방국가나 국가연합이 이에 속한다. 셋째는 상당히 새로운 개념으로서 '하나로 동화된 혼성형'(assimilationist hybrid)이 바로 그것이다.[13] 용어의 생경성이 의미하듯이, 이는 다양한 색깔의 씨줄, 날줄이 전혀 다른 새로운 색조와도 창조적으로 섞여 들어가 새로운 하나의 통합된 색깔을 보여주는 민족형이라고 할 수 있다. 가장 비근한 예로 미국을 들 수 있는데, 감정에 근거한 태생적 선택인 첫 번째 유형과 현실에 대한 이성적 판단이 앞서는 현재적 선택인 두 번째 유형이 개인 내부에서 융합된 상태라고 표현할 수 있을 것이다.

이와 같은 세 가지 유형은 각기 인간의 창의력의 정도 차이를 반영하는 것이며, 또한 각기 나름대로의 단일성과 다양성의 균형을 취하고 있다. 게

---

13 박의경 (1996).

다가 이들은 모두 인간의 필요에 따라 사회적으로 만들어진 유형이라고 할 수 있는 것이며, 나름대로 이데올로기와 작동 원리를 지니고 있다. 그러나 대부분의 경우 혈통을 강조하던 순수한 인종 유형이 현재의 상황을 중시하는 혼합형으로 대치되어 가고 있는 것이 국제화를 거쳐 탈근대 지구화 과정으로 진행하고 있는 오늘의 현실이기도 하다. 이러한 상태에서 과연 종교나 문화, 인종이 진정으로 태생적이거나 자연적일 수 있는지도 의문이다. 실제로 역사에 등장하는 대부분의 민족은 순수 형태의 복합체로 나타난다: 그 순수성은 하나의 기본 모델로서 복합도를 측정하는 데 사용되고 있다. 진정으로 순수한 형태의 민족국가는 거의 존재하지 않는 것이 아닌가라는 주장도 인간 교류의 장구한 역사를 감안할 때 전혀 근거가 없는 것도 아니다. 민족의 순수성은 어쩌면 실제적이라기보다는 그렇기를 바라는 열망에서 이데올로기로서 주장되는 것일 수도 있다. 다양한 문화가 혼재하는 국가는 때로 단일 문화권을 지향하는 소동이 벌어지기도 하면서, 점차 동화된 혼성형으로 다가서게 되기도 하며, 또한 단일 부족이나 종족이 명목상으로 다문화적 실체를 유지시킨 채 주도권을 장악하기도 한다. 바로 이것이 국제화 시대 에 근대의 국가 중심적 민족주의가 대안적 모습을 갖추어 가는 현실태인 것이다. 정치의 자율성, 이성 주권, 보편적 시민권과 남.여성의 평등한 잠재력—즉 민주주의의 기본인 자유와 평등으로 요약할 수 있다—등에 근거하여 민족을 형성시켜 나가려는 의식이야말로 기존의 닫힌 민족주의에 대한 유일한 대안일 수 있다.

2) 민족주의의 새로운 지평을 찾아서 : 민주주의와의 연계

개인, 민족, 계급, 국가 그리고 세계를 상호 배타적으로 인식하여 온 근대적 사고를 넘어서, 이들을 포용적으로 인식해야 하는 것이 탈근대 사고의 핵심이자 국제화 시대에 절대적으로 필요한 사상적 근간이라는 것은 앞서 말한 바와 같다. 따라서 근대의 이념적 기반으로서의 세계주의, 민족주의, 국가주의, 그리고 개인주의까지 동시에 포괄하는 새로운 이념적 대안이 추구되어야 하는 것은 당연한 귀결이다. 20세기 말 국제화 과정에서 진행되고 있는 정치적 다원화도 동시에 다양한 가치에 의미를 부여하고 종합할 수 있는 새로운 이데올로기를 요청하고 있다. 여기서 오늘의 민족주의 이념은 탈근대 사회의 경제적 이해관계를 토대로 하여 이를 극복할 수 있는 새로운 지평을 제시할 수 있어야 하며, 국제화 시대에 부합하는 열린 체제를 발전시켜 나가야 한다. 필자는 이를 '열린 민족주의' 라고 제시하고자 한다.[14]

근대국가는 국가라는 공동체의 이익 확보가 개인의 이익에 우선하였던 반면, 탈근대 국가는 한편으로 개인의 경제 활동을 자유롭게 보장하고, 다른 한편으로는 공동체의 이익을 위해 사회적으로 통제해야 하는 모순에 처해 있다. 결국 국가의 권력을 공고히 하였던 근대 이념의 이완은 자신의 이익만을 추구하는 개인의 탈정치화를 막을 수 없었다. 이렇게 볼 때, 열린 민족주의는 철저하게 개인화 되어 가는 시민과 공동체를 어느 쪽도 손상시키지 않고 매끄럽게 결합시키는 지배 형식의 문제를 제기한다.

국제법적 이해관계의 갈등을 극복하는 과제를 안고 있는 세계 평화의 문제에서 볼 때, 민족주의는 어떤 의미를 가지고 있는가? 철저하게 자유로운 자율적 개인에게 민족주의는 과연 무엇인가? 이는 유한과 무한, 있음과 없음, 이성과 감정, 나의 자유와 공동체의 권위 등 근대의 이분법적 사고를 가지고는 해결될 수 없다. 근대의 이분법적 사고는 민족주의에 있어서도, 타국과의 대립이라는 적대 관계를 기본으로 설정해 놓기 때문이

---

14 이와 유사한 개념으로 하영선은 지구적 민족주의, 이진우는 다원적 민족주의, 개방적 민족주의 등의 용어를 사용하고 있음을 밝혀 둔다. 하영선 (1993); 이진우, 『탈 이데올로기 시대의 정치철학』 (서울: 문예 출판사, 1993).

다. 국제화 시대의 민족주의는 타국과의 대립을 통해 규정되는 것이 아니며, 오히려 국내의 시민사회를 민주화할 때만 의미를 가지게 되는 것이다. 국가 내의 시민들 상호관계도 일반적인 자유의 법칙에 따라 평화관계를 유지할 것이라는 것이 열린 민족주의의 핵심이다. 열린 민족주의는 동일한 정치 공간에서 생활하는 자율적 개인들의 다원성을 근본적으로 인정하면서도, 이 다원성을 토대로 하나의 법질서를 형성할 수 있는 정치적 정향을 의미하는 것이다. 즉 국제화 시대의 민족주의는 다른 국가와의 대립을 통하여 규정되는 것이 아니라, 반대로 국내의 시민사회가 자유를 바탕으로 민주화될 때에만 의미를 가지는 것이라고 하겠다.

이렇게 민족주의는 민주주의로의 기대와 개인의 자유에 대한 열망을 불러일으키는 제반 사회의 지적, 도덕적 혁명의 일부로 간주될 수도 있다. 물론 모든 이데올로기가 그러하듯이 민족주의에도 자체의 기본 모순이 내재한다. 이만큼 민족주의는 전제군주가 향유했던 만큼의 자유를 민족이 누려야 한다고 주장한다. 이러한 경향이 민족주의라는 미명하에 자칫 전쟁을 지지하는 쪽으로 여론을 몰아가기도 한다. 근대의 역사적 경험에 따르면, 민족주의는 이성을 파괴하고 반이성적인 절대 지배를 합리화시키는 비합리적 도구로 이용되기도 하였던 것이 사실이다. 그러나 이는 결과적으로 반민족주의로 귀착되고 마는 것이 그 논리적 귀결인 것이다. 민족주의가 국가를 수호하고 방어하는 폐쇄적 개념으로 동원되는 바로 그 순간이 인간의 자유를 위한 제도로서의 민족주의의 긍정적 양상은 사멸되어 가기 시작하는 시점이기도 하다.[15]

민족주의가 합리성과는 상당히 동떨어진 개념이기는 하나, 민족 정서를

---

15 박의경, "자유주의적 민족주의: '자유' 이념과 '민족' 가치의 조화," 『국제정치논총』 제35집 1호 (1995), pp. 241-259.

자극하여 활성화시킨다는 사실은 너무나도 합리적인 귀결점이다. 다시 말하여, 민족주의는 그 민족에게 자기 비판 능력을 부여한다는 것이다. 자기 비판을 통하여 민족주의는 세계 정치와 세계 국가라는 네크워크에서 한몫을 담당하게 된다. 국가가 개인의 자유를 확보하듯이, 자발적으로 채택한 법치주의적 공화주의야말로 민족국가의 자유를 보장할 수 있는 것이다. 민족주의는 민족적 자기 의식을 일깨우고 발전시켜 활성화시키기 위한 이념이다. 이렇게 공화주의, 자유주의 사상과 민족주의의 연관성을 논한 사상가로서 칸트(Kant), 루소(Rousseau)와 헤르더(Herder) 그리고 마치니(Mazzini)가 있다. 반동적으로 작동하던 현실주의의 강력한 힘이 이들의 자유주의적 민족주의를 강타했을 때에도 인류의 이상으로서의 자유와 공화사상은 여전히 이를 역전시킬 수 있는 잠재력으로 자리잡고 있었다. 현실 정치에 나타난 비극의 역사를 영광스러운 개선으로 이끌 수 있었던, 즉 열린 시대의 열린 민족주의로의 가능성이 특히 헤르더와 칸트에게서 발견된다.[16]

민족주의 사상가 헤이스(C. Hayes)는 헤르더를 18세기의 인도주의자이자 자유주의자로 평가한다. 자유주의적, 자기 결정적 민족주의로서의 특성을 모두 보여주는 헤르더의 주장을 헤이스는 문화민족주의로 규정한다.[17] 헤르더는 자유와 인본성 추구라는 목표를 가지고 민족의 문화적 단결을 강조하면서, 모든 개별 민족을 포괄하는 보편적 공동체의 가능성을 시사하고 있다 다양성과 단일성의 문제를 헤르더는 상당히 역설적으로 풀어낸다. 즉 전 인류의 동포애라는 단일성은 각 민족의 문화민족주의의 확

---

16 E. Park, *Reevaluating Liberal Nationalism: A Critical Study of Rousseau and Herder*. New Brunswick, NJ: Rutgers University. unpublished dissertation, 1993; 박의경, "헤르더의 문화민족주의: 열린 민족주의를 위한 시론," 「한국정치학회보」제29집 제1호 (1995), pp. 331-352.
17 C. J. H. Hayes, *The Historical Evolution of Modern Nationalism* (N.Y: Russell and Russell, 1931).

립을 통하여 오히려 가능하다는 것이다. 한마디로 헤르더는 문화적 측면에서 개별성과 보편성의 점진적인 합일을 시도하고 있는 것이다. 헤르더의 궁극적 목표도 세계 평화인 바, 이를 향한 국제적 단일성 개념은 본질적으로 다양한 민족의 존재를 내포하는 것이며, 따라서 다원적 민족 체계의 각 개별 양상에서 드러나는 공동 이익, 요구 목적 등을 인식하고 있음도 분명하다.[18]

국가 내의 시민들 상호간의 관계를 공화주의 원리에 의해 민주화하면 할수록 국가 상호간의 관계도 일반적인 자유 법칙에 따라, 평화 관계를 유지할 것이라는 것이 열린 민족주의의 핵심인 바, 바로 이것이 칸트 『영구평화론』의 논리이다.[19] 공화주의는 근본적으로 "개인의 자유와 권리를 어떻게 일반 법칙으로 보장할 수 있는가"하는 정치형태와 관련이 있다. 공화제는 집행권과 입법권을 분리하는 정치제도이다. 이에 반하여 전제정치는 공공 의지를 입법자의 사적 의지와 일치시키는 정치형태로서 모든 국민의 자유와 권리를 박탈한다. 이러한 논리를 민족에 대입시켜 보면, 국가 내의 여러 종족과 집단에게 자율권과 참여권을 부여하지 않는 민족주의는 내부적으로는 항상 독재적 지배 수단으로 전락하고 외부적으로는 제국주의로 변형될 소지가 다분하다고 할 수 있다. 결과적으로, 열린 민족주의는 공화주의와 마찬가지로 자유, 평등, 자율성과 독립성 등을 평화의 원리로 설정하게 된다. 인간의 최고의 권리로서 자유는 각 개인이 인정하고 동의하는 법률에만 복종할 필요가 있다는 의미이다. 즉 열린 민족주의는 동일한 공간에서 살아가는 자율적 개인의 다원성을 근본적으로 인정하면서도, 이 다원성을 토대로 하나의 질서를 형성할 수도 있음을 의미하는 것이다.

---

18 박의경, "헤르더의 문화민족주의."
19 H. Reiss, *Kant's Political Writings* (Cambridge: University Press, 1970) 참조.

칸트는 시민법과 국제법의 보완을 위해 세계시민법 개념을 제시한다. 이는 국가의 무력 정복을 자행하고 국가간의 법질서를 인정하지 않으며, 폭력 행사나 전쟁 도발의 가능성이 다분하던 민족들을 민족 상호간의 개별 이익을 통하여 연합시키자는 것이다. 여기서 세계시민권은 인류의 보편적 우호 관계에 한정되는 것으로, 박애가 아니라 권리, 즉 한 이방인이 타국에서 이방인이라는 이유 하나로 적대시되지 않을 수 있는 권리를 의미한다. 이 권리는 모든 인간이 지구 자체에 대한 공동 소유권을 자지고 함께 더불어 살고 교류할 수 있는 자연법적 권리이다. 지역과 민족으로 격리되고 분리된 집단과 그 구성원이 서로 평화적 관계를 수립할 수 있고, 이 관계가 결국 공적이고 법적인 것이 되어 마침내 인류는 세계 시민적 체제로 나아가게 되는 것이다. 이제는 지상의 여러 민족 사이에 형성된 관계를 통한 공동사회의 발전으로 지구의 어느 한 지점에서 법의 훼손이 있을 경우 다른 곳에서도 동시에 이를 느낄 수 있게 되었으므로, 세계시민법의 개념은 결코 공상적이거나 과장된 것이 아니라고 칸트는 역설한다. 한마디로 공화적 입헌 질서를 확립한 다양한 민족국가의 주권, 자유, 그리고 다양한 이해의 존중에서 연합된 인류의 보편적 우호 관계라는 칸트의 세계시민법 개념에서 국제화를 지나 탈근대 지구화 시대로의 새로운 지평을 엿볼 수 있다. 역사적으로 실현 불가능하게 이상적인 주장으로 여겨져 왔으나, 현재 유럽연합(EU)의 국제 조직 개선 논의는 바로 여기에 개념적 근거를 두고 있는 것이다. 즉 유럽 연합 내에서 유럽인들은 민족 개념을 그대로 보유한 상태에서 적극적 유럽 시민권을 행사할 수 있게 된다.[20]

---

20 A. Smith, *Globalization: Social Theory and Global Culture* (London: Sage, 1992).

결론적으로 국제화 시대를 맞이하여 광범위하게 열려 가는 현재의 정치적 상황으로 보아 민족주의의 진행 방향을 예측해 보고자 한다. 첫째로 집단 정체성으로서의 민족주의는 국제화 시대에 필연적으로 내포된 동질화에 대한 마지막 저항세력으로 끝까지 존재할 것이다. 둘째로 국제화 시대의 통합화 경향에 따라 국가 역할은 감소할 것이며, 따라서 영토적 민족국가의 힘은 상당 정도 약화되고, 초국가적이거나 하위 민족적 단위 집단이 각 개인에게 보다 중요한 것으로 부상하게 될 것이다. 셋째로 영토적 민족주의가 약화되면서 원거리 민족주의 등 커뮤니케이션 네트워크에 기초한 새로운 형태의 민족주의로 발전하게 될 것이다. 마지막으로 문화적 측면에서도 단일한 세계 문화를 이룩하지는 못할지라도 각 문화간 소통은 보다 활발해질 것이다. 환경에 대한 사고와 마찬가지로 생존의 차원에서 상호 협조하지 않으면 공멸할 수 있다는 공동 위기의식의 확산으로, 적대적으로 설정되었던 국가와 국가, 민족과 민족의 관계가 상호협력적 차원으로 한 걸음 다가서게 될 것이다.[21]

유럽연합(EU)에서 드러나는 인류의 이상으로서의 보편 공동체에 대한 비전을 포기하지는 않겠지만, 개별 공동체로서의 민족공동체의 소멸을 논하는 것도 역사의 경로를 무시하는 무책임한 일이다. 국제화 시대 의 민족주의는 영토적 배타성에 근거하는 근대적인 것을 넘어서 보다 탄력적으로 변모해야 한다. 밖으로는 인류 공동체에 대한 비전을 지니고, 안으로는 개인의 행복한 삶 및 다양한 소규모 지역 공동체까지 고려하는 열린 민족주의를 지향하여야 한다.

---

21 하영선 (1993).

IV. 결론 : 민주주의의 보편화와 열린 민족주의에의 전망

인류 역사에서 지구화 또는 세계화의 문제는 인간과 보편적 인간 가치의 부정과 그 발전 가능성에 대한 모든 종류의 인종적, 문화적, 언어적, 지리적, 제도와 관습적 차이와 구별에서 형성되는 제한에 대한 도전과 극복 유형을 의미한다. 적자생존의 논리에 근거한 무한 경쟁만이 국제화 시대의 유일한 특징이 아니고, 건전한 상호 경쟁을 통한 상호 공생이 그 근본 목적임을 간과해서는 안 된다. 열린 시대에는 모든 종류의 민족적, 문화적, 지역적, 전통적 차이에서 유래하는 다양한 가치와 삶의 양식의 인정과 존중이 요구된다. 하나의 가치에 의한 전 인류의 획일적 동질화가 아니라, 다양한 가치와 존재 양식, 이질적 문화와 언어의 공존에서 인류의 공동 삶이 위태롭게 되지 않을 정도의 원칙과 기준 설정이 이 시대의 중요한 목표이기에 아직 지구화보다는 국제화가 우리에게 보다 현장감 있게 다가온다. 타민족, 국가, 지역, 종교, 문화에의 존중과 그들의 신념과 삶에의 관용이 존재하는 곳에 국제화 시대의 시민 정신이 거론될 수 있다. 따라서 개인, 민족, 국가의 새로운 정체성 인식과 문화 창달, 전통의 보존과 발전 등을 위한 세계적 차원의 협의체도 필요하게 된다. 여기서 보편 공동체에서 요구되는 이른바 세계시민권 개념은 각 개별 국가의 시민권과 각 지역 공동체의 주민권을 대치하지 않고, 개인은 다차원적인 시민권을 통하여 인류의 보편성을 구현해 나가자는 것이다.

국제화 시대를 살아가는 각 민족과 국가는 자연과 생명 보존을 위한 인류의 공동 책임에서 제외될 수 없다. 세계 시장, 무역 체제가 열린 시대에 걸맞게 발전되어 이것이 인류 문명 발전의 위대한 성취로 여겨질지라도, 현실에서 발생하는 경제발전의 부수적 문제에 대한 책임이 면제될 수 있는 것은 아니다. 환경문제와 자연 파괴가 대표적인 것으로, 선진국의 도덕적, 실제적 책임과 후진국의 자기 비판적 책임을 동시에 요청하고 있다. 국제화 시대는 국가간의 자본 기술 이전 및 정보 교환, 무공해 기술개발, 환경 복구 정책, 인권 존중과 사회 정의 실현, 민주정치의 세계적 정착에 대한 공동의 책임 의식까지 요구하고 있다.

고대 이후 민족주의는 자유 개념과의 연관 속에서 전개되어 왔으며, 계몽시대의 세계주의적 시각이 가미되기에 이른다. 산업화의 과정에서 민족주의는 세계 지배를 추구하는 닫힌 이데올로기로 진행되었다. 민족주의와 세계 지배는 밀접한 상호 연관성을 가지고 있다. 민족주의가 영토 국가의 발생과 더불어 합리적 관료제를 발전시켰다고 하면, 세계 지배는 자유로운 신대륙 발견과 해상 무역을 통해 보편적 기술 문명을 확산시켰다. 이러한 긍정적 측면뿐만 아니라, 핵전쟁에 의한 인간 실존의 위기, 산업화에 따른 생태계의 파괴, 기술·문화적 제국주의에 의한 정치적 불평등 관계 등 현재의 모든 부정적 문제도 또한 기존 민족주의의 전제 조건을 이루고 있다.

미국의 서부 개척사가 변경의 확대 과정으로 인식되고, 변경의 끝에 도달해서야 투쟁이 끝나 가듯이, 기술과 문화의 보편화는 지구도 변경—즉 끝—이 있음을 자각시켰던 것이다. 탈근대 지구화 과정의 핵심은 기실 바로 여기, 즉 지구는 유한한 공간임에 대한 인식에 있다고 할 수 있다. 따라서 국제화, 지구화 시대의 민족주의도 팽창보다는 기존의 것을 다른 것에 대항하여 지킨다는 저항의 형식으로 제기되고 있는 것이다. 민족주의에서 주장되고 있는 자유는 동일성의 자유가 아니라, "출생한 지역의 차이로 인해 서로 다를 수 있다"라는 차별성의 자유이다. 따라서 열린 민족주의는 일차적으로 외부에서 강요되는 정치적 획일화에 저항하는 것이다. 열린 민족주의는 민족의 유대를 종교적으로 받아들여지는 객관적 토대 위에 구축하는 것이 아니라, 민족의 객관성을 역사적으로 형성된 유동성 있는 유대 위에 정립하는 것이다. 열린 민족주의는 우리가 현재 거주하고 있는 이 공간, 즉, 영토도 역사의 진행 과정에서 발생한 우연한 사건이라는 사실도 적극 수용하게 된다.[22] 따라서 열린 민족주의는 자국의 이익과 개별 인간의 이익 나아가서는 인류의 이익을 조화시켜 나가게 된다. 즉 열린 시대의 민족주의는 국내에서는 인간의 자유를 국제적으로는 인간성의 고양을 그 기치로 삼고 있다.

한마디로 '민족주의나 세계주의'(cosmopolitanism)나 '국제주의'(internationalism)의 문제는 생존을 위한 제로섬 게임이 아니다. 인류에게 보다 나은 삶을 보장하기 위하여 어떻게 협조하여 궁극적으로 현실 정치에서 인간의 행복을 최대로 실현시킬 것인가 하는 것으로서 우리 생존을 위한 당면 과제인 것이다. 통합과 분화가 공존하는 탈근대 지구화로 진행되는 과정 속에서 열려 가는 이 국제화 시대에, 개별성과 보편성의 조화라는 관점에서 변화와 지속성의 균형 가능성이 발견된다. 즉 국제화 시대에는 여전히 다양한 문화 공동체의 존재가 부정되지 않을 것이고 또 그래서도 안 된다. 오히려 이러한 다양한 민족의 존재로 인하여 인간은 보편 공동체를 향한 열망을 불태울 수 있었던 것이다. 마치 정원에 만발한 각종 다양한 꽃들의 존재가 각 존재를 부정함 없이 자신의 고유한 아름다움을 간직한 채 정원의 자연스러운 아름다움의 발현에 각자의 역할을 담당하고 있음과 같다.[23] 민족도 이와 같이 자신의 독특성과 고유함에 바탕을 둔 자신의 문화를 여타 민족의 민족성에 배치됨이 없이 발전시킬 수 있다. 말하

22 이진우 (1993).
23 J. G. Herder, *Outlines of a Philosophy of the History of Man*, trans. by T. Churchill (N.Y: Bergman Publishers, 1800).

자면, 안과 밖으로 열린 민족주의를 의미하는 것이다.

국제화 시대의 열려 가는 과정은 특정 민족의 자기 정체성과 문화적, 도덕적 가치의 절대화와 특권 요구에의 제한이며, 다른 민족과 인류의 존재 가치의 승인과 그들을 위한 도덕적 책임감 또는 보편적 정의감을 지니며, 인류 보편적 가치와 그 구현의 저해 요인에 대한 분석이 우선적으로 있어야 한다. 국제화 시대에 보편화된 가치인 민주주의가 민족주의와 바로 여기서 만나게 된다. 프랑스 대혁명으로 극적인 결합을 이루었으나 이후 역사의 흐름에서 비극적으로 결별해야 했던 자유주의가 민주주의로 거듭나 이제 새로운 모습으로 민족주의와 함께 국제화 시대를 형성해 갈 것이다.

4

E. H. 카의 비판적 현실주의 국제정치이론[1]

전재성 | 서울대학교

I. 서론

이 논문은 현실주의 국제정치이론을 현대적으로 정립시킨 영국의 이론가인 E. H. 카(Carr, 1892~1982)의 현실주의를 살펴본다. 카는 전간기(戰間期 : interwar years, 1919~1939)에 발전된 이상주의 국제정치이론을 비판하고 현실주의 국제정치이론의 근간이 되는 내용들을 주창하였으며, 모겐소(Hans Morgenthau), 니부어(Reinhold Niebuhr) 등과 함께 소위 고전적 현실주의를 발전시켜 제2차 세계대전 이후의 국제정치이론계에 많은 영향을 미쳤다. 이 논문은 카가 논하고 있는 이상주의 대 현실주의의 이론적 대립구도가 두 가지 상이한 기준에 의해 설정되었다고 보는데, 이는 희

---

1 이 글은 원래 『한국정치학회보』 제 33집 3호 (1999), pp. 391-408에 실렸던 글을 수정, 보완한 것이다.

망적 사고로서의 이상주의 대 과학적 사고로서의 현실주의라는 하나의 기준과 현상유지적 이데올로기로서의 이상주의 대 비판이론으로서의 현실주의라는 다른 하나의 기준이다. 이 논문에서는 전자의 기준보다 후자의 기준이 카가 주장한 현실주의의 요체를 파악하는데 중심적이라고 논한다. 즉 카는 현실주의가 이상적 사고와 과학적 분석을 겸비할 수밖에 없다고 주장한 반면, 현상유지적 이데올로기를 비판하는 비판이론으로서 현실주의가 가장 큰 가치를 가진다고 보았다는 것이다.

　카의 현실주의의 요체가 비판성에 있다는 논지를 위해서는 카의 인식론을 살펴보는 것이 필요한데, 카는 역사적, 사회적, 정치적 사실에 대한 인간의 인식이 필연적으로 개인과 개인이 속한 집단의 실존적 조건들, 특히 정치적 입장과 가치관을 반영함으로써 상대적 모습을 가질 수밖에 없다고 논한다. 비판적 현실주의로서의 카의 이론을 파악하는 것은 고전적 현실주의의 독특한 이론적 자원을 발견하는 작업으로, 인식론적으로 실증주의화되고 가치론적으로 미국의 패권적 세계질서를 도모하는 문제해결적 이론으로 변화된 신현실주의을 비판하는 기초를 마련해 주기도 한다.[2] 또한

---

2 같은 현실주의라는 명칭을 가지고 있음에도 불구하고, 고전적 현실주의와 신현실주의는 서로 다른 패러다임이라 부를 수 있을 만큼 이론적 구성요소에서 차이점을 보여주고 있다. 인식론에서 고전적 현실주의가 인식론적 회의주의, 반실증주의의 성향을 가지고 있다면, 신현실주의는 실증주의적 인식에 기반하고 있다. 존재론의 입장에서, 고전적 현실주의가 구조변수, 과정변수, 개인변수 모두를 논하고 있는 반면, 신현실주의, 특히 왈츠의 구조주의적 현실주의는 구조변수의 배타적 중요성을 강조한다. 가치론에서 고전적 현실주의가 현재의 질서를 비판하고 변화의 가능성을 모색하는 비판성을 주장하고 있음에 반해, 신현실주의는 미국 위주의 세계질서를 운용하는 데 필요한 많은 이론적 요소들을 간접적으로, 혹은 직접적으로 제공하는 문제해결적 이론의 역할을 담당한다. 가치론에 관한 부분은 이론가들의 가치관이 전면에 표출되지 않기 때문에 실증적 논증이 어렵지만, 이론가들이 적극적으로 고려하지 않거나, 우선 순위에서 하위에 두고 있는 가치들, 즉 주변화된 가치들이 무엇인가를 볼 때 간접적인 유추가 가능하다. 신현실주의는 주어진 질서를 변혁할 수 있는 계기를 이론화하거나, 그 가능성을 이야기하기보다는 국력의 불균등한 배분을 이야기함으로써 상대적으로 정태적이고, 결정론적인 시각을 유지해 왔다. 고전적 현실주의와 신현실주의의 차이에 대해서는 Robert Cox, "Social Forces, States and World Orders: Beyond International Relations Theory," Millennium 10-2 (1981); Robert Gilpin, "No One Loves a Political Realist," Security Studies 5-3 (1996); Michael Loriaux, "The Realists and Saint Augustine: Skepticism, Psychology and Moral Action In International Thought," International Studies Quarterly 36 (1992); K. L. Shimko, "Realism, Neoliberalism, and American Liberalism," Review of Politics 54 (1992) 등 참조.

한국적 상황에서 현실주의를 논함에 있어 현존 국제질서에 대한 비판성을 중심 요소로 포함하고 있는 고전적 현실주의의 특징을 논하는 것은 나름의 의미가 있다고 보여진다.

본 논문은 크게 세 부분으로 구성되어 있는데, 첫째 부분에서는 카의 인식론을 다룬다. 카는 실증주의 역사철학에 대한 비판에서 출발하여, 인식론적 상대주의와 역사적, 사회적 인식의 자기반성, 그리고 인식자의 실존적 조건에 대한 초월을 강조하고 있으며, 결국 메타윤리적 동의를 통한 간주관적 역사 인식의 가능성을 피력하고 있다. 둘째 부분은 이상주의와 현실주의를 나누는 카의 두 가지 별개의 기준을 논하고, 카의 현실주의는 그의 인식론에서 출발하여 현존 질서에 대한 비판적 인식을 요체로 하고 있음을 설명한다. 셋째 부분은 카가 비판적 현실주의를 정립하여 현존 질서가 보다 정의롭고 평등한 질서로 평화적 방법에 의해 발전하기를 원했지만, 그의 가치론에 대한 불완전한 논의로 인해 이러한 논의가 제한될 수밖에 없었던 상황을 설명함으로써, 그의 현실주의가 가지는 공과를 논한다.

II. 카의 인식론과 역사철학

현재 국제정치학계에서 주된 이론의 위치를 점하고 있는 신현실주의와 신자유주의의 인식론은 일반화하여 실증주의라 할 수 있는 점에서 공통점을 가진다. 실증주의 인식론은 사회적, 역사적 사실에 대한 인식이 자연과학에서와 마찬가지로 귀납과 연역의 합리적 방법에 힘입어 합법칙적 명제들로 분석되고, 과거에 대한 실증적 설명을 기초로 미래의 사회적 사실에 대한 예측도 가능하다는 믿음에 근거하고 있다. 인식자의 가치는 인식과

정에 영향을 미칠 필요가 없으며, 또 인식과정에 대한 가치중립성이 바람직하다는 견해를 보이고 있기도 하다. 신현실주의와 신자유주의는 주된 이론적 개념들과 가설들로 국제정치 현상을 합법칙적으로 설명하고자 시도하고, 이를 바탕으로 예측하는 것을 목표로 삼으며, 이러한 과정은 연구자의 가치와 별개로 존재하는 객관적 지식이 있다는 근대적 믿음에 의존하고 있다.

고전적 현실주의자들이 공유하고, 카가 그의 역사철학에서 구체적으로 논하고 있는 인식론은 이러한 실증주의적 낙관론에 정면으로 배치되는 인식론적 회의주의이다. 카는 연구자의 인식의도, 혹은 가치와 별개로 존재하는 역사에 대한 객관적 지식이 존재한다는 생각에 대해 회의를 가졌으며, 역사적 지식에 대한 객관성은 오직 연구자들간의 상이한 가치를 조화시킴으로써 간주관적으로 조정되어 구성될 수밖에 없다는 견해를 보이고 있다. 객관적 역사적 사실에 대한 인식의 문제가 인식자들의 간주관적 가치의 동의의 문제로 변화되며, 실증주의가 말하는 바 가치중립성을 부정하고 인식과 가치의 문제를 결합시켜 논하고 있는 것이다. "인식이 존재에 구속된다"는 마르크스의 인식론과 "인식자는 개별적으로 사고하는 것이 아니라 자신의 속한 사회집단의 일원으로서 사고한다"는 만하임(Karl Mannheim)의 지식사회학적 인식론의 영향이 뚜렷하게 보이는 논지이다.

정치적, 사회적, 역사적 사실의 인식에 대한 카의 견해는 『역사란 무엇인가』, 『새로운 사회』, 『20년간의 위기, 1919-1939』 등의 저작에 분산되어 나타나 있다. 카가 제기하는 인식론의 질문은 다음과 같이 정리해 볼 수 있다. 즉 인간의 지식은 객관성의 지위를 가질 수 있는가? 역사가는 자신의 가치로부터 자유로운 탐구를 할 수 있는가? 역사가는 탐구의 대상인 역사적 사실을 선택하고 설명하는 데에 있어 그의 시간적, 공간적 맥락으로부터 자유로울 수 있는가?

카의 시대는 사회적, 역사적 지식에 대한 실증주의의 견해에 많은 영향을 받아왔다. 카는 19세기 서구에서 정점에 달했던 실증주의 사관이 "역사를 과학으로 파악하려는 노력을 기울이고 있으며, 사실 그 자체에 대한 숭배로 영향력을 행사하고 있다"고 말하며, 대표적인 실증주의 사학자로서 랑케를 꼽는다. 실증주의 사학의 인식론적 전제는 1830년대 랑케 스스로가 남긴 말에 의해 가장 잘 표현된다고 보는데, 즉 역사가의 임무는 "과거에 있었던 그대로를 보여주는 것일 뿐"이라는 것이다. 실증주의는 로크에서 러셀에 이르는 영국 경험주의 전통과 맞물려서 "주체와 객체의 완벽한 분리"를 전제하였다. 사실은 주체의 의식으로부터 독립되어 있는 것이고, 주체는 외부의 사실을 인식함에 있어 수동적으로 이를 받아들일 뿐이라는 것이다. 실증주의자들에게 있어 역사는 "확인된 사실들로 이루어져 있다. 사실들이란 마치 물고기가 어부의 그물에 걸려 있듯이, 자료와 비문의 형태로 사가들에게 쓰여지는 것이다. 역사가들은 이들을 수집하고, 집으로 가져가 그에게 적당한 형태로 요리하고 사용하는 것이다."[3]

카가 논하고 비판하는 이러한 실증주의는 현재 국제정치이론들의 실증주의적 인식론과 상통하는 부분으로 이에 대한 카의 비판은, 고전적 현실주의와 신이론들의 차이점을 보여주는 논점이기도 하다. 카는 "역사가 많은 양의 확실하고 객관적인 사실들로 구성되어 있다는 19세기적 사고"를 받아들일 수 없었고, 다음과 같은 네 가지 문제를 제기한다. 첫째, 역사를 객관적으로 재구성하는 문제, 둘째, 역사가의 사회적 존재에 관한 문제, 셋째, 역사적 인과성의 범위와 복잡성, 넷째, 일반화의 문제 등이 그것이다.

---

3 E. H. Carr, *What Is History?* (London: Macmillan, 1961), pp. 5–6.

첫째 문제에 관련하여, 카는 객관적인 "역사적 사실"의 존재 자체를 부정한다. "사실은 스스로 말한다"라는 명제는 그릇된 인식이며, 오히려 "사실은 단지 역사가가 말하라고 할 때에만 말한다"는 것이다. 카는 역사적 사실이 객관적으로, 해석의 여부와는 독립하여 존재한다는 믿음이 심각한 오류라고 주장한다.[4]

사실 그 자체가 역사를 구성하지 않는다면, 역사를 구성하는 것은 역사가들이며, 이들은 "미리 선택되어져 있는," 그리고 "미리 결정되어 있는" 관점에서 역사를 구성한다. 카는 "모든 역사는 현재의 역사이다"라는 크로체의 명제에 동의하는데, 이는 역사란 본질적으로 과거를 현재의 눈으로, 그리고 현재의 문제의식에서 보는 것이라는 의미에서이다. 역사란 "역사가와 그의 사실들 간의 끊임없는 상호작용이며, 과거와 현재 사이의 계속되는 대화라는 것이다.[5]

카에게 있어서 두 번째 문제는 미리 선택되고 미리 결정되어 있는 관점들의 기원이 개인적인 것일 뿐 아니라 사회적이기도 하다는 것이다. 19세기 자유주의적 역사가들이 취했던 역사에 대한 상식적 견해들, 즉 역사는 개인들에 관해 기록된 개인들의 작품이라는 생각은 옳지 않다는 것이다. 카는 "역사가가 스스로 처해 있는 역사 속의 위치가 과거에 대한 그의 관점을 결정한다"고 한다.[6] 인식자 개인의 인식작용이 개인적 관점에 의한 것이라기보다는 개인이 속한 집단의 사고를 표상한다는 견해는 만하임의 지식사회학의 영향을 받은 것으로, 역사가의 역사 인식 역시 다른 개인들의 인식작용과 마찬가지로 역시 사회적 현상이라는 주장이다. 역사가는 사회의 산물

---

footnote
4 Carr(1961), pp. 7–15.
5 Carr(1961), p. 35.
6 Carr(1961), p. 43.

이며 의식적이든 무의식적이든 이를 대표하는 대표자이기 때문이다. 만하임의 지식사회학이 카의 현실주의에 미친 구체적 영향은 후술하기로 한다.

셋째로, 객관적인 역사적, 사회적 지식의 존재 가능성의 문제와 사회적 존재로서의 역사가의 인식의 문제는 보다 구체적으로 역사에 있어서 인과성의 문제, 혹은 우연과 필연, 자유의지론과 결정론의 문제로 제기된다. 역사가들은 자신의 관점에 입각하여, 하나의 사건을 놓고 다양한 원인을 찾게되고, 많은 원인들의 가능성에 직면하여, "사건들 사이의 관계를 확정 짓는 어떠한 원인들간의 위계질서를 확정하고자, 즉 모든 원인들의 원인들, 가장 근본적인 원인을 찾고자" 시도한다.[7]

역사가들은 겉보기엔 "대체로 우연적 사건들이나 아주 일반적인 이유들만이 원인이 되는 그런 사건들의 연속일 뿐"인 흐름 속에서 인과적 관계를 찾고자 하는데, 카는 인과관계의 설정이 역사가의 관심을 끄는 문제들과 중요한 관계가 있다고 주장한다. 카는 역사가들의 인과적 설명이 필연적으로 가치판단을 반영하게 되는데, 특정 역사가들에게 있어 모든 사실들이 전부 역사적 사실인 것이 아니고, 역사가들의 흥미나 관심에 의해 선택되어지는 것일진대, 단지 특정한 인과관계만이 의미 있는 것으로 받아들여지는 것이다. 그리고 이러한 선택의 과정에서 다른 인과관계의 축은 우연이나 사고의 축으로 떨어지게 된다. 이것은 일관된 역사적 인과관계를 제시하는 데 있어 불가피한 선택과정이며, 바로 이러한 과정을 살펴봄으로써 역사가들의 근저에 깔려 있는 가치관을 알 수 있다는 것이다.

넷째로, 카는 특수성과 일반성, 그리고 일반화의 문제를 제기한다. 역사에 있어서 특수한 요소들에 대한 관심은 일반 자연과학과는 달리 역사학

---

7 Carr(1961), p. 117.

의 독특성을 제기하는 부분이다. 과학이 일반적인 것들을 다루고 시공을 초월한 적용가능성을 목표로 하는 데 반해서, 역사학은 독특한 사실들을 다룬다. 그러나 역사가들이 일반화를 시도하는 경우도 종종 있는데, 이는 역사 속의 특수성뿐 아니라, 특수성 속의 일반성에도 관심을 가지고 있기 때문이다. 카는 일반화를 추구하는 역사가들의 노력을 평가함에 있어, 이를 이론적 차원에서 평가할 것이 아니라, 역사적 교훈이라는 실용적 차원에서 이해해야 한다고 주장한다. 즉 우리는 "역사의 일반화가 특수한 사건들을 끼워 맞출 수 있는 역사의 거대한 틀을 만들기 위한 것이 아니라," 미래의 행동에 도움이 될 수 있는 교훈을 끌어내고자 한다는 점을 이해하여야 한다는 것이다. 카에 있어서 일반화 작업의 의미는 "이를 통해 우리가 역사에서 배우고 하나의 사건에서 배운 교훈을 다른 사건들의 경우에 적용시키고자 하는 것"이다.[8] 따라서 과거의 사건들을 설명하고 일반화하려는 모든 노력은 우리의 저변에 깔린 가치관과 관심에 의존하는 것이다.

카가 제기하는 이상의 네 가지 문제는 역사적, 사회적 지식의 객관성의 문제로 귀결된다. 카의 말처럼 역사적 사실의 선정과, 이들의 해석, 인과관계에 근거한 사실의 재구성, 특수성 속에서 일반성을 발견하려는 역사가들의 노력, 이 모두가 역사가들 개인의 가치판단과 시공(時空)적 환경에 의해 조건지어진다고 할 때, 역사에 대한 객관적 해석에 도달한다는 것은 불가능한 것인가?

카는 역사적 사실이 전적으로 객관적일 수는 없다는 점을 인정하여 인식론적 상대주의의 입장을 표명한다. 역사의 객관성이 사실 자체의 객관성이라면 객관적 역사는 구성될 수 없다는 것이다. 그러나 카가 역사 인식

---

8 Carr(1961), pp. 80–85.

의 객관성의 근거를 다른 부분에서 찾고 있는 점을 간과할 수 없다. 그는 객관성의 실마리를 "사실과 해석의 관계, 과거와 현재, 미래의 관계"에서 찾고자 한다. "역사에 있어서 객관성이란… 사실의 객관성일 수 없으며, 관계의 객관성, 즉 사실과 해석 사이의 관계, 과거와 현재, 미래 사이의 관계의 객관성을 의미하는 것"이라는 주장이다.[9] 여기서 역사적 사실의 중요성을 판단하는 기준에 영향을 미치는, 보다 근본적인 기초가 되는 것은 역사가들의 가치체계 혹은 도덕체계인데, 다수의, 미리 결정되어 있는 역사가들의 관점들에 대한 토론을 통해 간주관적 합의를 이루는 관점을 발견하고 이를 바탕으로 역사적 사실을 재구성해야 한다는 것이다.

여기서 카의 객관적 실재의 존재에 대한 질문이 역사가들 간에 존재하는, 미리 결정된 관점들의 객관적 진리성의 문제로 변화되는 것을 볼 수 있다. 역사적 실재의 객관성에 대한 질문은 곧 역사가들 자신들에 대한 질문이 되는 것이다. 가장 객관적이고, 혹은 최소한 자의적이지 않은 역사적 실재를 발견하기 위한 최소한의 조건은 역사가들이 자신의 관점을 타인의 관점에 비추어 비판적으로 성찰하고, 자신을 초월하는 능력을 갖추는 것이다. 인간의 역사 인식이 자신의 개인적, 사회적 존재에 구속된, 상대주의를 피할 수 없는 운명일진대, 자신에 대한 반성적 의식에 가장 철저하고 자신의 조건을 초월할 수 있는 역사가들에 의해 재구성된 역사만이 간주관적 동의를 이룰 수 있는 가장 광범위한 기반을 제시하는 것이다.

이제 역사적 지식에 있어서 객관성의 문제는 역사적 사실을 객관적으로 재구성하고 이를 객관적으로 해석하는 문제가 아니라, 어떻게 간주관적이고 서로 조화되고 양립이 가능한 가치체계를 역사가들 사이에서 이끌어내

9 Carr(1961), p. 159.

느냐 하는 문제가 된다는 것을 알 수 있다. 만약 역사연구의 기본이 되는 역사가들 사이의 다양한 가치들을 조화시킬 수 있다면, 역사적 사실의 재구성이나 이의 해석 자체에서 비롯되는 문제들은 피상적인 것이 될 것이다. 카를 인용하면,

> 우리가 어떤 역사가를 객관적이라고 말할 때, 두 가지 점을 의미한다. 첫째, 우리는 그가 사회와 역사에서 자신의 상황에서 비롯되는 제한된 관점을 초월하는 능력을 가지고 있는가 하는 점이다. 이러한 능력은 자신이 얼마만큼 자신의 상황에서 영향을 받고 있는가를 의식할 수 있고, 완벽한 객관성이란 불가능하다는 점을 인식하는 능력을 의미하는 것이다. 둘째로, 자신의 상황에 묶여 그 시야가 극히 제한된 역사가들과는 달리, 과거를 재구성하는 데 있어서도 깊고 지속적인 직관을 주는 능력을 가지고, 미래를 보는 데 있어서도 자신의 안목을 적용할 수 있는 능력을 가지는가 하는 점이 중요하다.[10]

카는 국제정치 현상에 대한 자신의 현실주의가 다른 이론들보다 더 깊고 철저한 자기반성의 성찰력과 자기초월의 능력을 갖기를 희망하였고, 무엇보다 현실주의의 비판성을 강조하게 된다.

III. 카의 비판적 현실주의

카는 전간기의 이상주의 국제정치이론에 대한 비판을 통해 현실주의의

---

10 Carr(1961), p. 163.

주요 내용을 정립하는데, 그 기준으로 인식되어 온 것이 희망적 사고 대 과학적 사고라는 기준이다. 이상주의는 인간의 본성에 대한 낙관적·합리주의적 가정과, 이를 기초로 한 국제연맹, 신외교 등 이상적 대안을 주장하여 제1차 세계대전의 전후 처리에 제한적 성과만을 거두고 결국 제2차 세계대전의 한 원인을 제공하게 되었다는 것이다. 카의 현실주의는 이러한 이상주의를 비판하고, 인간의 본성과 이를 기초로 한 국제정치 현실에 대한 과학적 이해로 희망적 사고의 결점을 타파하고 보다 현실적인 국제정치이론을 수립하고자 하였다는 논의이다. 본 논문에서는 이러한 대립구도에 대한 인식이 제한적이라고 보는데, 이는 앞서 논의한 카의 인식론에 대한 분석에 근거한 것이다. 카는 이상주의의 진정한 문제가 희망적 사고라기보다는 이상주의자들의 역사적 관점이 현상유지를 선호하고자 하는 정치적 의도에서 비롯된 것으로, 이들의 의도를 파악하고 비판하는 것이 현실주의의 본래의 목적이라고 생각하였다.

(1) 희망적 사고로서의 이상주의 대 과학적 사고로서의 현실주의

카는 이상주의와 현실주의의 대비를 위해 각 이론의 이상형을 제시한다. "완벽한" 이상주의자란 실재의 인과적 연속성을 거부하고 실재에 대한 자신의 열망만에 집중함으로써 자신이 변화시키고자 하는 현실에 대한 이해의 가능성을 완전히 부정하는 사람을 의미한다. "완벽한" 현실주의자란, 이와는 반대로, 사건들의 인과적 연속성을 무제한 받아들이고, 현실에 대한 가차없는 분석을 함으로써 현실을 변화시킬 수 있는 가능성을 말살시켜 버리는 사람이다.[11]

---

11 E. H. Carr, *The Twenty Years' Crisis 1919-1939* (New York: Harper & Row, 1939/64), pp. 10-12.

이러한 극단적인 양분법상에서 볼 때, 카는 이상주의보다는 현실주의를 높게 평가하는 듯한데, 이는 현실주의가 국제관계의 "과학"을 달성하는 데에 보다 유효하다는 점에서 그럴 것이다. 우선 이상주의의 비판을 보면, 이상주의는 분석을 소홀히 하거나, 혹은 분석보다는 이상과 열망에 치중한다는 점에서 현실주의보다 열등하다는 것이다. 카에 따르면, 이상주의는 현실주의에 비하여 사고보다 이상을, 관찰보다는 일반화를 우선시하며, 실존하는 사실이나 가능한 수단에 대한 비판적 분석을 게을리한다는 것이다.[12] 이상주의의 예로 카가 들고 있는 사람들 중에 이상주의적 사회주의자들이 있는데, 생시몽이나, 푸리에, 로버트 오웬 등이 그들이다. 이들은 인간행위에 대한 증명되지 않은 가정들을 기반으로 하여, 모든 계급의 사람들이 함께 조화롭게 살 수 있는 이상적인 공동체의 몽상적 계획을 세우고자 하였다.[13] 이들의 분석은 실제의 사건들에 대한 인과적 인식을 결여하고 있으며, 따라서 그들이 제시하는 해결책도 분석의 결과라기보다는 그들의 열망을 반영한 결과라고 보아야 할 것이다.

국제정치 면에서는 윌슨의 이상주의가 카의 비판의 주요 표적이 되었다. 카에 따르면, 윌슨식의 이상주의는 전쟁의 재발을 방지하고자 하는 열망에 지나치게 치중한 결과 국제정치의 인과관계를 냉철히 분석하는 데에 실패했다는 것이다. 국제적 경찰력, 혹은 "집단안보" 개념의 옹호자들은 이러한 계획들이 상황분석의 결과 언제, 어떻게 가능하다는 분석을 제시하기보다는, 이러한 계획들이 실현되었을 때의 여러 가지 이점을 제시한다거나, 이러한 계획이 실패하였을 경우의 참사를 표방함으로써 이들이

---

12 Carr(1939/64), p. 8.
13 Carr(1939/64), p. 7.

반드시 실행되어야 한다는 논리를 내세웠다는 것이다.[14] 이러한 이상주의적 사고의 실제 결과는 참담한 것이었다. 카는 1930년대 국제정세의 흐름이야말로 이러한 사고방식이 어떤 결과를 가져오는가를 극명하게 보여준 예라고 말하고 있다.

현실주의는 이와는 반대로 사실에 대한 철저한 연구에 기반하고 있다는 장점을 가지고 있다. 현실주의는 여러 가지 몽상적인 계획들의 실패로 이어지는 이상주의적 단계를 마감하면서, 이상주의의 이상적 사고를 극복하고자 한다. 현실주의는 사실의 수용과 인과관계의 분석을 중시하면서 목적의 역할을 상대적으로 경시하고, 사건의 연쇄를 분석하는 데에 사고의 기능을 제한하고자 한다. 행동의 영역에서 현실주의는 현존하는 세력과 경향들의 만만찮은 힘들을 강조하는 경향이 있다. 국제관계의 영역에서 현실주의의 주장은 지극히 단순 명료한데, 이는 정치란 항상 어떤 의미에서 "권력정치"라는 것이다. 국제체제에 있어서 군사적, 경제적, 문화적, 혹은 여론의 힘은 국제관계의 대부분의 논리를 결정하며, 다른 요소들, 예를 들어 국제윤리에 대한 주장들과 같은 요인들은 단지 국가권력을 정당화하거나 영속화하기 위한 수단에 불과하다는 것이다.

이러한 현실주의의 장점과 특성에도 불구하고 카는 자신을 현실주의자와 동일시하지 않으며, 오히려 현실주의에 대한 비판을 제기한다. 카는 "일관되고" "철저한" 현실주의자는 결국 자기모순에 빠지며, 냉소적이고 수동적인 처지에 처하게 될 것이라고 말한다. 그가 말하는 철두철미하고 일관된 현실주의자는 우선, "과학적 지식"을 목표로 하여 "논리적으로는 정당하지만, 꼭 필요한 행동의 근저를 제공하지 못하며, 이는 사고를 계속

---

14 Carr(1939/64), p. 8.

하게 하는 동기조차도 제공하지 못한다"는 것이다. 카는 만약 정치에서 어떤 사실들이 변화불가능하고, 어떤 경향들이 거부할 수 없는 것들로 인식된다면, 이를 변화시키거나 거부하려는 어떤 열망과 관심도 사라질 것이라고 말한다. 일관되고 철저한 현실주의자란 존재할 수 없다는 사실이야말로 정치학이 주는 가장 확실하고도 가장 흥미로운 교훈들 중의 하나라는 것이다. 정치를 무한한 반복적 과정으로 보는 현실주의자들의 정치인식은 인간의 본성에 비추어 볼 때 받아들이기 힘든 것인데, 이는 인간이란 항상 의식적이든 무의식적이든 간에 명확하고 유한한 목적을 추구하기 때문이다. 현실주의자들은 자신이 내세웠던 명제, 즉 역사에선 인간의 분석과는 별개로 자신의 인과법칙에 따라 결정론적으로 움직이는 역사적 실재가 있다는 주장을 부정하지 않고서는 명확한 목적을 정의하고 추구할 수 없다는 모순에 빠지게 되는 것이다.

둘째, 현실주의자들의 사고가 명확한 목표를 결여하고 있다는 사실은 감정적이고 비이성적인 요소들을 용인하지 않음으로 인해서, 행동을 위한 효과적인 정치적 계획에 필수 불가결한 호소력을 가질 수 없다는 것이다.

셋째, 일관된 현실주의는 전체적인 역사과정을 인정함으로써 이에 대한 도덕적 판단을 배제한다. 그러나 이러한 합리적 판단은 인류전체에게는 받아들일 수 없는 것으로 인식되는 경우가 있고, 오히려 인류는 자신의 가치를 창조하여 역사를 이에 맞게 해석하고 변화시키는 행위를 중심으로 삼곤 한다. 정치가들이 사실의 분석보다는 도덕적 원칙을 내세워 국내, 국제정치적 계획을 추진한다는 점이야말로 현실주의의 모순을 잘 보여주는 점이다.

넷째, 일관된 현실주의는 분명하고도 유의미한 행동의 목적을 제시하는데에 실패할 가능성이 높다. 만약 인과관계의 분석이 철저하여 미래 사건의 "과학적 예측"이 가능할 정도가 되고, 인간의 사고가 자신의 지위나 이해관계에 의해 전적으로 규정된다면, 인간의 행위와 사고는 사실 목적의식을 결여하게 된다. 개인이 할 수 있는 것은 세계의 객관적 전개와 자신의 이해관계에 따른 수동적 사고와 대처밖에는 없다. 그러나 인간의 문제가 인간의 행동과 사고에 의해 움직이고 변화될 수 없다는 생각은 지극히 받아들이기 힘든 것으로, 심지어 현실주의자라 할지라도 자신의 생각이 스스로 창조적이고 변혁적이라는 사실을 인정하지 않고 단지 기계적이고 무의미한 것이라고 생각하기는 힘든 일이다. 세상에는 행동하고 사고하도록 결정 지워진 것도 있지만, 자신이 능동적으로 행동하고 사고할 수 있는 것들도 존재한다는 것이다.

그렇다면 카는 이상주의와 현실주의의 선상에서 자신의 입장을 어떻게 정의하고 있는가? 이상주의자들은 자신의 희망이나, 바람, 가치관 등에 영향을 받아 객관적 분석을 그르침으로써 카에 의해 순진하다고 비판받은 바 있다. 이러한 이상주의의 측면이 현실주의에는 완전히 결여되어 있는가? 카가 말한 바, "완전하고" "일관되고" "순수한" 이상형적인 현실주의에서는 그렇다고 할 수 있다. 그러나 카는 정치사상에서 목적이나 가치관이 완전히 결여된 사상이 존재할 가능성은 없다고 보고, 또 그것이 바람직하다고 생각하지도 않는다. 카에 따르면,

이상주의자들이 자신의 목적을 유일한 궁극적 사실로 취급하는 한편, 현실주의자는 목적을 단지 다른 여러 사실들로부터 파생된 기계적 산물로만 취급한다. 우리가 이러한 인간의지와 열망의 기계화가 가능하지 않고 바람직하지도 않다는 것을 인정한다면, 실천으로부터 발전되어 나오고 또다시 새로운 실천으로 발전되어 가는 이론이란 것이 이 과정에서 변혁적 역할을 한다는 사실을 알

게 될 것이다. 현실주의자들이 믿듯이 정치과정은 단지 기계적인 인과관계의 법칙에 의해 지배되는 일련의 현상들 속에 존재하는 것은 아니다. 또한 이상주의자들이 믿듯이 현명하고 장기적 안목을 가진 사람들의 내적인 의식에 의해 발전된 이론적 진실들을 현실에 적용시킴으로써만 존재하는 것도 아니다. 정치학은 이론과 실천 간의 상호작용에 대한 인식에 기반해야 하고, 이러한 인식은 이상과 현실의 조합에 의해서만 달성될 수 있는 것이다.[15]

카에 따르면 이상주의와 현실주의는 이론적 분석의 기저에 깔려 있는 실천적 목적의 유무에 따라 서로 구별될 수 있는 것이 아니다. 카는 "정치사상 그 자체가 정치적 행위의 한 형태"라고 주장한다. "정치학은 단순히 존재하는 것에 대한 과학일 뿐 아니라, 존재하여야 하는 것에 대한 과학이기도 하다."[16] 또한 카는 "정치학이 이상주의로부터 완전히 탈피하는 것은 불가능하다"고 말한다. 한마디로 "목적과 분석은 하나의 과정을 이루는 다른 부분이다." 카는 "일관되고" "순수한" 현실주의를 비판하는 과정에서 현실주의의 함정을 경고하면서 "모든 정치상황은 이상과 현실 간에 서로 양립이 불가능한 요소들을 포함하고 있다"고 말한다.[17]

이러한 관점에서 정치사상에서의 이상주의와 현실주의는 분석의 기저에 깔려 있는 목적의식과 가치관의 기능을 부정할 수 없다는 것을 알 수 있다. 심지어 "일관된" 현실주의라 할지라도 이상주의에 대한 비판을 목적으로 삼고 있으며 특수한 연구주제들을 선택함으로써 다른 주제들을 배제할 수밖에 없다는 측면에서 가치적인 분석을 완전히 회피할 수 없다는

---

15 Carr(1939/64), p. 13.
16 Carr(1939/64), p. 5.
17 Carr(1939/64), p. 94.

사실을 알 수 있다.

결국 우리는 카가 말하는 모든 정치사상이 완전한 이상주의와 완전한 현실주의의 사이의 어딘가에 존재한다는 것을 알 수 있다. 이는 카의 현실주의 비판에서 보았듯이 불가피할 뿐 아니라, 바람직한 것이기도 하다. 그렇다면 이상주의와 현실주의 차이는 본질에 관한 것이 아니라 정도에 관한 것이 된다. 그리고 희망적 사고 대 과학적 분석이라는 기준은 중심적이지 않고 바람직하지 않다는 사실을 알 수 있다.

카는 어떠한 정치사상이라도 그것이 유의미한 것이고자 한다면 이상과 현실의 두 요소를 모두 갖추고 있어야 한다고 말한다. 순수한 현실주의는 어떠한 종류의 이상적 국제사회도 불가능하게 하는 단순한 권력투쟁만을 제시한다. 현실주의라는 무기를 사용하여 이상주의를 반박하고 파괴한 이후에도 우리는 또 다른 형태의 이상주의를 필요로 하며 이러한 이상주의는 그 다음 단계의 현실주의에 의해서 다시 비판되고 파괴될 것이다. 인간의 의지는 계속해서 현실주의의 냉혹한 분석으로부터 벗어날 수 있는 탈출구를 찾아갈 것이고, 그 결과 새로운 국제질서를 만들어 갈 것이다. 그리고 이러한 국제질서가 정형화된 구체적인 정치적 형태를 띠게 되면 다시금 이해관계와 위선에 영향을 받아 다시금 현실주의로부터 비판될 것이다. 이상적인 것은 일단 제도 속에서 구체화되면 곧 이상적이기를 그치고 자기이익의 표현이 되어 버리며, 이는 새로운 이상의 이름으로 또 다시 비판되고 파괴될 것이다. 이와 같은 계속적인 상충적 힘들이 정치의 재료를 이루는 것이다. 모든 정치적 상황은 양립이 불가능한 이상과 현실, 도덕과 권력의 요소들을 내포하고 있다.[18] 자연과학과 정치학의 차이

---

18 Carr(1939/64), p. 93-4.

점은 정치학이 결코 이상주의로부터 완전히 벗어날 수 없으며, 정치학자는 자연과학자들보다 보다 긴 초기의 이상주의적 발전단계를 거친다는 것이다.[19]

(2) 현상유지적 이데올로기로서의 이상주의 대 비판이론으로서의 현실주의

이상주의와 현실주의를 구분하는 하나의 기준인 희망적 사고 대(對) 과학적 분석이라는 기준이 피상적이고, 철저한 것이 되지 못한다면 보다 적절한 기준은 무엇인가. 전술하였듯이, 카는 인간의 역사적, 사회적, 정치적 인식의 과정이 객관적일 수 없으며 개인의 독특한 정치적, 도덕적 입장과, 자신이 속한 인간집단의 사고를 반영한다고 생각하였다. 인식론적 상대주의의 결론에 직면하여 카는 역사적, 사회적, 정치적 인식의 객관성은 자신에 대한 성찰적, 비판적 태도를 견지하고, 타인, 혹은 여타 인간집단과의 간주관적 역사관의 동의를 이루어내는 노력을 통해서만 확보될 수 있다고 보았다. 결론부터 말하자면, 카는 이상주의가 비판의 대상이 되는 진정한 이유가 이상주의가 속한 사회, 혹은 국가의 집단적, 정치적 이익에 기초하고, 이를 비판적으로 성찰할 수 있는 능력을 결여하고 있기 때문이라고 논한다. 이에 반해 현실주의는 이상주의의 독단적 역사관에 대해 비판적, 성찰적 시각을 제시하고 있으며, 이러한 비판성이야말로 현실주의 국제정치이론의 진정한 요체라는 것이다.

카는 스스로 『20년간의 위기』 서두에서 밝히고 있듯이 카를 만하임의 지식사회학의 영향을 받았으며, 마르크스의 사회인식론의 영향도 받고 있

---

19 Carr(1939/64), p. 9. 이와 대비되는 주장으로서 현실주의를 도덕적 회의주의로 파악해 온 입장에 대해서 Marshall Cohen, "Moral Skepticism and International Relations." *Philosophy and Public Affairs* 13-4 (1984), pp. 299-346 참조.

다.[20] 만하임과 마르크스의 인식론을 통해 카는 모든 인간의 지식이 권력
관계와 이해관계를 초월하는 것이 근본적으로 어렵다는 것과, 따라서 인
간의 지식은 과학적 외피 아래 자신의 권력을 증가시키고 자신의 이익을
실현시킬 목적으로 사용한다는 사실을 강조한다. 만하임의 지식사회학은
지식이 한 사회집단의 이익을 대변하기 위해 가지고 있는 이데올로기적
성격과, 구체적인 역사·사회적 상황 속에서 개별화된 사고방식이 어떻게
출현하는가 하는 것을 다루고 있다.[21] 이를 위해 지식사회학은 사고와 행위
의 상호관계를 규정할 수 있는 구체적인 기준을 발견하려 하는데, 지식의
생산과 발전을 규정하는 상황적, 비이론적 요소들의 중요성에 대한 이론
적 지식을 제공하고자 한다.[22] 만하임은 인간의 지식이 생성되고 발전되는
과정에 있어서 상당히 다양한 비이론적 요소들이 결정적인 영향을 미친다
는 사실을 강조한다. 그는 이러한 요소들을 지식의 순수 이론적인 요소들
과 대비하여, "실존적 요소"들이라고 명명하고 있다. 이러한 실존적 요소
들은 단지 부수적인 역할을 하는 데에서 벗어나 지식의 생성에 있어서 결
정적인 역할을 하게 되는데, 이는 주체가 사물을 인식하는 인식의 '관점'
을 결정하여 주체의 경험이나 관찰의 과정에서 그 범위와 강도를 결정하
는 데에 힘을 발휘하기 때문이다.

만하임에 따르면 이러한 실존적 요소들은 단순히 개인적인 차원에서 형
성되는 것이 아니고, 개인이 속한 사회집단의 작용 속에서 형성된다. 그러
할진대 "개개의 개인이 사고한다"는 말은 과히 맞는 인식이 아니다. 오히

---

20 카와 만하임의 관계를 다룬 논문으로 Charles Jones, "Carr, Mannheim, and a Post-positivist Science of International Relations," *Political Studies* 45 (1997), pp. 232-246 참조.

21 Karl, Mannheim, *Ideology and Utopia: An Introduction to the Sociology of Knowledge*, Trans. by Louis Wirth and Edward Shils (New York: Harvest Books, 1936), p. 3.

22 Mannheim(1936), p. 237.

려 개개인은 자신의 사회집단을 형성하고 운용해 나가는 집단의 사고에 참여한다는 것이 보다 정확한 말이다. 이러한 점에서 개인은 사회 속에서 성장하면서 이중적인 영향을 받는 것인데, 즉 인간은 이미 만들어져 있는 사회환경 속에서 성장하는 것이고, 사고와 행동에 있어서도 이미 형성되어진 길을 따라가는 것이다.

카는 만하임의 관점을 원용하여 전간기의 이상주의 국제정치이론가들의 사고를 분석하려면 이상주의자들의 정치사상을 형성하고 발전시키는 집단의 실존적 요소들을 분석해야만 한다는 점에 착안한다. 카는 이상주의가 제1차 세계대전 이후의 국제정치질서로부터 다양한 이득을 얻고, 현존 권력관계의 유지를 원하는 집단, 즉 제1차 세계대전의 승전국인 영국과 미국을 중심으로 한 서구국가들이 창출한 이데올로기라고 논한다. 카는 현존 질서에서 이익을 얻는 집단이 권력관계를 합리화하는 수단으로서 내세우는 대표적 예로 아담 스미스에서 시작된 자유주의적 이익조화설을 든다. 이익조화설이 이상주의 이론으로 비판되는 것은 이익조화설이 과학적 사고에 미치지 못하고 희망적 사고의 오류에 빠져서가 아니다. 오히려 카는 스미스의 이론이 18세기적 경제구조에 적절한 분석이었다고 주장하면서 당시의 사회는 소규모 생산자들과 상인들이 자신의 경제이익의 극대화에 몰두하여 부의 분배와 같은 문제에 대해서는 큰 관심을 보이지 않던 사회였다고 주장한다. 스미스는 인과관계적 설명이라는 관점에서 볼 때, 자신의 사회, 경제적 환경을 과학적으로 분석한 현실주의적 경제학자였다는 것이다.

스미스의 이론을 이상주의적으로 만든 것은 이익조화설과 자유방임론을 논함으로써 실질적 이익을 얻을 수 있는 집단이 현존 질서를 정당화하는 데 사용할 수 있는 이데올로기를 만들었다는 사실이다. 카는 "일단 산업자본주의와 계급제도가 사회제도로 인정된다면, 이익조화설은 새로운 중요성을 가지게 되는데, 이는 이 이론이 지배계급의 이데올로기가 되어 자기 집단의 이익추구가 곧 사회전체의 이익추구와 일치한다는 견해를 만들어내기 때문이다"라고 말한다.[23] 이론의 목적이 이와 같이 변형된 이후에는 마치 다원주의의 주장처럼 사회의 지배집단의 이익추구를 정당화하는 것으로 변화된다. 이러한 상황하에서 도덕성은 약한 피해집단의 희생 위에서 세워지는 것이다.[24]

카에 의하면, 이러한 19세기적 자유주의가 가지는 이상주의적 성격이 전간기의 국제정치에도 그대로 반영되었다. 영미의 이상주의자들은 자유주의적 국제정치경제질서를 옹호하여 관세 삭감 등 자유주의적 무역관계를 도모하는 한편, 당시의 권력관계를 정당화하고 유지하는 사상적 기제로서 이상주의를 창출하였다. 카는 영미가 주도하는 당시의 자유주의적 경제질서를 비판하고 있는 이탈리아와 러시아, 헝가리와 불가리아 등 많은 나라들의 견해를 소개하면서 이상주의는 현상에서 이익을 얻는 집단의 이데올로기라는 점을 강조한다. 정치질서에서도 영미의 이상주의는 제1차 세계대전 이후의 베르사유체제의 정당성을 강조하고 평화의 중요성을 역설하는데, 이는 영미의 이해가 반영된 평화일 뿐, 전쟁과 도전을 통해서만 정당한 질서를 회복할 수밖에 없는 경우에 처한 나라들의 상황을 호도할 뿐이라는 것이다.

이상주의를 특징짓는 가장 중요한 요소가 특정 집단의 이익을 옹호하고 정당화하는 이데올로기적 성격이라고 할 때, 이와 반대로 현실주의의 본질은 이상주의의 이러한 성격을 폭로하고 비판하는 것이다. 카는 현실주

---

23 Carr(1939/64), p. 44.
24 Carr(1939/64), p. 49.

의의 비판성이야말로 "가장 파괴적이고 가장 확실한" 부분이며, 이로 인하여 "이상주의의 학문적 이론들과 윤리적 기준들이 절대적이고 선험적인 원칙이기는커녕, 역사적으로 한계 지워진 것으로서, 상황과 이해관계의 산물이며 이익의 증대를 위해 만들어진 무기에 불과하다"는 것이 밝혀진다고 주장한다. 카는 마르크스를 인용하면서, "모든 사고는 사고하는 사람의 경제적 이익과 사회적 위치에 의해 조건 지워진다"고 주장하고,[25] 칼 벡커를 인용하여, 현실주의자에게 진실이란 것은 "특별한 목적을 위해 일정시간 동안만 실용적으로 조정된 여러 경험들에 불과하다"라고 논한다.[26]

카가 자신의 인식론을 통해 보여준 사고의 상대성, 지식사회학적 주장등은 모든 정책들과 행동의 판단의 기준이 되는 절대적이고 고정된 기준이 존재한다는 이상주의적 개념을 파괴하기 위해 사용된다. 결국 카에 따르면, "이론이란 것이 실천을 반영하는 것이고, 정치적으로 필요에 따라 만들어진 원칙이라는 사실이 폭로된다면, 이익조화설과 같은 이론을 핵심으로 한, 이상주의적 신조들을 뒷받침하는 근본적인 이론들과 원칙들에 이러한 발견을 적용할 수 있을 것이다."[27]

IV. 실천계획으로서 카의 현실주의가 가지는 한계

카의 비판적 현실주의가 당면하는 다음의 과제는 비판성을 견지한 현실주의 국제정치이론이 다른 이론들보다 더 반성적이고 초월적이라는 우월

---

25 Carr(1939/64), p. 69.
26 Carr(1939/64), p. 71.
27 Carr(1939/64), p. 75.

성을 어떻게 획득하느냐 하는 문제이다. 국제정치의 인식이 인식자의 가치에 따라, 혹은 인식자가 속해 있는 사회적 환경의 가치에 따라 달라지고, 이 차이를 조정할 수 있는 것이 현실주의의 비판성이라 할 때, 비판적 현실주의가 가지는 초월성은 어떻게 확신할 수 있을 것인가? 현실주의의 비판성 역시 현실주의자의 존재 및 이익의 피구속성에 좌우되지 않는다고 어떻게 장담할 것인가?

이러한 질문은 인간의 가치에 대한 물음으로서 인식론과 존재론에 비해 가치론에 대한 이론적 성찰이 제한되어 있었던 카에게는 힘겨운 주제가 된다. 카는 우선 이성에 대한 과신에서 비롯된 잘못을 지적한다. 현실주의의 주요 비판의 대상인 이상주의는 이성에 의한 실증주의적 인식론을 신뢰하고, 더 나아가 합리적 인식에 기초한 가치주장의 명제의 진리성을 과신한다. 이상주의는 자신의 사고가 현실에 대한 가장 정확한 반영이라고 믿는 과도한 합리주의에 의해서 발생한다는 점이 문제가 되는 것이다. 이상주의자들은 여러 형태의 자유주의적 이성을 받아들여 현실을 인식하는 데에 있어서의 상대적 관점을 인정하지 않으려는 경향을 띠고, 더 나아가 자신의 입장이 현실에 대한 가장 정확하고, 가치적으로도 정당한 것이라는 생각을 하고 있다.

이에 대해 카는 현실에 대한 인식, 특히 현실의 사회적, 정치적 측면에 대한 인식이 인식자의 실존적, 사회적 입장에 따라 변화하고, 이는 인식자의 인식 근저에 흐르는 가치관에 의해 채색된다고 생각하였는데, 그렇다면 카는 과연 인간의 가치와 이에 기반한 인식이 상대적일 수밖에 없다고 생각했는가? 혹은 이러한 상대적 가치관을 조정할 메타윤리적 동의(meta-ethical consensus)가 있다고 생각했는가? 카는 우선 인간의 인식이 자신의 입장에서 비롯되고, 그 입장이라는 것은 정치적 현실에서 권력관계를 반영하고 있다는 점을 강조하였다. 따라서 어느 한 인식의 방법을 볼 때에는, 그 인식이 당시의 권력관계를 어떻게 표상하고 있는지를 알아내고, 이를 비판적으로 인식하는 것이 가장 중요하다는 점을 강조하였다. 만약 현실을 있는 그대로 표상하고 이에 기반한 분석이 가능하다는 실증주의적 인식론이 어느 한 권력집단의 이익을 대변하는 결과를 가져온다면 이는 커다란 문제가 되기 때문이다. 이러한 점에서 카는 현실의 권력관계가 단지 물질적 권력에서 파생되는 것이 아니라, 때로는 인식적 권력에서 파생되고 또 그 반대도 가능하다는 점을 강조하였다.[28]

결국 메타윤리적 동의의 가장 중요한 필수 조건은 "자신의 상황에 대한 첨예한 의식"을 가지고 자신의 한계성을 자각하는 것인데, 그 자각의 기초 위에서 자신의 한계성을 초월할 수 있는 계기가 생겨난다는 것이다. 카는 "사람은 자신이 사회적 역사적 상황에 처해 있는 정도와 범위를 인식하는 감수성을 가짐으로써 이를 그 상황을 초월할 수 있는 능력을 갖게 되는 것이다"라고 말한다. 이러한 자기초월은 궁극적으로 어떠한 긍정적 결과를 초래할 수 있는가? 카의 결론은 형식적 평등과 모든 인간들의 자유라고 요약할 수 있다.[29] 그는 자유, 즉 모든 사람들을 위한 보편적 자유가 실현되는 것이 가장 중요한 도덕적 가치라는 점을 역설한다. 어느 인식자의 역사적, 사회적, 정치적 사실에 대한 인식이 과연 얼마만큼 개인적, 집단적 편향성과 상대성을 극복하고 자기반성에 근거한 간주관성을 획득하였는가 하는 판단은, 그 인식이 과연 얼마만큼 모든 사람들, 집단들의 자유를 보장하는데 기여하였는가 하는 평가에 달려 있다는 것이다.

---

28 고전적 현실주의의 인식론과 탈근대이론의 인식론을 연결하여, 담론질서의 정치성을 논한 흥미로운 논문으로 John Patrick Diggins, "Power and Suspicion: The Perspectives of Reinhold Niebuhr," *Ethics & International Affairs* 6 (1992) 참조.
29 이에 대해서는 Carr, *The New Society* (Boston: Beacon Press, 1951), 제5장 참조.

이러한 카의 논의는 그 단순성은 차치하고서라도 매우 애매하다. 카는 인간이 어떤 과정을 거쳐 도덕적 견해를 형성하고, 이러한 도덕적 견해가 개인의 정치, 사회적 입장에 어떠한 영향을 미치는지 명확한 설명을 하지 않고 있으며, 따라서 도덕적 견해간의 동의에 대해서도 애매한 입장을 보인다. 또한 자기반성과 자신의 한계성에 대한 자각이 중요하기는 하지만, 이러한 자각이 어떻게 도덕적 가치의 변화와 다른 다양한 가치를 수용할 수 있으며, 이와 더불어 화해를 모색할 만큼의 관용성을 가질 수 있는지에 대해서도 명확하지 않다. 카가 한편으론 국제정치적 도덕성이 물리적 힘의 기초 위에서만 의미가 있다고 하면서도, 이를 비판하고 극복하기 위해서 제시한 자신의 방법이 비판성과 자기초월성에 기초한 것일진대, 이러한 방법이 물적 기반과 유리된 이상주의적 대안이 아니라는 사실을 어떻게 논증할 수 있을 것인가? 과연 국가의 자기반성이 물리적 힘의 영향력을 물리치고 다른 가치와의 화해를 모색할 만큼 강력한 힘을 발휘할 수 있는가?

이러한 문제들에 대한 카의 애매성이 잘 반영된 것이 양차대전 사이의 영국의 유화정책(appeasement)에 대한 카의 견해이다. 카는 애초에 유화정책을 현실주의적 원리에 입각한 바람직한 정책이며, 가능성의 측면에서도 불가피한 정책이라고 주장하였다. 모든 외교정책이 세력의 분포와 균형을 반영하고 있으며, 또한 이러한 반영 위에서 세워진 정책만이 가장 안정적인 정책일진대, 당시의 급속히 성장하고 있는 독일의 힘의 증강을 평화적으로 반영한 정책이 유화정책이라는 논의였다. 강대국이 세워놓은 제1차 세계대전 이후의 전후질서가 당시의 세력균형을 보존시키려 한 그릇된 것이었다면, 유화정책은 그러한 전승국위주의 정책이 독일의 국력 증강으로 인해 변화된 현실을 반영하고 현존 질서를 평화적으로 변화시켜 나간 정책이라는 것이다. 이러한 영국의 정책이야말로 카가 강조한 메타윤리적 동의의 모습을 보여주고 있는데, 유화정책은 베르사유체제의 기득권에 대한 영국의 자기반성에 의해 이루어진 것이며, 카가 추구한 소위 "강대국의 자기희생(self-sacrifice)"이라는 측면도 나타나고 있다는 것이다.[30]

카는 국제정치가 권력정치(realpolitik)에 의해 이루어지는 권력투쟁을 완화하고 자신이 추구하는 자유라는 가치를 실현할 수 있는 방법으로서 강대국의 자기희생이 가장 중요한 것이라고 말한 바 있다.[31] 각 주체들, 특히 세계질서를 유지하면서 가장 많은 기득권을 얻고 있는 패권국이 자신의 입장에 대한 비판적 의식과, 반성을 통하여 자기초월의 계기를 마련하고, 자신의 입장을 타인의 입장과 화해시킬 여지를 마련하는 것이야말로 가장 중요하다는 논지이다. 패권국과 강대국의 자기희생적 노력이 국제정치의 권력투쟁적 측면을 완화시키는 데 가장 중요하다는 것이다. 그러나 불행히도 영국의 유화정책은 제2차 세계대전을 막지 못했으며, 오히려 히틀러의 입지를 강화시킨 역효과를 가져오게 된다. 제2차 세계대전 직전 『20년간의 위기』를 저술하면서, 이상주의의 그릇된 이데올로기성을 비판하고, 현실주의적 대안에 의해 보다 자유롭고, 정의로운 질서를 세우고자 했던 카의 현실주의가 유화정책을 옹호하게 되고, 유화정책은 오히려 제2차 세계대전을 가속화시킨 역설을 창조한 것이다.

이러한 사실은 현실주의가 기존의 이론들에 대한 비판을 넘어, 자신의 입장이 보다 윤리적으로 우월하다는 사실을 견지하고, 현실에서도 이를

---

30 이 점에 관해서는 Michael Joseph Smith, *Realist Thought from Weber to Kissinger* (Baton Rouge: Louisiana State University Press, 1986), pp. 83-7 참조.
31 Carr(1964) 13, 14장 참조.

정책으로 실행하기가 얼마나 어려운가를 보여주고 있다. 단지 이념적으로 국제정치의 행위자들에게 반성과 자기초월을 촉구하는 것만으로 실천의 단초가 생겨나는 것은 아니라는 것이다. 카가 자신의 상대적 인식론과 이에 기반한 가치적 상대론의 중요성, 그리고 상대주의의 위험을 회피하기 위해 시도한 노력들을 기울였지만, 비판적 현실주의가 적극적으로 도모할 수 있는 현실적 대안을 내세우기에는 역부족이었다. 현실적 대안을 위해서는 상충되는 가치를 조화시킬 수 있는 단순한 이념적 방법 외에 실천적 지식이 필요하였는데, 카는 이에 대한 논의를 전개시키는 데 제한적이었다. 이러한 점은 모겐소에 의해서도 날카롭게 지적되고 있는데, 그는 카가 도덕성에 대한 애매한 정의만을 가지고 있기 때문에 정치세계에서 새로운 도덕성을 창출하는 데에 실패했다고 이야기한다. 카는 "도덕에 대한 상대주의적이고 도구주의적인 개념"을 가지고 있었다는 것이다. 결국 모겐소는 "권력이란, 정치세계에서의 행위자를 타락시킬 뿐 아니라 도덕에 대한 초월적 기준을 갖지 못한 관찰자까지도 타락시킨다"고 지적하고 있다.[32] 또 모겐소는 "마키아벨리주의자가 되는 것은 위험하지만, 실천지를 갖추지 못한 마키아벨리주의자가 되면 재앙을 불러온다"고 경고하고 있다. 이는 실천적 대안을 내세우지 못하고 현실주의의 비판성을 강조하면서, 유화정책의 긍정성을 논하다가 제2차 세계대전을 맞게 된 카에게는 뼈아픈 비판이 아닐 수 없다.[33]

---

32 Hans J. Morgenthau, "The Political Science of E. H. Carr," *World Politics* 1–1 (1948), pp. 127–34.
33 실천지(實踐智)에 대한 모겐소의 논의에 대해서는 전재성, "한스 모겐소(Hans Morgenthau)의 고전적 현실주의 국제정치이론: 메타이론적 검토와 실천지(prudence)의 의미, 「국제 지역연구」 제8권 2호 (1999), pp. 57–79 참조.

V. 결론

이 논문은 카의 현실주의의 가장 중요한 특징이 비판성에 있다는 점을 논하기 위하여 그의 인식론과 이상주의에 대한 비판 논지를 살펴보고, 이를 기초로 비판적 현실주의가 보여준 공과를 논하였다. 카의 인식론은 고전적 현실주의의 인식론적 회의주의의 맥락 속에 위치하여 있으며, 이는 현실주의가 실증주의화되어 신현실주의로 발전하게 된 사실과 배치된다. 카는 역사적, 사회적, 정치적 사실에 대한 객관적 인식 가능성에 대해 회의를 보였으며, 다만 인식자가 자신의 개별적, 집단적 실존조건들, 특히 가치관과 정치적 입장을 스스로 비판하고, 이를 초월할 때 다수의 인식자들 간에 간주관적이고 메타윤리적 동의가 형성되어 공통의 인식에 이를 수 있다고 주장하였다. 자신의 인식에 대한 비판을 소홀히 하고, 자신의 정치적 입장을 강화하기 위해 이데올로기적 인식을 표방하는 입장이야말로 비판의 대상이 되는데, 카는 자신의 시대에 풍미한 영미의 이상주의가 현존질서를 유지하고 정당화하는 이데올로기라 생각하였다. 그리고 이러한 이데올로기적 이상주의를 비판하는 것이 현실주의의 요체라고 생각하여 다양한 각도에서 이상주의를 비판하였다.

그러나 영국의 대히틀러 유화정책에 대한 카의 지지 견해에서 보이듯이, 카는 현존질서의 모순을 극복하고 이상적 정책의 근간이 될 수 있는, 명확하고 적극적인 기준을 제시하는 데 제한적이었다. 카는 비판적 현실주의가 현존질서의 모순을 지적하는 데 그치지 않고, 보다 이상적인 질서를 위해 도모해야 할 적극적 정책의 기준을 제시하기를 원했는데, 이러한 기준이 물적 조건에도 부합하고, 각 주체들의 입장도 반영된 상태에서 과연 실행가능한지, 그리고 어떠한 구체적 내용을 담아야 하는지에 대해 명

확한 견해를 표명하지 못하였다. 단지 권력관계를 정확히 반영하기 위해
패권국이 자기희생을 통해 평화적 변화를 추진해야 한다는 비현실적인
대안을 제시하는 데 그치고 있다. 이러한 논점은 모겐소와 니부어 등 다
른 고전적 현실주의자들에 의해 비판되며, 실천지에 대한 필요성이 논구
된다.

지역의 재등장과 새로운 아시아
—동아시아 지역화 논의와 새로운 국제 공간으로서의 지역에 대한 성찰

이철호 | 서울대학교

I. 서론

지난 10여 년간 지역, 지역화 그리고 지역주의는 아시아 국제관계에 대한 담론에서 중요한 주제로 등장하였다. 그러한 배경에는 동아시아의 경제적 다이나미즘이 무엇보다 중요한 위치를 차지한다. 1986년 플라자(Plaza) 회의 이후 급증하기 시작한 동아시아 역내 경제교류는 동시기에 다시 가속화된 유럽의 통합과정과 맞물려 아시아에서의 지역화 논의를 촉발시켰다. 나아가 베를린 장벽의 와해로 상징되는 정치적 환경의 변화와 연동되어 아시아 역내 국제교류는 급격히 증가하게 되었으며, 이를 통해 아시아는 집합적 단위로서 새롭게 인식되기 시작하였다. '새로운 아시아'는 아시아 국제관계 연구에서 지역이란 용어의 사용을 양적으로 확산시켰다.

그러나 아시아의 지역화 내지 지역협력에 관한 연구의 비약적 성장에도 불구하고 지역이란 용어가 담고 있는 내용은 분명하지 않다. 지역 관념의 모호성은 단순히 지리적 범주의 문제에 국한되는 것으로 보이지 않는다. 국가단위 중심의 국제관계 연구 전통에서 보면, 지역은 국가와 세계의 중간에 위치하고 있는 분석단위로 설정해 둘 수도 있을 것이다. 그러나 이렇게 설정해 둔 지역 자체도 한편으로 연구자의 학문분과상의 전통에 따른 관찰대상과 다른 한편으로 실제 국제행위자의 공간적 활동범위에 따라 유동적일 수 있다. 전자의 경우는 대체로 현재 지역학 전반이 직면하고 있는 연구대상의 모호성 문제와 관계된다. 후자의 경우, 예를 들어 최근 국제무대에 폭발적으로 등장하고 있는 동아시아의 지방행위자(local actor)의 입장에서 보면, 이들이 관념하고 있는 국제 수준에서의 지역은 국가와 세계의 중간으로 설정해 둔 지역으로 포괄되지 않는 경우가 많다. 특히 일부 지방행위자들은 근대 이전의 국제적 교류공간, 다시 말해 근대의 근간인 영토성의 원칙이 확립되기 이전에 작동했던 국제 수준의 지역 공간을 벤치마킹하기도 한다.

요컨대 아시아에서 재생되고 있는 지역 관념을 논함에 있어 국가 중심의 영속적인 단위 관념에 전적으로 기초한 지역 인식은 지양되어야 한다는 것이 본 연구가 갖고 있는 문제의식이다. 달리 말해 오히려 인간활동의 복합성과 유동성에 기초하여 지역을 관찰할 필요가 있다는 것이다. 이러한 문제의식에는 크게 두 가지 분과학문의 새로운 연구경향이 작용한다. 첫째, 국제관계에 대한 사회학적 분석들이 강조하고 있는 바, 국민국가의 '안과 밖'의 구분을 넘어 축조되고 있는 새로운 정치 공간에 대한 인식을 본 논문 역시 공유하고 있다.[1] 둘째, 이러한 인식은 지역을 구성하는 장소

---

1 예로 Bob Walker, *Inside/Outside: International Relations as Political Theory* (Cambridge: Cambridge University Press, 1993) 참조.

들의 영속성보다는 이들간의 상호작용을 관찰해야 한다는, 소위 '새로운 지리학'에서의 지리적 공간관과 상통하는 것이기도 하다.[2]

이러한 문제의식에서 본 논문은 아시아의 새로운 국제 공간으로서, 동아시아 지역화 논의를 촉발시켰던 국지경제권들에 주목한다. 그러나 여기선 이러한 국지적 국제 공간들의 지리적 경계나 정체성, 분권화와 같이 국민국가 내의 변화와 관련된 등장 배경, 작동 메커니즘, 거시적 지역통합과의 관계 등을 구체적으로 다루진 않는다. 다만 동 공간들은 아시아의 장기적 발전 과정에서 결코 간과되어선 안될 또 하나의 중추적 역할을 담당해 왔다고 보고, 이들 공간의 다이나미즘의 역사적 성격을 밝힘으로써 지역화 논의에서 이들이 차지해야 할 제자리를 찾아주려는 데 목적이 있다. 이들 지역의 재등장은 근대 국제질서의 중심에 자리하고 있는 영토 패러다임의 변화를 함축하는 것으로서, 이들에 대한 성격 규명은 크게는 아시아의 근대 국제질서의 이후를 전망하는 데 필요할 뿐만 아니라, 작게는 아시아 지역화 과정에서 역내의 초국경적 행위자들을 규정하고 관리할 수 있게 해준다는 정책적 함의도 지닌다.

이를 위해 본 논문은 개방 이후 중국이 겪고 있는 공간적 동학의 역사성에 주의한다. 새로운 국제 공간의 등장은 중국의 공간운동과 밀접한 관계에 있으며, 중국 공간운동의 장기구조는 다시 아시아의 정세와 지경학적 공간 변화에 영향을 미쳐왔다고 보기 때문이다.

---

2 Derek Gregory and Rex Walford, eds., *Horizons in Human Geography* (London: Macmillan, 1989).

II. 아시아의 새로운 국제 공간

(1) '안과 밖'의 새로운 동학 : 중국의 경제지리적 변화의 외연

1970년대 말 이후 실시된 중국의 새로운 근대화 정책은 경제지리상 심대한 변화를 낳았다. 개혁의 결과 지역개발은 새로운 관행과 새로운 가능성을 갖게 되었으며, 냉전의 종식과 함께 가속화된 개방은 지방경제의 원심적 경향을 심화시켰다. 외국자본의 역할에 크게 의존한 성장지역들은 상호 분절되어 있고, 이들이 즐비해 있는 연해중국의 도약은 내륙중국의 대다수 성들이 겪고 있는 상대적 정체와 뚜렷이 대비된다. 경제성장의 새로운 메커니즘은 일국 내에 새로운 국경들을 그리게 되었으며, 이는 과거로부터 내려온 경제지리적 단층들 위에 포개졌다. 동질적 집합체라고 부르기 어려울 만큼 개혁중국은 지역적 다이나미즘에 휘말리게 되었다. 행위자로서 지역단위의 부상 그리고 여건과 목표에서 나타나는 이들간의 부조화가 중국의 새로운 공간적 차별화 과정을 특징짓고 있다.

다시 문제가 되고 있는 발전과 국토간의 관계는 우리가 중국이라고 부르는 공간을 어떻게 관념할 것인가 하는 물음을 다시 난해하게 만들고 있다. 브로델적(Braudelian)인 공간개념을 빌린다면, 다면적 이미지의 중국은 바로 지리적 경제적 문화적 양태의 차별화 원칙이 적용되는 소위 '공간-세계'(espace-monde)에 다름 아니다. 우리가 중국발전의 공간적 측면을 고려할 때 불거져 나오는 것은, 성장과 분배의 관계를 둘러싼 개발경제학의 고전적 수수께끼를 넘어 이러한 '공간-세계'가 갖는 대륙적이자 제국적인 차원에서의 특성이다. 이러한 특성은 대륙적 국가단위가 갖는 역사지리적이고 정치경제적인 이중구조의 무게만을 의미하는 것이 아니다. '대륙중국'의 지경적 다층성이란 것이 주변의 해양 아시아에 투사된

'제국 중국'의 그것에 크게 다름 아닌 한, 대륙과 그 주변의 반도나 도서에서 동시적으로 일어나는 제반 운동간에는 상호 밀접한 연관이 있다는 뜻이기도 하다. 오늘날 중국이란 공간이 겪고 있는 새로운 역동이 '먼바다의 부름', 즉 주변 반도나 도서국가들의 경제적 유인에 힘입은 바가 크고, 역으로 후자를 변형하고 다시 이끌 수도 있다는 점에서 우리는 이러한 외연적 특성의 함의를 엿볼 수 있다.

중국이란 공간의 운동이 지닌 이러한 양면적 특성— '안'과 '밖'—은 중국의 발전이 갖는 장기적 성격을 생각하고 그 궤적을 고찰하는 데 있어서 뿐만 아니라 나아가 중국을 둘러싼 아시아적 공간의 변화·발전을 가늠하는 데 있어서도 하나의 출발점이 된다.

(2) 국지적 초국가 공간으로서의 지역

중국 경제발전의 공간적 영향에 대한 분석들은 1990년대에 들어서 서로 상반되는 두 가지 수사를 낳았다. '해체된 중국'과 '더욱 거대해진 중국'. 전자는 성(省)이나 지역들간에 나타나는 경제수행상의 격차에 근거를 두고 있다. 이는 경제적 격차가 갖는 정치 사회적 측면이 중국사에 뿌리깊은 지역적 개별주의와 쉽게 결합하는 경향이 있음에 주목한 것이다.[3] 이와는 달리 중국이 역사상 가장 거대해졌다고 보는 시각은 대륙의 중국인과 해외 중국인들 사이에 기능적 (경제적·문화적) 연계가 확대 강화되고 있음을 중시한다.[4]

중국의 역사적 발전과 관련하여 궁극적으로 분열과 통합이라는 서로 상

---

3 예를 들어 David S. G. Goodman and Gerald Segal, eds., *China Deconstructs. Politics, Trade and Regionalism* (London & New York: Routledge, 1994).
4 "Greater China"를 주제로 한 *The China Quarterly*, No. 136 (December 1993) 참조.

반된 전망으로 귀결된다고 보여지는 상기 두 가지 언술체계는 중국이라는 국가의 경쟁력에 대해 다양한 관점들을 배양하고 있다. 일국적 수준에서 건 국제적 수준에서건, 중국의 국가 능력에 대한 논의들은 중국이란 공간의 재구조화 현상을 화두로 삼고 있으며, 논의의 초점은 중국 경제의 '횡국가적'(transnational) 동학이다. 통합론이 남부중국이 정치적 국경을 초월하여 해외 중국인들과 교환하고 있는 경제상의 독특한 상호의존 형태를 강조하고 있다면, 분열론은 원심적 다이나미즘에 연루된 모든 변경지역들을 관찰의 대상으로 삼는다.

여기서 주목되는 바는 이중의 '공간적 응집'(spatial aggregation)현상이다. 즉 국내에서 일어나는 고전적 의미에서의 공간적 응집과 함께, 밖으로 투사된 새로운 방식의 공간적 응집이 일어나고 있다는 것이다. 기왕의 용어집에 따른다면 이를 이중의 지역화(regionalization) 현상이라 말할 수 있다. 우리가 '지역'(region)이란 용어를 구사하는 것이 기본적으로 국가적(national) 눈높이에서는 포착되지 않는 제반 사회현상에 접근하기 위해서라면, 이중의 공간적 응집과정은 각각이 '지역'이란 용어가 포괄하는 다양한 분석축척들 중의 하나가 될 것이다.

문제가 되는 것은 새로운 상호의존에 따라 아시아의 해양 공간을 따라 형성되고 있는, 일국내적(intranational) 수준이나 초국가적(supranational) 수준에서 벗어난 새로운 횡국가적(transnational) 공간이다. 스칼라피노(Robert Scalapino)가 '자연경제지역'(natural economic territories)으로 부른 공간이 그 대표적인 예로서, 국경과 이념적 벽을 관통하는 경제활동을 통해 생산 요소간에 일종의 분업체계가 이루어진 것을 지칭한다.[5] 아시

---

5 Robert Scalapino, "The United States and Asia: Future Prospects," *Foreign Affairs*, Vol. 70, No. 5(Winter 1991/92), pp. 20-21.

아의 많은 관찰자들은 아시아 역내의 차원에서 '경제권'(economic zone)이라는 표현을 선호하는 듯하다. 와타나베 도시오는 이를 '국지경제권'(local economic zone)이라고 명명하고, 이데올로기가 다른 역내 국가들이 상호 경제적 동인에 따라 추진한 외연적 분출의 종합물로 인식하였다.[6] 이념이 다른 국민경제들간의 상호의존의 양식, 그리고 상호작용의 심도나 정규성에 의해 그려지는 지리적 경계에 따라, 아시아의 해양지역에는 남중국해, 황해, 동해 등 여러 개의 횡국가적 공간이 생성되고 있다.

현재 진행되고 있는 과정의 복합적 성격을 고려할 때 그 어떤 명칭도 절대적일 수는 없다. 초국경적인 협력이란 점을 강조한다면, 새로운 공간은 오마에 케니치가 정의한 "지역국가"(region state)에 다름 아니다. 오마에는 "지역국가"가 시장의 유목적인 힘에 의해 전지구적 차원에서 나타나고 있는 것으로 보고 이를 정보화시대에 가장 적합한 경제협력 단위로 인식하였다.[7] 그러나 그 궁극적 형성논리는 국민국가가 지배해 온 소위 전통적 국제관계에서와는 전혀 다른 새로운 공간조직 논리를 담고 있다. 예를 들어, 다가 히데토시(多賀秀敏)는 초국경적인 지역개발을 위해 움직이는 지방들의 국제행위 속에서 일국내의 고전적인 중심-주변(center-periphery) 관계가 역전되고 있음을 관찰하였다.[8] 다시 각도를 달리하여 보다 큰 범위의 경제적 다이나미즘을 강조하면, 이들 새로운 공간은 그 전체로서 '동아시아 경제회랑'(East Asia economic corridor)으로 불리며, 연쇄적으로 늘어서 있는 항만도시들이 그 경계를 형성한다. 오랜 역사를 통해 심도 있는 상호 교류체계를 형성한 바 있는 동아시아 항만도시들은 오늘날 아시아적

---

6 渡邊利夫, 『局地經濟圈の時代』(東京: Saimul, 1990), pp. 1-2.
7 Ohmae Kenichi, "The Rise of the Region State," *Foreign Affairs*, Vol. 72, No. 2 (Spring 1993) 및 *The End of the Nation-State* (New York: The Free Press, 1995).
8 多賀秀敏(編), 『國境をこえる實驗. 環日本海の構想』(東京: 有信堂, 1992).

자본주의가 꽃피우는 데 다시 중심적 역할을 하고 있는 것이다.[9]

비공식적인 기준들, 다시 말해 사람, 물건, 자본 및 정보의 흐름 그리고 이들 흐름이 엮고 있는 유연한 네트워크에 기초한 새로운 공간들은 본질적으로 혁신적인 관념이라 할 만하다. 왜냐하면 이러한 관념은 국경선으로 그려진 전통적인 지도 위에선 아무런 의미를 갖지 못하며, 아시아 역내 국제관계가 과거로부터 내려온 지정학적 단층들을 상당 부분 재연하고 있는 점을 고려할 때 낯설게 여겨지지 않을 수 없기 때문이다. 현재로선 이러한 새로운 국제 공간을 객관적인 실체로 간주하기는 어렵다. 이는 일종의 개념적 축조물이고, 어떠한 관찰틀을 선택하느냐에 따라 그 분석이 달라질 수 있다는 점에서 거의 즉각적으로 다양한 접근법을 낳는다. 초국적적인 동학은 그 지리적 경계의 문제, 연루된 행위자의 다양성, 그 결과의 정치적 함의에 의해 아시아 국제협력에 관한 광범위한 성찰에의 길을 열고 있다.

III. 새로운 공간관 : 개념적 및 방법론적 이중성

(1) 횡국가적 공간과 영토성의 상대화

확실히 새로운 초국가적 공간은 중국 경제공간의 재구성, 특히 무게중심의 동쪽으로의 이동을 극명하게 보여주며, 중국대륙에서의 중심-주변 간의 역학을 새롭게 하고 있다. 그런데 이러한 중국대륙의 변형을 보다 넓

---

9 François Gipouloux (ed.), *Regional Economic Strategies in East Asia, A comparative Perspective* (Tokyo: Maison Franco-Japonaise, 1994); and "Les poussées centrifuges du capitalisme urbain: l'intégration des villes côtières chinoises dans le réseau des métropoles portuaires asiatiques," *Revue Tiers Monde* (juillet-septembre 1996), pp. 569-597.

은 장(場) 속에 넣어보면, 전혀 별개의 해석들이 가능해진다. 요컨대 두 개의 중국—연안중국과 내륙중국—그리고 성장지대들이 병립하고 있는 상황은 아시아의 역사적 발전과 관련하여 '공간관'이라는 새로운 연구영역을 제기한다. 달리 말해 국적을 초월한 지리경제적 권역들의 출현으로 귀결되는 중심-주변관계의 유동성 문제는, 개인으로부터 집합체에 이르기까지 아시아에서의 국제적 삶의 양식이라는, 광의의 사회학적 의미에서 인간의 속령성(屬領性, territoriality)에 관한 질문들로 확장될 수 있다.

이러한 공간관에 대한 질문은 무엇보다 국제관계에서 국가시스템에 관한 기왕의 문제의식을 재생산한다. 왜냐하면 냉전의 부분적 지속에도 불구하고 그 어느 때보다 광역화된 '새로운 아시아'의 역동성을 설명하기에 국가시스템적 접근법은 상대적으로 설득력이 약해 보이기 때문이다. 이렇듯 당장에 제기되는 소위 '국민국가의 상대화'라는 가설이, 아시아적 공간에 대한 탐구를 반성할 때 제기되는 제반 질문들의 핵심에 위치한다.

물론 아시아적 공간이라는 관념 자체도 논자에 따라선 생소하고 토론의 대상일 수도 있다. 적어도 현재로서는 역동적인 아시아는 프랑수아 페로(François Perroux)가 거의 반세기 전에 설파한 '대안(對岸) 없는 유럽'(Europe sans rivages)이란 모델을 우리에게 상기시키고 있음은 의미심장하다.

"바다 쪽으로 눈을 돌리지 않는다면 유럽은 자신의 일부를 잊는 것이 된다. 유럽은 도서(島嶼)들에서뿐만 아니라 가장 멀리 떨어져 있는 땅에도 존재한다… 역사의 이 순간에도 이곳들에서 유럽의 존재는 불가항력적이다. 이러한 유럽의 힘은 전혀 축소되지 않고 충분히 전파되어 있어서, 아무리 최악의 정세 속에서도 그 힘이 나온 중심들은 보호되고 다시 일어난다. 우리가 경계해야 할 것은…

평범하게 채색되어 있는 지리부도 속에 갇혀 있는 여러 개의 조그만 유럽(des petites Europe)이다… 유럽은 그 어떤 공간이 담을 수도 제한할 수도 없는 작품이다."[10]

여기서 비교적 시각을 갖는다는 의미에서 다시 관찰의 장을 넓혀 보자. 비록 부분적이지만 유럽과 아시아라는 두 개의 구대륙이 각기 지난 10여 년간 이루어 온 지경학적 변용의 모습이 크게 유사한 이미지들을 주고 있다는 점에서, 제반 사물의 운동이 갖는 일종의 동시성을 엿볼 수 있고, 그로부터 현상을 포착할 수 있는 일말의 방식을 수립할 수도 있을 것이다. 실제로 경제의 초국가화 현상은 아시아 공간의 성격변화와 관련하여 두 방향의 성찰을 가능하게 한다.

한편으로 트랜스내셔널한 공간의 다이나미즘을 아시아 역내 국가들의 경제적 시너지라는 거시적인 맥락 속에 환치시켜 보면, 이는 유럽대륙이 "유럽건설(construction européenne)"이란 이름으로 진행시켜 온 것에 버금가는 이미지를 우리에게 준다. 유럽국가들이 하나의 유럽을 향해 주권의 중요한 부분을 양보해 나가는 과정과는 분명히 다르지만, 아시아는 경제력의 성장과 역내 확산을 통해 새로운 전체상을 만들고 있다. 다른 한편으로 트랜스내셔널한 공간이 미시적 수준에서 병립하고 있는 현상에 주목한다면, 이는 소위 '지역들로 구성된 유럽(Europe des régions)'이라는 테제와 거의 동일한 이미지를 준다. 발틱해, 북서유럽 메트로폴리스, 환알프스, 환대서양, 환라틴, 서지중해 등. 유럽통합의 실질화라는 위로부터의 필요가 지방발전이라는 아래로부터의 욕구와 맞물려 이들 역사적 지역단위들을 정치, 경제무대에 다시 등장시키고 있다. 이러한

---

10 François Perroux, *L'Europe sans rivages* (Paris: PUF, 1954), pp. 22~23.

이중의 공간관리 형태는 국제관계학에 있어 지역연구라는 영역 속에 포괄될 수 있는 새로운 두 가지 수준의 분석축척을 제기하고 있는 것으로 보인다.

유럽이 낳고 있는 이중적 이미지는 어떠한 분석축척을 채택하느냐에 따라 한편으로는 현재 세계경제가 맞고 있는, 소위 지구화(globalization)와 지역화(regionalization)로 대변되는 구조변화의 중요한 일부로 볼 수도 있고, 또 다른 한편으로는 국민국가라는 틀을 침해하는, 영토에 대한 새로운 지배 형태를 예고하는 징후로 볼 수도 있다. 첫 번째 해석은 시장이 제기하는 경제교류상의 다자주의적 가치와 국가들 간의 지역적 제휴이익 사이에서 저울질되고 있는, 지구적 규모에서의 세력균형의 유동성을 강조한다.[11] 이러한 관점은 기본적으로 1950년대 이후 전통 국제관계학에서 논의되었던 지역주의(regionalism)의 연장선상에 있다. 1970년대 유럽페시미즘의 압도경향과 함께 거의 자취를 감췄던 지역주의 논의는 마스트리트 조약의 체결, NAFTA의 구성, ASEAN의 재건 등과 함께 다시 국제관계론의 분석 대상으로 돌아왔다. 여기서 횡국가적 공간은 한편으로 중앙국가의 확고한 의지에 의해 뒷받침되는 공동체 정책의 개입과 한편으로 지구적 차원에서 고려되는 경제활동의 공간적 배치가 조응, 결합되어 있는 장소에 불과하다. 횡국가적 공간의 동학은 국가와 시장이라는, 국제정치경제체제를 구성하는 제반 요소들의 두 모체간의 새로운 만남을 유도하였다기보다는 그러한 만남의 결과물로 간주된다.

이와는 반대로 유럽의 변용을 영토(territory)라는 관점에서 분석하는 시각은 '메조 정부'(méso-gouvernements), 즉 중앙권력과 지방권력의 중간

---

11 GEMDEV, *L'intégration régionale dans le monde, Innovations et ruptures* (Paris: Editions Karthala, 1994).

수준에서 형성되고 있는 초국경적 공간관리체들의 출현에 주목한다. 다시 말해 횡국가적인 지역체들의 제도화와 이를 구성하는 지방단위들간의 분권적 협력 속에서, 유럽이란 공간의 본질적 변화를 찾는다.[12] 여기서 중요한 것은 정치지리와 경제지리간의 구조적 동학에 지방행위자들의 동기가 부가되고 있다는 점이다. 이들이 내거는 것은 국토발전 과정에서의 한계화(marginalization)에 대한 저항일 수도 있고, 새로운 발전요인들을 활용하기 위한 기회주의적 동기일 수 도 있다. 여기서 새로운 영토는, 정책이 적용되는 행정위계상의 변화에 의해서 뿐만 아니라, 국민국가라는 최고의 권위에서 해방된 행위자집단들이 상호 구축하고 있는 행동체계에 의해서도 정의된다. 일국내 지역들간의 횡국가적인 협력과 관련하여 리샤르 발므(Richard Balme)가 주도한 연구는 이러한 '메조정치'(méso-politique)의 공간을 추출해 내고, 이를 영토를 관찰하는 자와 국제무대를 관찰하는 자가 서로 만나는 지점으로 인식하였다.[13] 한마디로 분권화된 세계(decentralized world)의 동학을 통해 바라본 통합된 유럽은 '중층구조'의 유럽임이 드러나게 된다.

아시아적 공간에 적용해 보면 유럽이란 공간의 이중적 변화에 대한 분석은 상당히 유효한 측면을 갖는다. 이는 아시아의 국제관계를 복합적 구조로 인식하게 해주며, 공간적 다이나미즘과 관련된 새로운 동인들을 보편적 의미 속에서 포착하고, 보다 잘 이해할 수 있도록 해준다. 그럼에도 불구하고 아시아에서 일어나고 있는 공간적 다이나미즘에는 보편주의적 관점만으로는 포착할 수 없는 강한 특수성이 있다.

---

12 Jacques Palard, ed.., "Vers l'Europe des région?" *Problèmes politiques et sociaux*, No. 806, 1998; Richard Balme, ed., *Les politiques du néo-régionalisme* (Paris: Economica, 1996); and R. Cappellin and P. Batey, eds., *Regional Networks, Border Regions and European Integration* (London: Pion, 1993).
13 Richard Balme(1996).

국제관계 이론가들은 이미 사 반세기 이전에 국가 중심적(state-centric) 세계관의 상대성에 대해 우리의 주의를 환기시킨 바 있다.[14] 법제화되고 관례화된, 그래서 어느 정도 그 행동이 예측가능한 한정된 행위자들로 구성된 국가 중심의 세계는, 국가로부터 비교적 자율적인 무수한 국제행위자들로 이루어진 다중심적(multi-centric) 세계와 공존하게 되었다.[15] 탈냉전 시대에 있어 기술의 발달에 따른 소위 "시공의 압축"(time-space compression) 현상은 국제사회들을 재조직하게 만들었으며,[16] 다중심적 세계는 국가 중심적 세계의 영역을 다시 현저히 제한하게 되었다.

아시아가 형성하고 있는 복합적 이미지가, 새로운 국제관계에 대해 많은 이론적 해석들이 공유하게 된 상기의 분석틀, 즉 지구적 차원의 상호의존 내지 세계화를 통해 진행되고 있는, 국가 중심적 세계의 약화와 다중심적 세계의 강화라는 보편적 틀 속에서 해석될 수 있다면, 나아가 아시아에서 일어나고 있는 현상의 특수성이나 개별성이, 우리로 하여금 많은 지역 연구자들이 취하고 있는 방식대로 위의 두 세계가 호환, 분절하는 방식에 대해 관심을 갖게 한다면, 아시아의 변화에 대한 우리의 성찰은 공간의 법칙에 연동되어 있는 시간의 법칙도 고려하지 않으면 안 될 것이다.

---

14 Cf. Robert Keohane and Joseph Nye, eds., *Transnational Relations and World Politics* (Cambridge, Mass.: Harvard University Press, 1971); J. Nye and R. Keohane, *Power and Interdependence* (Boston: Little Brown, 1977).

15 James Rosenau, "Patterned chaos in global life: structure and process in the two worlds of world politics," *International Political Science Review* (October, 1988), pp. 357-394.; James Rosenau, *Turbulence in World Politics: A Theory of Change and Continuity* (Princeton: Princeton University Press, 1990); James Rosenau, *Exploring Governance in a Turbulent World* (Cambridge: Cambridge University Press, 1997); Rob Walker and Saul Mendlovitz, *Contending Sovereignties* (Boulder: Lynne Rienner, 1990); and Bertrand Badie and Marie-Claude Smouts, *Le retournement du Monde: Sociologie de la scne internationale* (Paris: Presse de la FNSP & Dalloz, 1992).

16 David Harvey, *The Condition of Post-Modernity* (Cambridge: Blackwell, 1990).

(2) 역사의 무게 : '혼란의 시대'와 '세계의 시대' 사이에 선 '아시아의 시대'

비교적 드물지만 장기적 관점에 서 있는 일부 경제사가들의 연구는 아시아 역사에서 경제계가 민족국가 단위의 정치세계의 동요나 갈등으로부터 향유하였던 자율성에 주목하고, 아시아적인 경제공간의 다이나미즘을 축조하고 있다. 13세기로부터 20세기에 이르는 동안 인도양과 남중국해에 있어서의 상업교류를 연구한 드니 롬바르드(Denys Lombard)는 이들 해양 공간을 바로 '아시아의 지중해'로 인식하였다.[17] 일본의 공업화를 16세기에서 19세기 말에 이르는 장기구조 속에서 접근하고 있는 하마시타(浜下武志)와 가와카쓰(川勝平太)의 연구는 "아시아교역권"이라는 광역 경제공간의 동학을 우리에게 보여 준다.[18] 양자가 학문적으로 교류한 흔적은 보이지 않으나, 이들은 공히 경제적 다이나미즘이 발생한 중심들의 박동만을 추적하는 데서 한 걸음 나아가 이러한 박동들을 보다 광역의 교류체계 속에 이입함으로써 아시아라는 집합공간의 발달과정을 성찰하려고 한다. 롱바아르가 주목한 '해양 아시아'(Asie maritime)나 하마시타 등이 관념하고 있는 '아시아교역권'은 '대륙아시아'(Asie continentale)와는 정치적, 경제적 및 문화적으로 구별되는 또 하나의 광역공간이다. 이렇듯 해양적/대륙적(maritime/continental)이란 쌍의 관념은 아시아의 발달과정의 장기구조에 대한 역사가들의 성찰에 있어 중심적 위치를 차지하고 있으며, 역사적으로 경제계가 누렸던 자율성은 현재적 시점에서 아시아의 새로운 구도를 조망하는 데 있어 각별한 의미를 지닌다.

여기서 문제는 전환의 시기에 대한 시각이다. 다시 말해 19세기 중엽

---

17 Denys Lombard and Jean Aubin, *Marchands et homme d'affaires asiatiques dans l'océan indien et la mer de Chine du 13ème et 20ème siècle* (Paris: Editions de l'EHESS, 1988).
18 浜下武志·川勝平太 (編), 『アジア交易圏と日本の工業化 1500~1900』 (東京: リブロ, 1991).

이후 개항장을 중심으로 근대적인 경제부문이 개화한 것과는 극히 대조적으로, 마리-클레르 베르제르(M.-C. Bergre)가 중앙권력의 후퇴와 국제관계에서 국가의 위상약화로 규정하고 있는, 20세기 전반기까지 중국이 겪었던 '혼란의 시대'(temps des troubles)[19]를 어떻게 자리매길 것인가 하는 점이다. 민족단위가 맞았던 '혼란의 시대'가 외국세력의 침투에 대한 대응을 통해 근대 민족주의의 탄생으로 귀결되었다는 것이 기왕의 해석이라고 한다면, 당시 민족단위를 초월한 시장의 동학을 설명하기 위해선 보다 확장된 기능공간의 존재를 상정하여야 한다는 것이 이러한 연구들이 공통적으로 암시하는 문제의식이다. 아시아 역내 경제교류, 다시 말해 원거리 교역과 지방수준의 교역으로부터 공히 구별되는 광역경제공간의 작동을 분석함으로써 이 시기는 민족단위가 맞았던 혼란에도 불구하고 오히려 아시아 고유의 경제복합체가 정화되는 시기로 인식된다는 것이 이러한 시각들이 공유하고 있는 가정이다. 이렇게 복합물로서 아시아적 경제공간을 관념하는 데에는 네트워크의 작동과 초국경적인 다극중심들의 존재가 그 요체를 이루며, 그 기원은 근대 이전으로 소급한다는 것이 논의의 핵심이다.

새로운 국제 공간의 인식이라는 문제의식에서 보면, 상기 접근법은 많은 것을 시사한다. 근대 아시아에 대한 이러한 관점은 유럽이란 공간의 진화과정을 '경제-세계'(conomie-monde)라는 틀을 통해 정형화시킨 브로델(Braudel)류의 역사해석체계와 매우 유사하다. 후자의 용어집을 원용한다면, 시장의 다이나미즘을 통한 전환기의 재해석이 도달하는 것은 경제적 하부공간들간의 동학위에 기초한 '아시아의 시대'(temps de l'Asie)에

---

19 Marie-Claire Bergère, Lucien Bianco and Jürgen Domes, eds., *La Chine au XXme siècle*, volume 1: *D'une révolution l'autre* 중의 M.-C. Bergère의 글들을 참조.

다름 아니다. 하마시타가 '해역권'(maritime zones)[20]으로 명명한 아시아 역내 하위지역 단위들은 자신들이 속하는 전체를 염두에 두고 행동한 것은 아니나, 민족국가 단위가 맞았던 '혼란의 시대'들을 기능적으로 초월함과 동시에 당시 서양이 인식한 소위 '막다른 세계'(monde fini)가 펼쳐놓은 아시아의 근대 지역정세 속에 다시 통합됨으로써 궁극적으로 하나의 전체성을 이루고 있다. 시장의 동학을 통한 전환기의 재해석에는 이렇듯 분석상의 축척에 따라 개념적 및 방법론적 이중성이 나타나고 있는데, 이는 유럽의 진화과정에 대한 역사기술에서 자본주의의 동학을 놓고 보편사와 개별적 일국사(혹은 비교사)가 상호 대립하고 있는 것과 동일한 이치로 생각된다.

지역적 다이나미즘을 강조하는 이러한 경제적 역사관은, 아시아의 진화과정을 전통과 근대간의 대립을 통해 단절적으로 고찰하는 기왕의 역사기술을 비판함과 아울러 민족국가를 통시적(通時的)인 분석 매개 변수로 삼는 것을 거부함으로써 아시아의 역사적 괘적에 대한 새로운 접근법을 개척하고 있다.[21] 그럼에도 불구하고 민족국가라는 매개 변수의 무게가 이들 경제사연구에서도 좀체 완화되고 있는 것 같아 보이지는 않는다. 왜냐하면 동아시아 3국의 근대화 과정에서 알 수 있듯이 정치의 형태와 국가의 역할 역시 경제체제의 발전형태에 영향을 미친 항구적인 요소들이기 때문이다. 베르제르가 '부르주아의 황금시대'로 부른 근대중국의 경우, 아시아의 지역적 다이나미즘의 분출에 기여한 '해안의 문화'(civilisation de la cte)를 퇴화시킨 것은 바로 이러한 정치적 제도적 요소들이었으며, 국가의

20 Hamashita Takeshi, *China-Centered World Order in Modern Times : The Tribute System in Modern Asia* (Tokyo: University of Tokyo Press, 1990).
21 古田和子, "アジアにおける交易・交流のネットワーク", 平野健一郎編 『講座現代アジア. 4 地域システムと國際關係』 (東京: 東京大學出版會, 1994).

실패는 부르주아의 실패로 귀결되었다.[22] 이 '부르주아적 유산'이 오늘날 개방중국의 현대화 정책을 위한 준거 속에 살아남아 있음은 다분히 역설적이다.

국가단위에서 보여지는 정치적 제도적 차별화 요소들은, 주권이라는 관념 속에 체화되어 있는 놀라울 정도로 순수한 이데올로기적 신화의 형태로 아시아의 새로운 지역 다이나미즘의 작동에서 다시 결정적 위치를 차지하고 있다. 주권이데올로기의 기능은 두 가지 측면에서 고려될 수 있다. 하나는 국가에 대한 시장의 자율성이라는 도식에서 차지하는 위치이며, 다른 하나는 힘의 균형이라는 정치적 관점에서 차지하는 위치이다. 전자의 측면에서 볼 때, 주권관념은 여전히 아시아공간의 경제적 사회적 이질화 과정의 재생산에 기여하고 있는 바, 이러한 과정은 일국내 지역단위들 사이에서뿐만 아니라, 이들이 초국경적으로 구성하고 있는 광역단위들간에 공간적 차별화를 심화시킬 가능성을 제고시킨다. 후자의 측면에서 볼 때, 주권관념의 문제는 '위기의 증대', 즉 냉전기간을 통해 심화되고 다양화된 민족차원에서의 적개심이 증대되는 과정 속에서 끊임없이 확대 재생산되고 있다.[23] 이러한 즉시적(卽時的) 기억은 아시아의 역사적 괘적을 추적한다는 측면에서 볼 때 시간축의 단절을 의미하며, 국가단위가 겪었던 '혼란의 시대'와 다시 결합한다. '혼란의 시대'가 남겨 놓은 국제정치적 상흔은 오늘날 다시 도래한 '세계의 시대'(temps du monde)에 '아시아의 시대'라는 모델의 현실성을 의심하게 하는 것이다.

이렇듯 시간이 남겨 놓은 흔적에 대한 두 가지 독해법 사이에는 상당한

22 Marie-Claire Bergère, L'âge d'or de la bourgeoisie chinoise 1911–1937 (Paris: Flammarion, 1986).
23 Jean-Luc Domenach, "Asie orientale: la montée des périls," Politique internationale (hiver 1995–1996), pp. 225–240.

거리가 있다. 이러한 거리는, 우리가 상대화된 국민국가의 이면으로서 지역의 재등장을 통해 포착하고자 하는 현상들이 처해 있는 역설적 상황을 단적으로 나타낸다. 아시아의 발전 과정을 지탱하는 두 개의 축인 시간과 공간을 둘러싸고 분석의 축척은 다양할 수 있으며, 어떠한 축척을 선택하느냐에 따라 해석의 틀도 달라지는 것이다. 아시아의 변용을 탐색하는 수단으로서 상호모순적이라기보다는 오히려 상호보완적이라고 보아야 할 이러한 해석틀들은 결과로서 통합과 분열, 지속과 단절이라는 서로 다른 상호작용 모델들을 도출하고 있다고 하겠다.

IV. 지역의 재등장과 아시아의 역사적 발전

(1) 지역의 다의성 : 경계와 기능의 문제

국제적 장에서 지역을 객관적으로 관념한다는 것은 그다지 쉬운 일이 아니다. 지역을 관념하는 데는 공간의 인식(notion of space)과 역사적 실제(historical practice)라는 양방향으로부터의 확인작업이 부단히 요구된다. 바로 이러한 경계(delimitation)와 기능(function)의 동시적 감별 속에서 지역은 살아 있는 단위가 된다. 국제적 수준에서 혹은 횡국가적 수준에서 지역을 정의한다는 것은 넓은 의미에서 자연적 차원과 인문적 차원을 동시에 인식한다는 의미이며, 현대적 용어로서 소위 '하위체계'(subsystem)를 감별해 낸다는 뜻이다. 이러한 맥락에서 볼 때, 1960년대에 국제이론가들이 제기한 다음과 같은 예비적 질문들은 지역을 인식하는 데 있어 여전히 유효하다. 공간적인 집합체와 사회학적 집합체를 어떻게 비교할 수 있는가? 이들을 구별해 내기 위해 얼마만큼의 변수가 필요한

가?[24] 나아가 문제는 이렇게 관념된 국제적 지역이 어떠한 메커니즘을 통해 작동하고 명멸하는가 하는 점이다.

실제로 용어의 사용법을 보면 아시아는 모두에게 동일한 방식으로 인식되지 않는다. 경계와 기능이란 요소들은 사용자에 따라 나름대로의 이유를 갖고 있으며, 지역의 감별에는 관찰자의 눈높이에 따라 일정한 괴리가 불가피하다. 이러한 괴리의 존재를 확인하는 작업은 전통적인 지정학에 입각한 일부 공간관들을 기억하는 것만으로도 충분하다. 우선 '태평양, 세계의 새로운 중심'[25]이란 표현과 같이 최대한 확장된 공간을 상정하는 경우이다. 너무나 넓어서 세계의 새로운 축이 되지 않으면 이상할 것이다. 흔히 사용되지만 분명히 전자보다 축소된 공간으로서 '아시아-태평양'[26]이라는 용어가 있다. 일본, 신흥공업국가, 아세안, 중국, 미국, 호주 및 뉴질랜드를 망라하고 있는 이러한 지역 관념 역시 기능이란 측면에서 보면 분명하게 잡히지 않는다. 관념상 아시아와 태평양이라는 경계선으로부터 발생하는 대립을 피하기가 어렵기 때문이다.[27] 이러한 용어들이 겨냥하고 있는 것이 본질적으로 서태평양의 경제적 다이나미즘이라면, 비록 유럽중심적 용어라 할지라도 넓은 의미에서 '극동'(Far East)[28] 혹은 '동아시

24 Bruce M. Russett, *International Regions and The International System: A Study in Political Ecology* (Chicago: Rand McNally & Company, 1967).

25 Institut du Pacifique, *Le Pacifique* "nouveau centre du monde" (Paris: Berger-Levrault, 1986).

26 Michel Fouquin, *Evelyne Dourille-Feer and Joaquim Oliveira-Martins, Pacifique: le recentrage asiatique* (Paris: CEPII & Economica, 1991).

27 Cf. CEPII, "L' Asie: Pacifique ou asiatique?" *Economie internationale*, No. 57, premier trimestre 1994; and Arif Dirlik and Rob Wilson, eds., *Asia/Pacific as Space Cultural Production* (Durham: Duke University Press, 1995).

28 "유럽인들이 중국과 일본을 발견하고 탐험한 것은 동쪽으로 떠나면서였다. 이들 국가들은 싱가포르, 사이공, 홍콩, 상해에 도달하는 연쇄적인 연락과 지지점들의 극에 위치하였다. 이곳들은 너무나 자연스럽게도 극동이었다." François Joyaux, Géopolitique de l' Extréme-Orient, Vol. 1 (Bruxelles: Editions Complexe, 1991), p. 16. 이상의 논의 및 전통적 지정학의 입장에 서있는 구미지역의 아시아관에 대한 보다 상세한 비판적 분석에 대해선 Lee Dae-Hee, "Géopolitique de la Corée et ses représentations en France," *Thèse de Doctorat, Université de Paris* VIII, 1995, pp. 160-169 참조.

아'(East Asia)라는 이름에 만족하는 것이 나을지도 모른다. 그러나 앞에서 보았듯이 이 동아시아 역시 가히 (국제적 차원에서) 지역적이라고 할 만한 초국경적 교류공간들의 요람이 되고 있다. 국제적 차원에서 지역화 현상의 제 측면을 검토하고, 지역주의를 다단계적으로 관념한 제임스 미틀먼 (J. Mittelman)의 연구에 있어 이들 초국경적 교류공간은 지역이란 용어로 포괄될 수 있는 제반 분석축척에서 중요한 위치를 차지하고 있다.[29]

부분적이지만 이러한 보기가 주는 의미는 명확하다. 공간관은 관찰자의 입장이 투영될 수밖에 없는 일종의 도식주의에 크게 좌우된다는 점이다. 지역무대에서 활발하게 논의되고 있는 국가 중심적인 지역조직의 구성 노력에서만 보더라도 앞뒤가 동닿는 지도를 그릴 수 있는 일관된 이유를 찾기는 어렵다(〈그림 5-1〉 참조).

이러한 관념의 차이에는 보다 깊은 논쟁이 숨어 있다. 확실히 지역들의 부침과 그에 관한 논의가 다시 증폭하고 있는 데에는 과거 소위 '구조조정'이라는 이름으로 축적되어 온 지구적 차원의 변화의 충격이 궁극적으로 '1989-1991년' 기간 수면 위로 불거져 나오면서부터이다. 소연방의 붕괴와 국경들의 급작스런 개방은 지구화에 대한 성찰과 함께 정치학에서 공간의 문제를 재조명하게 만들었으며, 소위 '사회이론의 공간화'(spatialization of social theory)[30] 경향은 국제관계학이란 분과에서도 예외는 아니었다.

문제는 이러한 충격의 아시아적 버전을 어떻게 가늠할 것인가 하는 점이다. 아시아적 특수성을 '세계시스템'을 구성하는 하위시스템들의 하나

---

29 J. Mittelman은 지역주의의 다단계적 수준을 유럽연합이나 APEC과 같이 마크로한 수준(macroregionalism), ASEAN이나 지방들간의 초국경적 교류공간과 같은 하위지역적인 수준(subregionalism), 일국내 지역이 국제활동을 할 경우를 지칭하는 미크로한 수준(microregionalism)으로 포착하고 있다. James Mittelman, "Rethinking the 'New Regionalism' in the context of globalization," *Global Governance*, Vol. 2, No. 2 (1996).
30 M. Featherstone and S. Lash, "Globalization, Modernity and the Spatialization of Social Theory," in Roland Robertson, ed., *Global Modernity* (London: Sage, 1995).

로 볼 수 있다면, 이는 바로 세계적 차원에서 시스템들이 병치하고 있는 것으로 해석될 수 있는가? 그렇지 않으면 세계화된 공간 속에서 그렇고 그런 '국가주의'들이 위계화되어 있는 것으로 보아야 하는가? 아니면 제3의 길? 미완의 사건들을 조망하기 위해선 즉시적 과거뿐만 아니라 보다 먼 과거로까지 관찰의 폭을 넓힐 필요가 있다.

(2) 세계화와 지역화의 사이 : 시간축을 통한 공간운동의 분석

아시아가 겪고 있는 공간의 재구조화에 대한 관찰에는 대체로 두 가지

〈그림 5-1〉 아시아 – 태평양에 있어서 국가단위의 지역화

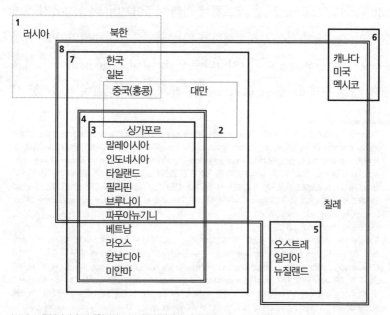

(범례) 1. 동북아시아 경제협력권   2. 대중화경제권   3. ASEAM   4. 대ASEAN
5. ANZCERTA(Australia–new Zealand Closer Economic Relations Trade Agreement)
6. NAFTA(North American Free Trade Agreement)
7. EAEC(East Asian Economic Caucus)
8. APEC(Asia–Pacific Economic Cooperation)
(출처) 오용석 외, 『동북아 경제권과 한반도 발전전략』(길벗, 1994), p. 57.

추론의 방식이 있는 것 같다. 첫째는 글로벌한 시각으로서 세계자본주의 체제, 다시 말해 세계경제(world economy) 혹은 본래적 형태로서의 유럽적인 '경제-세계'(conomie-monde)가 외연적으로 확장되고 있는 현상들을 관찰하는 것이다.[31] 이러한 분석은 자본주의체계가 세계적 공간에서 강화, 쇄신되고 있음에 주목한다. 자본주의체계의 세계적 장악현상은 무엇보다 정치지리 위에서 과시되고 있으며, 그 공간적 확산의 주요 장애물들 중의 하나였던 사회주의 진영의 와해는 가장 괄목할 만한 증거이다. 자본주의의 공간적 확산은 시장의 다이나미즘에 의해 또는 오마에의 용어를 빌리면 "4 'I's (investment, industry, information of technology and individual as consumer)"[32]의 흐름에 의해 이루어지며, 이들 유목적 세력을 관리하는 데에 점점 부적합해지고 있는 국민국가는 주권의 영토 속성을 크게 침해당하고 있다.[33] '지리의 종언(the end of geography)' 혹은 '국경 없는 경제'(borderless economy)라는 테제가 대표하는 이러한 시

---

31 Fernand Braudel, *Civilisation matérielle et capitalisme XVe–XVIlle siècle*, Vol. 3. *Le temps du monde* (Paris: Armand Colin, 1979), ch. I ; Immanuel Wallerstein, *The Modern World-System I: Capitalist Agriculture and the Origins of the European World- Economy in the Sixteenth Century* (New York: Academic Press, 1974). 여기서 양자의 견해차를 지적해 둘 필요가 있다. 월러스타인이 유럽 이외의 "경제-세계"를 상정하지 않고 있음에 반해, 브로델에 따르면 "세계는 다소 집권화되고 다소 응집력이 있는 경제지역들, 다시 말해 공존하고 있는 여러 개의 경제-세계들로 나누어져 있다." F. Braudel, *La dynamique du capitalisme* (Paris: Les Editions Arthaud, 1985), p. 85.
32 Ohmae Kenichi(1995), pp. 2–5.
33 국제정치에서 영토성의 변화 혹은 국력의 결정요인으로서의 지리의 후퇴에 관한 헤르츠의 연구(John H. Herz, *International Politics in the Atomic Age* [New York: Columbia University Press, 1959]와 동일한 저자의 "The territorial state revisited—reflections on the future of the nation-state," *Polity*, No. 1, (1968), pp. 11–34.) 이후, 핸리더는 "국제정치의 국내화"(domestication of international politics)현상, 다시 말해 국내 무대에서의 국가의 역할 상승과 국제적 무대에서의 국가에 대한 제약의 증대로 요약되는 모순현상에 주목, 이를 국민국가의 쇠퇴로 보기보다는 그 불굴의 생명력의 증거로 해석한 바 있다(Hanrieder, "Dissolving international politics: reflections on the nation-state," *The American Political Science Review*, Vol. 72, No. 4, 1978). 국제적 장의 진화에 관한 새로운 해석 노력들이 펼쳐지게 된 데에는 새로운 상호의존에 직면하여 국민국가에 대한 관념이 또 다시 흔들리기 시작하였기 때문이고, 그 중에서도 사회학적 차원을 중시하는 다원주의적 접근법은 오늘날과 같이 국제무대에의 "사회의 침입"(eruption of society)이 두드러지고 있는 세계를 설명하는 데 점차 설득력을 가지게 되었다. 이 점에 관해서는 다른 연구들 중에서도 Rob Walker and Saul Mendlovitz, *Contending sovereignties* (Boulder: Lynne Rienner, 1990) 참조.

각은 무역과 해외투자를 중심으로 경제적 게임의 규칙들이 얼마나 일관되게 적용되고 있는가 하는 점에 기초를 두고 있다[34]. 이렇듯 경제통합의 준거이기도 한 경제상의 법제도적 동질화요소에 착안할 경우, 시장의 친화성에 따라 과도하게 많은 경제지역들이 추출되며, 본질적으로 지리에 기초한 전통적 이웃(neighborhood) 관념은 여기서 사상되어 버린다.

이러한 시각에 입각해서 보면, 아시아-태평양은 최근의 경제적 상호의존의 결과 통합과정에 이미 들어선 것으로 볼 수 있으며, 경제 '권' 이라는 용어의 구사가 시사하듯이 일종의 '에코노미-몽드' 가 수립된 것으로 볼 수도 있다. 그러나 그 논리의 원형에 충실한다면, '지역'(region)이나 '권역'(sphere)은 글로벌화한 세계의 일부일 뿐이며, 국가행위자들의 제휴노력 속에서 관찰되는 지역주의는 자유로운 경제교류에 대한 장애물밖에 되지 않는다. 이러한 분석방식은 경제적 상호의존의 긍정적 효과에 부수되는 경쟁과 알력이란 현상을 경시하고 있다는 점에서 '경제적 낙관주의'(economic optimism)라고 부를 수 있다. 나아가 세계경제의 삼분(Triad : 유럽-아메리카-아시아) 시각에서 보듯이 자본주의의 전파과정에서 나타나는 거시지역간 굴절현상에 대한 설명도 필요해진다. 지역주의 또는 국가중심세계에서의 지역화 경향을 어떻게 자리매길 수 있을 것인가? 아시아적 경제-세계가 유럽이나 북미와 달리 응집력 있는 공간단위로 정의되기 힘든 이유는 무엇인가?

아시아의 공간운동에 대한 또 다른 추론방식은 이러한 문제제기로부터 나온다. 이 방식은 보다 구체적으로 지역들간의 차이점과 이러한 차이점들

---

34 Richard O'Brien, *Global Financial Integration: The End of Geography* (London: Pinter Publisher, 1992); Ohmae Kenichi, *The Borderless Economy: Poxwe and Strategy in the Interlinked Economy* (New York: Harper Business, 1990).

이 갖는 원형성에 주목한다. 경제적 다이나미즘이 국지적으로 분절되는 현상에 대한 새로운 이론적 규명노력이라 할 만한 동 시각은, 지역적인 역사적 실제들, 달리 말해 지역사들(regional histories)에 관한 지식의 진보에 의해 뒷받침되고 있다. 경제적 역동의 국지적 분절경향은 기본적으로 경제적 상호작용에 의한 것이지만, 역사 문화적 응집요소에 의해 가속화될 수밖에 없다는 점에 착안한다. 지역적 교류에 구조화되어 있는 지리적 '근접성'(proximity)의 힘을 새로이 조망하는 한편, 근접성 원칙의 역사적 외연, 다시 말해 경제활동이나 정치적 문화적 조직 등에 각인되어 있는 지역 고유의 역사적 실제들을 새롭게 분석하고 있는 동 시각은, 지역화 과정의 해석에 있어 '경제-세계'적 분석이 압도하는 경향을 완화시키려고 한다.

회고적 관점에서 지역적 근친성 내지 전근대 시기의 이웃 관념에 접근하고 있다고 보여지는 이러한 추론방식은 무엇보다 중국 경제의 새로운 국제화가 지니고 있는 지역적 함의를 강조한다. 일반적으로는 '조공체계'로 정의되는 전통지역질서가 가졌던 영토성의 유연성에 주목하고,[35] 구체적으로는 중국상인들이 중심에 서 있는 원심적 경제활동 네트워크에 기초함으로써,[36] 중국 해안을 따라 펼쳐지고 있는 지역협력의 국지적 다이나미즘을 과거 지방단위들이 국경을 초월하여 구축하였던 관계망이 재가동되고 있는 것으로 설명하고자 한다. 이러한 관점에 따르면 해양 공간을 중심축으로 한 국지적 경제지역들은 역사적 단위로서 기능하게 된다.

---

35 여기서 과거 중국화된 세계(monde sinis)에서의 조공체계는 경제교류의 유효한 수단이었으며, sovereignty와 구별되는 suzerainty 관념은 주변국가들로 하여금 유사한 하위체계를 형성할 수 있게 하였다는 점을 상기할 필요가 있다. 李用熙,「一般國際政治學 上」(서울: 博英社, 1962); Hamashita Takeshi, China-Centered World Order in Modern Times, op. cit. ; 金鳳珍, "租貢體系と朝鮮の近代國家形成", 溝口雄三・浜下武志・平石直昭・宮구博史編 『アジアから考える 4. 社會と國家』(東京: 東京大出版會, 1993) 참조.

36 다른 연구들 중에서도 古田和子, art. cit. 및 "上海ネットワークのなかの神戸 — 海外綿製品運ぶ中國商人", 近代日本研究會編 『年報・近代日本研究14』(東京: 山川出版社, 1992), pp. 203-226 참조.

그런데 이러한 분석을 지역화 운동의 전반적 맥락 속에 대입할 경우, 경제지리 혹은 공간경제학과 같이 경제활동의 원심력을 설명할 수 있는 일정한 계량적 분석도구의 활용에도 불구하고, 그 설득력은 지역화 과정의 복합적 성격을 평가하기에는 아직 미약하다. 실제로 일국적 공간과 초국가적 공간의 중간체로서 이러한 공간들을 관념 한다는 것은 그 경계와 기능이란 측면에서 상당한 어려움에 직면하고 있다.[37] 그럼에도 불구하고 지리적 애매성은 항상 횡국가적인 지역 공간에 대한 다의적 정의를 유발할 수밖에 없다는 점을 용인한다면, 아시아의 국지적 경제권들이 유럽에서 보이는 일부 탁월한 경제지역들과 달리 분명히 잡히지 않는 것은 무엇보다 법제적 차원에서의 응집력이 약하기 때문인 것으로 보아야 할 것이다.

그러나 이러한 제도적 결함은 이들 공간의 다이나미즘이 취약하기 때문이라고 말하기보다는 국민단위의 권위가 개입하지 않고는 (혹은 이러한 권위의 일정한 후퇴없이는) 해결될 수 없는 장애라고 보는 것이 타당할 듯하다. 실제 이러한 공간들을 시간축의 재해석을 통해 관념하는 데 있어 우리는 또 다른 역설적 결과에 직면하게 되는데, 경제계의 원심적 자율성이 정치계의 구심력과 타협하는 경향이 보다 지배적이었다는 사실이다. 이러한 구심력의 존재는 아시아에서 국가주의, 혹은 사회권력에 대한 국가권력의 압도현상이 역사적으로 상존해 왔다는 점과 관련된 것으로, 동북아 지역정치의 주요 특성들 중의 하나이다.[38] 앞에서 언급하였듯이 이들 새로운 공간의 분출에 기여한 해양 아시아의 교역전통—국가에 대해 상인공동체가 누렸던 자율성 그리고 네트워크를 통한 이들의 조직논리—은 그 수세

---

37 François Gipouloux, "Globalization and regionalisation in East-Asia: stakes and strategies," François Gipouloux(1994), pp. 17-18.

38 Marie-Claire Bergère, "La Chine après Deng Xiaoping: développement économique et accomplissement national," *Revue Tiers-Monde*, No. 147 (juillet-septembre 1996), pp. 725-734 참조.

기에 걸친 부침의 역사를 통해, 민족국가에 갇혀 있었던 대륙 아시아의 무게를 반증한다.

"서양에 개방적임과 동시에 국가에 대해 연대의식이 강하며, 또한 이 두 세력으로부터 자율성을 확보하려고 애쓰는 해안의 문화(civilisation de la côte)는 자신을 짓누르는 상호 대립된 영향력들을 가장 실용적인 행동방식을 통해 무마할 수 있는 능력을 갖고 있다는 데에 그 원형이 있다. 해안의 문화는 코스모폴리탄적이면서도 민족주의적이고, 자유적이면서도 질서를 흠모하며, 전적으로 엘리트주의적이면서도 대중의 동원에 능하다."[39]

이렇듯 역사가들이 성찰한 바, 경제적 동학이 갖는 정치문화적 함의를 지역주의에 관한 담론 속에 대입시켜 보면, 상호협력에서 나오는 이익은 국가이익의 경쟁에 의해 소진될 수 있다는 의미로 귀결된다. 이 경우 지역 공간은 정치적으로 불안정한 상황으로 치달을 가능성이 있는 동시에 그 결과 경제적 게임을 규율할 수 있는 일정한 틀을 필요로 하게 된다고 할 수 있다. 다자주의(multilateralism)의 제도화라는 측면에서 본다면, 이 두 가지 관점은 공히 지역화 과정에서 국가행위자들이 차지하는 압도적 위상을 강조하고 있으며, 각각 지역화에 대한 "현실주의적 시각"과 "공동체주의적 시각"을 대변하고 있다고 할 것이다.[40]

지금까지 논의했듯이, 지역의 부침에 대한 해석에는 몇 가지 평행적인 시각이 존재한다. 지구적이냐 지역적이냐 하는 공간축의 문제는 그 생성 요인이 외생적이냐 내생적이냐 하는 물음과 연결되고 이는 다시 시간축의

---

39 Marie-Claire Bergère, *Le mandarin et le compradore*, p. 73.

문제를 재검토하게 한다. 또한 이러한 평행적 시각은 보다 앞에서 제기한 아시아의 발전 과정에 관한 대립적인 모델들과 연결된다.

　이러한 대립적 시각들은 분명히 일종의 이념형이다. 각각의 시각을 구성하는 개념적 기초들을 정리해 보면 크게 네 가지의 측면이 고려되고 있음을 알 수 있다. 즉 상호의존의 공간적 범위(지역적인가 지구적인가), 행위자의 성격(국가적인가 비국가적인가), 거래의 성격(협력적인가 경쟁적인가), 공간적 응집력의 성격(자연적인가 제도적인가) 등이 그것이다. 이러한 속성을 바탕으로 지금까지의 논의를 재구성하면 〈그림 5-2〉와 같이 지역화에 대해 서로 뚜렷이 구별되는 네 가지 관념 형태가 추출되며, 각각의 시각이 조망하고 있는 관찰의 장을 만날 수 있다. 여기서 횡국가적 공간은 현금 세계경제가 직면하고 있는 구조적 변화인 지구화와 지역화의 중간적 위치에 놓여 있다고 보여진다. 횡국가적 공간은 비국가적 행위자들의 지리적 행동반경과 이들간의 전략적 경쟁 정도에 따라 세계화된 '경제-세계'를 구성하는 일부분에 불과해질 수도 있고, 그 행동이익이 다소간 지역적인

---

40 현실주의 시각은 아시아-태평양지역 내 중층적으로 존재하는 다양성과 개별적 특수성에 비추어 국가들간의 응집력은 약할 수밖에 없다는 점을 강조한다. 현실주의시각에 대해선, Michael Yahuda, "The 'Pacific Community': not yet," *The Pacific Review*, Vol. 1, No. 2 (1988) ; G. Segal, *Rethinking the Pacific* (Oxford: Clarendon Press, 1990) ; R. Ellings & E. Olsen, *Foreign Policy*, No. 89 (1992), pp. 116-136 참조. 이와는 반대로 공동체주의 시각은 경제적 다이나미즘의 유지를 위해선 지역주의가 필요하다는 입장에서 제도적 틀의 형성을 강조한다. 공동체주의 시각에 대해서는 小島淸, 『太平洋經濟圈の生成』(東京: 文眞堂, 1980); Peter Drysdale, "The Proposal for an organization for Pacific trade and development revisited," *Asian Survey*, Vol. 23, No. 12, pp. 1293-1304 ; P. Drysdale, *International Economic Pluralism: Economic Policy in the East Asia and the Pacific* (Sidney: Allen & Unwin, 1988); Donald Crone, "The politics of emerging Pacific cooperation," *Pacific Affairs*, Vol. 6, No. 1 (1992), pp. 69-83; Mark Borthwick, *Pacific Century: The Emergence of modern Pacific Asia* (Boulder: Westview Press and Allen & Unwin, 1992). 한편 양 시각의 중간적 입장에 있는 것으로 국지적 시각을 들 수 있는데, 이는 아-태지역 전체를 포괄하는 정책조정은 힘들다는 관점에서 지리적으로 가까운 국가들끼리 지역체를 구성할 필요가 있다고 본다. 국지적 시각에 대해선 Norman Palmer, *The New Regionalism in Asia and the Pacific* (Lexington: Heath and Co., 1991); 渡邊利夫 『アジア太平洋の國際關係と日本』(東京: 東京大出版會, 1992) 참조.

<저림 5-2> 아시아에서 지역화에 대한 관념 형태

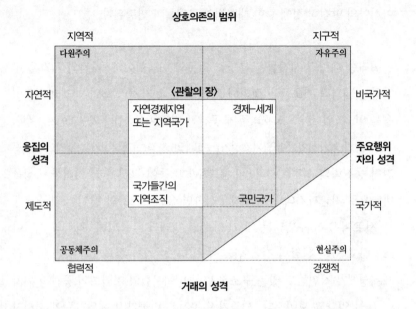

국가행위자들의 의지에 따라 국가단위의 지역화를 실질적으로 담당할 수도 있다.

V. 결론 : '새로운 지역주의'와 아시아 국제협력

지금까지 아시아에서 재등장하고 있는 국지적 초국가 공간이 크게는 아시아의 장기적 발전과정 속에서 작게는 현재 논의되고 있는 지역화과 정에서 차지하는 위상을 밝히고자 하였다. 이러한 지역의 재등장이 함축하고 있는 이론적 및 현실정치적 의미를 검토함으로써 결론에 대하고자 한다.

존 러기(John Ruggie)는 유럽건설이 낳고 있는 평면기하학적 다면성에 주목하고, '포스트모던적(post-modern)인 국제정치 형태가 최초로 출현' 한 것으로 보았다.[41] 동관점이 제기하는 것은 포스트모던적인 방법론을 국제관계에 적용하는 문제가 아니라, 영토 패러다임에 근거하고 있다고 볼 수 있는 기존질서의 '이후'(post-)를 어떻게 접근할 것인가 하는 문제이다. 국민국가의 주요 속성으로서 영토는 국제정치에서의 근대성을 규정하는 속성이기도 하다는 맥락에서, 새로운 질서—포스트모던한 것이건 아니면 로즈노가 말하는 '포스트인터내셔널(post-international)'[42]한 것이건—의 출현을 동반하고 있는 공간의 재구조화 과정을 평가하기 위해선 근대가 물려받은 유산으로 다시 돌아가야 한다는 것이 러기가 취하고 있는 논점이다.

이러한 역사로의 회귀는 국제관계에 대한 다원주의적(혹은 초국가적) 시각이 귀착하는 새로운 문제의식이며, 영토성의 상대화를 재조명하기 위해서는 시간축의 도입이 필요하다는 방법론적인 함의를 가진다. 이 점에서 저개발의 외부요인에 초점을 둔 네오마르크스주의적 관점이 아니라 역사가나 공간경제학자들이 사용하는 넓은 의미에서의 중심−주변관념이 시간축과 공간축의 분석축척에 따라 아시아연구에 있어 재생되고 있음은 시사적이다. 히라노 겐이치로 등이 '중심−주변구조의 중층성'을 근간으로 전개하고 있는 아시아 지역시스템론은, 크게는 지역내의 하위체계의 작동방식을 좁게는 물질생활의 네트워크를 분석함으로써, 국제적 지역단위는 개인과 전체간의 관계양식에 따라 다양하게 존재할 수 있다는 점을 강조하

41 John Ruggie, "Territoriality and beyond: problematizing modernity in international relations," *International Organization*, Vol. 47, No. 1 (Winter 1993).
42 James Rosenau (1990).

고 있다.[43] 아시아가 전체로서 세계의 여타 거시지역과 구별되는 하나의 역사적 '의미권'(意味圈, semantic area)을 형성한다고 볼 수 있다면, 지역 시스템론에서 관찰하는 아시아는 다중심성과 중층성을 그 구조적 특징으로 한다. 이는 아시아 지역차원에서의 '중심의 이동성'과 지역하위 수준에서의 '원심적인 중층구조'라는 두 가지 현상을 강조하고 있는 것으로, 기왕의 영토 관념을 뛰어넘는 다양한 축적의 국제 공간들을 포착하려는 기도와 상통한다.

뿐만 아니라 역사의 도입은 지역연구 분야에서도 영토성의 원칙에 근거하여 전개되어 온 지역개념 자체의 변화 필요성을 제기하고 있다. 왜냐하면 횡국가적 공간은 영토에 바탕을 둔 전통적 이분법, 즉 공적 부문과 사적 부문, '안'과 '밖'의 구분을 무색하게 만들고, 정치단위나 영토 및 공간에 대한 기왕의 관념을 크게 변형시키고 있기 때문이다. 이는 보다 일반적의미에서 마리-클로드 스무트(Marie-Claude Smouts)가 말하는, 국제관계론에 있어 '행동에 적절한 공간'(espace pertinent pour l'action)[44]에 대한 지적인 탐구 노력과도 직결된다.

유럽연합의 공간운동에서 포착되는 국지적 지역으로서의 초국가적 공간 그리고 이의 제도화에 바탕을 둔 '새로운 지역주의'가 아시아 공간의 향후 진화과정, 보다 구체적으로 국가단위의 '혼란의 시대'로 규정되었던 아시아 근대 지역질서의 '이후'를 접근하는 데 하나의 관찰틀을 마련하고 있음은 분명하다. 그러나 현재로서는 '새로운 지역주의'에 관한 연구들은

---

43 平野健一郎「アジアにおける地域システムと國際關係」平野健一郎編 『地域システムと國際關係』 op. cit., pp. 8-10. 원심적 중층구조의 사회문화적 환경에 대해선, Mushakoji Kinhide, "Pax Nipponica or Pax Sinica: confucianism and taoism in post-modern East Asia," in F. Gipouloux (1994), pp. 47-70.

44 Marie-Claude Smouts, "La région comme nouvelle communauté immaginaire?" in Patrick Le Galès and Christian Lequesne, eds., Les paradoxes des régions en Europe (Paris: La Découverte, 1977).

공간의 재구성보다는 영토 패러다임의 한계를 분석하는 데 안주하는 경향이 강하다. 이는 현실주의의 힘인 정치적 효율성이란 관점에서 새로운 국제 공간을 분명히 관념하기 어렵다는 점과 관련된다. 그러나 이러한 난점이 영토적 기준을 넘어선 공간의 작동 자체를 부정하는 것은 아니다. 따라서 로즈노식의 '국가 중심적 세계'와 '다중심적 세계'의 상호 분절방식, 혹은 '안'과 '밖' 사이를 부단히 움직이는 매체들(혹은 행위자들)이 지역적이라고 부를 수 있는 국제 공간의 다이나미즘 속에서 상호 침투하는 방식은 보다 면밀한 관찰의 대상이 되어야 한다.[45] 이러한 작업은 적어도 국가적 행위자의 관점에서 보면, 지역화 과정에 직간접적으로 관여하는 구체적 행위자들을 규정하고 관리할 수 있게 한다는 정책적 함의를 갖는다.

---

45 이철호, "동북아 지역화에 있어서 지방도시의 위상과 역할 : 도시네트워크분석을 위한 시론," 『세계지역연구논총』 제 15집 (2000. 12) 참조.

여론과 외교정책의 다원주의 전통과 명제
—외교 신념의 합리성, 인식구조, 그리고 영향력을 중심으로[1]

남궁곤 | 경희대학교

I. 서론

한국 국제정치학계에서는 최근 외교정책 결정과정에서 국내 변수에 비중을 두는 연구가 활발하게 진행되고 있지만, 국내 변수 중에서 여론이 차지하는 의미와 역할에 대한 연구는 상대적으로 미진한 실정에 있다.[2] 그 근본적 이유는 한국이 그 동안 경험했던 권위주의 체제에서 여론의 역할이 그다지 크지 않았던 데 있다. 하지만 냉전이 종식되고 민주화가 급속하게 진행되면서 외교정책 결정과정에서 여론이 차지하는 중요성이 크게 부

---

1 이 글은 원래 『한국과 국제정치』 제15권 제1호(1999)에 실렸던 것을 수정, 보완한 것이다.
2 여론의 정의는 학자마다 약간씩 다른 정의를 내리고 있다. 이 글에서는 여론과 외교정책에 국한한 논의가 주로 다루어지기 때문에, 여론이란 "정부가 심각하게 고려하게 되는 여러 개인 의견의 합"이라는 키(V. O. Key)의 정의를 따르기로 한다. 그에 관해서는 V. O. Key, *Public Opinion and American Democracy* (New York: Alfred A. Knopf, 1961)을 볼 것.

각되고 있다. 국가가 공공정책 영역에 속하는 외교정책을 결정하는 과정에서 반드시 국가 구성원인 국민의 의사를 파악하여 국정에 반영해야 한다는 주장은 논란의 여지가 있다. 하지만 일반 국민이 외교정책 사안에 대해 정확한 정보가 없다는 이유로 외교정책 결정과정에서 여론이 차지하는 역할을 과소평가 하는 것도 옳지 않다. 사회가 개방화되고 민주화가 진척되면서 주한 미군 문제나 남북 문제 등 외교정책에 대한 국민들의 관심이 지대하고 아울러 여론에 대한 정책 결정자들의 민감성도 높아졌기 때문에 이에 대한 체계적 연구의 필요성이 커지고 있다. 또 지난 수년간 여론조사 전문기관의 수가 급격하게 증가한 사실이 잘 보여 주듯이, 정치, 경제, 시장조사 등 사회영역 전반에 걸쳐 여론조사의 중요성에 대한 인식도 빠르게 확대되고 있다.

한국 국제정치학계와 비교할 때 구미 국제정치학계에서는 외교정책과 여론에 관한 분야가 독립된 국제정치학 분야로 자리잡고 있다. 그런 만큼 한국에서 외교정책과 여론에 대해서 논의할 때는 불가피하게 구미 국제정치학계에서 논의되어 왔고 또 집중적으로 논쟁이 진행되는 쟁점을 검토하는 일이 우선 필요하다. 이 글은 외교정책 결정과정에서 여론의 의미와 역할에 대해서 다원주의 입장을 취하는 논지들을 이론적 관점에서 검토하는 것을 목적으로 한다. 다원주의 입장은 외교정책 결정과정에서 여론이 담당하는 역할에 대해서 회의적 입장을 취하는 현실주의 외교정책 이론과는 대립된다. 다원주의 관점에서 여론의 중요성을 지적하면 자연스럽게 국제정치이론 중에서 현실주의 논지의 한계를 언급하게 된다. 이 글은 또 이론적 논의를 통해 앞으로 한국의 국제정치학계에서 다루어야 할 외교정책 분야의 연구 방향을 제시하는데도 목적이 있다. 외교정책과 여론 분야에서 국제정치학계에서 전개되어 온 쟁점을 이론적으로 검토해 보고 우리가 얻을 수 있는 시사점은 무엇인지를 제시하고자 한다. 이 글이 비록 특정 외교정책 사안에서 여론이 차지하는 역할에 대한 경험적 사례 연구는 아니지만, 이 글이 문헌정보적 자료를 제공하는 역할을 함으로써, 이를 시발점으로 외교정책 전반에 걸쳐서 여론의 중요성에 대한 연구가 활발하게 논의될 수 있기를 기대한다. 또 이러한 논의를 배경으로 구체적인 경험적 연구가 다양하게 시도될 수 있기를 기대한다.

II. 여론과 외교정책의 현실주의 전통과 논지

(1) 여론과 외교정책의 현실주의 전통과 배경

외교정책 결정과정에서 여론의 역할에 관한 현실주의 전통은 현실주의 국제정치이론이 전통적으로 주된 관심사로 여겨왔던 인간의 이기적 속성, 국가의 합리성, 그리고 국제구조의 구속성을 전제로 하고 있다.[3] 현실주의 전통은 기본적으로 한 국가의 외교행위가 효과적으로 수행되기 위해서는 일반 대중들의 영향력이 될 수 있는 한 배제되어야 한다는 입장을 갖고 있다. 여론에 대한 회의적인 시각은 현실주의 전통이 지니고 있는 인간 본성에 대한 보다 근원적인 회의론에 기반하고 있다. 아우구스티누스(Augustinus)나 니부어(Niebuhr)는 신학적인 견지에서 인간의 본성에 대해 강한 불신감을 가졌다. 마키아벨리(Machiavelli), 홉스(Hobbes), 그리고 모겐소(Morgenthau) 등은 보다 세속적인 견지에서 이기심을 인간

---

3 이하 현실주의 전통에 관한 내용은 주로 Ole R. Holsti, *Public Opinion and American Foreign Policy* (Ann Arbor, MI: The University of Michigan Press, 1996)을 참고로 해서 기술하였음. 여론에 관한 현실주의 전통에 대한 더 자세한 내용은 Everett Ladd, "Public Opinion," *Encyclopedia Italiana*, 1996; Susan Herbst, *Numbered Voices* (Chicago: The University of Chicago Press, 1993) 등을 참고할 것.

본성의 핵심으로 보았다. 그들이 본 일반 대중은 탐욕이나 두려움과 같은 개인 감성에 의해서 지배를 받기 때문에 민족국가와 같은 정치단위를 형성해도 인간 본성이 변하지 않는다. 일반 대중의 정치적 역할에 대한 불신은 누구보다도 실제 외교정책을 담당하는 현실정치가의 입장에서 보면 가장 강하게 나타나게 마련이다. 일반 대중은 다른 국가와의 관계 자체를 목적으로 보기 때문에, 그들이 만들어내는 여론이라는 것은 외교정책을 신중하고 일관성 있게 추진하는 장애물이 되는 경우가 많으며, 따라서 국가 이익을 증진하는 노력을 무색하게 하는 장애물이 될 수 있다.[4] 일반 대중에 대한 회의적 전통은 또 미국 연방을 창설하는 과정에서 해밀턴(Hamilton)을 비롯한 초기 연방주의자들의 주장에서도 발견된다. 이들 연방주의자들은 당시 임명제로 구성된 상원의 권한을 일반 대중들이 선출하는 하원의 권한보다 상위에 둠으로써, 여러 외교행위를 관할하도록 주장한 바 있다.[5] 이들의 견해에 따르면 미국 연방의 대외 업무라는 것은 대외 신인도가 높고 일관성이 있는 것으로 보이게 하는 것이 중요하다. 그런데 선출된 대표의 수도 많고 또 관련된 이익이 일정하지 않은 대중들의 뜻을 적극적으로 반영하는 하원에 그 권한을 위임하는 것은 바람직하지 않다. 같은 맥락으로 토크빌(Tocqueville)도 외교 목적을 달성하는 데는 일반 대중들의 입김이 강한 민주주의 국가체제가 다른 정치체제에 비해서 확실히 불리할 수밖에 없다는 점을 지적하였다. 민주주의 체제가 불리한 이유는 민주국가는 엘리트의 신중한 판단보다는 일반 대중의 충동과 열정에 따라 외교정책을 실행하다 보니 그 만큼 세련된 구상을 하기는

---

4 Quincy Wright, *Study of War*, 2nd edition. 1942. Reprint (Chicago: University of Chicago Press, 1965), p. 265.
5 Alexander Hamilton, John Jay, and James Madison, 김동역 (역), 『페더랄리스트 페이퍼』 (서울: 한울, 1995), 제 62, 63 장.

어렵기 때문이다.[6] 토크빌이 일반 대중의 특성으로 제시한 무지와 열정은 현실주의 전통이 기반하고 있는 여론에 대한 회의론과 그 맥을 공유하고 있다.

외교정책 수행과정에서 여론의 역할과 기능에 관한 회의적 전통은 제1차 세계대전을 겪으면서 국제정치학계의 현실주의 논거를 통해 보다 분명해지고 구체화되었다. 전후질서를 개편하기 위해 윌슨(Wilson) 대통령이 그렸던 평화구상은 외교정책 과정이나 외교관례를 민주화시키는 데 계기를 마련해 주었다. 하지만 윌슨의 노력이 좌절을 겪으면서 외교정책 결정과정에서 여론의 역할에 대한 회의론이 더욱 강하게 제기되었다. 여론에 대한 회의적 분위기는 립만(Lippmann)에 의해서 주도되었는데, 그는 파리 강화회의 협약 사항이 미국에서 의회 비준을 받지 못한 이유를 일반 대중의 지원이 약했던 것으로 판단했다. 이를 근거로 립만은 일반 대중의 이성적 판단 능력을 강하게 부정하고 여론의 역할을 적극적으로 비판하였다. 그의 회의적 입장은 "일반 평균적 시민들은 그가 볼 수도 없고, 이해하지도 못하며, 그들 힘으로는 인도되지 않는 세계에 살고 있다"고 묘사한 그의 대중관에 잘 나타나 있다.[7] 립만은 일반 시민은 매일 경험하는 일상성에 매진하고 있기 때문에 국제 현상들에 대해서 관심을 갖더라도 그 내용이 극히 제한적일뿐더러 바람직한 방향을 제시하기에는 부족하다고 본 것이다. 당시 언론 매체에 종사했던 립만은 여러 가지 국제적인 사건들을 보도하고 분석하는 언론의 역할에 대해서도 아주 부정적으로 판단했는데, 언론기능에는 제한이 있을 수밖에 없기 때문에 일반 대중이 부적절하고 그릇된 정보에 노출된다는 점을 강조하였다.

6 Alexis de Tocqueville, *Democracy in America*, Vol. 1 (New York: Vintage, 1958), pp. 243-245.
7 Walter Lippmann, *The Phantom Public* (New York: Harcourt Brace, 1925), p. 24.

외교정책과 여론과의 관련성 측면에서 제2차 세계대전은 여론에 대한 회의적 입장을 강화시켜 주었다. 제2차 세계대전이 일어나기 전에 국제연맹을 중심으로 조심스럽게 시도되었던 공공외교 전통은 그 기반이 취약했기 때문에 항상 불안한 모습을 보였다. 대중동원을 통한 히틀러의 등장, 전제주의 팽창에 대한 대중들의 무감각한 대응 양식, 평화체제 파괴를 목도하면서도 침묵하는 미국 대중들의 고립주의 경향 등은 현실주의자들의 눈에는 좋은 비판거리가 되었다. 카(E. H. Carr)는 윌슨 전통과 그것을 위시한 지적 전통에 대해 가장 신랄한 비판을 가했다.[8] 그의 공격적 논지가 겨냥했던 것은 자유주의적 세계 경영에 대한 비판이었지만, 그 기저에는 평화적 세계 여론이 여러 제국의 침략성을 상쇄시켜 줄 효과적인 수단으로 볼 수 없다는 불신이 있었다. 1945년 10월 미국이 국제연합 창설을 통해 주도적으로 국제적 역할을 확대해 갈 때에도, 이를 지지했던 많은 사람들 사이에는 대중들의 생각이 전쟁 전의 고립주의로 회기하지 않을까 하는 의구심이 널리 퍼져 있었다. 이런 배경에서 립만이 주도해서 많은 공감대를 불러 일으켰던 여론의 역할에 대한 회의적 전통은 계속되었다.[9] 이 전통이 공유하고 있는 논지는 일반 대중들의 외교정책 신념은 외교정책 일반 사항에 대해서 불충분한 지식을 갖고 있으며, 지속적인 합리성보다는 즉흥적인 감성에 따라 국가의 대외행위에 대해서 대응한다는 점이다. 이 주장이 얼마만큼 타당성을 가지는가 하는 문제는 덮어두고서라도, 이들의 공유된 논지는 외교정책과 여론에 관한 현실주의적 전통 계승이라는

---

8 Edward H. Carr, The Twenty's Years' Crisis, *1919–1939: An Introduction to the Study of International Relations* (London: Macmillan, 1941), pp. 50–53.

9 이 기간 현실주의 입장에 서 있는 대표적인 연구로는 베일리(Thomas A. Bailey)의 *The Man in the Street* (1948), 마켈(Lester Markel)의 *Public Opinion and Foreign Policy* (1949), 그리고 알몬드(Gabriel Almond)에 의한 *The American People and Foreign Policy* (1950) 등 세 가지를 들 수 있다.

차원에서 국제정치학계에서 하나의 커다란 지적 전통으로 남아 있다.

(2) 여론과 외교정책의 현실주의 이론의 명제

외교정책과 여론에 관한 현실주의 전통의 기본 명제는 연구 대상에 따라 다양하게 정리될 수 있다. 하지만 그 명제는 외교 여론이 갖는 속성, 외교 여론이 갖는 인식구조, 그리고 여론이 외교정책 결정과정에 미치는 영향 등 세 가지 주제에 관한 명제로 요약될 수 있는데,[10] 그 구체적 내용은 다음과 같다.

첫째, 현실주의 전통에서는 외교행위에 대해서 표현되는 여론을 속성이 불안정하고 비합리적인 것으로 판단한다. 이를 근거로 여론을 온전한 외교정책을 형성하고 유지시키는 잣대로 삼는 데 의문을 제기한다. 이러한 의문은 일반 대중들은 자신이 소유하고 있는 지적 능력을 자신들의 사적 영역을 위해서만 사용한다는 것을 가정한 데서 출발한다. 일반 대중은 국가의 외교 행위가 일상과는 거리가 있기 때문에 관심이 없다는 것이다. 현실주의 전통에 따르면 일반 대중은 국제위기가 발생했을 때 단순히 그 위기를 초래한 당사자들에게 적대심을 갖거나 공포에 휩싸이게 될 뿐이다. 이런 현상을 두고 알몬드(Almond)는 일반 대중들이 공적인 현상에 대해서는 즉흥적인 풍조(mood)에 따라 움직이는 것으로 설명하였다. 이때 대중들의 즉흥적인 반전현상은 개입과 회피, 낙관과 비관, 묵인과 저항, 냉소와 이상, 그리고 우등과 열등이라는 서로 상반되는 스펙트럼 사이를 심

---

10 이들 세 주제에 관한 논쟁을 외교정책과 여론에 대해서 연속적으로 발전해 온 연구 프로그램의 성과물로 간주할 때, 세 주제를 외교정책과 여론 분야에 대한 묘사(description), 설명(explanation), 그리고 영향(impact) 등으로 분류하거나, 일반 대중들의 외교정책에 대한 견해들의 분배(distribution), 구조(structure), 그리고 결정인자(determinants) 등으로 분류하기도 한다. 이에 관해서는 Richard. C. Eichenberg, "Domestic Preferences and Foreign Policy: Cumulation and Confirmation in the Study of Public Opinion," *Mershon International Studies Review* 42 (1998), pp. 97-98. 참조.

각한 고민 없이 쉽게 넘나드는 형태로 진행된다.[11] 알몬드는 이 즉흥성을 일반 대중의 일상에서 벌어지는 경기순환과 밀접한 상관관계가 있는 것으로 가정하였다. 예를 들어 경기침체는 대중들의 자신감을 상실시켜 대외 분쟁에 대한 개입 의지를 약화시키고, 결국 대중들이 국제적 사건들로부터 무관심해지는 결과를 낳는다.

둘째, 여론의 인식구조 측면에서 현실주의 전통은 특정 외교정책에 대한 대중들 개인의 태도는 논리적 일관성이 없기 때문에, 일반 대중들의 외교정책 신념은 차라리 '무의견'(non-attitudes)으로 간주한다. 예를 들어 일반 대중이 이념에 따라 여러 국제적 이슈에 관해서 체계적으로 반응하는가 하는 문제에 관해서, 컨버스(Philip Converse)는 대중들의 이념적 성향과 정치적 신념, 그리고 여러 가지 국내 정책과 외교정책 선호도와의 상관성은 아주 미약함을 밝혔다.[12] 이를 근거로 컨버스는 일반 대중들의 외교정책 신념 체계는 엘리트의 신념 체계와 달리 구조적이지 못하기 때문에 그들의 외교정책 신념을 구속하는 특정한 이념 정향을 파악하기는 곤란함을 주장하였다. 이 주장은 일반 대중들이 투표에 참가할 때 각 후보자들이 유권자에게 제시하는 정책보다는 종교나 지역적 정서와 같은 감성적 이유에 따라 투표한다는 연구 결과들과 일맥 상통한다는 점에서, 외교정책에 대해 보이는 일반 대중들의 '무의견' 가설은 여러 사람에 의해서 공유되었다고 할 수 있다.[13] 컨버스가 제시한 '무의견 가설'은 결국 알몬드가 제기했던 즉흥적인 '풍조 가설'(mood hypothesis)이 대중 개인적 분석

---

11 Gabriel Almond(1950), pp. 54–65.
12 Philip E. Converse, "The Nature of Belief Systems in Mass Publics," David E. Apter, ed., *Ideology and Discontent* (New York: Free Press, 1964), pp. 206–261.
13 대표적인 것으로 Paul Lazarsfeld, Bernard Berelson, and Hazel Gaudet, *The People's Choice* (New York: Duell, Sloan and Pearce, 1944); Augus Campbell, Philip Converse, Warren Miller and Donald Stokes, *The American Voter* (New York: John Wiley, 1964).

수준에서 재확인된 셈이었다.

셋째, 여론과 정책과의 관계 측면에서 현실주의 전통은 외교정책 수행에서 여론이 미치는 영향은 극히 제한적이므로, 일반 대중들의 외교정책에 대한 무지에서 오는 정책상의 시행착오는 그리 문제시되지 않는 것으로 본다. 이러한 견해 이면에는 현실주의 국제정치 이론가들이 보기에는 부정확한 정보를 갖고 있는 일반 대중들이 혹시 비현실적인 정책 대안을 선호하고 있어서 국가의 외교정책이 비효율적으로 수행되지는 않을까 하는 우려의 뜻도 내포하고 있다.[14] 따라서 현실주의 전통은 여론이 외교정책 결정과정의 추진 동력으로서의 역할에 대한 여러 의구심을 증명하는 방법으로 전개되었다. 예를 들어 코헨(Bernard Cohen)은 국무부 외교정책 결정과정에 실제로 참여했던 관료들을 면담 조사하면서 관료들은 여론의 향배에 대해서 일상적인 관심을 둘지언정, 여론의 동향을 통해 정책 방향을 제시받거나 시금석으로 삼는 경우는 드물다는 점을 지적하였다.[15] 오히려 여론을 계도해야 할 대상으로서 의미가 있는 것으로 보았다. 여론이 외교정책 결정과정에 영향을 미칠 수 있는 다른 하나의 가능성 있는 방편은 선거를 통해서다. 일반 대중은 입후보한 사람들에게 그들이 선호하는 특정 외교정책을 지지할 것을 요구하거나, 그들이 선출한 대표자가 중앙 무대에 나가서 특별한 정책에 대해 취하는 태도를 보고 다음 선거 때 고려하는 것이다. 하지만 여론에 대대 회의적 입장에 있는 현실주의 전통은 일반 대중이 특수한 정책에 대한 입후보자의 견해에 좌우되어 표를 던지는 경우는 극히 드물다는 주장이다. 설사 일반 대중들이 제시된 정책을 평가해서 투표를 한다고 해도, 이는 일

---

14 Kenneth Waltz, "Electoral Punishment and Foreign Policy Crisis," in James N. Rosenau, ed., *Domestic Sources of Foreign Policy*, pp. 263-294.
15 Bernard Cohen, *The Public's Impact on Foreign Policy* (Boston: Little, Brown, 1973).

반 대중들의 일상생활과 밀접한 다른 국내 이슈와 관계된 것이지 국가의 대외 행위와 연관성이 있다고 주장하기는 힘들다는 것이다.

III. 여론과 외교정책의 다원주의 전통의 배경과 비판 명제

(1) 다원주의 패러다임의 등장 배경과 전통

1960년대 후반까지 국제정치학계에서 외교정책과 여론 분야의 연구 동향은 여론에 대한 회의적 시각에서 크게 벗어나지 못했다. 그런데 이 회의적 시각은 실제로 여론이 외교정책 결정과정에서 제한된 영향만을 미치는 것인지, 아니면 여론 자체가 다른 국내 행위자들만큼 분석 대상으로서의 학문적 가치를 인정받지 못했기 때문인지는 불확실하다. 그런 면에서 외교정책 결정과정에서 여론 변수는 행정부, 이익집단, 의회, 언론, 그리고 엘리트 변수 등에 비견할 만한 연구대상의 가치를 국제정치학계에서 재평가받을 기회가 필요하였다.[16]

베트남 전쟁은 국제정치학계에서 여론에 대한 회의적 전통에 의구심을 제기하는 계기가 되었다. 미국이 참여한 전쟁에서 처음으로 패배했다는

---

16 홀스티(Ole Holsti)는 외교정책과 여론에 관한 현실주의-자유주의 흐름간의 논쟁을 Almond-Lippmann Consensus versus Challenges to Almond-Lippmann Consensus 또는 Post- World War II Consensus versus Challenges to Postwar Consensus 로 명명하고 있다. 이를 위해서는 Ole Holsti, "Public Opinion and Foreign Policy: Challenge to the Almond-Lippmann Consensus," *International Studies Quarterly* 36 (1992), pp. 439-466.를 참조. 하지만 그 논쟁의 주된 줄거리는 두 전통의 기본 논지와 모두 동일하다는 점을 미리 밝혀둔다. 더 자세한 논쟁의 내용에 관해서는 Douglas Foyle, "Public Opinion and Foreign Policy," *Internatioanl Studies Quarterly* 41 (1994), pp. 141-169; Thomas Graham, "Public Opinion and US Foreign Policy Decision Making," in D. A. Deese, ed., *The New Politics of American Foreign Policy* (New York: St. Martin's Press, 1994), pp. 190-215; Benjamin Page and Robert Shapiro, *The Rational Public* (Chicago: The University of Chicago Press, 1992); Philip J. Powlick and Andrew Z. Katz, "Defining the American Public Opinion/Foreign Policy Nexus," *Mershon International Studies Review* 42 (1998), pp. 29-61 등을 참조할 것

사실은 외교정책의 국내적 기반 전반에 대해 재검토할 기회를 제공해 주었다. 국제정치학계에서는 정부의 외교정책을 단순히 국제적 환경에 대한 정부의 일련의 반응이라고 보는 편협된 사고에서 벗어나, 사회를 구성하는 여러 행위자들도 다양한 형태로 국가의 대외적 행위를 규정할 수 있다는 생각이 점차로 공감대를 얻었다. 소수의 당사자들만이 관여해서 만들어지고 시행되는 대외정책 방안들이 국가 이익과 국제정세의 안정에 도움을 준다는 편견은 더 이상 타당성이 없다고 하는 논의들이 아주 활발하게 전개되었다. 이러한 분위기에 맞추어 여러 여론조사 기관들도 대외정책에 대한 지지 여부만을 파악하는 단편적인 조사방법에서 벗어나 보다 세련되고 체계적으로 일반 대중의 외교정책 신념을 파악할 수 있는 방법에 관심을 가졌다. 특히 컴퓨터의 발달과 통계 패키지의 기능 향상은 과거에는 다룰 수 없었던 일반 대중의 외교정책 신념 구조에 관한 이론적인 틀을 제시하고 증명할 수 있도록 하였다. 또 패널 조사 방법을 통해 일반 대중과 엘리트의 외교 신념에 대한 비교연구도 가능해졌다.

여론에 대한 다원주의 전통의 논지는 한 국가가 공공정책을 수행할 때 그 정당성을 확보하고 효과적으로 그 정책을 실행하는 과정에서 여론의 합의 과정을 정책 결정과정의 중심에 위치시키는 데 있다. 다원주의 전통은 역사적으로 여론의 판단을 정부의 제반 문제를 해결하는 유일한 치유책으로 간주하였던 벤담(J. Bentham)의 주장에서 그 뿌리를 찾는다. 벤담은 "보편적이고도 영구적인 평화를 위한 제언"을 통해 한 국가의 대외 행위는 그 비밀 성격을 해제할 때 국가를 대표하는 정부가 추구하는 외교정책이 자유와 평화의 이익을 대변할 수 있음을 지적하였다.[17] 밀(J. Mill)은

---

17 Jeremy Bentham, *Works of Jeremy Bentham*, Vol. 8. (New York: Russell and Russell, 1962), p. 561.

여론을 지혜를 가득 담고 있는 보고로 비유하면서, 인간은 본래 확실하고 직접 확인이 가능한 증거에 익숙해 있고, 더욱이 그 증거가 다수에 의해 채택되고 인정된 것이라면 그것을 기준으로 상황을 인식하는 데 지침을 받고 판단을 하는 중요한 기준으로 삼는 것으로 보았다. 인간은 동일 조건하에서 여러 선택적 상황이 주어진다면, 다수의 대중들은 옳게 판단하게 될 것이라는 도덕적인 확실성이 있기 때문에, 여러 개체에 의해 제안된 모든 의견은 공개되어야 함을 간파한 것이다.[18] 루소(J. J. Rousseau)나 칸트(I. Kant)도 외교정책이나 전쟁과 같은 국가의 대외 행위와 관련지어 유사한 논리를 전개하였다. 칸트의 경우 공화정체를 유지하는 국가에서는 일반 대중들이 전쟁에 소요되는 모든 희생을 감당해야 하기 때문에 통치자들은 전쟁의 참가여부를 결정하는 데 신중할 수밖에 없고 또 대중들의 의사에 배치되는 결정을 내리기가 쉽지 않다. 이에 비해서 비공화정체의 통치자들은 공화정체의 통치자와 같은 부담감에서 자유로울 수 있기 때문에 뚜렷한 대의명분이 없어도 전쟁에 개입하는 일 자체를 그리 대단하지 않게 생각할 수도 있다.[19] 20세기 정치가인 글래드스톤(Gladstone)도 외교정책과 여론에 관한 다원주의 전통의 한 부분을 차지하고 있다. 그는 국가 간에 분쟁을 그 해결하는 방법에서 폭력을 통한 분쟁해결보다는 일반 대중의 의사를 고려한 항구적이고 평화적인 해결에 비중을 두었다.[20] 이런 점에서 일반 대중의 일반 판단을 최고의 권위체로 인정했다고 할 수 있다. 결국 외교정책과 여론에 대한 다원주의 전통의 출발 테제는 평화를 갈망

---

18 James Mill, "On Liberty of the Press for Advocating Resistance to Government: Being Part of an Essay Written for the Encyclopedia Britannica," 6th ed. 1821. Reprint (New York: Free Speech League, 1913). pp.16–18.

19 Immanuel Kant, *Perpetual Peace and Other Essays on Politics, History, and Morals*. Translated with an introduction by Ted Humphrey. 1796. Reprint (Indianapolis: Hackett Publishing, 1983). p. 113.

20 Henry Kissinger, *Diplomacy* (New York: Simon and Schuster, 1994) p. 164 에서 재인용.

하는 일반대중의 의사와 포괄적인 대의명분을 지니고 있지만 대외 분쟁을 야기시킬 수도 있는 통치자의 구별에 있다고 하겠다.

(2) 다원주의 패러다임의 비판 명제

여론과 외교정책 분야에서 다원주의 입장을 취하는 연구자들은 여론에 대한 회의적인 명제들과는 대립되는 반증의 사례를 제시함으로써 현실주의 명제와 양립할 수 있는 새로운 합의 사항을 도출하였다. 이제 앞장에서 현실주의 입장에 서 있는 여론에 대한 세 가지 회의적 명제에 대항하는 비판명제를 각각 살펴보자.

1) "여론은 그 속성이 불안정하고 비합리적이다"는 여론 특성에 관한 명제에 대해서

알몬드가 제시했던 여론에 대한 '풍조가설'은 그가 제시했던 여론조사 항목의 내용이 추상적이고 단일한 주제에 국한했던 점에 의문이 있다. 알몬드가 주장하는 것처럼 일반 대중의 의견은 즉흥적인 풍조에 기반하고 있거나 일과성을 띤 것이 아니라 비교적 견고하고 일관되게 정부 정책의 불가피성을 받아들이는 '순응적 감성'(permissive mood)에 의존한다고 볼 수 있다.[21] 베트남 전쟁의 예를 볼 때 대중들의 '순응적 감성'이 정부로 하여금 국제기구를 통한 해결이나 원조 등과 같은 문제해결 방식보다는 군사적 개입이라는 공격적 외교정책을 채택하도록 일종의 백지수표를 제공한 결과를 초래한 것이다.

한국 전쟁과 베트남 전쟁을 둘러싸고 일반 대중들이 표시했던 태도를

---

21 William Caspary, "The Mood Theory: A Study of Public Opinion and Foreign Policy," *American Political Science Review* 64 (1970), pp. 536–547.

통시적으로 분석해 보면, 전쟁이 지속될수록 미국이 다른 나라에 무력을 통해 개입하는 일에 대한 여론의 지지가 약화된다.[22] 따라서 여론의 추이 변화는 임의적이고 무정형의 형태로 일어나는 것이 아니고 합리적이고 설명이 가능한 형태를 보인다. 전쟁에 대해 일반 대중들의 반감을 표시하는 시계열 곡선의 패턴이 실제 전장에서 일어나는 사상자 수의 시계열 곡선 패턴과 정확히 일치한다는 사실은 일반 대중들이 외교정책 관념은 비록 간단하기는 하지만 일정하고 납득이 가능한 논리에 의해 좌우된다는 것을 보여 준다. 이 반증 사례는 외교정책에 대한 일반 대중들의 여론이 그 속성상 불안정하고 일관성이 없다는 현실주의 명제와는 명백하게 배치된다.

여론을 하나의 집단적 단위체로 간주할 때 일반 대중들의 외교 여론은 상당히 안정된 특성을 보이며, 이는 일반 대중들이 국내정책 이슈는 물론이고 외교정책 이슈에도 똑같이 적용된다.[23] 대외적인 이슈에 대해서 여론 변화가 일어날 때는 국제적인 사실과는 무관하게 임의로 변하는 것이 아니고, 나름대로 이유가 있고, 예측이 가능한 추이 변화를 갖는다. 예를 들어 전쟁이나 위기가 발생했을 때 정부가 보인 반응이 일반 대중들로 하여금 어떤 특정한 정책을 선호하게끔 만들고, 이런 상황들과 관련지어 실제 외교정책상의 변화를 가져온다. 이러한 특성은 케네디 행정부에서부터 레이건 행정부 시기까지의 여론의 변화과정을 추적한 결과로 뒷받침되고 있다.[24]

현실주의 외교정책 이론에서 상정한 '외교정책에 대한 여론의 불합리성' 명제는 여론을 하나의 집단 개념으로 이해한 점에서도 한계가 있다.

22 John Mueller, *War, Presidents, and Public Opinion* (New York: John Wiley, 1973).

23 Benjamin Page and Robert Shapiro, *The Rational Public: Fifty Years of Trends in Americans' Policy Preferences* (Chicago: University of Chicago Press, 1992).

24 William Mayer, *The Changing American Mind: How and Why American Public Opinion Changed between 1960 and 1988* (Ann Arbor: University of Michigan Press, 1992).

특정 외교 사안에 대한 특정 시기의 여론 변화를 집단의사가 몇 퍼센트가 증감했다는 사실로 설명하는 것은 여론을 형성하는 주체인 대중 개개인의 변화 여부를 명확히 판가름해 주지 못하는 점에서 사회과학 방법론에서 제기되는 환경 오류에 빠질 가능성을 내포하고 있다. 이러한 약점을 보완하기 위해 패널 방법을 이용해 일반 대중의 외교정책 신념을 분석해 보면, 대중 개개인 의사는 국제적인 상황이 안정되어 있을 때에는 크게 변화하지 않는 일관성을 유지하고 있지만, 국제적인 사건이나 위기 상황이 발생했을 때에는 변화하는 것으로 나타났다. 이때 여론의 변화하는 방향과 시기는 상당한 정도로 납득할 만한 방향과 수준을 유지하고 있다.[25]

사실 많은 여론 조사의 결과를 보면, 일반 대중들이 국제 사회에서 일어나는 객관적인 사실들에 대한 정확한 정보나 지식은 그리 많지는 못하다. 그러면 어떻게 제한된 정보나 지식에도 불구하고 일반 대중들이 표출하는 외교정책 신념은 합리적이고 지각 있는 것일까 하는 의문이 들 수 있다. 즉 부족한 사실적 지식과는 무관하게 일반 대중들로 하여금 외교정책 신념을 일정하게 또 일관성 있게 갖게 하는 원천은 무엇인가에 대한 논의가 필요하게 된다.

2) "대중 개개인이 갖는 외교정책 신념은 체계적이지 못하고 논리적 일관성이 없다"는 명제에 대해서

현실주의 명제에서는 일반 대중의 외교정책 신념이 체계적이지 않다는 것이다. 하지만 대중의 외교 신념이 이 체계적으로 구조화되어 있다는 다

---

25 Christopher Achen, "Mass Political Attitudes and the Survey Response," *American Political Science Review* 69 (1975), pp. 1218–31; Mark Peffley and Jon Hurwitz, "International Events and Foreign Policy Beliefs," *American Journal of Political Science* 36 (1992), pp. 431–61; Bruce Jentleson, "The Pretty Prudent Public: Post-Vietnam American Opinion on the Use of Military Force," *International Studies Quarterly* 36 (1992), pp. 49–73; Miroslav Nincic, *Democracy and Foreign Policy: The Fallacy of Political Realism* (New York: Columbia University Press, 1992) 참조.

원주의 주장의 근거로는 두 가지 점을 지적할 수 있다. 첫째는 일반 대중이 비록 국제 사건들에 대해서는 별로 지식이 없다고 하더라도, 그 사건들에 대해 반응을 할 때는 나름대로 일관된 신념틀이나 준거좌표를 사용하여 현상을 이해한다.[26] 예를 들어, 대중이 특정 사건을 인지하고 반응하는 데는 '도미노 이론', '베트남에서의 경험', '인종 편견', 또는 '적의 적은 친구'라는 인지적 최단로를 사용해서 구체적인 국제적 사건에 대해 반응하게 된다. 이는 비단 일반 대중에 국한하여 적용되는 것은 아니고 정치적 엘리트나 외교정책 전문가 모두에게 해당되는 이치다.[27] 이러한 판단은 분명히 여론에 대한 회의론자인 컨버스에 의해 제기되었던 '무의견 가설'과는 정면으로 배치된다.

둘째로 대중의 외교 신념이 구조화되어 있는 근거는 대중의 외교 이념이 국제주의 또는 고립주의라고 하는 일차원적 잣대로만은 설명하기 힘든 측면이 있다는 점을 들 수 있다. 예를 들어 국제주의 신념은 자유주의 성격이 강한 것과 보수주의 성격이 강한 것으로 구분될 수 있다.[28] 또는 군사적 성격이 강한 것과 협조적 성격이 강한 것으로도 구분될 수 있다.[29] 이들

---

26 Russel W. Neuman, *The Paradox of Mass Politics: Knowledge and Opinion in the American Electorate* (Cambridge: Cambridge University Press, 1986).

27 Pamela Johnston Conover and Stanley Feldman, "How People Organize the Political World: A Schematic Model," *American Journal of Political Science* 28 (1984), pp. 95–126; Shoon K. Murray and Jonathan A. Cowden, "The Role of Enemy Images and Ideology in Elite Belief System," *International Studies Quarterly* 43 (1999), pp. 455–81.

28 Michael Mandelbum and William Schneider, "The New Internationalism," Kenneth A. Oye, et. al., ed., *Eagle Entangled: U.S. Foreign Policy in a Complex World* (New York: Longman, 1979), pp. 40–63.

29 위트코프는 이 두 가지 차원의 잣대를 각각 지지하거나 반대하는 기준에 따라 2×2 행렬을 만들어 일반 대중들이 가질 수 있는 네 가지 형태의 외교정책 신념 체계를 개발했다. 위트코프는 이러한 네 가지 형태의 외교정책 신념 체계를 갖는 대중을 각각 강경주의자(Hard-liners: MI지지 CI반대), 수용주의자(Accommodationists: MI반대 CI지지), 국제주의자(Internationalists: MI지지 CI지지) 그리고 고립주의자(Isolationist: MI반대 CI반대)로 명명하였다. Eugene Wittkopf, "On the Foreign Policy Beliefs of the American People: A Critique and Some Evidence," *International Studies Quarterly* 30 (1986), pp. 425–45; *Faces of Internationalism: Public Opinion and American Foreign Policy* (Durham, NC: Duke University Press, 1990).

이차원적 구분법은 국제적 냉전 시기의 여론은 물론이고 냉전이 종식 후의 여론 분석에도 유용하기 때문에 대중의 외교 이념이 다차원으로 구성되어 있다는 점을 암시해 주고 있다.[30] 외교정책 신념이 무정형이 아니라 나름대로 일관성 있는 구조를 지니고 있는 점은 정치적 엘리트나 일반 대중들 모두에게서 발견되는 특징이다.[31]

대중의 외교정책 신념은 다차원적일 뿐 아니라 수직적으로 서열이 있는 형태로 존재한다는 점도 여론의 체계적 성격을 대별해 주고 있다. 예를 들어 특정한 외교정책에 대한 개인의 선호도는 군사주의, 반공주의, 고립주의 등 개인 선호도보다는 포괄적인 개인적 정세에 따라 좌우되고, 마찬가지로 개인적 정세는 개전의식, 우월의식 등 보다 더 포괄적인 개인의 중심 가치에 의해 규정된다.[32] 이러한 논리를 따르면 일반 대중 각각이 보이는 외교정책 신념은 일관성이 있을 수밖에 없다. 즉 여론에 대한 회의론이 국제적인 이슈에 대해서 반응하는 대중들의 태도 중에서 수평적으로 일관성이 있는 무언가를 찾으려고 한 점은 방법론상으로 한계를 갖는다. 엘리트와 대중 사이의 외교정책 신념 구조의 차이는 구조의 유무가 아니라 구조의 구성 요건이니 셈이다. 엘리트의 외교정책 신념 구조에서는 정치적 이념이, 대중의 외교정책 신념 구조인 국가 이미지가 외교정책 선호도를 결정하는 인자로서 기능하고 있다.[33] 결국 일반 대중들의 외교정책 신념은 각 개인들의 정치사회화 과정의 차이에 따라 편차가 있기는 하지만, 그 인

30 Eugene Wittkopf, "The Faces of Internationalism Revisited," Paper presented to the annual meeting of the American Political Science Association, Chicago, August 31–September 3, 1995.
31 이와 같은 공감대를 형성시키는 데는 1974년도부터 4년간의 주기로 실시되는 시카고 외교위원회(CCFR: Chicago Council on Foreign Relations) 프로젝트의 공헌을 빼놓을 수 없다. 이 프로젝트의 조사 대상은 정치적 엘리트뿐만 아니라 일반 대중도 해당된다. 가장 최근의 업적에 관해서는 John E. Rielly, ed., *American Public Opinion and U.S. Foreign Policy 1999*, Chicago Council on Foreign Relations를 참조할 것.
32 Jon Hurwitz and Mark Peffley, "How are Foreign Policy Attitudes Structured?: A Hierarchical Model," *American Political Science Review* 81 (1987), pp. 1099–1211.

식론적 구조가 비교적 명확하고 자기만이 갖고 있는 핵심가치에 근거해서 국제적 사건에 일정하게 반응하고 있다.

여론에 대한 회의적 입장에 서 있는 연구결과에 따르면 특수한 외교정책에 대한 입후보자의 견해에 좌우되어 일반 대중이 표를 던지는 경우는 극히 드물다. 하지만 위에서 밝힌 대로 일반 대중의 외교정책 신념이 구조화되어 있다는 사실을 고려하면 일반 대중들의 정치참여 과정은 재검토될 수 있다. 실제로 한 연구 결과에 따르면, 일반 대중들의 투표행위나 정치참여 과정에서는 그들이 믿는 종교, 지지하는 정당 혹은 그가 정체감을 느끼는 지역에 따른 고정관념에 따라 좌우되어 투표하는 측면이 있지만, 대중들은 자기 나름대로의 구조적인 인지체계에 따라 판단하는 것을 볼 때, 대중들의 독자적인 합리성이 명확하게 드러나고 있다.[34]

3) "외교정책 결정이나 실행 과정에서 여론의 영향력은 없다"는 명제에 대해서

외교정책 결정과정에서 여론의 역할에 대한 현실주의 전통이 갖고 있는 주된 논지는 정책 결정자로 대표되는 정치적 엘리트는 일반 대중 의사를 조작할 수 있다는 점이다. 정치 엘리트가 소수의 이익을 대변하는 여러 외교정책을 일반 대중들이 받아들일 수 있도록 조절할 수도 있다는 것이다.

33 Jon Hurwitz, Mark Peffley and Mitchell Seligson, "Foreign Policy Belief Systems in Comparative Perspective: The United States and Costa Rica," *International Studies Quarterly* 37 (1993), pp. 245–270 참조: Shoon K. Murray, Jonathan A. Cowden, and Bruce M. Russett, "The Convergence of American Elite' Domestic Beliefs with Their Foreign Policy Beliefs," *International Interactions* 25–2 (1999), pp. 153–180; Shoon K. Murray and Jonathan A. Cowden, "The Role of Enemy Images and Ideology in Elite Belief Systems," *International Studies Quarterly* 43 (1999), pp. 455–481.

34 Norman H. Nie, Sidney Verba, and John Petrocik, *The Changing American Voter* (Cambridge, MA: Harvard University Press: 1976); William G. Mayer, *The Changing American Mind: How and Why American Public Opinion Changed between 1960 and 1988* (Ann Arbor, MI.: The University of Michigan Press, 1992)

하지만 실제로 여론을 조작하거나 유도하려고 했던 대통령을 비롯한 정책 결정자들의 노력들이 결코 성공하지 못했거나 일반 여론의 동향이 반드시 정책 결정자들이 원하는 방향으로 선회하지 않는다는 사실을 몇몇의 연구는 실제 정책을 담당했던 사람들의 증언을 통해 확인되고 있다.[35] 좀 다른 각도에서 본 것이지만, 대통령을 비롯한 최고 외교정책 결정자들은 여론 조사의 결과에 민감하게 반응하면서, 여론 조사를 제도화하고 정치화시키는 데 많은 노력들이 있었다는 사실은 여론이 국정에 영향을 미치는 사실을 간접적으로 입증하고 있다.[36] 이 사례는 비록 여론이 구체적으로 외교 정책을 어떻게 규정하는지의 문제를 직접 다루고 있지는 않지만, 일반 대중의 의사라는 것이 포괄적인 대중들의 다양한 활동을 반영하고, 대중 매체가 중요하게 다루어야 할 정치 대상이라는 사실을 반증하고 있다.

여론이 외교정책 결정과정에 제한적인 영향력만을 미친다는 회의론 명제가 기반하는 또 다른 근거는 아마도 국내적 이슈와는 달리 외교나 국방 같은 국제적 이슈는 각종 선거에서 등한시되고 있다는 이유에서이다. 그러나 1952년부터 1984년까지 시행된 아홉 번의 미국 대통령 선거 캠페인 기간 중에서 다섯 번의 기간에서 외교정책 이슈가 일반 대중들의 투표 행태에 의미 있는 영향을 미쳤다는 사실이 밝혀졌다.[37] 특히 대통령 선거 캠

---

35 Daniel Yankelovich, "Farewell to 'the President Knows Best'," *Foreign Affairs* 57 (1978), pp. 670–94; Michael Clough, "Grass-Roots Policymaking," *Foreign Affairs* 73 (1994), pp. 191–96.

36 대표적인 연구들로는 Bruce Altschuler, "Lyndon Johnson and the Public Polls," *Public Opinion Quarterly* 50 (1986), pp. 285–99; Lawrence Jacobs and Robert Shapiro, "Issues, Candidate Image, and Priming: The Use of Private Polls in Kennedy's 1960 Presidential Campaign," *American Political Science Review* 88 (1994), pp. 527–40; John Mueller, *Policy and Opinion in the Gulf War* (Chicago: University of Chicago Press, 1994) 을 들 수 있다.

37 John Aldrich, John Sullivan and Eugene Borgida, "Foreign Affairs and Issue Voting: Do Presidential Candidates Waltz before a Blind Audience?" *American Political Science Review* 83 (1989), pp. 123–41. 이것과 비슷한 결과를 얻은 연구로는 Miroslav Nincic and Ronald Hinckley, "Foreign Policy and the Evaluation of Presidential Candidates," *Journal of Conflict Resolution* 35 (1991), pp. 333–355.

페인 기간에 반향을 일으킬 만한 다른 정책상의 대결이 없을 때, 외교정책을 둘러싼 정책 대결이 당락을 결정하는 주요한 변수로 간주된다. 선거에서 승리하기 위해 후보자들이 제시하는 정책 대안에 일반 대중들의 반응은 매우 합리적이었다는 사실을 입증한 셈이다. 일반 대중들이 선거를 통해 외교정책에 반응하는 경우는 선거 입후보자 중에서 현역 입후보자가 재선에 임할 때 더욱 민감하다는 점을 보아도 일반 대중들의 판단은 적어도 외교정책 수행 능력만큼은 주시하고 있다고 할 수 있다.[38] 외교정책이 다른 국내적 이슈와 그 성격상 다르기 때문에 특정한 외교정책에 대해 일반 대중들이 취하는 태도는 의회의 대표자들에게 별로 영향을 미치지 못한다는 가설도 설득력이 약하다. 의회에서 취급하는 국방 예산에 대한 하원의원의 투표 행위에도 그들 의원들 출신 지역의 지역구민의 의사가 의미 있게 반영되고 있다.[39] 미국의 방위비 결정과정에서도 여론의 역할이 중요하다. 20년간의 시계열 자료를 이용해서 미국의 방위비 변화과정에 영향을 주었던 20여 가지의 변수들을 계량화해서 분석한 연구 결과에 따르면, 냉전 이후 미국 방위비 예산 지출의 변화 과정에 가장 큰 영향을 미쳤던 것은 냉전의 다른 파트너였던 소련의 방위비 변화였고, 그 다음이 바로 미국 내 여론의 변화였다는 사실은 이를 증명해 주고 있다.[40]

여론이 실제 외교정책에 의미 있는 영향을 줄 수 있다는 가설은 여론이 변화해 가는 방향과 외교정책의 실행 방향이 일치하는지를 검토하는 방법

38 Paul Abramson, John Aldrich and John Rhode, *Change and Continuity in the 1988 Election* (Washington, DC: Congressional Quarterly Press, 1990); John Zaller, *The Nature and Origins of Mass Opinion* (New York: Cambridge University Press, 1992); Leonard Kusnitz, *Public Opinion and Foreign Policy: America's China Policy 1949-1979* (Westport, CT: Greenwood Press, 1984).
39 Larry Bartels, "Constituency Opinion and Congressional Policy Making: The Reagan Defense Buildup," *American Political Science Review* 85 (1991), pp. 457-74.
40 Thomas Hartley and Rruce Russett, "Public Opinion and the Common Defense: Who Governs Military Spending in the United States?" *American Political Science Review* 86 (1992), pp. 905-15.

으로서도 검증될 수 있다. 미국에서 1960년부터 1974년까지 여론 향방과 공공정책 결과를 조사한 결과에 따르면, 선택된 222개의 정책 결과 사례 중에서 67퍼센트가 일반 대중들이 선호했던 정책 방향과 일치하였다.[41] 그 중에서도 외교정책의 사례는 92퍼센트의 일치율을 보였다. 하지만 여론과 정책 사이의 선후 관계가 명확하게 드러나 있지 않기 때문에 이를 근거로 외교정책 자체가 여론의 영향으로 변화했는지 여부를 명확하게 밝히기는 어렵다. 이런 면에서 변화된 여론과 변화된 외교정책의 선후 관계 문제를 주요한 관심사로 연구해 온, 페이지(Page)와 샤피로(Shapiro)가 행한 일련의 연구들은 중요하다. 이들은 1935년부터 1979년에 걸친 357개의 사례를 연구대상으로 여론과 국가 정책의 일치도를 분석하였는데, 시행된 후 1년까지의 정책 변화를 그 일치도의 기준으로 삼았다. 그 결과에 따르면 여론-정책 일치율이 국내 정책에서는 70퍼센트에 달하고 있고, 외교정책에서는 62퍼센트에 이르렀다.[42] 여론변화의 크기가 6-7퍼센트 정도로 미미한 경우 정책 변화와 여론이 일치하지 않은 경우가 47퍼센트에 달한 반면, 20퍼센트 이상의 여론 변화가 있을 때, 정책의 변화는 90퍼센트의 일치를 보였다. 이들이 밝힌 여론-정책의 일치율은 그 후속연구에서도 재확인되고 있을 뿐만 아니라 70퍼센트 이상의 사례에서 여론 변화가 정책 변화보다 시기적으로 선행되었음을 보여주고 있다.[43]

---

41 Alan Monroe, "Consistency between Public Preferences and National Policy Decisions," *American Politics Quarterly* 7 (1979), pp. 3–19.
42 Benjamin Page and Robert Shapiro, "Effects of Public Opinion on Policy," *American Political Science Review* 77 (1983), pp. 175–90.
43 B. Page and R. Shapiro, *The Rational Public* (1992), pp. 15–27.

IV. 외교정책 결정 환경과 여론의 도덕률

외교정책 결정과정에서 여론의 역할에 대한 현실주의 해석과는 부합하지 않는 많은 경험적 연구는 외교정책 일반 이론에서 중요한 의미를 갖고 있다. 그렇다고 해서 외교정책 결정과정에서 여론이 가장 중요한 변수로 고려된다는 사실은 결코 아니다. 실제로 여론의 외교정책상의 역할을 항상 낙관적인 것으로 생각하는 것은 순진한 생각이다. 현실적으로 외교정책 결정과정에서 여론이 차지하는 의미와 역할에 대한 논의는 논쟁거리로 강하게 남아 있다. 하지만 국제정치 현상들이 더 이상 국제 변수들만으로는 설명하기 어려워지고 있는 현실을 고려하면 외교정책 결정과정에서 여론이 차지하는 위치는 보다 균형 있고 객관적으로 정의되어야 한다. 여론이 외교정책이 결정되고 실행되는 모든 단계에 똑같은 영향을 주는 것은 아니다. 외교 의제가 선정, 협의, 조정, 실행 단계에서 각각 다른 형태와 다른 정도로 영향을 주고 있다고 보는 것이 공정한 판단이다. 또 여론의 영향력은 주어진 객관적 환경에 따라 결정되는데 그 환경요인은 다음 몇 가지 매개 변수에 따라 좌우된다.

첫째로 외교정책을 실행하는 국가의 정부형태는 여론의 역할을 규정하는 매개 변수다. 민주주의 국가에서는 국가의 공공정책이 일반 대중이 만들어내는 정치문화나 특수한 규범에 따라 제한을 받을 수밖에 없기 때문에 외교정책 결정과정에서 여론이 담당하는 역할은 증대될 수밖에 없다. 또 일반 국민도 정부의 외교정책에 따라 영향을 받기도 한다. 이에 따라 외교정책과 여론의 영향은 서로 상호적이라고 할 수 있다.[44] 민주주의 체제는 일반 대중들의 의사에 반하는 국가의 공공정책을 발안해서는 안 된다고 하는 고전적 의미의 직접 민주주의 이상을 규범적으로 내포하고 있기 때문이다.

둘째로 외교정책 결정과정에서 여론의 역할을 생각할 때는 외교정책 사안이 얼마나 급박한 것인지를 설명해 주는 정책 상황이 고려되어야 한다. 국가 위기와 같이 긴박성을 요구하는 정책 결정 상황에서는 여론의 역할보다는 지도자나 관료와 같은 다른 국가 하위 단위의 중요성이 상대적으로 커질 수밖에 없다. 이와는 반대로 여론은 평화시에는 대외 교섭력을 높이고[45] 정책결정의 방향을 제시해 주는 역할을 담당한다.

셋째로 외교정책에서의 여론의 역할은 해당 외교정책 내용이 얼마만큼 일반 대중들의 일상생활과 밀접한 사항인지의 여부에 따라 크게 좌우된다. 여론의 국가 공공정책에 대한 영향력은 순수한 외교정책 이슈보다는 국민의 직접적 이해관계가 얽힌 혼합적 외교정책 이슈에 민감하다. 예를 들어 타 국가 승인과 같은 순수한 외교정책 이슈에서는 행정부가 외교정책 결정과정에 결정적인 영향력을 미치고 있는 것에 비해서, 무역정책이나 군대의 해외파병과 같이 국민들의 이해관계가 직접 닿아 있는 혼합적 외교정책 이슈에서는 일반 대중의 역할이 중요한 결정 변수 중의 하나로 인식된다. 이렇게 볼 때 일반 대중들은 군사적 이슈에서는 상대적 이익을 중시하는 데 비해, 무역 이슈에서는 그들 자신의 절대적 이익에 부합하는가를 기준으로 특정 외교정책을 지지 또는 반대한다고 볼 수 있다. 외교정책의 이슈별 변화에 따른 여론의 범위와 영향 정도를 판정하는 데는 그 이슈에 따른 특성을 먼저 생각해야 할 이유가 여기에 있다.

---

44 Bruce M. Russett, *Controlling the Sword: The Democratic Governance of National Security* (Cambridge, MA: Harvard University Press, 1990); Zeev Maoz and Bruce M. Russett, "Normative and Structural Causes of Democratic Peace, 1946~1986," *American Political Science Review*, vol. 87 (1993), pp. 624–38.

45 Peter F. Trumbore, "Public Opinion as a Domestic Constraint in International Negotiations: Two-Level Games in the Anglo-Irish Peace Process," *International Studies Quarterly* Vol. 42 (1998), pp. 545–565.

한국에서도 국가정책에서 여론이 차지하는 중요성이 점증하고 있다. 민주화가 진행되면서 국민 의사에 바탕을 두지 않은 국가의 공공정책은 생각하기 어렵게 되었다. 특히 정부의 대미정책이나 통일정책에서 일반 국민들의 의사반영 노력은 과거에 비해 눈에 띄게 달라졌다. 서구적인 민주주의 전통을 갖고 있지 못하면서도, 국내적으로 민주화의 진통을 겪고 있는 한국 사회에서의 여론의 역할과 기능에 대한 논의는 보다 심각하고 신중하지 않으면 안 된다. 국민의사의 올바른 국정반영 노력은 국가가 담당해야 할 도덕률이기 때문이다.

제2부

동아시아의 근대와 탈근대

⑦
근대 동아시아 국제정치와 '인종'
―동아시아연대론의 인종적 정체성과 지역적 정체성[1]

장인성 | 서울대학교

"인종주의의 문제를 제시하지 않는 근대론은
일종의 농담에 지나지 않는다"
―사카이 나오키(酒井直樹)[2]

I. 머리말

'인종'과 '지역'은 '문명'과 '세계'를 중시하는 서구 중심주의와 강대국의 논리에 가리어 오랫동안 국제정치학적 관심에서 소외되어 왔다. 그

---

1 이 글은 장인성, "'인종'과 '민족'의 사이: 동아시아연대론의 지역적 정체성과 '인종'", 『국제정치논총』 제40집 4호, 2000을 수정 보완한 것이다.
2 酒井直樹, 『死産される日本語・日本人: 「日本」の歴史―地政的配置』 (東京: 新曜社, 1996), p. 211.

러나 냉전체제가 붕괴되고 국가의 내부 통제력이 약해지면서 냉전체제와 국민국가의 틀에 눌려 있던 '인종'과 '지역'이 국제관계의 관심 대상으로 부상하고 있다. 세계화 속에서 지역주의와 지역협력이 논의되고 지역의 역사적 구성방식을 재발견하려는 시도도 이와 맞물려 있다. 유교자본주의론, 유교민주주의론, 아시아적 가치론과 같은 동아시아담론의 출현도 단지 정치경제 현상의 부산물이 아니라 '인종'과 '지역'의 재발견과도 관련된다. 동아시아³는 타자 규정성에서 벗어나 자기 규정성을 모색하는 쪽으로 재발견되고 있다.

동아시아의 자기 규정성과 정체성은 동아시아의 역사적 존재방식에 대한 성찰에서 재발견될 수 있을 것이다. 그 성찰은 근대 동아시아의 연대론에서도 가능하다. 동아시아연대론은 서양국가들의 위협에 대응하여 동아시아의 안전보장과 지역적 정체성을 모색한 '연대'(협력)와 '차별', '인종'과 '민족'의 정체성에 관한 정치담론이자 문화담론이었고, 동아시아 지역주의의 추형(雛形)이었다. 동아시아연대론은 '세계' 속에서 '지역'과 '인종'의 존재방식을 다룬, 지역적 이익과 국가(민족)적 이익을 동시에 고려하면서도 장소적 특질과 차이를 드러낸, 근대 동아시아인의 국제정치론이었다.

이 글에서는 19세기 후반 일본과 조선의 연대론에 투사된 '인종'과 '민족'(또는 '종족') 관념의 동아시아적 함의를 밝히고, 초기연대론의 인종적 정체성과 민족적 정체성을 드러냄으로써 동아시아연대론에 나타난 지역적 정체성의 실체를 밝히는 데 힘쓸 것이다. '인종'과 '민족'의 시공간적 함의를 포착하는 작업은 권력현상의 종속 변수로서 간과되기 쉬운 '문화'

---

3 본고에서 '동아시아'는 좁은 의미인 '동북아시아'를 가리킨다.

의 요소를 재발견하는 의미를 주고, '국가'와 '국민' 중심의 동아시아 국제정치론에 대한 반성적 성찰을 제공할 것이다.[4] 이 글에서는 편의상 '동양연대론'은 근대 조선의 '동아시아' 지역협력에 관한 담론을, '아시아연대론'은 근대 일본의 '아시아' 지역협력에 관한 담론을 지칭한다. 일본에서는 '아시아연대'와 더불어 '동양연대', '동양연횡' 등의 말이 쓰였고 연대의 범위도 '동양'(동아시아)에서 '아시아'까지 다양한 반면, 조선에서는 '동양'(동아시아)에 국한되는 경향이 있었다. 분석 대상은 주로 동아시아 삼국을 주체로 설정한 러일전쟁 때까지의 초기연대론에 한정시켰다.

II. 동아시아의 '인종'과 정체성

(1) '인종' · 국제관계 · 지역

원래 '인종'은 인류학적 발견물이다. 인류학자 베네딕트(Ruth Benedict)는 인종을 "유전형질에 기초한 하나의 분류"[5]로 정의하는데, 여기에는 '유전'과 '형질'이라는 객관적 기준과 '분류'라는 행위가 인종을 규정하는 조건으로 제시되어 있다. 그리고 인종주의는 "한 집단이 우월성의 징후를 갖고 다른 집단은 열등성의 징후를 갖는다고 주장하는 새로운 캘빈주의"이

---

4 최근 일본학계에서도 민족적 정체성에 대한 관심이 늘고 있다. 다만 근대국가 및 제국 형성과정과 관련하여 '일본인' 관념의 역사적 형성에 집중되어 있고 동아시아의 지역적 정체성이라는 관점은 결여되어 있다. 富山一郎, 「國民の誕生と'日本人種'」, 『思想』 845 (東京: 岩波書店, 1994年11月); 小熊英二, 「單一民族神話の起源」 (東京: 新曜社, 1995); 小熊英二, 「『日本人』の境界」 (東京: 新曜社, 1998) ; 石田雄, "同化政策と創られた觀念としての '日本"(上 · 下), 『思想』 892 · 893 (東京: 岩波書店, 1998年10月 · 11月); Frank Dik tter, ed., *The Construction of Racial Identities in China and Japan : Historical and Contemporary Perspectives* (London: Hurst & Co. 1997). 한편 한국에서 '인종'에 대한 학문적 관점은 인종주의의 형성과 인종주의의 사회진화론적 함의를 분석하는 수준에 머물러 있다. 전복희, "사회진화론의 19세기 말부터 20세기 초까지 한국에서의 기능," 『한국정치학회보』 제27집 1호 (한국정치학회, 1993); 전복희, "19세기 말 진보적 지식인의 인종주의적 특성," 『한국정치학회보』 제29집 1호 (한국정치학회, 1995).
5 Ruth Benedict, *Race and Racism* (London: Routledge & Kegan Paul, 1942), p. 6.

며, 궁극적으로는 '우리의 적'을 알기 위한 하나의 방편, 비유하자면 "양(羊)들을 희생양들로부터 분리시키는 새로운 방식"이다.[6] '새로운 방식'이나 '새로운 캘빈주의'라는 표현에서 인종주의가 근대적 산물이며 근대의 인종주의가 이전의 분류방식과 전혀 다르다는 것이 감지된다. '분류'는 '형질'이 다른 '인종'과의 '차이'를 설정하는 차별화의 행위인 것이다.

그런데 인종주의는 인종의 유전적 형질의 '차이'를 드러내는 '분류' 행위의 자연적 소산이 아니라 프로파간다와 같은 작위적 행위의 산물이다. 설령 인종의 과학적 표준화가 가능한들 표준에 부합한 인종을 찾기란 거의 불가능할 것이다. 인종의 과학화나 표준화는 정치권력적 의도를 내포한다. 클라인버그(Otto Klineberg)도 지적하듯이,[7] 나치가 과학적 정의를 내세워 아리안 인종이나 유태인종의 형질적 특성을 창출하여 준거로 삼은 인종주의는 독일 자국민에 대한 권력을 획득·유지하는 프로파간다의 가장 효과적인 기법이었다.

여기서 인종은 인종주의를 산출하는 근거라기보다 오히려 인종주의를 합리화하기 위해 창출된다고 말할 수 있다. 인종은 "많은 모습을 띠고 오직 사람들의 마음 속에 존재"[8]하는 주관적 상상물이다. 인종은 "우리와 다르게 보이는 사람들은 반드시 지능적으로, 문화적으로 다르며, 따라서 이방인이어야만 한다"[9]는 하나의 신화이다. 인종을 창출하는 인종주의는 인종편견과 인종차별을 행하는 행위자가 그것을 당하는 대상과 대등하거나 그것보다 우월할 때, 또는 그러한 위상을 얻고자 할 때, 이데올로기 내지

6 Benedict (1942), p.2.
7 Otto Klineberg, The Human Dimension in International Relations (New York: Holt, Rinehart and Winston, 1964), pp. 19–20.
8 Klineberg (1964), p.19. 강조는 인용자. 이하 같음.
9 Klineberg (1964), p. 32.

담론으로서 출현한다(나치의 인종차별, 일본의 대미전쟁을 보라!). 따라서 인종이란 개념도 인종주의와 마찬가지로 정치권력과 밀접히 관련된다.

국민국가와 인종개념은 거의 동시에 발생했고,[10] 인종개념과 인종담론의 형성은 근대적 현상이다. 민족이나 국민이 근대 국민국가 형성과정에서 국가와 민족주의에 촉발된 '만들어진 전통'(E. Hobsbawm) 혹은 '상상의 공동체'(B. Anderson)이듯이, 인종도 국가와 민족주의에 추동되는 '우리 자신들 시대의 창조물'[11]이다. 역사적으로 인종주의는 '종족집단'을 '국민'으로 전환시키는 국민국가 형성과정에서 국내통합의 이데올로기로서 기능했고 그 과정에서 인종의 개념 규정이 행해졌던 것이다. 인종주의는 국내통합을 위해 타자를 '적'으로 설정하고 타자와의 '경계'를 획정하는, 달리 말하면 인종의 형질적 규정을 통해 '동질적' 집단을 '국민화'하고 인종의 형질적 차이를 준거로 '이질적' 집단을 '타자화'하는 작업이었다.

인종개념과 인종담론의 성격은 국제관계나 그것을 규정하는 국제체제의 존재방식에 의존한다. '인종'은 '우리'의 통합을 지향하는 '동일성'(identity)과 '우리'와 '그들'을 구분짓는 '차이'(difference)의 정치적 행위를 통해 국제영역에 연루된다.[12] 인종론이 생물학적 특성과 문화적 특성을 갖는 것으로 상상되는 인간집단에 관한 담론이라면 그 내용과 성격은 담론주체의 상상력에 의존할 수밖에 없을 것이다. 또한 인종에 관한 상상이 경계획정에 의한 배제와 포섭의 전략을 갖는 한 국제정치 상황에 민감

---

10 Etienne Balibar and Immanuel Wallerstein, *Race, Nation, Class: Ambiguous Identities* (London & New York : Verso, 1991); 李孝德, 「表象空間の近代: 明治 '日本' のメディア編制」(東京: 新曜社, 1996), p. 241.

11 Benedict(1942), p. 2.

12 Roxanne L. Doty, "The Bounds of 'Race' in International Relations," *Millennium* 22-3 (1993), pp. 443-445.

히 반응하기 십상이다. 특히 근대국민국가의 형성과정에서 인종론은 국내 수준에서는 종족집단들의 동일화를 통해 단일민족의 창출을 의도하는 반면, 국제 수준에서는 타자(타인종, 타국민)와의 차이를 과도하게 드러내는 경향을 보였다. 즉 국내 수준의 동일화와 국제 수준의 차별화가 공존했다. 냉전종식과 세계화의 국제체제에서는 지역통합을 겨냥한 인종적 결집과 종족(민족)갈등에서 비롯된 인종적 분화의 상반된 양상이 출현할 가능성이 높다.[13]

국제문제와 국내문제의 영역구분이 완화되고 상호간섭이 증대되는 상황에서 인종은 민족과 국가를 넘어 '지역'에 관여하게 된다. '인종'은 국제체제와 국가의 중간영역인 '지역'과 만나게 된다. 지역, 그리고 그것에 기반한—또는 그것을 창출하는—지역주의는 지리적 분포도에 따라 관념의 수준을 달리 하겠지만, 흔히 지역행위자들이 지역적 정체성을 공유하는 것을 전제로 한다.[14] '동일성'과 '차이'의 틀은 국내 레벨뿐 아니라 지역 레벨에서도 유효하다. 지역적 정체성은 특정지역의 사람들이 타지역(의 사람들)에 대해 느끼는, 또는 그것을 인식하는 방식으로, 타지역에 대한 구별과 타자화를 요한다. 인종적 동질성은 지리적 근접성, 문화적 유사성과 더불어 지역적 정체성을 구성하는 요소이다.

그런데 인종적 동질성은 자연적인 동시에 작위적이다. '인종'은 '지역'

---

13 스미스(A. Smith)가 전근대적인 종족집단을 강조하고 헌팅턴(S. Huntington)이 사회주의 붕괴 이후 종족적 정체성이 이념적 정체성을 대체한다고 본 것이 그러한 변화를 나타낸다. 캘훈(C. Calhoun)은 민족적 정체성과 종족적 정체성의 상호관련성을 강조한다. Anthony D. Smith, *National Identity* (University of Nevada Press, 1993); Samuel P. Huntington, "The Clash of Civilizations?" *Foreign Affairs* 72-3 (Summer 1993); Craig Calhoun, "Nationalism and Ethnicity," *Annual Review of Sociology* 19 (1993).

14 지역주의론자들, 특히 구성주의자들은 '지역적 양해'(regional awareness), '지역적 정체성', '지역의식'의 강화를 통한 지역적 결집력의 증대를 지역주의의 중요한 조건으로 간주한다. Andrew Hurrell, "Regionalism in Theoretical Perspective," in Louise Fawcett and Andrew Hurrell, eds., *Regionalism in World Politics: Regional Organization and International Order* (New York: Oxford Univesity Press, 1995).

을 성립시키는 조건이지만, '지역'은 스스로의 생존을 위해 '인종'을 창출하기도 한다. '지역'은 '인종'과 마찬가지로 객관적(=공간적=지리적)으로 존재하지만, 동시에 주관적(=시간적=역사적)으로 형성(상상, 표상)되는 것이다. 딜릭(Arif Dirlik)의 말을 빌면, 지역은 "지역현실을 구성하는—개념화활동을 포함한—인간활동의 공간적 · 시간적 움직임들을 물리적인 범주들 속에다 담아들이고자 하는 하나의 추상적인 표현",[15] 즉 관념적 공간이다. 지역은 '주어진'(given) 것인 동시에 '만들어진'(created) 것으로서 지리적 경계나 지질학적 공통성과 같은 자연적 요소에 의해 결정되지만, 공통된 언어나 인종 혹은 문화로 표상되어 인간의 활동영역을 반영하기도 한다. 그러한 의미에서 지역은 사회적 구성물이다.

(2) 동아시아의 '인종'

1) 근대적 신체의 탄생

동아시아 전통사회와 국가의 주민집단은 근대에 형성된 '인종'이나 '민족', '국민'보다는 '종족집단'(ethnic group)에 보다 가깝다. 중화적 세계관에서 '인종'의 준거틀이나 정치적 성격을 가진 인종담론은 찾아볼 수 없었다. 중국문명(華)의 외연에 속한 야만세계(夷)를 나타낸 상상의 동물은 허구적 표상이었고 배제와 타자화의 표현은 아니었다. 상상의 '수인'(獸人)이 '인종'으로 실제화한 것은 세계지리서와 서양 관련 문헌을 통해 서양(인)을 보다 구체적으로 알게 되면서였다. 19세기에도 서양인을 '금수'(禽獸)로 배척하는 화이론적 인종관이 존속했지만(양이론자, 척사론자), 세계

---

15 아리프 딜릭, "아시아—태평양권이라는 개념", 정문길 외편, 『동아시아, 문제와 시각』(서울: 문학과지성사, 1995), p. 43; 장인성 (1998), p. 12.

인종에 관한 이해는 점차 타집단에 대한 표상을 바꿔갔다. 『외국사정서』
(渡邊崋山), 『해국도지』(魏源), 『영환지략』(徐繼畬), 『지구전요』(崔漢綺) 등에
는 피부색과 골상의 형질적 특성을 갖고 인종을 분류하거나 인종과 지역
을 대응시키는 의식이 나타난다. 다만 지식이나 표상의 나열 내지는 '구
별'의 수준을 넘어서지는 못했다.

　인종의 우열화와 차별화는 일본에서 근대인종론을 받아들이면서 나타
나기 시작했다. 식민지주의나 제국주의가 전개되면서 황인종의 경제적 ·
정치적 능력의 차이를 자연법칙이나 생물법칙에서 찾는 인종론이 퍼졌다.
근대인종론은 인간의 신체(형질)적 특성에 대한 시선에서 시작된다. 후쿠
자와 유키치(福澤諭吉)는 『세계국진(世界國盡)』에서 정치적 의도를 드러내
지 않은 채 문명발전과 인종의 상관성을 의식한 분류를 보여주었다.[16] 근
대적 신체는 1880년대에 형질인류학이 소개되면서 출현하였다. 모스
(Edward Morse), 밸츠(Erwin von Baelz) 등 재일 서양학자들은 일본 민
족기원론을 제기하면서 일본 '민족'(종족)과 '인종'에 관한 과학적 분석을
촉발시켰다. 아이누족, 동남아인 등의 종족집단과 '일본인'의 형질적 관
계를 밝히려는 일본인 인류학자들의 작업이 뒤따랐고, 인류학자와 국체론
자들 간에 일본 민족의 기원을 둘러싼 '혼합민족론'과 '단일민족론'의 담
론투쟁이 벌어졌다.[17] '신체적 형질'과 '신화적 혈통' 사이의 논쟁이었다.
신체의 형질적 특성은 일본 민족의 기원을 밝히고 '일본인'의 경계를 획
정하는 논쟁과정에서 이질 인종/민족에 대한 포섭과 배제의 준거로서 등
장했던 것이다.

　신체의 측정과 분류는 근대적이었지만 반드시 과학적이었던 것은 아니

---

16 "世界國盡", 『福澤諭吉全集』第2卷(東京: 岩波書店, 1958).
17 小熊英二(1995), 제1장~제4장 참조.

다. 형질학적 인종론의 출현은 '문명'과 '인종'을 연결시켜 타자를 '분류'하고 '차별'하는 근대적 인종의식이 싹텄음을 보여주지만, 단일민족설과 혼합민족설, 혹은 남방설과 북방설은 과학적 측정과 분류에서 나온 것이 아니라 학문적이건 정치적이건 주관적 신념의 소산이었고 '신체'는 이 신념을 증명하는 수단으로서 탄생한 것이다.[18] 신체의 형질은 타자와의 차이를 드러내 정체성을 다지기 위해 확인되고 증명되었다. 형질학적 인종론은 세계의 구분방식이 '문명-야만'의 동심원적 분류에서 '선진-후진'의 이분법적 분류로 바뀌고 타자와의 관계가 '예'와 '덕화'에 기초한 포용에서 '권력'과 '투쟁'에 의존한 차별로 바뀌는 과정에 깊숙이 관여했다.

조선에서도 『해국도지』와 『영환지략』 등 세계지리서를 통해 인종에 관한 지식이 축적되었다. 유길준은 『서유견문』의 "세계의 인종" 편에서 5대 인종의 형질적 특성과 거주지역을 소개했지만 '문명-야만'의 틀을 적용하거나 차별화하는 인종관은 아직 나타나지 않았다.[19] 인지의 수준을 넘어 타자화의 대상과 정체성의 매체로서 인식되기 시작한 것은 청일전쟁을 거치면서였다. 형질인류학과 사회진화론의 수용이라는 두 계기가 작용했다. 형질학적 인종관의 수용은 일본 인종기원론의 소개에서 확인된다. 『독립신문』의 논설은 일본 '종자'와 일본 '토인'(아이누)의 신체적·언어적 유사성을 근거로 일본 민족이 아이누족의 발원지인 인도 북쪽과 터키 근처에서 기원한다는 영국 인종학자의 주장과, 일본 '종자'와 조선 '종자'의 신체적·언어적 유사성을 근거로 일본종자가 조선종자의 발원지인 터키지역에서 나왔다는 주일 영국공사 사토(E. Satow)의 주장을 소개하면서 인

---

18 형질적 특성의 분류와 측정의 대상은 아이누와 류큐(琉球)인이었는데, '동일성'을 확인하거나 '타자성'을 주장하기 위해 형질적 특성이 학문상으로 선택되고 설정되는 과정에는 인류학적 담론의 권력작용 내지는 전략성이 개재되어 있었다. 富山一郎(1994), p. 39.
19 『西遊見聞』 제2편 "世界의 人種", 제4편 "開化의 等級".

종학에 깊은 관심을 보였고 인종학자를 높이 평가하였다.[20] '신체'와 '언어'라는 인종판별의 기준과 인종적/민족적 정체성을 주목하는 관점이 형성되었을 가능성을 보여준다.

인종론과 문명론의 결합은 인종을 서열화·차별화하는 인종주의를 유발했다. 세계 인종을 "동양 인종들보다 미련하고 흰 인종보다는 매우 천한" '흑인', "생긴 것이 동양 사람과 비스름하나 더 크고 개화된 것이 동양 인종만도 못한" '[미국] 토종', 그리고 "세계 인종에 [제]일 영민하고 부지런하고 담대한" '백인종'으로 나누고 '형질', '인종적 천성', '개화'라는 기준을 내세운 서열화·차별화가 행해졌다.[21] 인종의 다섯 유형과 '문명-야만'의 네 유형을 들면서 '아프리가종'(흑인종)과 '아미리가종'(적인종)에 대해서는 '인류'의 자격을 부정하고 야만국과 미개화국에 대해서는 '나라'의 위상을 인정치 않는 견해도 출현했다.[22] '지식'과 '덕', '문명화'를 기준으로 '지식과 덕을 겸비한 상위의 인종'인 '문명화된 백인종'을 '존경'의 대상으로, '하위의 인종'인 '흑인종 같은 무능한 인종'을 '경멸'의 대상으로 삼는 인종론도 나왔다.[23] 청일전쟁 이후 조선에도 '형질'과 '천성'(덕)과 '문명'(지식) 등을 준거로 인종을 분류·차별하는 인종주의가 자리잡았던 것이다. 여기에는 인종적·문명적 정체성을 추구하는 심리가 들어 있었다.

동아시아 레벨에서 '인종'(황인종) 내의 특정 민족/종족집단에 대한 차별화도 진행되었다. 청국의 패전은 청국인의 '열등성'이 부각시키고 청국인에 대한 차별화를 부추겼다. 청국인은 "세계에서 제일 천대받고 제

20 『독립신문』, 1897년 4월 6일자 논설.
21 『독립신문』, 1897년 6월 24일자 논설.
22 『독립신문』, 1899년 7월 1일자 논설.
23 『독립신문』, 1899년 9월 11일자 논설.

일 약한 인종"으로 여겨졌고, 청국이 쇠약해진 원인은 중화주의와 외국인 배타주의, 그리고 유교적 문명관에서 찾아졌다.[24] 인종차별의식은 청국을 매개로 싹트고 있었다. 서양의 문명개화와 강병, 애국심을 배우지 못하고 "인민이 악하며 천하며 어리석고 더러우며 나라 위하는 마음이 없으며 남에게 천대를 받아도 천대인줄 모"르기 때문에 패배했다는 비판,[25] 청국인들은 '각심'(各心)이고 청국은 '뎨일 약한 나라'이므로 미얀마(緬甸)나 베트남(安南)처럼 유럽열강에 당할 것이라는 예측[26] 등에서 볼 수 있듯이.

요컨대 청일전쟁을 계기로 일본과 조선에서는 '우등—열등'의 기준을 가지고 타인종을 재단하는 인종차별과 편견의 국제관념이 생성되었고, 황인종 내의 민족/종족집단에 대한 차별의식도 자리잡았다. 인종과 민족을 둘러싼 '동일성'과 '차이'의 인식행위가 동아시아공간의 밖과 안에 대해 성립한 것이다. 개명엘리트와 문화전달자들(교육자, 언론인, 학자 등)은 과학적 언어들을 동원하고 진화론을 받아들여 '인종'을 창출하고 인종담론을 만들어냈다. '문명—미개화'와 '우등인종—열등인종'의 기준은 역외의 '인종'과 역내의 '민족'에 대한 차별구조를 산출했고 형질적 '신체'는 자국의 '동일성'을 위한 '차이'의 근거로서 기능했다.

2) 신체와 문화

신체의 형질은 인종담론/인종주의의 일차적 근거지만, 형질의 획정은 인종적/민족적 정체성을 확립하려는 정치적 행위이다. 신체적인 형질과

---

24 『독립신문』, 1898년 7월 27일자 논설.
25 『독립신문』, 1896년 4월 25일자 논설.
26 『독립신문』, 1897년 2월 4일자 논설.

차이(人種差)는 실재적이지만 그것을 인지하고 표현하는 방식은 정치적이고 문화적이다. 인종차별과 편견도 신체적 차이의 자연적 소산이 아니라 차이를 의식하고 창출함으로써 생겨난다. 따라서 "신체구조는 문화적 차이를 표현한다"[27]는 지적이나 "인종은 신체적 특성에 기반한 구축물로서 민족적 정체성의 불가결한 요소"[28]라는 주장은 정당하다. 주관적 담론에 의해 신체의 객관적 특성과 차이는 규정되며 '신체'는 가변적이 된다.[29]

인종은 불변의 생물학적 특성이나 다른 내적 특성에 기초한 경계들을 가진 것으로 상상되는 집단이며, 문화적으로 획득된 특성에 기초하는 종족집단과는 구별되는 주민집단이다. 그러나 근대 동아시아에서 '민족'은 상상된 생물적 본질에서 파생되었고 '문화'와 '종족성'(ethnicity)과 '인종'의 개념들을 포괄한다. '인종'은 문화적 차이를 설명하기 위해 동원되었다. 19세기 말 중국과 일본에서는 민족의 기원에 관한 신화, 혈통의 이념, 그리고 생물학적 혈통에 관한 이론들이 문화적 정체성('야마토[大和] 인종', '黃帝'의 후손)을 형성하였고, 이 과정에서 객관적인 형질로서가 아니라 문화적 · 정치적 이념의 표상으로서 '순수'와 '혈통'이 강조되었다.[30] 일본인들은 아시아의 '맹주 인종'인 까닭을 '정신적 · 신체적 순수성'에서 찾았다.

여기서 동아시아에서 '인종'은 '신체'(형질)와 '문화'의 복합적 표상이었음이 확인된다. '신체'와 '문화'는 '인종'의 경계를 획정하는, 달리 말

---

27 George L. Mosse, "Racism and Nationalism," in John Hutchinson and Anthony Smith, eds., *Nationalism: Critical Concepts in Political Science*, Vol. 3 (London: Routledge, 2000), p. 1384.
28 Yukiko Koshiro, *Trans-pacific Racisms and the U.S. Occupation of Japan* (NewYork: Columbia University Press, 1999), "Introduction".
29 유네스코는 "인종과 인종차(人種差)의 본질에 관한 선언"(1951년 7월)에서 '순수인종'의 존재를 부정하였다. 그러나 문화와 생활방식의 차이에서 '인종'을 유추하고 신체적 차이에 연결시키는 인식태도는 상존한다. 신체적 특성을 토대로 구축된 '인종'은 문화현상의 일부지만 '문화'처럼 가변적인 것은 아니다.
30 Dik tter (1997), pp. 6-7.

하면 '인종'의 차별성과 동질성을 규정하는 요소이다. 차별화와 동질화를 위한 '경계'의 획정은 정체성의 표현이며, '인종'은 인종의 구성원이 그것에 동일화할 때 성립한다. 그러한 관점에서 인종은 "신체적 특성에 구체화된, 그리고 공통의 사회 문화적·역사적 유대에 의해 공고해진, 한 집단의 내재적 정체성을 정의하기 위해 고안된 하나의 분류"[31]인 것이다. 인종의 문화적 속성은 국제관계에서 인종주의가 문화론과 결부되어 표출된다는 사실에서도 분명해진다.

III. 동아시아연대론과 '인종'

(1) 연대론의 성립조건

동아시아는 문명적 유사성과 지리적 근접성에도 불구하고 문화적 특수성과 국가 이익, 그리고 민족적 편견과 차별이 착종된 비단일적 공간이자 대립의 현실과 연대의 이상이 교착하는 모순된 공간이었고, 지역주의와 민족주의, 그리고 동아시아적 가치와 국가(민족)적 가치 사이의 갈등과 대립이 존재했다. 동아시아연대론은 그러한 모순과 갈등을 해소하려는, 19세기 후반 동아시아라는 시공간에 출현한 지역적 연대와 협력의 발상이다. 시공간적 성립조건은 무엇일까. 먼저 연대론은 국제사회의 변용에 대한 인식에서 출발한다. "옛날에는 일국(一國)으로서 천하를 삼았고, 오늘날에는 세계로서 천하를 삼는다. 오늘날의 동종국(同種國)은 옛날의 일국과 같다. 또한 어찌 제(齊)와 초(楚)의 구별이 있겠는가"[32]라는 발언에서 보

---

31 Koshiro (1999), "Introduction".
32 樽井藤吉, 「大東合邦論」 (1893), p. 135. 원저는 1885년 저술.

이듯이 '천하'가 일국 규모에서 세계 규모로 확장되었다는 인식이다. 소통수단의 발달로 시공간이 축소되고 피아관계의 격절함이 완화된 개명된 세계와 그것을 가져온 과학기술에 대한 인식에서 비롯된 것이다.[33]

일본의 연대론자들은 국제사회의 시공간의 변용뿐 아니라 행위자와 국제관계의 변화도 간파했다. 국제관계가 '제후간의 교섭'에서 '국왕과 국왕의 교섭'으로, 그리고 '국민과 국민의 교섭'으로 바뀌어 왔는데, 이제는 '국민의 적개심' 때문에 열국이 충돌하는 '전장'이 되고 '인종과 인종의 교섭충돌'이 '황인종과 백인종의 각축'으로 전개될 것으로 예측했다.[34] 유럽 백인종 국가들이 세계를 장악하고 아시아 황인종 국가들을 식민과 멸시의 대상이 삼는 국제정치 현실에 대한 위기감도 있었다.

조선의 지식인들도 백인종 국가의 침략성에 위기감을 가졌다. 백인종이 '적색 인종' 국가를 멸망시키고 아프리카의 '흑색 인종'을 노예로 삼았으며 아시아의 '갈색 인종'을 '호령'하는 식민지주의를 행했는데, 이제는 '문명선진'이자 '예의의 조종(祖宗)'이었던 아시아의 황인종들까지 '관할'하려 들고 있다는 것이다. 아시아 황인종들이 '무비망국'에 처해 백인종의 '노예 노릇'을 하게 된 현실을 '개탄'하면서 같은 황인종으로서 "두 줄 눈물이 종횡하여 옷깃을 적시는" '강개하고 슬픈 마음'을 토로하기도 했다. 동양삼국의 황인종이 백인종들에 포위당할 것을 우려하였고, 백인종에 의지하려는 조선인과 청국인들의 행태를 비판하기도 했다. 다루이 도키치(樽井藤吉)의 영향을 받은 것이었다.[35]

---

33 예컨대 다루이 도키치(樽井藤吉)는 "천리길도 하루에 갈 수 있고 만국의 통신이 순간에 통하는" 세계, 고립[絕域]에서 벗어나 이웃[比隣]이 되고 '화친'을 추구하는 세계로 보고 있었다. 樽井藤吉(1893), p. 2.

34 田岡嶺雲, "東亞の大同盟" (1898), 伊東昭雄編, 『アジアと近代日本』 (東京: 社會評論社, 1990), p. 54.

35 『데국신문』 1898년 8월 25일자 및 1899년 2월 20일자 논설; 『독립신문』 1899년 11월 9일자 논설. 다루이의 『대동합방론』은 중국 서점명(樂善堂)과 인천의 조선신보사(朝鮮新報社)를 통해 중국과 조선에 발매되었고, 중국과 조선의 지식사회에 적지 않은 영향을 미쳤던 것으로 보인다. 일진회 이용구와 송병준의 한일합방 구상도 그 영향을 받았다.

백인종의 침략성에 대한 분개심은 경쟁의 논리와 대항의 심리를 자극했다. 선진문명의 수용이나 부국강병과 관련해서는 수용과 경쟁의 논리가 작용했지만, 국제정치론과 관련해서는 백인종에 대한 대항의 심리가 기능했다. '경쟁세계의 대세'를 따라 '아세아 동종(同種)의 우국(友國)'이 힘을 합쳐 타인종[異種人]과 경쟁하고 저들의 모욕을 막아야 한다는 주장[36]이 제기되곤 했다. 분개심은 인종대립적 세계관을 가져왔고, 경쟁의 논리와 대항의 심리는 도의와 정의의 관념에 의해 뒷받침되었다. 연대론은 인종론과 이원적 세계관, 그리고 경쟁논리와 대항심리의 복합적 소산이었다.

　전략적 측면도 없지 않았다. 일본의 아시아연대론에서 대항의 전략은 흔히 "오(吳)와 월(越)나라 사람들이 서로 적대시하지만 배를 같이 타 태풍을 만나면 협력해서 이를 막는" '오월동주'(吳越同舟)에 비유되곤 했다. 조선과 일본의 대등한 '합방'을 주장한 다루이 도키치는 양국이 "우내(宇內)의 일대풍조를 만나 동양에 떠돌아다니는 배"와 같고 승선자들은 '동종의 형제'이므로 오와 월나라 사람처럼 서로 적대시하지 말고 '마음을 합치고 힘을 다하여' '풍노파도'(風怒波濤)를 막을 것을 주장했다.[37]

　'오월동주'적 연대는 고사성어의 관습과 기억의 세계에서 도출된 것만은 아니다. 지역연대는 정치적 실감성을 갖고 유럽 국제관계의 경험에서 얻은 것이었다. 구사마 도키요시(草間時福)는 "각자의 이해와 명예에 관해서는 물불처럼 원수처럼 서로 받아들이지 못[하지만]… 만일 이해와 명예가 유럽전체[歐洲一般]에 관련되는 때는 진(秦)과 초(楚)도 힘을 합치고 오와 월도 정을 함께 하고, 또한 각자 일개의 작은 이해를 희생하는 것을 아끼지 않는", 즉 국가 레벨과 지역 레벨을 따져 지역전체를 위해서는 개별

---

36 樽井藤吉(1893), pp. 132–135.
37 樽井藤吉(1893), p. 113.

국가의 이익을 희생시킬 줄 아는 유럽국가들의 국제정치적 행태에 주목했다. 유럽인들은 "단지 자기가 있음을 알 뿐만 아니라 또한 유럽이 있음을 알고 있는 자"로 여겨졌다. 유럽열국의 상호투쟁은 형제간의 집안 싸움처럼 보이지만 실제로는 '유럽 전체의 명예와 이해의 큰 유대[大紐綱]'를 위해 '서로 단결하는 일대국정'(一大國情, great nationality)을 구성하는 행위로 해석되었다.[38] 역내 갈등까지도 지역적 정체성('一大國情', '大紐綱', '公共의 情帶')을 창출하는 요소로 간주된다.

  '오월동주'의 유럽적 정체성에 대한 시선은 '자기'만 알 뿐 '아시아' 전체를 모르는 아시아인들에 대한 회한으로 돌아온다. 아시아인들은 자국의 작은 이해만 알고 다툴 뿐 '아시아의 이해 · 명예나 평화'를 생각하는 '공공의 정대'(情帶)가 약하다. 아시아국가들은 쇄국을 국시로 삼아 '소격거절'(疎隔拒絕)하고, 친밀한 듯하면서도 서로 적대하는 폐단이 있기 때문이다. 여기서 "아시아인의 사상 중에는 아직 아시아가 없다"라는 명제가 나온다.[39] 조선의 연대론에서도 서구인들은 동양의 황인종에 대해서는 서로 '협동일치'하여 '동맹'이나 '협상'을 맺는데 동양의 황인종들은 '한 뭉텅이'가 되지 않고 서양사람들의 '반간질'에 농락 당하기만 한다는 자탄이 보인다.[40] 유럽의 침략성에 대한 위기감뿐 아니라 유럽적 정체성에 대한 이해에서 아시아적 정체성이 자각되고 '유럽'을 통해 '아시아'는 확인되고 있다. 연대론의 '오월동주'적 사고에서 민족적 정체성(national identity)과 지역적 정체성(regional identity)의 공존, 그리고 '협력'과

---

38 草間時福, "東洋連衡論" (1879), 芝原拓自外編, 『對外觀』 日本近代思想大系12 (東京: 岩波書店, 1988), pp. 265-268.
39 같은 글. 소네 도시토라(曾根俊虎)가 직예총독 리훙장(李鴻章)에게 보낸 서한이나 다테 무네나리(伊達宗城)가 조선수신사에게 한 발언에서도 동아시아적 정체성이 유럽의 사례와 비교해서 의식되고 있다. 『興亞會報告』, 第8集, 1880, p. 10. 『興亞會會報』, 第10集, 1880, pp. 7-8.
40 『독립신문』, 1899년 11월 9일자 논설.

'대항'의 공유를 모색하는 기대심리의 존재를 엿볼 수 있다.

황인종 연대의 조건은 역내 소통관계의 형성이다. 역내 갈등은 소통(communication)을 위한 필요악으로 간주되었다. 역내 국가들이 서로 경쟁하면서 역외 국가들에 대해 '동족(同族) · 동문(同文) · 동교(同敎)의 한 단결'과 지역이익을 확보하려면 '교통의 친밀'이 선행되어야 하는데, 아시아 국가들은 '지리의 불편' 때문에 교전도 강화도 찾아보기 어려울 정도로 소원하며, 때문에 경쟁과 협력을 못하고 '타족 · 이교(異敎) · 이문(異文)의 유럽'으로부터 멸시를 받는다는 것이다.[41] 그런데 소통능력의 증대는 문명개화가 필요하므로 쉽지는 않다. '지리의 불편'을 극복할 수 있는 손쉬운 방법은 인종적 연대감, 즉 인종적 정체성을 높이는 일이다. '지리'와 '인종'과 '문명'은 연대감을 증진시키는 요소였다.

(2) 연대론의 구조: '지리' · '인종' · '문명'

명성황후 시해사건(1895)으로 한일관계가 악화되고 아관파천(1896-1897)을 계기로 러시아의 한반도진출 가능성이 높아지는 가운데 『독립신문』 1898년 4월 7일자 사설은 다음과 같은 동양연대론을 주장하였다. 즉 "대한과 일본과 청국은 다만 같이 한 아시아 속에서 살 뿐이 아니라 종자가 같은 종자인 고로 신체모발이 서로 같고 글을 서로 통용하며 풍속에도 같은 것이 많이 있는지라. 이 세 나라가 별로이 교제를 친밀히 하여 서로 보호하고 서로 도와주며 아무쪼록 구라파 학문과 교육을 본받아 어서 속히 동양삼국이 능히 구라파의 침범함을 동심으로 막아야 동양이 구라파의 속지가 아니 될 터인데"라고 한탄하면서, 동양삼국의 자주독립을 보전해

---

41 渡邊洪基演說, 「興亞公報」 第1輯 (興亞會, 1880), pp. 7-11.

야 하고, 이를 위해 조선과 일본이 협력해서 구습과 위급상황을 벗어나지 못한 청국을 '개명' 시켜야 한다는 주장이다.[42] 이 사설에서는 대(對)유럽 공동대응을 위한 동양삼국의 상호교류와 상호원조, 그리고 상호독립의 필요성이 강조되고 있다. 특히 주목할 것은 동양평화의 구상이 지리적 근접성과 형질적 특성(동종), 그리고 문명적 유사성(동문)에 근거한다는 사실이다. '지리', '인종', '문명'은 연대의 성립요건이었다.

'지리적 근접'은 동맹과 연대와 관련하여 개국기 조선지식인의 국제정치적 사유를 구속한 요소였다. 조선의 동양연대론에서는 지리적으로 떨어진 서구국가들과의 연대에는 비판적이었고, 연대구상은 인접한 동양삼국을 대상으로 했다.[43] 반면 일본의 아시아연대론에서 '지리'는 가변적 조건이었다. 지리적 근접성은 연대를 동양삼국을 대상으로 했을 때 강하게 의식되었지만, 동아시아 공간을 넘는 대외팽창과 연대의 지역적 확충이 모색되었을 때는 유효성을 상실하고 '인종'이나 '문명'의 동질성을 강조하는 이데올로기가 '지리'의 요소를 압도하게 된다.

'동문'과 '동종'은 연대론의 문화적 측면을 표상한다. 자기중심적 세계관에서 벗어나 타자— '다른 문자'와 '다른 인종' —의 존재를 의식하면서 성립한 요소이다. '동문'은 '동종'보다 오랜 역사를 갖는다. '동문'(또는 '同敎')이란 말에는 원래 한자문화권의 외연을 차별하는 의식이 들어 있었다. '문자'는 자기와 타자를 구분하는 일차적 기준이었다. 일본의 경우 '동문'의 인식틀은 '아시아' 인식의 성립과 맞물려 만들어졌다. 예컨대 18세기 초 니시카와 조겐(西川如見)은 중국외부에서 중화문자를 사용하는 '외국'과 가로문자를 사용하는 '외이'(外夷)를 '아시아'(중화)와 구분하면

---

42 「독립신문」 1898년 4월 7일자 논설.
43 장인성, 「장소의 국제정치사상」 (서울: 서울대학교 출판부, 2002) 참조.

서 문자나 종교를 지역구분의 준거로 사용했다.[44] 조선에서도 '아시아' 는 지리적 · 종교적 표상이었고 '동문' 과 '동교' 를 기준으로 인식되었다.[45]

'동종' 은 백인종 대 황인종의 대결도식에서 백인종의 침략성 · 사악성 과 결부되어 출현한, 인종적 정체성을 표상하는 언어였다. 다만 '동종' 이 조선의 동양연대론에서는 동양삼국의 '민족' 에 국한되고 동아시아의 지리적 공간을 넘지 않은 반면, 일본의 아시아연대론에서는 때로는 동아시아의 '민족' 이란 한정적 의미로, 때로는 백인종의 압박과 위협을 받는 아시아의 '민족' 들을 광범위하게 지칭하는 말로 유통되었다. '동종' 은 지리적 · 문화적 관념과 연동하는 말이었다. 그런데 '동종' 과 '동문' 은 서세동점의 권력정치적 속성과 백인종의 위협이 감지되면서 분류나 구분의 차원을 넘어 정치적 · 감성적 의미를 갖게 되고 상호결합하게 된다. '동문동종' 이라는 유교문화권의 표상은 동아시아의 국제정치환경에서 지역적 정체성과 연대의 표상을 강화시켰던 것이다.

(3) 연대의 상호의존성 : '순치보거' 와 '형제붕우'

'지리' · '인종' · '문화' 에 의한 상호의존성은 연대의 성립조건이다. '지리' 적 상호의존성은 '순치보거'(脣齒輔車) — '순망치한'(脣亡齒寒), '보거상의'(輔車相依), '보거순치'(輔車脣齒) — 로 그리고 '인종' · '문화' 의 상호의존성은 '형제붕우'(兄弟朋友)라는 언어로 표상된다. '순치보거' 는 지리적 근접성뿐 아니라 지정학적 · 안보전략적 함의도 있었다.[46] 지리적 근접성은 지정학적 국제정치 상황과 긴밀히 연관되어 지역안보의 관점에서

---

44 山室信一, "日本外交とアジア主義の交錯", 日本政治学会編 『日本外交におけるアジア主義』 (東京: 岩波書店, 1998), p. 5.
45 장인성, "자기로서의 아시아, 타자로서의 아시아: 근대조선지식인에 나타난 '아시아' 와 '동양'", 『신아세아』 제5권 3호 (신아세아질서연구회, 1998b), pp. 22–25.
46 장인성(1998a); 장인성(1998b), p. 37.

의식되었기 때문이다. '순치보거'는 국가안보(national security)와 지역안보(regional security)를 연계해 포착하는 언어였다. '순치보거'의 지역안보 발상은 일본에서 강했고 『조선책략』의 전래를 계기로 조선에도 유포되었다.

'순치보거'는 행위자의 대등한 상호의존과 보완을 뜻하지만 장소적 차이가 있었다. 조선의 동양연대론은 한·청·일의 상호균형[鼎立]을 전제로 한 연대라는 전략적 의미도 있었지만 도덕적 의미도 못지않게 강했다. 일본의 아시아연대론은 동아시아 국제정치와 조선의 지정학적·전략적 가치에 대한 고도의 민감성이 들어 있었고, 역내에서의 우월적 지위를 추구하는 정치(권력)적 의도를 내포하였다. 아시아연대론의 경우 동아시아의 지리적 근접성에 기초한 '순치보거'는 연대가 아시아 일반까지 확대되었을 때 더 이상 연대의 논리로 사용하지 못하는 자기모순을 내포한 데 반해, 동양연대론은 연대의 수준을 동아시아지역에 국한시켰기에 그러한 모순은 없었다.

'형제붕우'나 '동포'의식도 "그 땅은 순치, 그 세는 두 바퀴, 정(情)은 형제와 같고, 의(義)는 붕우와 같다… 일가동족(一家同族)의 정을 보이고 서로 제휴부지(提携扶持)하여 세상일을 해야 한다"[47]는 발언에서 보듯이 '순치보거' 관념과 연관된 연대론의 심정적 요소이다. 이웃에 대한 친밀감, 측은지심(惻隱之心)과 같은 인간애나 유교적 인륜관념의 표현이지만, 동시에 백인종에 대항하는 공동방위의식과 황인종의 유대감을 표상한다. 조선인의 형제의식에는 일본의 문명개화를 평가하거나 일본의 지역적 리더십을 기대하거나 용인하는 심리가 있었다. '동포되는 황인종' 국가들이 '황

---

47 樽井藤吉(1893), p. 2.

인종의 지식과 능력'을 세계에 표출한 문명개화한 '일본형제'의 기개와 정략을 본받아 자주독립을 회복하고자 하는 심리와, "황인종 형제의 모든 나라를 권고하고 인도하"는 맹주적 역할을 인정하면서도 "작은 리끝을 탐치 말며 작은 분에 충격지 말고 한가진 종자를 서로 보호할 큰 계책을 세워 동양 큰판에 평화함을 유지케 하는… 직분의 당연한 의무"를 요구하는 경계심리가 함께 작용했다.[48]

상호의존의 표상언어들은 현실의 반영이라기보다 당위의 표현이었다. 현실과 당위의 사이는 국가의 위상에 의해 갈렸다. 동양연대론은 현실이 따라가지 못하는 한 도덕적이며 비현실적인 당위론의 수준에 머무를 수밖에 없었고 현실이 파탄했을 때 문명개화론과 결합하면서 긴장감을 잃기 십상이었다. 아시아연대론은 일본이 '미개고루'한 아시아국가들과 동일시되고 서양의 모욕을 당한다면 유럽에 대처하지 못하고 아시아를 넘어 유럽에 들어서기 어렵다는 인식을 깔고 있었다.[49] 연대가 '탈아입구'(脫亞入歐)를 위한 유보전략이었을 때 연대론은 문명개화와 국권팽창의 '탈아'와 더불어 파탄과 변질을 겪을 수밖에 없었다. '탈아'의 발상은 양국의 연대론을 구분짓는 요소였다.

지역적 상호의존은 삼국정립과 일본맹주의 두 형태가 있었다. 삼국정립론은 문화적 유사성과 인종적 동질성, 그리고 지정학적 상호의존성에 기초하여 백인종에 대항하려면 황인종간의 균형에 의한 동아시아의 안정과 삼국의 독립보전이 필수적이라는 견해였다. 일본맹주론은 문명국 일본이 맹주가 되어 한청 양국을 문명화시켜 동양삼국의 번영을 꾀하고 아시아에서 리더십을 발휘해야 한다는 발상이다. 대체로 일본의 경우 지역적 연대

---

48 『독립신문』 1899년11월9일자 논설.
49 "東洋の氣運"(1884), 芝原拓自(1988), pp. 277-279.

의식에 기초하여 '아세아 특별의 국력평균'을 창출하고 이를 통해 유럽국가의 침략을 막고 유럽과 아시아의 균형('歐亞의 權衡')을 유지하는 데 연대의 목적을 두었고, 이를 위해 '동양의 맹주'가 되어 리더십을 행사해야 한다는 맹주론[50]이 우세했다. 소국의 자주독립과 안전보장을 모색했던 조선의 경우에는 두 형태가 혼재했다. 백인종에 대한 대항의식과 일본에 대한 경계심이 공존했기 때문이다. 이는 "같은 인종끼리 특별히 더 사랑하는 것은 인정의 당연한 바라. 황인종으로 말할진대 동양에 대한과 일본과 청국 세 나라가 있은 즉 그 형세가 비유컨대 솟발과 같아 만약 솟발 하나라도 떨어질 지경이면 그 솟이 기울어지는 것같이 세나라 중에 한 나라라도 만일 정치가 문란하여 국세가 위태하면 능히 동심합력하여 동으로 나오는 서방형세를 막기가 어려울 터이니 이때를 당하여 동양삼국이 피차에 더욱 사랑하는 마음이 도저(到底)할 수밖에 없"다[51]는 발언에서 감지된다.

(4) 전쟁과 '인종'

인종적 연대의식은 백인종 대 황인종의 대립적 국제정치 구도의 산물이었고 전쟁을 통해 극대화되었다. 청일전쟁과 러일전쟁은 사회진화론의 유포와 인종론과의 결합을 촉발하였고 '인종'의 국제정치론과 인종주의를 부추겼다. 청일전쟁은 황인종 내에서 '문명 인종'과 '미개 인종'을 가르는 문명전쟁으로 여겨진 반면, 러일전쟁은 황인종 대 백인종의 인종전쟁으로 간주되었다. 아시아인들은 청일전쟁을 통해 일본 '문명'의 우수성을, 그리고 러일전쟁을 통해 '황인종'의 긍지와 위신을 확인했다. 두 전쟁은 일본의 맹주적 위상과 지역패권 의식을 강화하는 결과를 초래했지만, 일본

---

50 草間時福, 『東洋連衡論』, pp. 265-268.
51 『데국신문』 1900년 2월 9일자 논설.

의 대국화는 힘의 취약성을 토대로 한 연대론을 변질시켰다. 일본이 황인 종에 대한 절대 우위를 차지하고 세계강국으로 성장하면서 '황인종'은 연 대의 대상에서 침략(통합, 동화)의 대상으로 바뀌었던 것이다. '황인종'이 연대('協和', '共榮')의 대상으로 부활한 것은 세계정치에서 좌절한 일본이 '대동아공영권'을 구상하고 '귀축'(鬼畜)의 백인종 국가들과 '대동아전쟁' 을 일으켰을 때였다.

조선에서도 문명과 인종의 동양연대론이 확산되었고 인종주의의 관점 에서 국제관계를 이해하는 국제정치관이 성행했다. 청일전쟁을 통해 '문 명'의 힘을 알게 되었고, '문명국 일본의 지도'를 통해 문명개화를 수행하 려는 일본맹주론이 우세해졌다. 문명개화와 자주독립을 표방한 『독립신 문』이나 『뎨국신문』까지도 동양연대에 호의적인 논설을 다수 실을 정도였 다. 러일전쟁은 일본이 러시아의 전제정치와 침략성에 대항해 싸운, "단지 동양을 진동시킬 뿐 아니라 그 광영(光榮)이 전 지구를 비추는" '세계초유 의 의전(義戰)'[52]으로 여겨졌다. 러일전쟁은 '황백인종의 본능성 전쟁'이자 '인종경쟁'으로 평가되었는데, 이는 '종족보호적 경쟁'으로 해석된 미국 의 일본인 배척운동과 더불어 '인종'의 국제정치론을 유발했다.[53] '황인 종'의 전승에 대한 조선인들의 열광은 대일 적개심을 '하루 아침에' 녹아 버리게 하고 인종적 정체성을 고양시킬 정도로 강렬했다.[54]

'황인종'에 대한 애정과 환희는 일본이 약속한 '동양평화'와 '대한독 립'의 실현에 대한 기대심리에서 나왔다. 그러나 '평화'와 '독립', 그리 고 '일대애종당'(一大愛種黨)의 언어적 허구성이 미구에 폭로되면서 동양

---

52 金允植, 『續陰晴史』 (下) (서울: 국사편찬위원회, 1960), p. 81.
53 抱宇生, "競爭의 根本", 『太極學報』 제22호 (태극학회, 1908).
54 안중근, "동양평화론", 최원식·백영서 편, 『동아시아인의 '동양' 인식』 (서울: 문학과지성사, 1997), pp. 206~207.

연대론과 일본의 기만적 행위에 대한 비판이 속출했다. 최익현은 러시아의 재진출에 대비한 동양삼국의 '정립'적 협력을 주장하면서 "한 집안으로서 서로 원수처럼 여기는" 갈등을 야기시켜 동양삼국의 공멸을 초래할 수 있는, '애당(愛黨)의 마음'을 결여한 일본의 비도덕적 행위를 통렬히 비판했다.[55] '황인종동맹'과 "아시아는 아시아사람을 위한 것"이라는 슬로건은 경제적 · 정치적 · 군사적 특권을 획득하기 위한 기만에 불과하다는 주장도 나왔다.[56] 다만 연대에 대한 기대가 완전히 사라진 것은 아니다. 약자가 스스로의 생존능력을 갖추지 못하는 한 강자에 기대하기 마련이다. "아아, 우리 동양인사들이여. 동양평화라 동종상애(同種相愛)라 하는 문제를 입으로만 떠들지 말고 평화의 실사를 주거(做去)하고 상애의 실정을 발표하여 목전의 소리(小利)를 탐하여 백년의 대계를 그르치지 않으면 우리 아시아주 황종(黃種)의 무량한 행복일 것이다"[57]라는 언설이 보여주듯이.

IV. 동아시아연대론과 지역적 정체성

(1) '인종'과 '민족'의 사이

연대론자들은 백인종 대 황인종의 대결구도에서 '연대'의 감정과 '동양'(동아시아)의 정체성, 그리고 '인종적 정체성'을 감지하고 있었다. 특히 인종적 정체성은 연대의식과 지역적 정체성을 지탱하는 요소였다. 동양연

---

55 장인성(1998b), pp. 42~43.
56 「대한매일신보」 1905년 1월 6일자 논설.
57 「皇城新聞」 1909년 5월 26일자 논설.

대론/아시아연대론은 19세기 후반 동아시아 국제관계를 반영한 '안'과 '밖'의 경계를 구분짓는 지역주의와, '인종'(race)과 '민족'(ethnos, nation)[58]의 정체성을 형성하려는 인종론이 교착하는 담론이었다. 연대론은 '신체'와 '문화'의 같고 다름을 드러내서 백인종과의 차별성(difference)을 강조하고 연대구성원들간에 동종의 동질성(identity)을 추구하는 동시에, 동아시아 '민족'간의 차별과 긴장을 내포한 동아시아지역의 상호협력과 견제에 관한 정치문화적 담론이었다.

연대론에서 '인종'은 동양삼국의 특수성을 포괄하는, '민족'과 '국가'를 초월하는 언어이다. '황인종'은 '백인종'에 대해서는 지리적·인종적 특수성을 갖지만, 지역 레벨에서는 동아시아적 보편성을 표상한다. '황인종'이 표상하는 동아시아적 보편성은 '백인종'과의 대결의식을 통해 확보되었다. 연대론자들은 동종의식과 공동운명 의식에 기반한 지역연대로서 민족의 생존을 모색했다. 다만 정립론은 민족간 균형을 추구했고, 맹주론은 일본 민족의 우월성을 전제로 했다. '인종'과 '민족'이 일정한 거리를 확보하는 정립론과는 달리, 맹주론은 '민족적 가치'가 '인종적 가치'를 규정할 수 있는 소지가 있었다.

근대 한국과 일본에서 '인종'은 대략 두 가지로 쓰였다. '일본 인종(종자)'과 '조선 인종(종자)'의 용례에 보이는 '인종'은 '일본인'·'조선인'과 마찬가지로 종족집단(ethnic group) 내지 민족(nation)을 가리킨다. 다른 하나는 '황인종', '백인종'과 같은 형질학적 개념으로서의 인종(race)이다. 두 용례는 엄밀히 구분되지는 않았다. '일본인(종)'과 '조선인(종)'

---

58 일본의 '민족'이란 용어는 서양의 '네이션'(nation)과 정확히 일치하지는 않는다. 일본의 '민족'은 '네이션'과 '종족집단'(ethnic group, ethnos)의 두 측면을 공유하는 개념이다. 安田浩, 「近代日本における '民族' 觀念の形成: 國民·臣民·民族」, 『季刊思想と現代』 第31號 (東京: 白石書店, 1992), p. 62. 한국의 '민족' 개념도 마찬가지다.

으로 표현할 경우에도 형질적 특성을 얘기할 때는 인종의 범주에 들며, '황인종'과 '백인종'이란 용어도 문화적 특성을 논할 때는 종족집단이나 민족과 겹치기 때문이다. '일본인'과 '조선인'은 인종학적 특성과 문화적 특성을 공유하는 용어이며, 진정한 의미는 역사적 맥락에서 찾아질 수밖에 없다.

일본의 경우 일본 민족기원론과 인종학의 상관성에서 보듯이 '인종'과 '민족'은 성립과정에서 서로 맞물려 있었다. '인종'과 '민족'은 독립된 범주가 아니라 이념적인 결합을 보였고 형질적 요인과 문화적 요인이 융합된 형태로 존재했다. 일본의 '인종'은 '인종적'(racial) 의미뿐 아니라 역사적(문화적) 특수성을 지닌 '인종화된'(racialised) 정체성을 갖고 있었다.[59] 대내적 측면에서 일본의 '인종'은 서구의 경우처럼 국가와 민족주의에 의해 형성된 구성물이었다. 일본의 '민족'은 군권의 지고성을 통합원리로 삼은 근대천황제국가의 지배를 정당화하는 이데올로기에 의해 형성되었고,[60] 근대천황제하에서 '국민'의 일본적 형태인 '신민'(臣民)으로 변모했다. 대외적 측면에서 '일본인'(인종, 민족)은 인종학적 출처와 다른 종족집단과의 경계를 획정하는 과정을 거치면서 모습을 갖추었다. 백인종의 위협을 강하게 느낄 때는 일본 인종(민족)의 단일성과 순수성이 강조되었고, 황인종에 대한 맹주적 역할을 의식했을 때는 일본 인종(민족)의 혼합성이 강조되었다.

조선의 경우에는 민족기원론이 인종학적 담론에 의해 '인종화된' 경우가 거의 없다. '인종'이 '민족'을 규정하거나 '민족'의 이익을 위해 '인종'

---

59 Michael Weiner, "The Invention of Identity: Race and Nation in Pre-war Japan," in Frank Dikötter (1997), pp. 96-97.
60 安田浩 (1992), p. 71.

을 희생시키는 사유도 보이지 않는다. 조선 '인종' 의 경계를 획정할 유인의 부재와 국민국가로서의 취약성으로 인해 '민족' 이 근대적인 '국민' 을 적극적으로 창출하지 못했기 때문이 아닐까. '인종' 은 반외세의 주체인 '민족' 의 모습을 갖기는 했지만, 국민국가의 형성과 통합을 상징하는 '국민' 의 모습을 갖추기에는 한계가 있었다. 조선의 '인종' 과 '민족' 도 형질적 요인과 문화적 요인의 복합적 소산이었지만, 일본과는 달리 문화적 특수성은 도의적(유교적) 관념에 의해 억지되고 있었다.

양국의 연대론에는 이러한 '인종' 과 '민족' 의 모습이 투사되어 있다. 연대론은 자국의 힘이 열세하거나 동아시아의 세력균형 상태에서 성립했는데, 국제정치 관념과 국가(국민)의식에 따라 양상이 달랐다. 아시아연대론(일본)의 경우 '인종' 과 '민족' 의 결합이나 상호간섭은 문명개화와 부국강병에서 일본이 맹주가 되어 '황인종' 의 아시아를 보전해야만 한다는 논리인데, 인종적 이익/안보를 빌미로 민족적 이익/안보를 확보하려는 의도가 강했다. 연대관념은 현실주의적 국제정치 관념에 입각하되 국권확충의 전략과 '탈아' 의 개연성을 갖고 있었다. 한편 동양연대론(조선)에서는 도의적 국제정치관념이 강했고 근대국가(국민) 관념이 취약했기에 인종적 이익/안보와 민족적 이익/안보는 연속적인 것으로 간주되곤 했다. 연대의식은 전략적 고려도 없지 않았지만 도의관념의 산물인 경우가 많았다. 동양연대론자들은 역외 세력(러시아나 영국)의 침략이나 역내 세력(일본)의 독점지배를 견제하면서 동아시아 '민족' 의 공생을 모색했지만, 도덕적 이상과 권력적 현실의 괴리로 구현될 가망은 없었다. 그리하여 아시아연대론은 현실(국가 이익)을 호도하는 명분으로, 동양연대론은 현실을 간과한 이상으로 흐르고 말았다.

(2) 인종적 정체성과 민족적 정체성

"나는 일본이 러시아를 물리친 것이 기쁘다. 섬나라인들은 영광스럽게 도 황인종의 명예를 지켜냈다… 나는 황인종의 일원으로서 일본을 사랑하 고 존경한다. 그러나 조선인으로서는 모든 것, 독립까지도 빼앗아 가는 일 본을 증오한다."[61] 러일전쟁과 을사보호조약을 겪은 직후 윤치호는 일본 에 대한 애증을 이렇게 표출하고 있다. '인종'과 '민족' 사이에서 일본에 대한 애증이 교착되어 있다. '황인종'으로서의 정체성과 '조선인'으로서 의 정체성의 공존에서 비롯된 애증이다.

인종적 정체성과 민족적 정체성은 연대발상의 핵심이다. 인종적 정체성 의 구성요소는 '혈통'과 '신체'다. '신체'가 형질적 특성과 더불어 문화 적 · 정치적으로 규정되듯이 '혈통'의 순수성과 단일성 신화는 문화적 · 정치적 의도에 의해 작위되었다. 연대론에서 '인종적 혈통'(황인종)은 '민 족적 혈통'(조선인, 일본인)을 초월하여 동아시아적 보편성을 표상한다. 동 양연대론은 '인종적 혈통'에 기초하여 동아시아적 보편성을 내걸었지만, 아시아연대론에서는 '민족적 혈통'이 '인종적 혈통'을 압도하거나 보편성 을 왜곡시키는 경향을 보였다. 동양연대론이 조선의 식민지화로 파탄했을 때, '인종' 관념의 보편성은 '민족' 관념에 의해 대체되었다. 아시아연대 론이 제국화의 이념으로 변질되어 '이에'(家)적 포섭과정(동화)이 요구되었 을 때, '민족적 혈통' 의식은 약화되었고 세계적 차원에서 백인종과 대항 하여 '대동아공영'을 구축하고자 '인종적 혈통'이 보편을 가장하여 소생 했다.

정체성은 타자의 존재와 타자와의 관계에서 촉발되는, 그것을 해석하고

---

61 1905년 9월 7일자 윤치호 영문일기, 『윤치호일기』 제6권 (서울: 국사편찬위원회, 1976).

자타관계 속에서 자기의 존재가치를 확인하는 행위이다. 근대 조선의 인종적 정체성은 우선 백인종과 황인종의 대립구도를 포착하는 방식에서 드러난다. 순환론적 역사관을 갖고 백인종의 압박을 황인종과 백인종의 순환적 성쇠의 한 과정으로 파악하기도 했고, 문명론적 입장에서 동서문명의 비차별성을 강조하기도 했다. 황백인종 대립구도 속에 조선인(조선 인종, 조선 민족)을 자리매김하는 방식도 정체성과 관련된다. 동양연대론에서는 흔히 황인종의 연대를 조선인의 생존조건으로 보았다.

인종적 정체성은 때로는 사해동포주의의 관점에서 인종의 차별화나 인종주의를 부정하는 자세로 연결된다. "지혜와 재능은 동서고금에 피아의 인종을 물론하고 위(爲)하고 또 위하면 능히 위치 못할 사(事)가 무(無)하"[62]다는 인식에서 감지된다. 서구의 인류동종론도 영향을 주었다. 채기두(蔡基斗)는 인종의 우열을 가르는 이분법과 황화론(黃禍論)은 '야심가의 이기탐욕하는 정신'에서 나온 '망론'이며 인종차별은 습관과 심성의 산물이라는 녹스(George W. Knox)의 인류동종론에 공감을 표하면서, 인종구분은 관습(문화)의 산물이며 '이종론'(異種論)은 '인종학상의 오류'라 비판했다.[63] '인종' 개념이 정치적 · 문화적 함의를 탈피하여 과학적 차원에서 이해되기 시작했음을 시사한다.

한편 민족적 정체성은 '국민'으로서의 정체성보다는 '종족'적 특성에 치중하였다. 예컨대 조선의 민족적 특성을 "청인의 유함과 일인의 강함을 겸한", 그리고 "서양과 교통한 지 20년에 일인같이 속히 되지는 못하였으나 청인같이 게으르지는 아니"한 데서 찾는 것이 일례이다.[64] 인종적 우열

---

62 李奎濚, "人의 强弱과 國의 盛衰가 爲與不爲에 在함", 「太極學報」 제8호 (1906).
63 蔡基斗, "平和的 戰爭", 「大韓學會月報」 제7호. 녹스의 출전은 George William Knox, *The Spirit of the Orient* (New York: T.Y. Crowell, 1906).
64 「데국신문」 1902년 10월 20일자 논설.

의 고정성을 부정하고 문명 인종으로의 변경을 믿고 기대하는 방식도 있다. 인간의 지혜와 다수의 협력을 요소로 한 '사회력'을 발전시켜 '자연력'(자연적 조건)을 극복하고 사회의 진보를 달성하면 '상위의 인종'(문명 인종)이 될 수 있다는 기대가 그것이다.[65]

정체성은 타자의 시선을 느끼는 방식이기도 하다. 근대 조선인들은 타자의 시선을 감지할 때 조선인의 형질적 · 정신적 특성에 대한 외부인의 생각을 의식했다. 이러한 시선으로 자국인의 민족적 특성에 주목했을 때, '조선 인종의 시기심'을 지적하고 외국인에게 '대한사람'이 '조선 인종'이란 말을 들어서는 안 된다는 자기비판이 가능해진다.[66] 부정적 자의식은 '조선 인종', '조선 민족'의 부정적 특성을 고쳐야 한다는 주장을 낳기도 했다.

근대 일본인들이 타자의 시선을 느끼는 방식은 달랐다. 그들도 자국인을 응시하는 타자의 시선에 주목했지만, 다른 황인종(청국인, 조선인)과 동일시되는 것을 보다 우려했다. '민족적 우수성'에 관한 믿음과 다른 황인종에 대한 차별화는 서양인들의 시선(일본관)을 교정시키려는 의도에서 나왔고 탈아론으로 구체화되었다. 아시아연대론자들도 이러한 시선에서 자유롭지 못했다. 인종담론에 대한 집착은 '황인종'에의 영원한 귀속을 원해서가 아니라 '황인종'의 구속에서 벗어날 수 없었기 때문일 것이다. '국가'나 '국민'의 형성(또는 '국권'의 확장)과 관련된 연대론자들의 견해는 탈아론자나 서구론자들과 다를 바 없었다. '흥아'는 다른 형태의 '탈아'였다고나 할까.

근대 일본인들의 인종적 정체성은 백인종에 대한 열등감과 다른 황인종

---

65 『독립신문』, 1899년 9월 5일자 논설; 전복희(1995), p. 133.
66 『매일신문』, 1898년 6월 22일자 논설.

에 대한 우월감의 공존으로 특징지을 수 있다. 열등감은 일본인종은 황인종이 아니라는 극단적인 주장을 낳기도 했다. 청일전쟁 직후 극단적 구화론자인 다구치 우키치(田口卯吉)는 언어와 지력의 차이를 근거로 일본 인종이 '황색 인종'이 아니라 '흉노 인종'(훈족)의 후손이며, 일본인 가운데 '천손(天孫) 인종'의 순혈종은 아리안 인종보다 낫다는 억설을 폈다. 또한 러일전쟁 중에는 황화론을 경계하면서 '천손 인종'은 원래 백색인데 에조(蝦夷)나 하야토(隼人)와 혼혈하여 황색이 되었다고 주장했고, 일본의 문명개화와 두 차례의 전승을 근거로 일본인종이 백인종이라 강변하기도 했다.[67] 서양인들의 시선을 강렬히 의식했을 때 스스로의 인종적 정체성마저 부정하는 역설이 생겨난 것이다. 그러나 아무리 우수한들 형질적 변형이 불가능하고 형질이 정치적 함의를 갖는 상황에서 '인종'은 여전히 구속물일 수밖에 없다. 여기서 인종적 열등감은 깊어지고 그럴수록 '신체'로부터의 일탈―백인종으로의 상승, 또는 '신체적 탈아'[68]―을 몽상하게 된다. 외양의 서구화(문명개화)와 '신체'의 구속(황인종) 사이에서 인종론은 왜곡되고 있었다.

아시아주의자 오카쿠라 덴신(岡倉天心)은 구화론자들의 서구화나 '인종적 탈아'와는 달리 아시아의 '예술이상'―'동양의 이상'―을 통해 아시아적 정체성을 확인하고 아시아로 회귀할 것을 꿈꾸었다.[69] 여기서 아시아적 정체성을 '인종'이 아니라 '문명'에서 찾고 아시아적 보편성의 기준을

---

67 小熊英二(1995), pp. 174-176.
68 전후 일본인의 백인관에는 일본인을 '미의 이상으로서의 백인'과 동일화하려는 경향이 있는 한편, '현실의 백색인종'을 이질적 존재로 간주하는 상반된 두 관점이 공존했다. '신체적 탈아'는 전자의 백인관에 대한 비유적 표현이다. 我妻洋·米山俊直,「偏見の構造―日本人の人種觀」(東京: 日本放送出版協會, 1967), pp. 88-91. 일본근현대에서 신체적 정체성의 연속성을 시사하는 대목이다.
69 Kakuzo Okakura, The Ideals of the East (London: J. Murray, 1903); 岡倉天心(淺野晃譯),「東洋の理想」(1938).

'인종'에서 '문명'으로 확충시키는 시야가 열릴 가능성이 제시되었다. 그러나 그에게는 과거의 아시아문명이 관심의 대상이었을 뿐, 아시아와 '공동'의 작업을 모색하는 '동시대적 관점'은 결여되어 있었다.[70] 오카쿠라는 '예술'(문화)을 통해 '인종'의 멍에를 벗어난 아시아적 정체성을 모색할 수 있었지만, '동양의 이상'을 실현하는 일본의 사명과 연대론의 특질인 맹주적 발상에서 자유롭지 못했다. 민족적 정체성이 인종적 정체성을 압도하는 상황은 지속되고 있었다.

V. 맺음말

동아시아에서 인종차별이나 인종편견은 형질인종학과 근대문명론, 그리고 사회진화론의 영향을 받아 형성되었다. 그리고 그 형성과정에서 차별과 편견의 방식뿐 아니라 미개인종의 계몽을 문화인종의 사명으로 삼았던 서구 인종주의의 논리도 수용되었다. 인종론은 동아시아의 문명화와 근대국가나 제국의 형성과정에 줄곧 관여했다. 인종주의는 인종이란 매개물을 통해 밖의 차이성을 배제하고 안의 동일성을 지향하는 이념인데, 흔히 국내 레벨의 인종차별과 관련되지만 국내 인종문제가 국제적 쟁점이되었을 때 국제관계론적 의미를 갖게 된다. 근대 일본의 인종주의는 국내 레벨에서는 '일본'과 '일본인'의 경계를 획정하려는 차별화와 동화의 과정에서 출현했고, 국제 레벨에서는 백인종의 황인종 지배에 대한 대항심리와 '황인종'의 연대이념으로 표출되었다. 동질적인 민족과 확정된 경계

---

70 青木保, "近代日本のアジア認識", 青木保編, 『日本人の自己認識』 (東京: 岩波書店, 1999), pp. 104–105.

를 보유한 조선의 경우 인종주의는 국내 레벨보다는 국제 레벨에서 일본과 같은 양상을 보였다.

동아시아의 연대론은 지역 레벨에서 인종적 정체성을 매개로 지역적 정체성의 형성을 모색한 인종론이자 국제관계론이었다. 연대론은 서양과 동아시아의 사이, 국가와 민족과 인종의 사이에서 느끼는 애증의 복합심리를 담고 있었다. 조선의 동양연대론에는 서양에 대한 증오뿐 아니라 일본에 대한 애증이 표출되었다. 당위로서의 일본과 현실로서의 일본이 괴리를 보였기 때문이다. 일본의 아시아연대론도 서양의 침략성에 대항하여 아시아에 대한 애정을 표현했지만, 서양문명에의 욕구(=탈아적 의지) 때문에 아시아 민족들은 애증의 대상이 되었다. '동문동종'은 '연대'의 근거이자 동시에 '거절'의 근거였다. '인종적' 애증은 동아시아 국제관계와 상호인식의 역사적 형성물이자 동아시아 근대공간의 자기-타자관계를 구속하였다.

동아시아의 인종주의는 서구 근대 인종주의가 '차별화'의 논리에 기반한 것과 달리 '동일화'를 지향했다. 지역 수준에서 본다면 서구 인종주의가 '특수'를 지향했다면 동아시아의 인종주의는 '보편'을 추구한 것이었다. 다만 이 차이는 원리적이거나 근본적인 것이 아니라 역사적·상황적 차이에서 비롯된 것이다. 제국주의의 주체와 객체라는 조건, 그리고 근대국가 형성도의 차이는 인종주의가 작동할 수 있는 수준─국가와 지역, 또는 세계─의 차이를 초래했던 것이다.

조선에서의 인종주의적 보편성은 '민족'과 '국가'의 생존이 심각한 위협을 받고 민족주의와 국가주의가 높아지면서 취약성을 드러냈다. 신채호는 동종의식을 표명하고 동아시아와 조선의 안보적 상관성을 인정하면서도 '동양주의'라는 '마설'(魔說)에 사로잡혀 '동양에 있는 적국', '원수의 종족'을 '우리 나라', '우리 종족'으로 동일시하는 경향을 비판하는 한편, 국가경쟁시대에 '동양주의'를 '국가주의'로 대체할 것을 주장했다. 여기에서 "국가는 주인이요 동양주의는 손님"이라는 역설이 성립한다.[71] 신채호는 '동주(同洲) 동문(同文) 동색(同色)의 인종'이라도 덕의를 무시하고 잔인한 짓을 하는[72] 경쟁시대에 '동문동종'의 신화를 내걸고 연대를 모색하는 인종적 정체성보다는 민족과 국가의 생존을 모색하는 민족적 정체성을 요구했던 것이다.

인종적 정체성을 통해 지역적 정체성을 확보하려는 연대의 발상은 '국가'와 '민족'의 가치가 높아지면서 추락할 수밖에 없었다. 대외위협의 존재와 자국의 열세라는 연대론의 성립조건은 일본의 대국화와 제국주의로 외부(백인종)적 위협과 내부(동양삼국)적 '정립'이 균형을 상실하면서 무너지지 않을 수 없었고, 아시아연대론의 맹주적 발상과 탈아적 사고는 상황에 따라 연대를 일탈하거나 변질(왜곡)된 연대를 만들어낼 개연성이 있었기 때문이다. 실제 일본의 민족적 정체성이 동아시아의 인종적 정체성을 압도하고 왜곡시키는 사태가 벌어졌다. 민족적 이익을 위해 동양 '인종'의 미명하에 백인종을 상대로 '대동아전쟁'이라는 인종전쟁을 일으켰던 것이다.[73] 연대는 '협화', '협동', '공영' 등으로 변질되었다.

71 신채호, "동양주의에 대한 비평", 최원식 · 백영서 (1997), pp. 218-220.
72 劍易♠, "實業界의 一嚆矢", 「太極學報」 제11호 (1906).
73 태평양전쟁의 '인종전쟁'적 성격에 관해서는 John W. Dower, *War Without Mercy: Race and Power in the Pacific War* (New York; Pantheon Books, 1986)를 볼 것.

문명과 연대로서의 동아시아
─근대 중국과 한국 지식인들의 동아시아 인식

조성환 | 경기대학교 · **김용직** | 성신여자대학교

I. 문제의 제기

세기전환의 인류사는 냉전 종식, 유럽연합의 출범, 세계무역기구(WTO) 체제의 출범 등으로 그 구조적 전환을 시현하고 있다. 이 전환은 세계화와 지역주의라는 초국가적 힘의 작용으로 구조화되고 있다. 국민국가와 일국 주의는 여러 측면에서 세계화와 지역화의 도전을 받고 있다. 특히 지역화에 수반하는 발전단위의 광역화 현상은 근대 이후의 국민국가주의를 넘는 새로운 패러다임의 형성을 자극하고 있다. 최근 다양한 내용으로 개진되고 있는 문명론적 패러다임은 바로 근대 국민국가를 초극하는 새로운 대안의 모색을 함의한다. 이는 특히 지역화의 진전과 문명의 재활을 보여주고 있는 유럽연합의 출범에 즈음하여 그 의미를 더해 가고 있다.

20세기 후반 '유교 자본주의론'과 '아시아적 가치'의 제기는 근대 이후

비구미사회의 자본주의 이행과 정치발전의 불가성이라는 유럽 중심주의에 대한 반증이면서 동시에 세계화와 지역화에 직면하여 국가주의의 틀을 넘는 문명론적 대안의 모색으로 이해된다. 지역화의 표피는 대개 경제라는 기능으로 시현되지만 그 근저는 정치화라는 저류의 힘으로 전개된다. 여기에서의 정치화는 바로 인종과 문화, 역사와 문명이라는 공동체적 기반에 대한 정치적 의미를 부여하고 제도화하며 통합하여 단위체의 내적 논리와 외적 경계를 정련하는 과정이다. 유럽에서 출발한 근대국민국가체제가 그러했듯이 지역화는 또 하나의 '상상의 공동체'를 '현실의 공동체'로 만드는 과정이 될 것이다.

세계사적 전환의 한 흐름을 차지하는 지역화의 추이는 동아시아의 새로운 협력과 연대의 문제를 제기시키고 있다. 이러한 추세에는 동아시아를 지역적 발전단위로 관념하고 협력과 연대의 전략을 구상하는 작업이 수반된다. '지역으로서의 동아시아'라는 단위의 창출가능성에 대한 논의는 한편에서 동질성의 신화가 주장되는가 하면, 또 다른 한편에서는 이질성의 현실이 부각되기도 한다.[1] 한편, 국내 학계에서 '발견으로서의 동아시아'라는 형성적 역사 인식을 전제로 한 연구들은 근대적 국가주의를 넘어서는 21세기 복합공동체의 창출을 염두에 둔 새로운 지적 작업으로 해석된다.

'동아시아적 형성'이라는 미래의 새로운 가능성을 추론하는 작업과 현재의 원천으로서의 근대세계에 대한 분석도 의미를 지닌다. 본 연구는 '지역으로서의 동아시아'에 대한 통시적 맥락을 파악하기 위한 연구의 일부이다. 즉 동아시아 근대 지식인, 특히 중국과 한국 지식인의 동아시아 지역 관념 내용과 수준을 새로이 규명해 보는 연구이다. 본 연구는 다음의

---

1 장인성, "동아시아의 공공공간과 국제사회," 북경 청화대학교 사회학계 당대중국연구소 주최 국제학술회의, 「문명간의 대화」 발표 논문. (2001. 9. 28.)

질문들과 함께 근대 중국과 한국 지식인의 동아시아 관념을 재구성해 볼 것이다. 근대의 한, 중의 지식인들은 동아시아를 어떻게 보았던가? 과연 오늘날처럼 "동아시아가 하나의 지역체로 발전해 나가야 한다"라는 관념을 가지고 있었던가? 전통적으로 '중국이 바로 세계'라고 이해한 중국인의 천하적 세계관은 근대시기에 어떻게 변화하였고 이 변화 속에 동아시아를 어떻게 이해했던가? 서구 민족–제국주의의 충격 앞에 근대국민국가를 형성해야 하는 목전의 과제를 두고 지역으로서의 동아시아는 어떻게 관념되었던가? 한·중 지식인들은 일본이 제기하는 아시아연대론에 대해 어떻게 이해하였던가? 제2장에서는 근대 중국 지식인의 동아시아 인식에 대해 알아보고 제3장에서는 근대 한국 지식인의 동아시아 인식을 분석할 것이다. 제4장 결론에서 양국 근대 지식인의 동아시아 관념을 종합적으로 비교·분석해 보고자 한다.

II. 근대 중국 지식인의 동아시아 인식

(1) 신해혁명 시기의 '민족'과 '아주(亞洲)'의 관념

중국 근대사는 안으로 농업적 왕조의 대쇠퇴기에 접어들어 제국의 사회경제적 질서가 동요하는 가운데 밖으로 서구의 충격과 제국주의 침탈이 연쇄하면서 청조의 통치력 쇠진과 역사의 혁명적 변동이 구조화되는 과정으로 이해된다. 특히 1895년 청일전쟁에서의 중국 패배, 1900년 의화단 사건과 열국의 청국 간섭은 단순한 왕조의 위기가 아닌 국가 존망의 위기의식을 환기시킴과 동시에 새로운 근대적 정치의식을 확산시켰다. 1911년 신해혁명은 바로 이러한 역사의 혁명적 변동의 구조적 사건이자 근대

적 국민국가 형성이라는 민족주의 사상의 정치화 과정이었다.[2]

이러한 위기적 역사에서 전개된 중국의 근대 정치 관념은 문명체로서의 서양과 정치체로서의 제국주의 열강에 대한 학습과 저항에 대한 양면적 의식을 축으로 전개되었다. 문명체로서의 서양에 대한 인식은 개국 초기 및 양무운동시기(1860~1880)까지만 해도 전통적 세계관 내에서의 조망을 벗어나지 못하였다. 남경조약(1842) 직후 경세가 위원(魏源)이 『해국도지(海國圖誌)』(1844)에서 "오랑캐의 장기로써 오랑캐를 제압한다"라고 주장한 것은 화이준별론(華夷峻別論)이라는 전통적 세계관의 기조를 유지한 채 서양기술의 수단적인 차용을 주장한 것이었다. 태평천국의 난을 진압한 후 1860년대부터 본격화되는 계몽관료들의 양무운동 역시 중화를 고수하면서 서양의 군수공업을 그 수단으로 차용한다는 도구주의적 접근(instrumental approach)이었다. 중체서용(中體西用)이라는 이데올로기적 해석[3]을 원용하지 않아도 문명충돌기의 초기 근대화운동으로서의 양무운동은 그 국부성과 수단성으로 내재적 한계를 가졌다는 점은 널리 알려진 바 있다.

19세기 중국에게 문명적 충격을 전해준 서양을 현실적으로 인식하고 이로써 세계사의 기본 구도를 포괄적으로 이해하며 중국 자체의 개혁을 보다 본질적으로 수행해야 할 필요성이 자각되는 것은 1895년 청일전쟁에서의 패배와 함께 본격화된다. 이 사건으로 중국은 일본과의 전쟁에서

---

2 Martin Wright, ed., *China in Revolution: The First Phase, 1900-1913* (New Haven: Yale University Press, 1968), pp. 1-63.

3 서양의 충격 이후 동아시아 주요국의 초기 근대화, 혹은 서양화는 흔히 중체서용(中體西用), 화혼양재(和魂洋才), 동도서기(東道西器(藝)) 등 토착(본체)의 개선을 위해 외래의 수단을 차용한다는 관념을 깔고 전개되었고 따라서 그 방식은 전면적이 아니라, 부분적이고 수단적 차원으로 진행되었다는 역사해석의 논거가 된다. 1890년대 중국에 사회적 진화론을 전파시킨 엄복의 양무파 비판이나 Levenson의 중국 근대사 해석론의 중심 주제가 바로 중체서용이 전제하는 이원적 세계인식의 문제이다. 이에 대해 민두기 교수는 중체서용의 관념 도식적 해석의 한계를 지적한다. 関斗基 『中國近代改革運動의 研究』(서울: 일조각, 1985), pp. 20-56.

패함으로써 물리적인 피해와 함께 특히 심리적인 충격을 심대하게 받았다. 즉 화이질서의 중심 대국인 청(淸)이 이 질서의 말단 소국인 일본과의 전쟁에 패배하게 됨으로써 화이관의 와해는 물론이고 망국의 위기의식이 일반화되게 된 것이다. 이로써 당대의 최우선 정치문제는 화이관에 입각한 중화주의라는 우월적이고 보편적인 단위의식을 벗어나 '평등한 주체간의 무한적 투쟁' 이라는 근대국제체제에 개별적 단위로 편입하여 자존을 확보하는 일이었다. 이를 위해서는 근대세계에 대한 현실적 인식과 주체에 대한 개혁을 가능케 하는 변혁적 정치의식[4]이 고양되었다.

과분(瓜分)과 망국의 우려 속에서 제기된 청말 중국 지식인의 세계인식은 서구적 연원의 근대적 세계관의 수용을 확산시켰다.[5] 1890년대 엄복(嚴復)에 의해 소개되고 신지식층에게 널리 유포된 '사회적 진화론' 은 문명체로서의 서양에 대한 체계적인 인식—세계정치의 객관적 존재양태와 개별 단위체로서의 근대국가들의 행동규범—을 환기시키는 한편, 중국의 세계에의 적응방식을 일깨워 주었다. 엄복이 사회적 진화론을 수용하면서 환기시킨 '물경천택, 적자생존' 의 경구는 바로 진화의 객관적 현실, 이 과정에서의 생존을 위한 개혁의 당위성을 포괄하는 것이었다.[6] 1898년 무술정변은 바로 문명충돌기 중국에서의 자신(自新)적 제도개혁의 시도에 해당한다. 그러나 1898년 무술개혁이 좌절되고 1900년 의화단 사건에 대한 열국의 청국 간섭이 가중되면서 왕조체제 내 개혁을 의미하는 '혁정(革

---

4 이 변혁적 정치의식은 제국(帝國)의 관리자로서 현세의 안정과 균형의 역할을 맡았던 전통적 관료의 후퇴와 역사 위기의 변혁적 창도를 자임하는 근대적 인텔리겐치아의 형성이라는 지식사회학적 변동에 내재된 현상이다. Y. Chevrier, "Chine; fin du règne du lettré? Politique et culture à l'époque de l'occidentalisation," *Extreme-Occident/Extreme-Orient*, No. 4 (1985), pp. 81-139.
5 과분(瓜分): 오이를 나누는 것처럼 중국의 토지를 열강이 나누어 분열되는 모양을 가르치는 19세기 말에 통용되던 용어.
6 C. Furth, "Intellectual Change: From the Reform Movement to the May Fourth Movement, 1895-1920," in B. Fairbank, ed., *The Cambridge History of China*, Vol. 12, Part 1. (Cambridge, Mass.: Harvard University Press, 1986), pp. 322-405.

政'을 넘어 왕조 자체의 폐기, 즉 혁명의 불가피성이 환기되었다.

20세기 벽두부터 제기되어 1911년 신해혁명으로 귀결된 중국의 기조 사상은 바로 민족주의 사조였다. 신해혁명기 중국 지식인의 민족관념은 전통적 군권(君權)에 대한 민권(民權)이라는 근대적 주권체의 형성을 의미하는 대내적 전환의 문제와 서양 제국주의에 대항하여 독립적인 국가단위를 건설하는 대외적 형성의 문제가 동시에 고려되어 이론화하였다. 중국 근대 민족주의 사상은 절대군주와 귀족정치에 대항하여 제3신분(le Tier-Etat)이 근대 정치의 주권자로 등장하기 위하여 민족의 정치화를 주장한 프랑스 혁명기의 정치적 민족주의와 비교되는 중국 특유의 방식을 지녔다.[7] 즉 중국 근대 민족주의는 민족형성의 외부적 요인(제국주의의 압력)이 압도적으로 중요한 저항적 민족주의의 색채가 뚜렷했을 뿐만 아니라 특유의 종족모순, 즉 지배 만족(滿族) 대 피지배 한족(漢族)의 정치화 문제가 그 실천의 관건이 되었다.

근대 중국의 민족사상은 '진화와 자강'이라는 사회적 진화론을 패러다임으로 하여 전개되었고 민족정체성의 자각은 인종과 문명(문화)의 논리가 강하게 전제되었음을 주목할 필요가 있다. 우선 중국을 민족 단위체로 인식하기 위한 세계관은 인종의 정치적 준별에서부터 시작하고 있다. 17세기 제수이트 교도들이 Asia를 음역한 아세아(亞細亞, yaxiya)는 1842년 개국 직후 위원(魏源) 등에 의해 지리적인 의미로만 사용되다가 20세기 초에 들어서 정치적인 의미로 해석되기 시작한다. 즉 신해혁명 시기의 근대 지식인들은 아주(亞洲, yazhou), 동방(東方), 원동(遠東) 등의 단어로 표현된 아시아를 황인종의 포괄적 인종구성체로 이해함으로써 유럽 및 서구로부

---

7 조성환, "中國近代 民族主義의 理論形成과 政治戰略," 『한국사회사연구회 논문집』 제18집 (1990), p. 13.

터의 독자성을 인식했다.(Karl 1998, 1101) 이러한 세계인식은 중국이 제국이 아니라 민족이며 아시아의 일 국가로서 세계에 위치한다는 점을 자각한 내용이다. 이로써 중국 근대 지식인들은 서양에 대한 아주의 의미를 한편으로 백인 지배에 대한 포괄적 저항지역체로 인식하는 동시에 중국을 여타의 피압박 아주인과의 동문·동족(同文·同種)에 위치시킴으로써 근대 세계에서의 중국민족의 상대적 위치를 관념하게 되었다.[8] 요컨대 그들은 서구와 비서구라는 지리적인 구별과 함께 백인과 유색인이라는 인종적 구분을 지배와 저항이라는 정치적 관념으로 인식하기 시작했다. 이러한 중국 근대 민족주의자들에게 아시아는 비(非)서양이라는 구분의식의 원천이자 피압박 아주 국가들과의 동류 및 연대의식의 매개체로 관념된 것이다.

  이렇듯 인종주의적 계기에서 관념된 중국 근대의 민족의식은 문화/문명의 척도로 재구성되는 점을 주목할 필요가 있다. 이는 특히 중국 자체의 종족모순, 즉 만/한(滿/漢)간의 지배/피지배 모순의 극복에 대한 문화주의적 대안에서 파악될 수 있다. 청말(淸末) 한학자이자 혁명파의 손문(孫文)과 제휴한 장병린(章炳麟)은 만주족과 한족간에는 인종적(문명 대 야만) 및 정치적(지배와 피지배) 대립이 첨예하기 때문에 중국에서의 혁명은 전통적인 역성혁명이 아니라 종족혁명이 정당하다는 논지를 폈다. 장병린은 당대 중국 위기의 근본원인은 야만의 만족이 무력으로 귀인(貴人), 문명의 중국인을 지배함으로써 중국의 문제(文制)와 정교가 쇠락한 데서 비롯되었고 이 만주족의 지배가 계속되는 한 서양 세력의 외압을 견뎌낼 수 없다고 보았다. 따라서 장은 혁명은 객제(客帝)인 청조의 추방에서 출발해야 한다는 논지, 이른바 배만(排滿) 종족혁명론을 주장했다. 장의 이러한 종족혁명론

---

8 구주와 아주의 분별과 대립, 아주의 일환으로 중국을 인식하는 당대 민족주의자들의 개별주의적 관념과는 달리 강유위(康有爲)의 경우 구주와 중국의 조우에서 진정한 대동주의의 보편적 세계로의 가능성을 추론한 것도 참고할 필요가 있다.

은 당시 프랑스 중국학자였던 라쿠페리(Lacouperie)의 생물학적 인종차별주의와 Spencer류의 사회적 진화론, 명말 유신(儒臣) 왕부지(王夫之) 이래의 반청사상을 결합하고 손문 휘하 중국혁명동맹회(中國革命同盟會)의 공화혁명사상을 결합시킨 것이다.[9](Furth 1987, 132). 이러한 장의 종족혁명론은 단순한 인종차별주의에 근거하는 것이 아니다. 장은 여러 인종간에 경쟁적 현실이 객관으로 작용하고 진화는 바로 인종과 문명의 우열과정으로 인식하는 것이다.

장병린의 종족혁명에서 주목되는 것은 인종분화와 차별의 사실보다는 그 차별의 기준에 대한 문화주의적 인식에 있다. 즉 인종의 분화를 차별적으로 관념하게 되는 것은 인종 그 자체가 아니라 인종이 담지하는 문명성의 우열에 있다는 일종의 문화정치적인 인식이 주목된다. 무술정변에 참여했다가 개혁(혁정)의 한계를 실감한 장은 청조의 구조적인 취약성을 소수/야만인에 의한 다수/문명인의 지배로 파악하고 혁명(종족/공화)의 정치적 명분(정당성)과 동원적 힘을 구만(仇滿)/해방으로 설정한 것이다. 따라서 반만은 반제(反帝)의 전제이자 정치 근대화의 명분과 힘으로 이해되는 것이다. 결국 장의 종족혁명론은 중국 근대 민족주의 이론과 정치화의 한 패턴을 나타내는 것으로 중국이 처한 망국멸종의 위기는 일차적으로 야만지배로부터의 해방에서 시작하고 이 해방은 문명적 문제/정교의 회복이라는 문화주의적 패턴을 나타낸다. 이러한 문화주의적 민족인식은 제1차 세계대전 이후 중국 지식인의 동아시아 인식의 정향을 가름하게 한다. 동서문명논전, 손문 및 공화당 일파의 대아시아주의, 이대조의 신아시아주의 등에서 나타난 중국 지식인의 동아시아 인식은 서

---

9 Furth (1986), p. 132.

양문명에 대한 동아문명의 자율성과 정신적 우월성(문명성의 추구), 제국주의 강권에 대한 동아시아 피압박 민족의 평화적 연대와 저항론으로 분류될 수 있다.

(2) 문명과 연대로서의 동아시아

1911년 신해혁명은 민족주의를 기치로 청조라는 전통적 지배를 추방한 공화혁명이었다. 그러나 청조의 붕괴와 공화정의 수립이 혁명의 완결을 의미한 것이 아니었다. 원세개(袁世凱)의 반동(反動), 군벌의 발호로 혁명의 기치는 세웠으나 공화와 민국의 실질은 채우지 못했다. 역사학자의 평가대로 민국혁명은 왕조는 해체할 수 있었으나 근대적 입신(立新)에는 미치지 못한 사건이었다. 청조붕괴의 혁명 이후 중국 정세는 분열 일로를 걸었다. 북경정부와 남경정부의 분열되었고, 군벌이 발호(跋扈)했으며 세계대전으로 후퇴한 서양 제국주의를 대신하여 일본 제국주의의 중국 침투가 본격화되었다. 제국주의의 압박과 청조의 무능이라는 이전의 정세구도보다 훨씬 복잡한 상황이 전개되면서 청년지식층을 중심으로 한 중국의 근대적 입신을 위한 다양한 정치, 사회운동이 결집되기도 했다. 1915년 신청년 잡지의 창간을 기점으로 한 민주·과학의 신문화 운동이 발흥했으며 1919년 5월 4일 일본의 21개조 요구에 대한 지식인과 대학생, 노동자의 반일(反日), 반(反)제국주의운동이 격화되었다. 소위 5·4시기(1915-1927)는 신해혁명 이후 대내외적인 유동적인 정세 속에서 신중국 건설을 위한 다양한 사조가 제시되고 민족주의적 정치운동이 결집된 시기이다. 이 시기 중국 지식인의 동아시아 관념은 (동양)문명과 연대의 측면으로 인식되었다.

1) 문명으로서의 동아시아

1915년부터 약 10년간 중국의 지식계는 동양(동방)문화와 서양문화의 공통점과 차이, 우열에 대해 격론이 벌어졌다. '동서문화논전'(東西文化論戰)이라는 불리는 중국 지식계의 문명토론의 배경은 신해혁명 직후의 혼란 상황에서 발생한 두 가지 상반된 지적 흐름, 즉 강유위(康有爲) 등이 지도하는 존공(尊孔)복고의 신전통주의 사조와 진독수(陳獨秀), 호적(胡適) 등이 주도한 신청년 운동의 반전통 · 우상파괴주의의 긴장에서 발단하였다. 진독수가 1915년 『신청년(新靑年)』(창간은 『청년잡지(靑年雜誌)』)에서 '경고청년'(警告靑年). '헌법여공자'(憲法與孔敎), '우상파괴론'(偶像破壞論) 등에서 타도공가점(打倒孔家店)과 민주 · 과학의 신사상 · 신도덕 · 신문화를 선전하자 『동방잡지(東方雜誌)』의 주필이었던 두아천(杜亞泉)이 창부(傖夫)라는 필명으로 진독수의 반전통 · 우상파괴 논조를 반박하기 시작함으로써 이 논전이 개시되었다. 이 논전은 1919년 5 · 4 사건 직후인 1920년 초에 이르러 양계초(梁啓超)가 『구유심영록(歐游心影錄)』(1920)을 발간하고 양수명(梁漱冥)이 『동서문화급기철학(東西文化及其哲學)』(1922)을 출판함으로써 절정에 이르렀다.

당대 주요 지식인 갑론을박한 이 논전은 진독수와 두아천의 동서문화 이분법적 차이론의 제기에서부터 발단하여 양계초, 장사조(章士釗), 이대조 등의 절충 · 조화론의 개진, 그리고 양수명의 동양 · 중국문화 부흥론으로 귀착되었다. 1916년 진독수가 '동서민족문화근본사상지차이'(東西民族根本思想之差異)라는 논문에서 중서문화의 차이를 ① 전쟁위주 (서양), 안식위주(동양), ② 개인위주(서양), 가족위주(동양), ③ 법치, 실리위주(서양), 감정, 허문(虛文)위주(동양)로 분류하고 중국의 종법제도의 해악을 개인의 독립 자존의 인격과 자유의지, 그리고 법률상의 평등과 권리를 손상시켰다고 중국문화의 근저를 맹렬히 비난하였다.[10] 이에 대해 두아천은 '정적 문명여동적눈명'(靜的文明與動的文明)을 발표하여 서양사회와 동양사회를 동적인 사회와 정적인 사회로 귀납하여 동서문명의 존재론적 특성을 분류하고 서방 물질문명 및 과학 학설에 현혹되지 말고 국수와 유학을 보존할 것을 주장하였다. 한편 고홍명(辜鴻銘)은 한 걸음 더 나아가 중국 고유의 문화가 유럽의 현대문화보다 우량하고 완미한 것이며, 공자의 방법이 전후의 파괴된 유럽을 구할 수 있고 세계를 구할 수 있다고 하였다.[11]

양계초가 무술개혁운동에 가담하면서 '변법통의'(變法通議)(1896)에서 변즉통(變則通)의 개혁사상과 '신민설'(新民說)(1902)에서 근대공화국가의 시민적 기초를 주장할 때만 해도 그의 사상은 서화론의 논조가 뚜렷하였다. 그러나 신해혁명 이후의 국내적인 혼란과 전쟁 직후 폐허와 혼란의 유럽을 목도하면서 전기의 서화론인 면모를 바꾸게 된다. 즉 진보적, 민주·입헌적 서양의 찬미와 회고적, 전제적 중국의 적폐를 고발하던 양계초가 신해혁명 직후 신전통주의적 '국성론'(國性論)을 주장하고 대전 직후 유럽을 여행하면서 전쟁의 폐해와 국제적인 갈등, 각국의 경제와 재정의 파탄, 사회주의 혁명과 혼란, 사상의 모순과 비관론의 풍미를 목도하고 그의 문명관은 서양에 대한 찬미가 비판적 비관의 입장을 나타내고 동양문화에서 신세계문명에의 기여를 착안한다. 『구유심영록』은 바로 양계초의 세계인식의 저변을 보여주는 저작이다. 이 책에서 양계초는 중국의 불망(不亡)을 확신했으며 나아가 중국인 및 동양문명의 세계문명에의 기여와 책임감을 환기시키고 있다.[12] 이러한 양계초의 새로운 세계관의 특징은 동양문명이

---

10 陳獨秀, 『獨秀文存』(安徽: 安徽人民出版社, 1987), pp. 27-31.
11 신승하 외, 『20세기의 중국』(서울: 서울대 출판부, 1998), p. 155에서 재인용.
12 梁啓超, "歐游心影錄," 陳崧編 『五四前後東西文化問題論戰文選』(北京: 社會科學出版社, 1985), p. 371.

서양문명을 대신하여 세계를 개조를 선도할 수 있다는 '구세론적 문명인식'에 해당하며[13] 이 구세론은 양수명에 이르러 절정에 달한다.

논조상 절충·조화론을 전개하고 있으나 양계초의 동서문명의 이해는 초기의 유럽선도의 단선적 진화사관과는 달리 이분법적 문명의식 내에서 중국문명의 구세론적 역할이 전제되는 동아주의, 혹은 중국주의의 맥락에서 이해될 수 있다면 양수명의 동서문화론은 보다 전통주의적 입장을 띠는 동시에 실천적인 특징을 가졌다. 양수명은 문화상대주의에 해당하는 시각으로 서방문화, 중국문화, 인도문화의 근본정신의 차이를 "의욕으로 앞으로 나아가려는 서방, 의욕이 스스로 조화되어 중간을 유지하는 중국, 의욕이 뒤로 돌아가려는 인도"로 분류했다. 문제는 서양문화가 그 폐단이 현저하게 나타나 부득불 첫 번째 길(의욕 전진)에서 두 번째의 길(의욕 조화)로 바꿔야 할 형편에 놓여 있다면 인류문화는 서양의 태도에서 중국의 태도로 바꾸는 근본개혁에 처한다는 논지의 전개이다. 양계초가 동서문명의 절충·조화의 입장에서 중국문화의 자율성과 보완성을 개진했다면 양수명은 중국문명에 의한 서양문명의 대체론에서 신인류문화의 혁신을 주장한 것이다. 이러한 양수명의 주장은 중국문화가 세계를 구하는 영약이며 중국인은 인류의 제3기적 세계의 창달을 위해 노력해야 한다는 실천적 함의까지 내포하는 것이다.

양수명에 이르러 동양문화 우위·기여론으로까지 비약되는 동양문명(문화)론은 호적, 장동손(張東蓀) 등 자유주의자, 그리고 구추백(瞿秋白) 등 마르크스주의자들로부터 비판을 받는다. 호적은 동양문화론자들이 '물질적 서양, 정신적 동양'이라는 이분법적 분류를 하는 것은 "문자상 혹은 표

---

13 백영서, "중국에 아시아가 있는가?: 한국인의 시각," 「동아시아의 귀환」 (서울: 창작과 비평사, 2001), p. 53.

면상의 논쟁에 불과하며 '동방민족의 과대광'에 영합하는 병리적 심리"라고 혹평했다. 그에 따르면 "문명은 일민족을 구성하는 환경의 총합을 의미하고 문화는 그 문명 형성의 생활방식을 지칭하며 모든 그 안에 물질과 정신을 동시에 내포하기 때문"에 물질/정신에 대한 동서문명의 이분법은 잘못된 것이었다. 호적은 양수명의 문화 상대주의와 달리 일원적 문명론에 입각하여 동서분명의 구분을 거부했고, 다만 서양과 중국의 역사적 단계의 차이를 인정하고 구국을 위해 문화건설의 재료를 근대서양에서 구한다는 '충분(전반)서화론'을 주장했다.

동방문화파와 전반서화파의 대립으로 진행된 이 문화논전은 다음과 같은 중요한 의미를 갖는다. 이 논전은 무엇보다 중국을 화(華)나 이(夷)의 전통적 세계관이 아니라 '인류전체문화'의 일부로 규정하는 문명/문화 담론을 만들어 내었고, 이로써 중국 지식인은 적극적인 자기인식과 세계관념을 추구하게 된 것이다. 앞에서 밝혔듯이 20세기 벽두에 의화단 사건에 대한 서양 열강의 간섭이라는 목전의 정치적 현실 앞에 중국 지식인은 망국멸종이라는 비관적 위기의식을 노정했지만 이 논전과 더불어 그들은 중국(동양)문화의 자율성이라는 자기인식의 자신감과 나아가 중국문화의 세계문화에의 기여라는 적극적인 문명/문화의식을 탐색할 수 있었던 것이다. 물론 이러한 지적 분위기의 전환은 서양 제국주의가 세계대전으로 중국으로부터 퇴각했으며 서양 열강 자체가 전쟁으로 혼란과 피폐를 겪고 있는 현실을 목도한 것과 무관하지 않다. 이는 또한 신해혁명이라는 왕조제로부터 공화제로의 정치변동에도 불구하고 분열과 혼돈 일로에 있었던 중국 정세를 반영하여 정치변동을 넘어선 보다 구조적인 문제의 모색과 밀접한 연관이 있었다. 즉, 왕조해체 이후의 신중국의 구조적 사회변환에 대한 문화적 정체성의 탐색이 바로 동방파와 서화파의 문화논전이었던 것이다.

한편 이 논전은 상기한 의의에도 불구하고 몇 가지 한계를 가진다. 첫째, 이 논전은 그 담론의 수준상 문명과 문화에 대한 엄격한 구분 없이 대개 편의대로 혼용하고 있지만 상세히 살펴보면 문명이라는 보편적이고 지배적인 의미의 논의보다는 다원적이고 특수한 문화라는 개념으로 동서문명을 이분하고 있다. 이는 문화에 내재한 다양성을 문명의 우열, 대등의 문제로 바꿈으로써 민족의 정체성을 확보함과 동시에 제국주의 문명에 대한 저항에 권위를 부여하는 양상을 나타낸 것이다. 즉, 문화의 자율성이 문명의 대등성으로 환치되어 버린다는 것이다. 둘째, 이 논전에서 원용하고 있는 동양, 혹은 동방의 문화는 구체적으로 중국전통의 문화를 지칭했으며 더욱 자세히는 유교적 중국을 의미하였다. 사실 이 논전에서의 동양과 동방의 실체는 중국, 혹은 유교였다는 점에서 문명론이 중국이라는 국가적 틀을 벗어나 동아시아 지역권이나 동아시아 문명에 대한 포괄적인 구상을 찾아보기는 힘들었다(백영서 2000, 54, 57). 결국 이 논전에서의 문명론은 문명의 우열, 전파와 수용의 역학 등 소위 문명론의 정치성이 사상(捨象)된 문화주의적 담론이었으며 동시에 중국이라는 개별 문화론을 실체로 하고 동양(東洋)이라는 지역문화체가 포장된 국가 중심주의적 문화담론이었다고 평가될 수 있다.

2) 연대로서의 동아시아

동서문화논전에서 보인 문화주의적 동아시아론과 함께 1920년대 중국에서는 '연대로서의 동아시아'가 관념되고 정치적 주장도 제기되었다. 1920년대 중국은 크게 두 가지의 새로운 정세에 직면하게 된다. 먼저 20세기 신질서에 해당하는 새로운 정치사조가 생겨났다는 것이다. 제1차 세계대전의 종결 시점에 제시된 윌슨의 민족자결주의와 1917년 러시아 혁명과 함께 밀려온 민족해방과 국제주의의 정치사조이다. 이러한 새로운 정치적 흐름은 신해혁명 이후 분열과 혼란에 직면한 중국에게는 새로운 정치적인 대안이었고 신문화운동에 주력하던 중국 지식인들은 문화, 문학 운동이 아닌 구체적인 정치운동의 이념적 대안과 실천을 모색할 수 있게 했다. 다음으로 서양 열강의 퇴각과 일본 제국주의의 중국 침탈의 본격화이다. 특히 밖으로 서양 열강의 전쟁수행, 안으로 신해혁명과 원세개의 반동정치, 군벌의 발호를 틈탄 일본의 중국 침투는 21개조 요구와 관련하여 노골화되었고 베르사유 강화회의에서의 중국대표의 철회요구가 무산되면서 중국은 일시에 반일민족주의가 정치화하였다. 1919년의 5·4사건, 1921년의 중국공산당 창당, 1924년의 제1차 국공합작 등은 바로 이러한 두 가지 상반된 정치조류를 반영한 사건들이었다.

중국침탈이 본격화되는 1915년을 전후하여 일본에서는 소위 대아시아주의라는 팽창주의적 프로파간다가 제기된다. 일본의 아시아 팽창주의는 이미 다루이 도오키치(樽井藤吉)의 '대동합방론'(大東合邦論)(1893)에서 출발하여 1900년대 '지나보존론'(支那保存論)으로 중일제휴의 슬로건이 제기되다가 1917년 오데라 겐키치(小寺謙吉)의 『대아세아주의론(大亞細亞主義論)』으로 이어졌다. 오데라 겐키치의 대아시아주의론은 대백인 종족투쟁을 위해서 동문동종, 동사상, 동문학, 정치·제도·문학의 역사적 유사성, 무종교, 생활행사의 유사성, 잡혼 등을 들어 중일제휴의 필연성을 주장한 것이다. 이러한 일본의 대아시아주의에 대해 중국의 반응은 손문의 대아시아주의론과 이대조의 신아시아주의로 나타났다.

손문의 대아시아주의 및 이대조의 신아시아주의를 살펴보기 전에 신해혁명 이전인 1907년 반강권세계혁명을 주장한 무정부주의자 유사배(劉師培)의 아시아 민족의 연대론을 살펴볼 필요가 있다. 유사배는 "오늘날 세계는 백색인종의 강권이 가해지고 있는 지역이다. 백색인종의 강권을 배제하고자 한다면 그들이 아시아에 가하고 있는 강권을 배제하지 않으면 안 된다."(마루야마 마츠유키 1989, 99에서 재인용)라고 하여 아시아 약소민족의 반강권혁명을 주장했다. 유는 일본도 '백색인종'에 포함시킨다는 점에서 강권과 야만을 등치시키고 막 발흥하는 아시아 약소민족이 독립, 사회주의, 국경을 초월한 대동주의로 연합할 경우 강국정부가 전복된다는 결론을 내린다. 유사배의 반강권주의는 아시아에 있어서 제국주의적 지배와 아시아 제민족의 저항의 정치모순을 식민지의 피압박민족과 제국주의 제국(諸國) 내의 피압박 인민과의 연대에 의한 세계혁명으로 해소한다는 내용이었다.

일본의 와세다 대학에 유학할 당시부터 열렬한 애국주의의 면모를 나타내었던 이대조는 1919년 '대아세아주의여신아세아주의'(大亞細亞主義與新亞細亞主義), '재론신아세아주의'(再論新亞細亞主義)의 논문에서 일본의 대아시아주의는 "약소민족의 병탄을 위한 제국주의이며 아시아 평화주의가 아니라 일본 군국주의"라고 통렬히 비판하고 인도주의와 세계주의의 입장에서 자신의 신아시아주의를 주장했다. 따라서 그에 따르면 "일본의 대아시아주의를 파괴하지 않으면 신아시아주의는 무의미하다. 만일 저 아시아 배척주의가 정당한 해결을 얻지 못하고, 평등한 대우가 부여되고 있지 않다면… 공리를 다투기 위해 전쟁도 불사해야 할 것이다. 이러한 이념에 따르지 않고 함부로 대아시아주의를 제창하는 것은 실로 위험하기 짝이 없다. 이 위험은 단순히 일본을 해치는 것일 뿐만 아니라 아시아 전 민족을 해치는 것이며 전세계의 평화를 해치는 것이다."[14]라고 하고 자신의

---

14 李大釗, 『李大釗文集 (上)』 (北京: 人民出版社, 1984), p. 601.

신아시아주의의 특징을 다음과 같이 정리했다. 즉 신아시아주의는 ① 세계의 각 민족이 아니라 아시아 민족의 연합이며, ② 아시아 각지의 소연합을 통하여 세계연방으로 향하고, ③ 일본의 대아시아주의적 압박에 대한 아시아 약소민족의 해방적 운동이며, ④ 친소 차별적 아시아주의가 아니라 세계연합의 창조에 적응하기 위한 일부분으로서의 아시아주의를 의미하고, ⑤ 자치주의로서 폐쇄나 배외주의가 아닌 민주적 조직원리를 가지며, ⑥ 일본의 대아시아주의가 파괴되기 전에서는 이를 파괴하기 위해 아시아 약소민족이 연합하는 것이며 이것이 파괴된 후에는 아주(亞洲)의 전 인민이 연합하여 세계적 조직을 만들어 나가는 주의였다.[15]

이대조의 신아시아주의는 이미 그가 마르크스주의로 전환한 이후의 주장으로, 트로츠키의 '유럽공화합중국'의 개념의 원용된 주장이다.[16] 그러나 이대조의 신아시아주의는 단순한 인종론의 연대가 아니라 엄격한 지리적인 기준을 적용했다는 점과 아시아인의 자유를 가장 직접적으로 억압하고 있는 것은 서양인이 아니라 다른 아시아인이므로 아시아 연대는 특히 필요하다는 고도의 정치적인 의식이 주목된다. 이대조는 "아시아 내에서 아시아인의 억압이 제거되지 않는다면 다른 나라로부터의 억압을 막을 길이 없다… 우리는 대아시아주의를 파괴하기 위해 모든 아시아인들이 함께 일어날 것을 바란다. 이것은 중국인이나 한국인에게만 지워진 책임이 아니다. 모든 아시아인과 개명된 일본인까지도 나누어야 할 책임이다."라고 하여 연대론의 정치적인 의미를 부여하고 있다.[17]

마르크스주의의 중국화를 선도한 이대소(李大釗)의 신아시아주의의 국

15 李大釗, 『李大釗文集 (下)』(北京: 人民出版社, 1984), pp. 108-111.
16 메이스너(Meisner, Maurice) 지음. 권영빈 옮김. 『중국사회주의의 기원』(서울: 지식 산업사, 1992), p. 219.
17 李大釗, 『李大釗文集 (下)』(北京: 人民出版社, 1984), p. 110.

제주의 운동의 특징을 보인 것과는 달리 중국 공화당의 영수 손문(孫文)이 1924년 일본을 방문한 연설에서 주장한 대아시아주의는 보다 정략적인 차원의 연대론이며 인종주의적이고 문화주의적 주장을 담았다. 손문은 러일전쟁 이후 부상한 일본의 현실적 지위를 인정하면서 약탈적인 서양에 대항하여 황색인의 연대를 주장했다. 그의 연설은 중국과 일본이 공유한 도덕과 인의의 유교적 동양문화를 기반으로 하는 '왕도문화'를 선양해 공리와 강권에 기반한 서양의 패도문화에 대항해야 한다는 것이었다.[18] 패도/백인에 대한 중일 공동연대의 강연은 말미에서 "이제 문제는 일본이 힘의 지배에 의존하는 서구 문명의 파수꾼이 될 것인가, 아니면 동양의 힘을 지키는 탑이 될 것인가 하는 것이다. 이것이 일본 공화 앞에 놓인 양자택일의 길이다."하여 일본의 인의, 왕도를 촉구하였다. 물론 손문의 이러한 반백인 중일연대론은 후일 1940년대 그의 후계자 왕정위(汪精衛)가 일본과 합작하는 것으로 이용되었지만, 시프린의 표현대로, 손문이 대아시아라는 미명하에 그보다 더 잔혹한 형태의 제국주의가 실행되기를 기대했었던 것은 아니다.[19]

이대조의 신아시아주의와 손문의 대아시아주의는 제1차 세계대전 이후의 민족자결주의라는 세계사적 기운에도 불구하고 '대동아공영권'이라는 일본의 침략주의적 대아시아주의에 함몰되어 버렸다. 1930년대의 만주사변, 중일전쟁으로 이어진 일본의 극단적 국가주의를 제어할 어떤 명문도 현실적인 힘도 통하지 않았다. 이미 1880년대 후쿠자와 유키치가 '탈아입구'를 주장하면서 일찌감치 서양 제국주의를 모방한 일본은 한 철학자의 표현대로 "서쪽에서 빌린 돈을 동쪽 이웃에 독촉하려는 심리"를 대아

---

18 백영서 (2000), p. 57.
19 시프린(H. Z. Schiffrin) 지음, 민두기 옮김, 『孫文評傳』(서울: 지식산업사, 1997), p. 252.

시아주의라는 기만과 전쟁이라는 실력으로 중국에 강요했던 것이다.[20] 19세기 중반 이후 동아시아에 진출한 서양의 민족국가 제국주의(national-imperialism)는 이 지역 주요 국가들의 명운을 뒤흔들어 제국주의화, 식민지화, 반식민지화라는 서로 다른 역사의 길을 결정하였다. 1920년대의 아시아 연대론도 단위적 위상에 따라 어느 쪽은 침략의 미사여구로 또 다른 쪽은 저항의 당위적 명분으로 사용되었다. 다소 도식화된 개념이지만 반식민지 상태의 중국 당대 지식인의 동아시아론은 그것이 문명론이든 지역연대론이든지 간에 현실화의 동력을 가졌다기보다는 강권 제국주의에 대한 저항적 자기인식의 한 노력으로 이해될 수 있다.

III. 근대 한국 지식인의 동아시아 인식

(1) 문명으로서의 동아시아 : 19세기 후반 대외관의 분열

19세기 말 동아시아인에게 동아시아는 하나의 실체로 인식되지 못하였다. 우선 19세기 이전까지는 동아시아인에게 동아시아는 하나의 자족적 세계로 인식되었다. 19세기 중반에 급격하게 밀려오는 서구 열강의 동진으로 인해 비로소 서구인의 눈에 동아시아라는 세계가 하나의 단위로 인식되기 시작하였다. 급변하는 시대적 상황에서 동아시아 문제는 조선에서는 지식층이 개화와 수구로 분열되고 그들의 세계관 또한 분열됨으로 인해 하나의 통합된 상으로 인식되지 못하였다. 전통적 중화적 세계관을 극복한 지식층이 출현하면서 비로소 동아시아는 하나의 지역으로 인식되기

---

20 마루야마 마사오(丸山眞男) 지음, 김석근 옮김, 『현대정치의 사상과 행동』, (서울: 한길사, 1997), p. 62.

시작하였다. 구한말 최초의 개화신문인 『한성순보(漢城旬報)』는 아시아를 유럽과의 대비에서 인식하였다.

대저 아시아는 혼돈을 개벽하고 4천 년이나 앞서… 문명이 성했으며 재산이 풍부하기가 더할 나위 없이 성했다. 그런데 근고 이래로 점차 쇠퇴하기 시작해서 만회하지 못한 지가 오래이다… 금일 유럽 주는 부강하고 아시아 주는 이처럼 쇠약하게 되어서 영국은 인도를 점거하고 미얀마를 침략하고… 러시아는 이리를 넘보고 몽고에 침흘려 빼앗기에 싫증을 느끼지 않고 있다.[21]

19세기 말 일본과 조선의 개화지식인에게 동아시아는 문명 개화의 도상에 놓인 역동적이며 위기의 지역으로 간주되었다. 이러한 인식은 국가들을 문명개화의 정도에 따라 문명개화, 반개화, 미개화의 세 가지 등급으로 분류하였고 동아시아는 이중 두 번째 범주에 속하는 것으로 간주한 유길준의 『서유견문』에 체계적으로 소개되었다. 한국은 유교적인 오륜의 행실을 잘 지키는 사회체제를 확립하여 "행실의 개화"를 이룩하였으나 아직은 "군주가 명령하는 정치제도"를 가지고 있으며 서구의 "군민이 공치(共治)하는 정체" 보다는 낙후된 것으로 더 개화해야 한다는 것이다.[22] 위에서 인용한 한성순보의 기자는 이와 같은 관점에서 서구의 "군사제도, 전선, 주차 및 천문, 산학, 통상" 등을 받아들이고 잘못된 폐습을 제거한다면 아시아도 부강하여 질 수 있다고 강조했다.

한편 중국과 한국의 지식층은 당시를 이질적인 요소가 공존하는 불안정하고도 모순적 공존상태로 보았다. 한·중에서는 구시대의 전통과 형식을

---

21 『한성순보』, 1884. 3. 8자 논설. "구아(歐亞)비례설".
22 유길준, 『유길준 전서 (I): 서유견문』 (서울: 일조각, 1995), 제5장.

유지하고자 하는 보수적인 인식틀이 개화적 세계관을 받아들이는 개화세력의 관점과 대립하고 있었다.[23] 수구파와 전통적 지식층들은 전통적 동아의 문화와 정치의 틀을 서양문물의 공세로부터 수호하고 유지하고자 하였다. 여기에는 조선의 위정척사파뿐 아니라 동도서기파 지식인들과 청의 중체서용파가 포함된다.

청일전쟁 이후 중·한의 보수적 지식층들은 열강의 중국 침탈을 목격하면서 한·중·일 삼국은 오랜 유교 문명권의 공통의 유대를 살려서 합심하여 공통의 서양의 도전을 극복해 나가야 한다고 보았다. 이러한 입장은 황성신문에서 발견된다.

이렇게 보건대 서양 각국은 그 강함이 이러한데… 동점하는 모양이 장차 동양의 대 환란을 불러 올 것이니 그 방어할 방책이 어찌 일국에 재하리오 실로 삼국이 힘을 내어 연합할 바라… 오늘날에 동양삼국이 정족(鼎足)과 같으니 이 세 다리가 서로 대립하면 그 솥을 가히 세워 둘 수 있으련만, 만일 두 다리가 부러지고 하나의 다리만 선다면 그 솥이 필히 기울 것은 사람들이 알 수 있을 바라. 그런즉 한국과 청국은 미약하고 일본만 자강하면 동양대국을 가히 능히 보전할 수 있을지(의심스럽다).[24]

이러한 동양 삼국의 정립론은 주로 러시아와 서구 열강의 위협을 공통적으로 의식하는 보수적 지식층에 의해 당연한 이치로서 받아들여졌다.

동양 삼국 정립론은 러일전쟁 이후 보호국으로 전락한 조선의 국운에 비분강개하는 의병운동을 주도한 최익현의 글에도 나타나고 있다. 최익현은 러시아의 침략에 대해 일본이 대항하여 싸울 때에 한국의 사민들은 일

---

23 중국의 특징은 동도서기적 전통이 무술개혁 이전까지 지배적이었으나 변법개화파의 실각으로 다시 척사파가 강해지는 추세를 겪었다는 점이라면, 한국은 독립협회 운동을 계기로 문명개화의 관점이 강력하여 졌다가 독립협회 해체 이후 다시 동도서기적 관점이 부상하여 이원적 구조를 유지한다는 특징을 갖는다.
24 「황성신문」 1899. 4. 12자 논설. 이상 인용한 본문은 집필자가 국한문제 논설을 현대문 양식으로 바꾼 것이다.

본의 편에서 이를 환영하였으나 그 전쟁에서 승리한 일본이 한국을 병탄하는 것은 서양 세력과의 싸움에서 동양 삼국이 정립하여 대항하여야 하는 이치를 깨뜨린 것이고 그 결과 동양의 화를 일으킨 일본도 필히 망할 것이라고 경고하고 있다.[25]

이러한 동양을 하나로 인식하는 입장은 세계를 서양의 세력 대 동양의 세력으로 이분화 하여 인식하고 동문동족인 황인종족 간의 전통적인 유대를 강조하는 데에서 유래한 것이다. 그러나 이러한 문명론적인 인식은 현실적으로 해체되어 가는 동아시아의 질서와 강력하게 도전하는 서구 세력 간의 마찰에서 한시적인 역할에 그쳤고 일국주의적인 관점에서의 국가 이익을 추구하는 일본의 제국주의적 정책이 인식되면서 더 이상 존속할 수 없게 되었다.

한국의 보호국화를 추진한 이토(伊藤)를 살해한 안중근은 문명으로서의 동아시아 연대의식에 기초한 동양주의의 관점에서 자신의 저격행동의 타당성을 주장하였다. 이 점은 전통적 문명유대 의식이 오히려 강력한 저항적 행동을 유발시켰다는 점에서 구한말 당시 팽배한 보수유생들의 위정척사 및 의병운동의 입장을 정통하게 대변한다고 보인다(신용하 1985). 안중근은 일본이 동양평화를 유지하고 대한 독립을 공고히 하기 위한 목적에서 러일전쟁을 치른다는 일본 천황이 공식천명한 명분을 어기고 한국민을 기만하여 보호국화한 이등통감의 죄는 동양평화와 한국독립에 반(反)하는 것이며 이를 처단한 자신의 행위는 정당한 것이라고 밝혔다.[26]

좀더 근본적인 동양평화론에 대한 비판은 단재 신채호의 『대한매일신보』 논설 "동양주의에 대한 비평"(1909년 8월)에서 발견될 수 있다. 단재는

---

25 최익현, 『면암집』 제2권 (서울: 민족문화추진위원회, 1997), pp. 229-30.
26 최원식 · 백영서, 『동아시아인의 '동양' 인식: 19-20세기』 (서울: 문학과 지성사, 1997), pp. 205-215

당시 세계 정세를 "동서, 황백 양종의 경쟁시대"이며 동양과 서양이 양립할 수 없다는 동양주의적 주장이 "동양에 재한 국이면 적국도 아국으로 시(視)하며 동양에 재한 족이면 수족(讐族)도 아족으로 인(認)하는" 오류를 범하는 것이라고 꾸짖었다. 단재는 문화주의적 공통성이 당면한 실천적 문제를 해결해 주지 못하며 "열국경쟁시대에 국가주의를 제창치 않고 동양주의를 미몽하면" 이것은 "국가는 주요 동양은 객이어늘" "동양이 주되고 국가가 객되어" 동양의 보존을 위해 국가의 흥망을 근본적으로 제외해 버리는 잘못이라고 설파하였다.(신채호 1995, 88-91).

(2) 연대로서의 동아시아

1) 문명개화론과 동아시아

19세기 말 20세기 초 한국에서 비교적 가장 정확하게 대외관계를 인식했던 대표적 지식인으로 우남 이승만을 빼놓을 수가 없다. 유길준과 서재필 등의 개화파의 전통을 이어받는 이승만은 19세기 말 동북아의 국제정세는 서구문명의 강력한 도전과 전파를 거역할 것이 아니고 적극적으로 수용하는 것만이 역사에서 살아남는 길이라고 간주했다. 우남은 당시의 세계정세가 동양이 약해지고 서양이 강해진 사실을 그의 옥중저서 『독립정신』(1904)에서 비교문명론적 관점을 통해 깊이 있게 성찰하였다. 우남은 종교개혁과 근대혁명을 거쳐 서양문명이 진보한 사실과 역사문명의 근원지였던 동양이 근대에 와서는 그 문명적 대응에서 서양에 뒤지게 된 사실을 객관적 사실로 인정하였다. 우남은 서구문명의 위력이 정치적 자유 및 개혁과 균평, 즉 평등과 공정체제의 구현에 있다고 보았다.

구한말 급진 개화론의 관점에서 개화운동의 일선에 섰던 이승만은 동아시아를 더 이상 하나의 단일한 문명적 유대감에서 바라보지 않았다. 그는 중국이 부패와 무능으로 인해 정치가 문란하고 법률이 공평치 못한 나라 이며 세계 형편을 알지도 못하고 서양 각국의 부강함도 믿지 않는다고 비판했다. 이승만은 개항기 이후 중국의 대한정책이 이중적이며 위선적이어서 중국이 "어려울 때에는 독립국이라 하고 편할 때에는 속국이라"고 하는 이중성을 보였고 특히 임오군란 이후 한반도 속국화 정책을 강화했다고 강도 높게 비판하였다.[27] 중국은 청일전쟁에서 패배하여 국권보존이 어려워졌고 만주를 러시아에 빼앗기고도 자력으로 되찾을 능력이 없는 상태의 국가라고 보았다. 그는 한국이 신교육을 통해 새로운 단계의 정체성을 확립하고 국가 재건을 이룩할 수 있다고 보았다. 러일전쟁 전까지 이승만은 일본이 동아에서 유일하게 개화를 적극적으로 받아들여 불과 40년 만에 서구 열강과 권세를 다투는 문명국가로 발전했음을 인정하고, 한국도 신학문을 보급하고 바른 개혁정치를 실시하여야 하며 경장의 실시가 중요하다고 보았다.[28]

2) 러일전쟁 이전 동아시아 인식

구한말 동북아시아는 하나의 지역적 협력체로 인식되지 못하였다. 일본은 구한말 중국과 한국에서 제국주의 열강과 유사한 정책을 추구했고, 중국과의 전쟁을 치르고 대만을 식민지화하였으며, 반면에 청일전쟁 이후 중국은 약화되어 열강에 의해 여러 지역을 조차지로 점령당한 상태이었

---

27 이승만, 「독립정신」 (서울: 정동출판사, 1993), p. 162.
28 개화적 지식인들은 근대국가 형성에 있어서 앞서가는 세력인 일본에 대해 경계와 반발을 하는 위정척사파나 동학파와는 달리 불가피한 세계적 추세를 앞당겨 실시한 개화된 세력으로 간주하였다. 이승만은 대한인은 자기의 생명과 자유를 귀중히 여김과 동시에 남의 자유와 권리도 중히 여겨야 한다는 점을 지적해 일본의 문제를 국제사회의 호혜주의적 보편주의정신을 통해 이해하려 했다.

다.[29] 한국의 개화적 지식인들은 중국의 외교관 황준헌이 친청국, 결일본, 연미국하는 방아(防俄) 외교정책을 천거한 『조선책략(朝鮮策略)』이 소개된 이래 러일전쟁 이전까지는 한반도를 주로 러시아의 위협에 직면한 지역으로 이해했다.[30]

이승만은 그가 살고 있는 시대가 "만국이 상통하며 문명하기와 부강하기로 서로 다투며 서로 비교하는 세상"이라고 보았다.[31] 구한말은 이질적인 문명의 국가들이 충돌하고 상쟁하고 그 과정에서 많은 국가들이 망하는 제국주의 시대이었다. 이러한 문명충돌적 시대 상황에서 우남은 중국과 한국이 개명진보의 길로 나서지 않고서는 나라를 지탱할 수 없다는 역사적 필연성을 바로 인식했다.

이승만은 러일전쟁의 징조를 깨달은 상태에서 한국을 "형편이 이미 다 기울어진 지 오래"인 침몰 직전에 놓인 파산한 배로 비유한다. 안으로 서로 반목하고 분열된 상태로 싸우다가 뒤늦게 풍파로 인해 침몰 직전의 사생위기에 직면해서야 비로소 여차하면 모두가 몰살된다는 공동운명체임을 깨닫는 사공들과 우리의 운명이 같은 것이라는 것이다.[32] 그러나 척사파와 한국의 정부는 이러한 상태에서 봉건적 체제에 대한 신념과 기존 보수적 인식틀을 바꾸지 못하고, 당시 조선이 직면한 문명적이며 국제정치적인 위협의 본질 또한 이해하지 못하고 있었고 대책도 마련하지 못한 상태였다. 독립협회의 서재필과 개화지식인들은 열강들의 국권의 침탈과 상실을 막고 국제정세의 격랑에 대비하기 위해 정부와 백성이 합심하여 대

---

29 『독립신문』 1897. 12. 28.
30 한편, 고종과 수구파는 갑신정변 이래로 일본을 가장 위험한 세력으로 경계하였고 1895년 10월 을미사변 이래 고종의 이러한 생각은 확인되었으며 이듬해 2월 아관파천 정변과 함께 러시아에 대한 극단적 의존정책으로 나타났다.
31 『제국신문』 1903. 2. 28.
32 『제국신문』 1903. 2. 21.

응책을 전심으로 강구해야 한다고 주장했다.

이승만은 러일전쟁 발발 전에 러시아의 팽창적 야심을 경계하며 의화단사건 이후 주둔한 러시아 군대의 만주 철병의 지연이 전운으로 발전하고 있는 상태를 주목하였다. 『황성신문』 등에서는 한·중·일의 연합론으로 "동양 삼국 정립론"이 주장된 것이 바로 러일전쟁의 이전 시기였다. 그러나 우남은 옥중에서 1901년 초부터 27개월간 집필한 『제국신문』 사설에서 러시아의 시베리아철도와 여순항구 건설이 결국 일본과의 군사적 충돌로 귀결될 것을 예측하고 있었으며 섣부른 아시아연맹론을 주장하지도 않았다.

3) 이승만의 『독립정신』과 대외관

우남은 새로운 지식을 받아들이고 새로운 학문과 정치를 가르치고 배우지 않고서는 권리를 알 수 없으며 이것만이 국권 보호의 바른 길이라고 보았다. 우남은 문명 국가들 간의 관계는 독립과 주권 평등 관계라는 사실을 이해하였고 국권회복을 위해 근대국가간의 관계에서 만국공법(국제법)의 역할을 아는 것이 중요하다고 역설하였다.

독립협회 운동 이래 개화파 지식인들은 독립문제를 안과 밖의 복합적 문제로 인식하고 있었다. 즉 안으로 문명개화하여 폐정을 개혁하고, 법을 제정하고 시민교육을 베풀어 독립정신을 세우는 일과, 밖으로 주권적 독립을 선언하고 강대국의 영향력을 약화시키고, 배제하여 이것을 지켜나가는 일이 서로 아우러질 때에 비로소 독립국가를 유지할 수 있는 것이라는 점을 인식하였다. 그는 대내적으로는 철저히 반봉건 개화를 주장하면서 독립정신을 함양하지 않고서는 단순한 독립의 선언만으로 대외적인 제국주의 세력과의 투쟁과정에서 결코 이길 수 없다는 사실을 자각하였다.

우남은 『독립정신』에서 제시한 '독립주의 해법'을 통해 국제질서에의 개방적 동참과 이를 위한 체제 개혁적 조치를 주문했다. 우남은 먼저 대한은 문호를 개방하여 세계와 통하고 통상하여 부강한 나라를 만들어야 하며, 둘째, 대한은 새 법을 세우는 개혁과 경장으로써 나라의 근본을 삼아야 한다고 지적하였다. 우남은 그 연후에 셋째, 대한은 만국공법을 잘 이해하고 타국과의 관계를 돈독히 할 수 있는 공평정대한 방식의 외교를 잘 할 줄 알아야 한다고 강조하였다. 우남과 개화파는 근대국가로의 체제개혁과 전환을 성공적으로 추진 중에 있는 일본의 사례를 조선의 모델로 삼았다.

19세기 후반기부터 동아시아에서 중국과 조선의 국력이 이미 상당히 약화된 상태이었으므로 사실상 동아시아 정책을 주체적으로 추진할 여력이 없게된다. 따라서 19세기 말 20세기 초에 한·중·일의 협력이나 공조적 연대는 사실상 전혀 현실적 근거가 결여된 상태였다. 동북아의 급변하는 국제정세로 인해 조선은 지역적 연대의 필요성을 인식하기보다는 중립론적인 대안을 모색하였다. 유길준의 중립론은 러시아의 위협에서 중국이 앞장서는 국제적 보호체제로의 중립을 모색하였지만 이것은 중국의 정책과는 조응이 되지 않는 것이었다.[33] 러일전쟁 전 1900년 고종은 일본과 미국에게 열강의 공동보증을 통한 중립화안을 제안하였다. 미국은 소극적이었으며 러시아는 이를 반대하였고 이듬해 러시아가 한국 중립화안을 일본에 역제안 하였을 때에는 일본이 이것을 다시 거절하였다.[34] 급변하는 동북아 정세에서 약소국 조선의 중립론적 외교의 모색 노력은 주변국가에

---

33 유길준, 『유길준 전서 (IV): 정치경제론』, (서울: 일조각, 1995).
34 모리야마 시게요리(森山茂德) 지음, 김세민 옮김. 『근대 한일관계사연구: 조선 식민지화와 국제관계』 (서울: 현음사, 1994), pp. 170-3.

대한 정책의 대립으로 인하여 실패로 돌아갔다. 이승만은 이와 같은 한국 중립론을 주장하는 제 관점들에 대해 이미 획득한 "독립권리를 없이 하는" 것이며 "저이 손으로 상등 대우를 낮게 만들고" 마는 불필요한 일이라고 반대하였다.[35]

한국과 일본의 개화파 지식인들이나 애국계몽기 한국 지식인들은 하나의 지역적 단위인 동아시아의 필요성보다는 바로 보편적 유럽국제질서체제로의 자국의 편입과 만국공법에 의한 국권보호를 더 중시하였다. 개항 이래의 구주국가들의 공법질서로의 진입은 한국과 일본에서 개화파 지식인들이 앞장서서 주장한 것이었다.[36] 대한제국 말기의 고종의 헤이그 밀사 사건이나 중립론적 외교 등의 여러 노력도 국권보존을 위한 것이었다. 그러나 국가 이성의 원리에 의한 이기적 국가 이익의 추구가 국제사회의 실질적 규범이 되어 버린 제국주의 시대의 약소국의 운명은 강국간의 세력 균형의 정치에 의해 협상의 제물이 되어 버리고 러일전쟁 이후 한국의 보호국화와 식민지화는 필연의 길을 걷게 된다.[37]

한일합방이 이루어지기 전까지 이승만은 애국계몽운동과 같은 인식을 보여 최대의 과제는 교육을 통한 한국의 근대적 개혁과 개화라고 보았다. 일본의 통감을 통한 보호정치에 대해서도 한국의 민족적 각성과 개혁을 위한 채찍이라고 말했으나 이미 대내적 개혁은 일제의 식민지화라는 정치

35 이승만 (1993), p. 48. 그러나 다른 한편 이승만은 중립론에 계속 관심을 가지고 있었던 것 같다. 이승만은 이후 프린스턴 대학에서 중립문제에 대한 연구를 수행하여 "미국의 영향하의 중립"이라는 제목의 박사학위 논문을 1910년 제출하였다. 또한 1921년 워싱턴회의에 참가한 이승만이 중립화안의 독립외교를 추진했다는 주장도 있으나 확인되지 않고 있다.

36 구한말 조선의 개화적 지식인은 조선의 만국공법체제에의 편입의 필요성을 인식하였다. 그러나 임오군란 이후의 강화된 청의 종주권 행사와 간섭으로 인해 조선의 대외관계는 밖으로 일본과 서구국과는 근대적 조약을 맺으면서도 안으로 중국과는 전통적 특수관계인 속국관계를 유지하는 이중적인 관계—이른바 유길준이 부르는 양절체제—로 독립은 청일전쟁 이후로 미루어졌다. 유길준 (1995).

37 김용직, 『近現代韓國政治論』 (서울: 풀빛, 1999), 제4장.

적 목적에 종속되어 그 취지가 급격히 탈색되어 가고 있었다.[38] 애국계몽기의 실력양성운동은 일본식 개혁보다는 양계초, 엄복 등의 중국의 개혁적 사상에 의해 더 큰 영향을 받게되었다.[39]

이승만은 합방 이후 귀국해 기독교 민중계몽에 애를 쓰며 미주에서 『독립정신』을 출판하는 등 서서히 독립운동을 시작하다 1912년 기독교도의 박해를 피하여 미주로 망명하였다. 그는 하와이에서 망명생활을 보내면서 한인들의 교육사업에 힘쓰는 한편 일본의 기독교 박해를 알리는 글을 써 출판하며 한국의 정치적 과제는 일본의 지배로부터 벗어나는 것이라고 주장하기 시작하였다.

(3) 제1차 세계대전 이후 한국 민족주의자들의 동아시아 인식

동북아에 새로운 국제적 안목은 제1차 세계대전 종결의 윌슨의 민족자결주의의 선언과 더불어 시작되었다. 1919년 3월 1일 33인 민족대표들은 기미독립선언문에서 한국의 독립은 일본의 팽창주의를 막고 중국의 안보적 불안의식을 종식시키고 동북아의 평화를 위해서 긴요한 것이라고 선언하였다. 기미독립선언문은 "금일 오인의 조선 독립은 조선인으로 하여금 정당한 생영"을 이루게 하며 "일본으로 하여금 사악한 길에서 벗어나서 동양 지지자의 중책을 다하게 하려"는 목적을 추구하는 것을 천명했다. 동선언은 아울러 한국의 독립이 "중국으로 하여금… 불안 공포로부터 탈출케 하는 것"으로 궁극적으로 "동방 평화를 그 중요한 일부로 삼는 세계 평화·인류 행복에" 기여할 것이며 그 후에 도래할 세계는 "인도적 정신이

---

38 일본의 정한론이나 한반도 팽창론자들은 조선의 침략을 오히려 한국의 독립론이나 개혁론이라는 입장으로 정당화하고자 하였다. 즉 개화, 개혁된 한국이 동아시아 안정에 필수적이라는 것이다. 다만 한국이 이러한 능력이 결여되어 있어 일본의 안보에 위협이 되기 때문에 보호국이 되어야 한다는 것이 이들과 이토의 공통적 주장이다.
39 백영서, 『동아시아의 귀환: 중국의 근대성을 묻는다』(서울: 창작과 비평사, 2000), p. 188

바야흐로 신문명의 서광을 인류역사에 투사하기 시작해[는]" 인류의 공존과 동생의 시대라고 전망했다. 3·1선언문은 진정한 동아의 평화는 일국을 중심으로 하는 합병을 통해서는 결코 달성될 수 없으며, 다만 한·중·일 3국이 시대정신인 인도주의 이념과 평등주의적 공존의 원칙에 따라 대등한 관계의 정립이라는 기초 위에 설 때에만 가능하다는 점을 밝혔다.

합방이전까지 일본을 맹주로 하는 동양평화론의 주장에 대해 적절한 사상적 대응을 충분히 제대로 하지 못하던 구한말 약육강식론과 사회진화론적 자강론은 이제 제1차 세계대전의 종전과 더불어 윌슨이 제창한 새로운 시대정신인 민족자결주의로 대체되었고 한국의 독립의 명분과 독립후의 동아시아 질서관도 분명히 제시될 수 있었다. 독립한국의 대외관계는 인도주의, 선린주의, 민족자결주의, 평등주의, 자유주의에 입각한 호혜적인 한·중·일간의 질서구축이라는 장기적인 비전을 제시한 것이다.

한국의 독립운동가들은 3·1운동 독립선언문에서 인도주의와 민족자결주의라는 보편주의 정신에 기초하여 한국의 독립은 당위적 타당성을 지닐 뿐 아니라 동아시아의 진정한 평화와 질서를 위하여 긴요하다는 주장을 하기 시작하였다.[40] 3·1운동에 의해 탄생한 한성임시정부에서 집정관총재로 추대된 이승만은 4월부터 임시정부 구미위원부를 창설하고 한국의 독립을 파리강화회의의 각국 대표들과 일본에게 통보하는 공식 임시대통령직을 수행하기 시작하였다. 이승만은 일본의 동북아 팽창주의를 경계하며 이것이 세계질서의 파국을 일으키는 것이며 동북아의 평화는 약소국을 돕는 영미 등의 서방정책의 전환에 의해 마련될 수 있다는 주장을 하였다.[41]

---

40 안창호, 『안도산 전서』 제2권 (서울: 범양사, 1990), p. 135.
41 이승만 (1987). 이후 임시정부의 대외정책을 통해 이러한 민족자결의 원칙은 계승되었고 한국과 유사한 입장에 놓인 중국과의 연대 의식을 통해 발전하였고 장개석정부의 임정지원으로 이어졌다.

동아일보는 1920년 6월 2·5일자 사설 "동양평화의 요체"라는 글에서 동양평화의 요체는 일본이 제국주의 정책을 포기하는 것에서 비로소 가능하며 동양의 평화란 한국·중국·일본 3국간의 내부적 평화가 먼저 성립하고 나서 외부의 적으로부터의 침략을 막을 때에 비로소 완성된다고 보았다. 1924년에 동아일보 기자는 압수된 사설에서 일본의 아시아연맹론에 대한 체계적인 비판을 가하고 있다. 우선 기자는 국가와 국가의 대립뿐 아니라 인종과 인종과의 알력이 격심한 현실에서 인류동포주의의 금과옥조가 다 공허하다고 시국을 비판한다. "황색 인종 또는 일반 유색 인종의 대동단결"을 주장하는 것은 논리적으로는 당연한 것이지만 "아시아의 전 국면에 있어서는 일본의 취한 제국주의적 침략주의"를 먼저 시정하지 않고서는 일본이 미국의 배일문제를 기회로 하여 "아시아민족의 대동단결을 종용하는 것"은 잘못이라는 점을 지적하였다.[42]

한편, 1924년 6월에 『매일신보』의 사설에 게재된 조선총독부의 입장은 "동양의 먼로주의의 실행을 촉진하여 써 백인의 화독을 동양에서 구축하여" 나갈 것을 제의하고 있다. 손문의 아시아연맹론에 대한 논평에서 동 사설은 손문이 "차제에 일본국민이 그런 것(미국의 배일이민법)을 대수로 교계치 말고 전심전력하여 아시아의 부흥에 노력할 것"을 촉구한 것에 대해 경의를 표한다고 찬사를 보냈다. 아울러 동지는 이를 아전인수격으로 "손씨의 의견은 일본 국민은 차제의 념(念)을 인(忍)하야 써 아세아연맹의 대업을 성취할 것을 갈파한 것이다"라고 해석하며 이는 중국 정치가들이 "일본의 동양에 재한 지위를 시인한" 것이라고 기술했다.[43] 그러나 사실은 손문은 일본의 지원을 통한 자신의 중국 내에서의 정치적 입지강화를 위한 군사

---

42 『동아일보』 1924. 5. 2자 사설.
43 『매일신보』 1924. 6. 6자 사설.

적, 경제적 지원을 받기 위한 정략적 계산에서 일본의 아시아주의와 유사한 견해를 제시한 것이다.[44] 문제는 중 · 일의 지도자들이 어떠한 아시아연맹론도 한국의 식민지 상태를 시정하지 않고서는 허구적인 것이라는 점을 인정할 수 없는 당시의 정세의 틀을 벗어나지 못하고 있다는 것이다.

송진우가 1925년 8, 9월에 동아일보에 연속 기재한 사설 "세계대세와 조선의 장래"는 민족주의 우파의 정세인식과 국제적 인식을 가장 잘 대표하는 것으로 간주된다. 송진우는 한국은 3 · 1운동에 의해 자유주의와 민족주의를 기조로 한 세계적 사조에 순응하는 민족운동의 길을 제창한 이후 자주적 대변동의 대세를 타고 있다고 보았다. 고하 송진우는 일본의 세계적 고립은 한 · 중 등 "동양 각 민족의 공존공영을 도하게 되었던들" 결코 자초되지 않았을 것이라고 주장하였다.[45] 제1차 세계대전 이후 영국이 미국과 연대하여 일본에 압박을 가하는 것과 일본의 이에 대한 반발은 향후 동아시아 정국의 일대 풍운을 예고한다고 고하는 보았다. 이러한 세력간의 충돌은 중국을 도화선으로 할 것이며 그 시기는 향후 4-5년이 될 것이라고 예측하였다. 고하는 특히 동북아에서 "조선문제를 그대로 두고는 중일친선도 공염불이며 동양평화도 구두선에 불과할 것을 단언"한다고 하여 동아의 평화의 기초는 한국의 독립을 전제로 해서야 가능하다고 보았다.

(4) 소결 : 독립과 국가형성

이승만은 그의 『독립정신』에서 만경창파와 풍파대해에 외로이 가는 배로 조선의 운명을 비유하였다. 그는 문명개화론의 관점에서 한국이라는

---

44 민두기, 『시간과의 경쟁: 동아시아 근현대 사론집』 (서울: 연세대학교 출판부, 2000), pp. 58-9.
45 송진우는 1925년 7월 하와이에서 개최된 범태평양 민족회의에 참석하고 우남 이승만과 송재 서재필 등을 만나 국제정세와 한국의 장래문제를 논했을 것이다. 김학준, 『고하 송진우 평전』 (서울: 동아일보사, 1990), pp. 190-1. 고하의 연속사설은 따라서 이승만의 정세인식을 상당히 대변하는 것이라고 해석될 수도 있다.

작은 배가 세계사의 대 격변기인 문명충돌기의 격랑을 맞아 어떠한 역정의 길을 가고 있으며 그 종착점은 어디가 되어야 하는가를 고민하였다. 우남은 청의 지배권이 한반도에서 제거된 이후 10년간의 시기가 실질적으로 한국이 미약하나마 실질적 독립국가를 이루었던 시기라고 보았고, 대한제국기의 갑오년에 시작하여 진행된 건양, 광무개혁의 성공을 위해 실질적으로 언론과 정치운동을 통해 전심으로 노력하였다. 이승만은 여섯 가지 조목으로 그의 논의를 정리하여 대한의 독립주의의 해법의 결론을 내놓았다. 그는 안의 체제를 개혁하여야 밖의 독립과 자주가 가능하다고 보았다. 특히 입헌적인 개혁을 단행하여야 대한은 국민들이 "제 나라의 법률과 의무를 다하여 궁극적으로 국권을 중히 여길 줄"을 알게 되며 공적 의리, 즉 애국심이 함양된다고 이해했다. 이러한 이승만의 독립론은 우리 민족의 활로가 개체적인 차원에서 근대적 각성을 한 변화한 개인들로부터 비롯되며 개혁과 개방을 통한 국가건설에 있다고 주장한 것이다.

러일전쟁 이후 이승만과 한국의 대부분의 지식인들은 한국의 최대의 민족적, 국가적 과제가 독립권을 지키는 것이라 보았다. 이승만은 한국이 당당하게 독립 권리를 세워 나가는 것이 한국뿐 아니라 동북아의 주변국들을 위해서도 필요하다는 점을 늘 강조하였다.[46] 결국 참된 동아시아의 문제는 지역내 개체 단위인 한국민족의 독립국가라는 정치적 전제조건이 달성된 이후에 비로소 제기될 수 있는 문제였다.

---

46 우남은 독립을 강조하는 이유를 다음과 같이 설명한다. "보호국이라 하는 것은 내치와 외교를 제 힘으로 자주하지 못하여 필경 위태하게 될진데 그 해가 이웃 나라에까지 미칠 터인고로…" 이승만 (1993), p. 48.

IV. 맺는말

근대 동아시아, 적어도 한·중·일의 3국은 제1차 세계대전 이전까지는 근대국민국가를 형성하여 보편적 국제질서에 진입해야 한다는 사실상 일국주의적인 관점이 지배적인 것이었던 것 같다. 러시아나 서구에 대항하여 동북아 3국이 연합해야 한다는 '아시아연맹론'이 일본에서 하나의 독자적 흐름을 형성했다면, 한국과 중국에서는 독립론의 대세 속에서 신중하게 '동양삼국정립론'이 제기되기도 하였다. 즉, 3국의 전통적 역사적 경계를 존중하여 동북아의 질서를 재건하려는 시각이 당시의 일반적 지식인들의 이상적인 동북아 질서에 대한 공통된 의견인 것 같다. 근대 시기, 프로메테우스적 서양이라는 외래 문명의 충격에 직면했던 한·중·일의 동북아 지식인들은 서양문명에 대한 동양문명, 백인에 대한 황인, 즉 동문·동족의 문명정체성을 자각하였다. 이는 중화론, 우열, 보편으로서의 천하질서라는 전통적 세계관을 탈각하고 '평등주체간의 힘의 경쟁'이라는 근대적(구주적) 만국공법 질서에의 개별적 적응이라는 국가주의의 형성의 매개관념으로부터 출발하였다. 즉 근대 동아시아 지식인의 문명으로서의 동아시아 지역 관념은 서양의 문명적 충격과 개별 국민국가의 형성이라는 역사의 새로운 구조(보편적 세계사)의 인식과 그 속에서의 개별적 주체형성의 과제를 연결하는 매개항이었다.

문제는 전통적 천하질서를 근대 국가질서로 이전하는 공통적 역사과제 속에 작용한 서로 다른 내부적 여건과 상황, 단계 및 시기의 차이, 대외적 압력과 이해의 교차로 인해 한·중·일 3국의 근대정치와 대외관계가 대립적이었고 중층적이었다는 데 있다. 이 대립과 중층은 20세기의 도래와 함께 식민지화, 반식민지화, 제국주의화라는 개별단위체의 정치적 위상의 격차로 나타났다. 이러한 정치적 위상의 변화는 '문명으로서의 동아시아' 담론에 정치성을 부여하는 계기가 된다. 즉 본 연구가 주목한 연대로서의 동아시아론이 제기되고 이는 각국의 정치적 위상의 차이를 반영하여 그 성격상의 차이가 두드러졌다. 일본의 아시아연맹론의 주장은 동북아의 국가관계는 더 큰 이질적 세력인 서양의 도전에 대항하여야 한다는 문명론적 논조를 띠고 있지만 이러한 주장은 현실적으로 '정한론'이나 '정청론'이라는 국가주의적 팽창주의의 대외명분이었다. 특히 일본이 제기하는 이러한 문명적 갈등론과 일본을 맹주로 한 아시아연맹론은 일차대전 이후에 일본이 직면한 영-미와의 대립 갈등을 개별적 대응이 아니라 문명으로 포장된 허구의 지역주의로 대처하려는 관념이었다.

물론 전기했듯이 손문(孫文) 등 일부 중국 국민당 지도자들이 일본의 아시아연맹론(대아시아주의)에 대해 정략적 차원의 동조가 없었던 것은 아니나 일본의 패권적 동아시아주의에 대한 중국과 한국의 지식인들은 이에 대해 격렬한 비판과 함께 인도주의적이고 평화론적 동아시아연대론을 제기했다. 중국 이대조의 신아시아주의는 제국주의라는 팽창적 국가주의에 대한 피압박 아주인이 인도와 평화의 기치하에 대동단결할 것과 세계주의의 개방을 선언했고 한국의 주요 언론과 지식인의 대아시아주의에 대한 비판의 요체도 바로 인도와 평화, 세계주의의 지향에 기조(基調)했다. 특히 일본의 아시아연대론에 대해 한·중 지식인의 대일요구는 바로 동양평화의 전제로써 한·중·일 관계의 평화구축이었다. 즉 일본의 패권이 아닌 삼국이 민족자결 원칙과 인도로써 평등하게 정립하는 것이 바로 동양평화의 선결이라는 정치의식이었다. 이러한 맥락에서 전기한 한국의 3·1 독립선언서는 조선의 독립이라는 즉자적 요구뿐만 아니라 동아의 화평과 공존에서 출발하여 세계평화에 기여한다는 대자적이고 보편적이며 개방적 정치 원칙의 선언이었다.

  진정한 동아시아의 연대는 문화(문명)적 유대에 기초를 하되 오랜 역사 민족으로서의 3국간의 관계가 공존과 평등한 관계로 설정되지 않고서는 불가능한 것이다. 동아시아 근대사의 암영이 극에 달했던 1919년 조선의 기미삼일운동의 선언문에서 천명되었던 인도주의적이며 평등주의적인 국가간의 보편적 질서의 창출은 당대의 의미뿐만 아니라 한·중·일이 각자 독립적이고 발전하는 단위체를 형성하여 세계사의 주류에 진입한 21세기의 현재에 더욱더 크게 공명하고 있다. 민족주의와 제국주의의 피아투쟁의 시대도, 미·소 중심의 냉전대립도 이제 역사로 후퇴한 상황이다. 21세기 동아시아 주요 국가들은 상대적인 발전격차에도 불구하고 상호간의 호혜와 평등의 위상을 만들어냈다. 세계화와 지역화라는 21세기 인류사의 전변과정에 동아시아의 연대는 평등적이고 개방적이며 발전적인 지역 원칙을 세울 시기이다. 본 연구가 문명과 연대의 관점에서 근대 중국과 한국 지식인의 동아시아 인식을 살펴본 것은 전통에서 근대로의 이전이 결과한 팽창과 저항의 비극적 동아시아의 암영에 존재했던 미약하지만 사멸하지 않는 서광을 확인한 작업이었다.

관념, 전파, 제도
—근대 일본의 경제구상

손 열 | 중앙대학교

I. 서론

중상주의란 경제적 거래에 있어서 국가의 개입에 의해 수출을 많이 하고 수입을 적게 함으로써 그 차액을 극대화하려는 전략적 사고라 할 수 있다. 이러한 중상주의체제의 성공적 전형은 말할 것도 없이 일본이다. 일본은 근대세계에 진입한 이후(즉, 19세기 중엽 개항 이후) 예외 없이 중상주의를 추구, 놀랄 만한 경제성장을 이룩해 왔으며, 장기불황하에서 제로성장에 가까운 정체를 겪은 1990년대에도 중상주의체제는 지속되었고 이에 따라 막대한 무역수지흑자를 기록해왔다.

그렇다면 일본에 있어서 이러한 중상주의적 전략관념(idea), 즉 많이 수출하고 적게 수입함으로써 국부를 증진시키겠다는 전략의 등장을 어떻게 설명할 것인가? 일본은 왜, 어떻게 중상주의를 근대국가 만들기, 특히 그 핵심인 근대경제 만들기의 지배적 관념으로 삼게 되었는가?

이에 대한 대표적 설명방식은 소위 거셴크론(Gerschenkron)의 후발산업화론이다.[1] 그 핵심 주장은 국가는 정치의 올바른 수행에 의해 국제분업구조 속에서 자신의 위치를 향상시킬 수 있다는 것이다. 후발국에 있어서 산업화는 시장의 발전, 즉 가격기구의 자유로운 작동에 의한 생산력 증대의 결과가 아니라 정치의 결과가 되며, 여기서 정치의 올바른 수행이란 변화하는 국제효율의 기준에 맞추어 후발국의 입장에서 적절한 제도를 만들어 운영함을 뜻한다. 거셴크론의 독일은 그 대표적 사례이다. 독일인들은 국가의 도움에 의해 당시 세계시장에 존재했던 가장 선진적인 기술을 획득했고, 후진성의 이득을 살려 대공장/대기업을 건설하였으며, 끝으로 독특한 금융시스템, 즉 영국의 상업은행과 프랑스의 투자은행의 장점을 결합한 은행제도(universal bank)를 발전시켜 산업화에 필요한 장기투자자금을 공급할 수 있었다. 여기서 이러한 중상주의적 발전은 독일이 당시 처했던 상황, 즉 국가간 경쟁과 후진성이란 두 가지 상황적 조건하에서 가능하게 된다.[2]

일본 역시 거셴크론 모델 혹은 독일모델에 대단히 잘 부합되는 것처럼 보인다. 19세기 중반 서양제국주의 침략의 위기하에서 일본의 새로운 지도자들은 당시 국제표준에 걸맞는 국가(즉, 근대국가)를 건설하려 하였고, 그 핵심 중 하나인 산업발전을 꾀하기 위해 선진국들의 제도와 기술을 적극적으로 도입하였다. 예컨대 국가는 모범공장(model factory)을 설치하여 직접 선진기술을 도입, 시행하였으며 은행제도를 정비하여 산업자본을 형성하고 무역을 관리하여 국내산업을 보호, 육성하였다.

---

1 Alexander Gerschenkron, *Economic Backwardness in Historical Perspective* (NY: Belknap, 1962).
2 독일의 경제성장을 설명함에 있어서 이러한 거셴크론 모델을 비판, 대체하려는 시도는 Gary Herrigel (1996).

그러나 여기서, 즉 치열한 국가간 경쟁 혹은 국제적 위기 하에 처해 있는 후발국이 모두 거셴크론적 발전괘적을 추구한 것은 아니다. 이렇게 되려면 후발국의 지도자 혹은 국민들이 당시 제공된 국제표준에 합리적, 효율적으로 대응하여야 한다. 일본을 성공사례로 이끌었던 요인은 무엇인가?

이에 대한 전형적인 해답은 당시 지도층의 합리적 적응력과 의지에 의존하는 설명이다. 노먼(E. H. Norman)을 대표로 하는 소위 코자하(講座派) 마르크스주의자들은 일본을 다음과 같이 설명한다. 밖으로는 서구 제국주의세력에 의한 식민지화 위협 속에서, 안으로는 봉건귀족, 부르주아지, 농민계급간의 절묘한 평형(nice equilibrium)하에서 일본은 절대주의 왕정을 수립(복고)하였고, 그 핵심세력, 즉 메이지 과두지배 엘리트들은 "참을성, 현명한 판단, 그리고 필요한 순간에 빠르고 강하게 치려는 의지"로써 서양세력간에 갈등적 순간을 기민하게 포착하여 근대국가 제도를 성공적으로 만들어 갔다는 것이다.[3] 다른 표현으로 이들 엘리트집단 혹은 개량주의적 중간층은 반식민지 분할화의 위기 속에서 민족의 독립을 위해 일종의 민족통일전선이 결성하여, 그 승리의 결과 혁명적 중앙집권적 국민국가(천황제국가)를 등장시켰다.[4] 국가이익에 대한 헌신과 책무, 애국적 충동과 신념으로 무장한 지배 엘리트는 이어 '상권의 회복', '시장의 탈환' 등 국민경제의 건설을 위해 '놀랄 만한 일관성'을 유지하면서 민족독립에 대한 국민적 대응의 환기와 조직화를 꾀하였는데, 이들의 애국적 관념은 사회 모든 계층에서 발산되었다는 것이다.[5] 예컨대, 민간 기업인들 역시 국익을 경영 혹은 기업활동의 목표로 삼아 국가의 애국주의적 정책

---

3 Norman, E. H. 1940. Japan's Emergence as a Modern State (NY: Institute of Pacific Relations, 1940), p. 5.
4 羽仁五郎1932, 「幕末の政治闘爭」『日本資本主義發達史講座』; 井上淸, 1951, 『日本現代史 第1卷』
5 Jansen, Marius ed. Changing Japanese Attitude Toward Modernization (Princeton: Princeton University Press, 1965), pp. 65-67.

에 적극 동참하였다.

메이지 지배세력의 국익우선의식(독립을 위한 부국강병 추구)과 실천력이 거셴크론적 발전 괘적에의 성공적 진입의 핵심적 요인이라고 한다면 과연 당시 일본의 지배층은 애국주의, 국익우선의식으로 무장되어 있었는가? 실버만(Silberman)은 메이지 시기의 근대국가 형성과정을 당시 무력 쿠데타로 집권한 과두지배세력이 그들에게 당면한 권위와 정당성의 문제를 극복하기 위해 취한 일련의 임시적(ad hoc) 대응전략의 의도적, 비의도적 결과로 해석한다. 즉, 메이지 국가의 혁명성은 복잡한 정치과정의 결과로 주어지는 것이지 지배층의 혁명적 의도(혹은 국익추구의식)의 관철이 아니라는 것이다.[6] 이러한 해석의 극단은 램지어와 로젠블러스(Ramseyer and Rosenbluth)의 합리적 선택론(rational choice theory)이다.[7] 그들에게 메이지 지도자들은 자신의 정치적 지위 유지를 위해 움직이는 보편적인 정치인일 뿐이다. 메이지 역사과정은 자신의 정치적 효율을 극대화하려는 메이지 과두지배자들간의 카르텔적 협력과 경쟁의 과정으로 기술된다. 여기서 경제과정, 즉 국민경제체제의 구축과 성장은 정치와 우발적인 (incidental)인 것이며 이는 시장과 기업의 몫이 된다.[8]

메이저 리더들이 공공정신에 충만한 경세가(statesmen)가 아니라는 주장이 곧 정치적 인간은 자신의 정치적 지대를 극대화하는 인간임을 의미

---

6 이런 점에서 메이지 정부의 혁명성은 1868년 유신부터가 아니라 1871년 중앙집권화의 본격적 시작인 "廢藩置縣"으로 본다. Silberman, Bernard. "The Bureaucratic State in Japan." in Najita and Koschman eds. *Conflict in Modern Japanese History* (Princeton: Princeton University Press, 1982).

7 Ramseyer, J. Mark and Frances Rosenbluth, *Politics of Oligarchy* (Cambridge: Cambridge University Press, 1995).

8 시장에서 생산자들은 상호 협력하에서 가격인상으로 그들의 집단적 이윤을 극대화하려 하지만 항상 이들 카르텔 참여자는 이탈의 유혹을 받는다. 램지어와 로젠블러스는 이러한 상황을 정치에 적용하여 정치시장에서 카르텔 참가자, 즉 메이지 과두지도자들은 자신의 정치적 지대를 극대화하려는 과정에서 정치적 카르텔 이탈의 유혹을 받는다. 메이지 정치과정은 이러한 정치카르텔의 유지와 이탈의 상호작용이다.

하는 것은 아니다. 합리적 선택론에 있어서 모든 인간은 주어진 시간과 장소에 관계없이 동일한 혹은 대단히 유사한 사고범주(preference ordering)를 가지고 있으며 이들의 관념, 행위의 차이는 그들이 처해 있는 외적 조건의 차이에 결과한다. 외적 조건의 변화가 관념의 변화를 수반한다고 보면 유사한 외적 조건 속에서 왜 특정 국가는 중상주의 전략을 성공적으로 수행하고 그렇지 못한 국가들이 나오는가에 대한 별도의 설명이 필요하게 된다.

일본의 경제적 성공에 대해 소위 문화주의자(culturalist)는 보편적 인간 혹은 세계인간을 거부하고 일본(일본지역)이란 문화적 공간에 독특한 문화적 인간을 강조한다. 일본에 있어 자본주의적 발전은 후발상황이란 제약조건하에서 일본에 고유한 전통적 문화요소가 긍정적으로 작동한 결과라는 것이다. 벨라(Bellah)는 일본 전통문화의 집단주의적 경향이 경제적 근대화의 성공을 이끌었다고 보았다.[9] 집단주의는 근대화과정이 필연적으로 수반하는 급격한 사회변동과 가치혼란에 대해 완충작용을 함으로써 점진적이고 진화적인 발전을 이끌어내는 근대적 동력원이었다. 보다 구체적인 기술은 락우드(Lockwood), 무라카미·쿠몬·사토(村上泰亮·公文俊平·佐藤誠一郎), 도어(Dore), 사카키바라(榊原英資) 등에게 드러난다.[10] 일본적 독특성의 상징으로서 조화와 협동을 강조하는 가족주의, 집단주의적 전통은 일본의 후진성 혹은 식민지화의 위기 속에서 촉발되었고, 이러한 가치를 공유한 엘리트들은 조화와 합의의 제도적 틀을 마련하고 후진성의 극

---

9 Bellah, Robert, *Tokugawa Religion* (NY: Free Press, 1957).
10 William Lockwood, *Economic Developmental of Japan* (Princeton: Princeton University Press, 1956); 村上泰亮·公文俊平·佐藤誠一郎, 「文明としてのいえ社會」 (東京: 中央公論社, 1970); Ronald Dore, *Flexible Rigidities* (Oxford: Oxford University Press, 1986); 原英資, 「文明としての日本型資本主義」 (東京: 東洋經濟新聞社, 1993).

복에 성공하였다는 것이다. 일본인이 이러한 고정불변의 일본적 문화가치에 지배된다면 일본적 중상주의 관념은 일본의 내재적 가치와 후발상황이 결합된 산물이 된다. 여기서 관념은 내재적, 토착적 관념이며 비일본적인 것은 외부 환경으로 처리된다. 외적인 제약요건으로서 서양은 내부적 변화 혹은 내적 재구성을 촉진시키는 자극제가 되며, 일본은 날카롭게 경계지워지는 것이다.

그러나 일본이 근대세계에 진입하면서 끊임없이 서양문명을 수용하고 변형시켜왔음은 주지의 사실이다.[11] 즉, 서양적 관념은 일본의 외부세계를 구성하고 있는 요소가 아니라 내부에서 토착적인 요소와 결합, 재결합하는 요소가 된다. 그런 만큼 서양적인 것은 사쿠마 쇼잔(佐久間象山)의 표현인 "東洋道德 西洋藝術", 즉 동양(일본)의 정신과 서양의 기술의 결합에서 기술이 아니라 관념과 문화 그 자체이다. 따라서 일본의 근대는 일본의 토착적인 정신과 서양의 정신의 결합이 될 것이고, 문제는 이 둘의 결합양상과 방식이 될 것이다.

이 글은 일본의 중상주의 전략의 성립을 설명함에 있어서 현실세계의 변화는 그에 상응하는 관념의 변화를 수반한다는 구성주의(constructivism)적 관점에서 관념의 형성과 제도화의 문제에 분석의 초점을 맞추고자 한다.[12] 관념은 물질세계의 변화를 반영하는 것이 아니라 물질세계를 구성하고 그 속에 자신을 위치지우는 것이 되며, 이는 사회/정치과정에 의해 지탱되고, 따라서 관념과 사회적/정치적 행위는 상호작용하는 것으로 본다. 구

---

11 Bartholomew, James, *The Formation of Science in Japan* (New haven: Yale University Press, 1989); Beasley, William, *Japan Encounters the Barbarian* (New haven: Yale University Press, 1995).

12 구성주의에 관해서는 Peter Berger and Thomas Luckman, *The Social Construction of Reality* (Anchor 1966); Roberto M. Unger, *Plasticity Into Power* (Cambridge, 1987); J. A. Holstein and G. Miller eds., *Rethinking Social Construction* (Aldine de Gruyter, 1993); V. Burr, *An Introduction to Social Constructionism* (Routledge, 1995).

체적으로 이 글은 합리적 선택론과 문화주의의 비판으로부터 출발한다. 즉, 합리적 선택론이 거부하는 관념/문화의 자율성을 인정하고 중시하되 이를 고정불변화, 전체화하는 문화주의를 비판한다. 일본의 관념/문화는 토착적이며 고정불변한 요소가 아니라 외부적인 요소와 교섭되고, 타협되고, 복합되어지는 것이며 이 과정은 결국 정치적 싸움으로 표현되어진다. 요컨대, 경제전략의 구성은 관념간의 조우, 전파, 수용, 변형의 복합적인 과정의 결과이며 이는 고도의 상태의존적(contingent)이고, 동시발생적(conjunctural)으로 경합되는 권력관계, 정치적 거래의 과정으로 표현된다.

II. 관념의 전파

1858년 개항이 일본에 있어 근대세계, 즉 서양과의 본격적인 만남이었다면 1868년 메이지유신은 만남 속에서 서양 근대의 모습을 갖추기 위한 본격적인 준비의 시작이었다. 이는 한마디로 근대국가 만들기였고, 구체적으로 군사, 경제, 그리고 식민지 획득 국가로서의 제도를 구성하는 일이었다.[13] 도쿠가와 막부의 분산적 봉건체제로부터 중앙집권적 국가체제로의 전환이 신정권의 우선적 정치과제였다면, 국민경제의 구성은 경제영역에서의 근본과제였다. 문제는 정권의 과두지배세력(oligarchy)이 어떠한 목표와 수단을 어떠한 명분하에서 발전시켜 나갔는가에 있었다.

앞장에서 언급하였듯이, 표준적 설명은 외부적 위협(i.e., 서양 제국주의

---

13 근대국가의 군사국가·경제국가·식민지국가로서의 성격에 대해서는 이용희 『일반국제정치학(상)』(1962) 제4장 참고.

세력의 식민화 위협)하에서 선택된 지도자들(i.e., 메이지유신 담당자)이 국제적 평등을 달성하기 위해(i.e., 근대국가체제의 일원으로서 불평등조약의 개정) 그 수단으로서 경제성장을 정력적, 지속적으로 추진하였다는 것이다. 외압은 존왕양이(尊王攘夷) 운동을 태동시켰고, 이는 부국강병(富國强兵)의 관념으로 이어져 위로부터의 산업자본주의 추진, 즉 식산흥업(殖産興業) 정책이란 중상주의 정책으로 이어지는 것이다. 초기 일본 자본주의의 군사적(강병적) 성격이 부각되는 것은 바로 여기에 있다.[14]

이러한 전형적인 거셴크론적 설명 속에 가려져 있는 것은 바로 '정치'이다. 즉, 당시 유신(維新)의 주역인 오쿠보(大久保利通), 기도(木戸孝允), 사이고(西鄕隆盛), 오쿠마(大畏重信) 등 과두지배층은 외부적 압력을 쿠데타(즉, 구정권 타도)에 사용하였을 뿐만 아니라 신정권의 유지, 즉 자신들의 권력유지를 위해 이용하였던 것이다. 왕정복고 후 과두지배체제(oligarchy)는 안팎으로 정치적 도전에 직면하였다. 과두세력에 의한 권력의 장악은 정치적으로 정당성과 권위의 문제를 야기시켰다. 구체제하에서 하급 사무라이 신분인 이들이 천황이란 자연적, 도덕적 권위를 내걸고 집권하였다면, 천황아래 모두가 동등한 일본인으로서 왜 자신들만이 권력 상층부를 점하게 되었으며, 또 왜 그래야 하는가를 정당화해야 했다.[15] 즉, 분권적 봉건체제로부터 천황을 중심으로 한 중앙집권화 과정 속에서 이들 유신관료에게 권력이 집중되는 현실에 대한 정당성을 확보해야 했던 것이다.

먼저 과두지배층은 점증하는 농민봉기를 진압해야 했다. 이른바 요나오시 이키(世直し一揆)라는 농민/민중이 겪는 고통의 생활로부터의 해방을

---

14 일본 자본주의의 군사적 성격에 대한 고전적 저작은 山田盛太郎, 「日本資本主義の分析」 (1934), 영문으로는 Samuels, Rich Nation, *Strong Army* (Ithaca: Cornell University Press, 1994).
15 Bernard Silberman, "The Bureaucratic State in Japan", in Najita & Koschman (eds.), *Conflict in Modern Japanese History* (Princeton: Princeton University Press, 1982), p.237.

위한 일종의 반정부, 반체제투쟁은 메이지 첫해 정점에 달하였다. 농민의 반체제운동 에너지는 막부의 붕괴에 작용하였을 뿐 아니라 신정부에게도 위협요소였던 것이다.[16] 또한 이들과 함께 쿠데타/내전에 참여하였던 여타 사무라이의 불만, 즉 집권 후 논공행상에 따르는 불만을 무마해야 했고, 더욱이 과두체제 내부의 갈등을 해결해야 했다. 특히, 제한된 정치적 지대(rent)를 둘러싼 그들간의 분배갈등은 이들의 일부로 하여금 지배세력 외부(민간세력)와의 연계를 야기시켰고, 그런 만큼 자기파괴적인 게임을 펼치게 되는 것이었다.[17] 예컨대 새 지도자들은 그들의 반대자들로부터 자신들의 집권 및 통치의 권위와 정당성을 확보할 필요성을 절감하였던 것이다.

반대자들의 점증하는 의심과 위협으로부터 자신들의 정치적 정당성과 권위를 확보하는 방법에 대해 세 흐름이 존재하였다.[18] 첫째는 정한론(征韓論)으로서 외부적 현상변화의 추구, 즉 대외팽창에 의한 외부적 긴장조성에 의해 국내 정치적 문제를 해결하려는 일부 집권세력, 대표적으로 사이고의 주장이었다. "일승(一勝)하여 외환(外患)을 거(去)하고, 인민(人民)에게 이를 보여 인민보호(人民保護)의 존(尊)을 알게 하면, 민심(民心)은 필시 흥기(興起)하여 그로써 정부(政府)에 의뢰(依賴)하는 마음이 생길 것"이라는 것처럼, 이는 전쟁으로써 새 정권의 존재의의를 증명하려 하는 시도였다.[19]

반면 기도와 이노우에(井上馨) 등은 정한론을 둘러싼 권력 내부의 갈등 속에서 입헌정체의 도입에 의해 신정부의 정통성을 부여받으려 했고, 이

---

16 佐佐木潤之介, 『世直し』 (東京: 岩波新書, 1979).

17 J. Mark Ramseyer & Frances Rosenbluth, *Politics of Oligarchy* (Cambridge: Cambridge University Press, 1995).

18 이하의 논의는 坂野潤治, "明治國家の成立", 梅村又次·山本有造(編), 『日本經濟史 3: 開港と維新』 (東京: 岩波書店, 1989) pp.65~86에 의거함.

19 梅村又次·山本有造(1989), p.82.

와 달리 오쿠보는 국가경제의 성장을 통해 사무라이들의 불만을 수용하려 하였다. 오쿠보는 "독립(獨立)의 권(權)을 갖고 자주(自主)의 체(體)를 비(備)하여…제국(帝國)으로 칭(稱)"하기 위해서는 "실력(實力)을 양(養)"함이 급선무이며, 실력양성의 요체는 "민업(民業)을 권려(勸勵)하고 물산(物産)을 개식(開殖)"함에 있다고 주장하였다.[20] 그는 '강병'의 기초가 되는 '부국'을 우선한다는 논리로 급진적인 입헌정체론을 잠재우고, 대만 파병으로 군부와 사이고 등 가고시마 사무라이의 정한론을 억제하는 한편 국내적 개혁, 즉 민간경제의 확립과 성장에 초점을 맞추어 정책을 추진하려 하였다.[21] 특히 농민의 강한 불만을 직접적으로 부딪치고 있었던 지방관들은 대외적 위기가 치수(治水) 등 지방 토목·건설비용의 삭감을 가져올 것이기에 용납할 수 없다고 강력히 반발, 오쿠보의 입지를 강화시켜주었다.[22]

여기서 경제성장은 근대적 산업의 육성일 뿐만 아니라 도로치수사업과 같은 지방토목사업의 장려에 의해 지방경제를 살리려는 지방에 개화의 이익을 환원하는 것이 되며, 따라서 국가의 독립뿐만 아니라 정권유지의 수단이 되는 것이다. 즉, 경제성장은 일본이 서양 근대의 세계에 진입하는 통로였고, 동시에 메이지 통치를 유지하는 방법이었다. 경제정책에 있어 그 정치적 동기가 읽혀진다면 메이지 기의 중심적 정책관념, 즉 부국강병(富國强兵)은 정치권력의 추구가 깔린 프로젝트였다. 여기서 중앙집권적 정치권력의 추구와 산업화(경제발전)의 결합을 극명하게 보여주는 사례는 바로 강력한 내무성(內務省)의 설치였다. 오쿠보에 의해 창설된 이 기구는 대민통제를 위한 경호료(警護寮)와 산업육성을 위한 권업료(勸業寮)가 두 축이었다.

---

20 『大久保利通文書 第7卷』(東京: 東京大學出版會, 1968), pp.75~82.
21 『大久保利通文書 第5卷』(東京: 東京大學出版會, 1968), p.55.
22 梅村又次·山本有造(1989), p.82~83.

그런데 경제적 부를 가져다주는 신경제체제를 구축하기 위해서는 근대적 지식이 필요했고, 그 지식은 서양으로부터 도입되어야 했다. 과두지배층에게는 상당히 제한된 선택지가 주어졌다. 왜냐하면 그들은 이미 자본주의 경제를 바탕으로 하고 있었기 때문이었다. 예컨대 이와쿠라 사절단(岩倉具視使節團)의 파견(1872~73)에서 보여지듯이, 이들은 문명개화에 의한 서양화의 길만이 일본의 독립획득의 유일한 활로라고 명확하게 인식하였다.[23] 그 일원으로 구미를 순회하고 돌아온 오쿠보는 서양의 힘은 바로 민간경제의 활력에서 비롯된다고 보았고, 따라서 일본의 길은 서양 자본주의의 길이 되는 것이라 믿었다.[24] 오쿠보와 과두지배층에게는 대체로 두 가지 선택지가 놓여 있었다. 하나는 경제적 자유주의, 즉 사회의 경제적 향상에 있어서 개인의 사적 이익과 이윤추구에 기초한 자유로운 교역이론이었다. 또 하나는 중상주의, 즉 교역에 의한 부의 창출을 제로섬적, 혹은 상대적 이득의 관점으로 보고 교역을 적극적으로 통제, 관리하는 실용주의적 이론이었다.

서양 경제이론은 페리(Commodore Perry)와 흑선의 도래 이후 일본에 급속히 소개되기 시작했으며, 특히 메이지유신 이후 서양화의 추진을 위해 정부, 특히 당시 대장경(大藏卿) 오쿠보와 대장대보(大藏大輔) 이노우에(井上馨)는 대장성 산하에 번역국을 설치하고 주요 서양경제서를 번역, 보급하는 일종의 교육기관의 기능을 담당하였다.[25] 그런데 초창기 번역서의

---

23 大石嘉一郎, 『日本帝國主義史 I』(東京: 東京大學出版會, 1966), p.39.
24 물론, 오쿠보 이전에도 자본주의 경제체제를 추구하자는 주장이 존재했다. 대표적으로 후쿠자와는 1867년 그의 베스트셀러 『西洋事情 外篇』에서 신문명의 모델로서 서양의 자본주의 사회를 설정하고 사유재산권의 중요성을 강조한 바 있다.
25 메이지 초기 각 관청에 분산 소장된 양서목록으로 1882년 太政官記錄果에 의해 작성된 『諸官廳所藏洋書目錄』에 따르면 경제서는 총 1,824부, 2,170책으로 파악되고 있었다. 구체적 내용은 杉原四郎, 『日本經濟思想史論集』(1980), p.13~31.

대부분은 스미스(Adam Smith), 맬서스(T. R. Malthus), 밀(J. S. Mill) 등의 자유주의 경제학 서적이었다. 이들 서적은 후쿠자와(福澤諭吉), 타구치(田口卯吉), 쓰다(津田眞道) 등에 의해 번역되어 일반 대중에 소개되었다. 그러나 이들 서적은 당시 대다수 일본인들에게는 대단히 낯선 내용이었기 때문에 알기 쉽게 해설되어야 했고, 이 점에서 후쿠자와의 작업이 대단히 유익하였다. 그는 『서양사정(西洋事情)』에서 평형(equilibrium)의 개념과 함께 자유방임(laissez faire)의 관념을 소개하면서 국가는 원칙적으로 사적 교역에 개입하지 말아야 하며 철도, 전신, 가스와 수도공급 등 공공재의 영역에서만 제한적으로 개입해야 한다고 기술하였다. 쓰다에 따르면 "수입과 수출은 자연의 법칙에 따라 순환되는 것이며 결코 평형을 이루는 데 실패하지 않는다. 이에 따라 기능과 산업도 성장하므로 결코 두려워할 필요가 없는 것"이었다.[26]

그러나 경제적 자유주의는 정치적으로 수용하기 쉽지 않은 것이었다. 과두지배층에게 자유방임과 자유무역은 서양 제국주의의 은유일 뿐, 일본의 후진적 상황에 적용할 수 없는 것이었다. 이와쿠라 사절단 파견이 서양의 문물을 배우고 오는 서양화의 길이었지만 사실 그 실제적 임무는 불평등조약의 개정이었음을 상기해 보면, 자유무역에 대한 이들의 거부감을 짐작할 수 있다. 이와 더불어 개인의 자유를 근본으로 삼는 경제적 자유주의는 정치적으로 위험한 사상이었다. 공익의 정의와 실행을 관(官)이 독점하는 권위주의적 정부를 지향하는 당시 지배층에게 개인적 자유의 관념은 표현의 자유, 나아가 의회민주주의 등 정치적으로 대단히 민감한 사항으로 연결될 소지가 다분한 이론체계였다. 이들은 중상주의로 기울어졌다.

---

26 Chuhei Sugiyama, *Origins of Economic Thought in Modern Japan* (London: Routledge, 1994), p.7.

일본에 있어 중상주의적 관념은 이미 도쿠가와 시대에 싹트고 있었다. 원래 물질적 재화에 대한 욕망을 억제하고 부(富)에 대한 부정적 태도를 견지하는 유학(주자학)이 지배 이데올로기인 도쿠가와 체제하에서 부유(富有)의 방책이란 대단히 주변적인 정무(政務)일 수밖에 없었다.[27] 그러나 도쿠가와 유학질서 속에서 이른바 정치적인 것(the political)의 발견자였던 오규 소라이(荻生徂徠)는 부유의 문제를 정치의 중심과제로 설정하였고, 문제해결 방법으로 욕망의 통제에 초점을 맞추었다. 그는 당시 봉건사회가 처해있는 난국은 화폐경제와 그 기반 위에서 성립된 상업자본의 급격한 발전으로부터 유래한다고 보고, 이를 해결하기 위해 호사(豪奢)를 억제하고 화폐경제를 제한해 사회를 봉건적 재생산과정의 궤도로 복귀시키려 하였다.[28] 그는 무사(武士)를 토착시키고 농사를 권장하면서도 기본적으로 생산에는, 즉 부의 획득에는 한계가 있으므로 주어진 부를 절약하고 적절히 분배하는 문제에 관심을 기울였던 것이다.[29]

혼다 도시아키(本多利明)와 가이호 세이류(海保靑陵)를 중심으로 한 일군의 지식인들은 한걸음 더 나아가 욕망, 혹은 '리'(利)의 증대를 정당한 것으로, 즉 '리'(理)로 인정한 위에서 부국(富國)을 억제의 체제로부터 교환(무역)의 체제로 전환시켰다. 가이호는 무사(武士)가 리(利)를 부정하는 풍조를 비판하면서, 백성의 이식(利息)추구 행위를 '천지의 이'(理)로, '우리 카이'(賣買)를 사회의 총체이며 '세계의 리'(理)로 긍정하였다. 그는 심지어 군신관계를 시중의 상매(商賣)와 같이 '리'(利)의 관계로 엮었다.[30] 이런 위에서 혼다는 부의 체계적 축적을 위한 방법을 제시한다. '란가쿠'(蘭學)

---

27 인간의 욕망을 제거하고 하늘의 이치(天理)로 돌아가는 수양법이 주자학의 대강이었다.
28 마루야마 마사오 지음. 김석근 옮김, 『일본정치사상사연구』(통나무, 1995), p.349.
29 杉原四郎 外編, 『日本の經濟思想四百年』(東京: 本經濟評論社, 1990), pp.51~52.
30 杉原四郎(1990), pp.134~135.

의 영향을 받은 그는 국가 제일의 정무(政務)로 '만국(万國)에 교역(交易)을 내어 금은동(金銀銅)을 획득하여 자국을 풍요(豊饒)의 부국으로 만드는 것'을 꼽았다. 여기서 경제적 부(富)의 증식이란 금은(金銀)의 확보가 되며 이를 위한 유일수단은 외국무역이고, '해국일본'(海國日本)으로서 무역에는 무엇보다도 '해양도섭'(海洋渡涉)과 '항해술'(航海術)이 필수조건이며, 이를 위해서는 서양의 천문지리학과 산수가 필수적이 되는 것이었다.[31]

혼다는 상업에서 국가의 적극적 역할을 강조하였다. 그에 따르면 상업은 천하의 리(利)의 16분의 15를 차지할 만큼 중요하나 이를 상인(혹은 상업자본)의 손에 맡길 수 없는 까닭은 상인의 폭리가 무가(武家)의 곤궁을 야기하고 농민을 피폐하게 만들기 때문이었다.[32] 소라이 등이 농업 중시의 입장에서 상인을 억제하려 하였다면, 혼다는 상업 자체의 이익은 긍정하되 상품유통을 관(官)이 관장해 상업의 이익을 국가가 획득해야 한다는 주장을 펼쳤다.

예컨대 혼다는 세상의 부의 총량은 일정하므로 일국의 이익은 필연적으로 상대국의 손실이 되고, 따라서 문제의 핵심은 상품의 생산에 있기보다 상업의 능력에 달려있으며, 이는 국가의 적극적 개입에 의해 육성되어야 한다는 고전적 중상주의자의 견해를 그대로 따르고 있었다. 그러나 이러한 중상주의적 관념은 도쿠가와 체제 속에서 주변적 지위를 점하는 것이었고, 중상주의가 부국책의 중심으로 논의되게 된 것은 도쿠가와 봉건제가 무너지고 중상주의에 대한 구체적 지식이 서양으로부터 본격적으로 전파된 메이지 초기였다.[33]

---

31 혼다의 중상주의는 당시 네덜란드의 영향(蘭學)을 강하게 받았다. 本庄榮治郎, 『近世の經濟思想』 (東京: 日本評論社, 1931). 또한 『日本思想大系: 本多利明·海保靑陵』 (岩波書店, 1970), p.456.
32 本庄榮治郎(1970), p.460.

서양에서 중상주의는 다양한 모습으로 존재하였고, 그 중 메이지유신 전후 일본에 전파된 중상주의는 미국인 캐리(Henry Charles Carey)의 것이었다.[34] 캐리는 리스트(Friedrich List)의 동료로서 리스트에 비하면 열등한 학자였지만, 메이지 초기 일본에서는 훨씬 널리 알려져 있었다. 왜냐하면 그의 제자 스미스(E. Peshine Smith)가 메이지 정부의 법률고문으로 일본의 관세자주권 회복작업을 돕기 위해 9년간 체류하며 스승 캐리의 학문을 전파하였기 때문이다. 그에 앞서 대장성관료 와카야마(若山)는 재정, 금융문제를 공부하기 위해 이와쿠라 사절단을 따라 미국에 체재하면서 캐리의 이론을 접하였고 이를 번역, 소개하였다.

여기서 흥미로운 사실은 캐리의 보호주의론이 지극히 미국적인 것이었다는 점이다. 마르크스(Marx)의 해석에 따르면, 캐리는 미국의 부르주아 정치경제 체제가 도시와 농촌, 공업과 농업 간의 조화로운 협력에 기초하고 있다고 보았다. 그러나 영국이 대공업의 파괴적 힘을 앞세워 미국체제를 훼손하고 있기 때문에 이를 보호해야 한다는 것이었다. 그에게 보호주의란 미국 부르주아 정치경제의 조화로운 법칙을 세계시장을 장악하려는 영국의 영향으로부터 보호하는 수단이 된다. 여기서 국가의 개입은 미국의 근대를 영국의 근대로부터 지킨다는 명분하에 작동하는 것이다.[35]

---

33 마루야마(丸山)는 혼다 도시아키가 서양의 사례 속에서 공업생산이 부유의 근본임을 인식하면서도 그 자체를 오로지 '신기한 기구'로 인식할 뿐, 당시 일본이 이를 아직 일상적인 생활수단으로까지 끌어올리지 못했던 점에서 근대적 의식(즉, '작위 논리'의 진전이 저지되어 있음을 지적하고 있다(마루야마, 1995, p.443). 따라서 중상주의는 메이지유신 후 작위논리의 압도적인 범람 속에서 자리를 잡게 되는 것이다.

34 중상주의(mercantilism)는 다양한 형태로 표상되어 왔다. 예컨대 스미스는 이를 무역의 균형이란 측면에서, 슈몰러(Gustav Schmoller)나 로셔(Wilhelm Roscher)는 국가건설(state building)의 과정으로, 커닝햄(William Cunningham)은 권력의 시스템으로, 립셋(E. Lipset)은 경제적 자급자족으로, 헥셔(Eli Heckscher)는 인간과 사회에 관한 특정한 개념체계로 보았다. 이런 점에서 중상주의는 무역과 산업에 관한 하나의 담론이 되어진다(Lars Magnusson, *Mercantilism*, London: Routledge, 1994).

35 Karl Marx, "Bastiat and Carey", *Collected Works* Vol.12, pp.5~16.

의문의 여지없이 와카야마 등이 일본체제를 서양체제로부터 지키기 위해 보호주의 정책을 주장한 것은 아니었다. 오히려 이들의 주장은 프러시아적 전통을 이어받고 있다. 이들은 캐리를 프러시아식으로 읽었던 것이다. 리스트 등의 프러시아 중상주의자들은 스미스(Adam Smith)가 비판하는 '중상주의 체제'의 역사적 합리성을 강조하였다. 이들은 전형적인 역사주의적 해석방식으로 문제에 접근, 중상주의는 현재의 시점에서 연구되어야 한다고 하면서, 경제세계에서 시공을 관류하는 보편적 법칙은 존재하지 않으며 오히려 경제행위의 합리성은 시간, 장소, 특히 국적성에 따라 제도적으로 구속되는 것이라고 보았다. 따라서 메시지는 명확해진다. 자유방임은 경제상식의 보편적 언어가 될 수 없으며, 고전적 중상주의가 17~18세기 조건에 대한 합리적 대응이었던 것처럼, 19세기 중반 이후의 중상주의는 근대 산업사회에 대한 특수한 독일적인 길(*sonderweg*)이라는 것이다. 와카야마는 자유무역은 이론상 옳으나 현실적으로 일본과 같은 가난한 나라에는 맞지 않음을 역설하면서 캐리를 인용, 서양의 많은 나라들이 보호주의적 정책을 통해 부의 체계적 축적을 이루었다고 주장하였다.[36]

일국의 게임의 룰은 그 발전단계(즉, 국제적 분업구조 내에서의 위치)에 따라 변한다는 리스트의 주장은 그의 대표작 『정치경제학의 국민적 체계 *National System of Political Economy*』를 일본어로 번역, 보급한 오시마(大島貞益)에 의해 그대로 재현된다. 오시마는 리스트를 원용하면서 한 국가가 유치기(幼稚期)에 있을 경우는 자유무역을 취해야 하는데, 왜냐하면 자유무역 없이는 봉건적 요소들이 제거되지 않기 때문이라고 보았다. 그

---

36 Sugiyama(1994), p.8.

러나 일본의 경우처럼 그 나라가 대외무역의 혜택을 누릴 수 있을 정도로 성장되는 경우, 국가는 적극적으로 개입하여 선진국들과 경쟁할 수 있을 정도의 단계까지 성장할 수 있도록 이끌어야 하며, 그 이후 이 나라는 마침내 자유무역을 즐길 수 있게 된다는 것이다.[37]

수출입의 불균형으로 인한 정화(正貨)의 유출, 그리고 이에 따른 정치적 불안정에 고심하고 있었던 신정부 과두지배 세력에게 상품의 교역을 통제하고 이로써 국가의 독립과 중앙집중을 꾀한다는 중상주의의 언어는 상대적으로 편하게 들리는 것이었다. 그 이유는 마루야마(丸山眞男)의 일본의 근대사상사 해석처럼 "이른바 개화(근대)사상이 직접적인 계보에 있어서 아무리 바깥에서 온 것이라 할지라도, 바깥의 그런 것들이 받아들여질 수 있었던 것은(혼다 등의 사상이 존재하였던 것처럼)이미 재래의 안에 있는 것이 바깥의 그것들을 그다지 큰 거부감 없이 받아들일 수 있을 정도로 변질되어 있었기 때문"[38]이기도 했지만, 메이지 정권의 정치적 입장에서도 중상주의는 유용한 것이었다. 즉, 슈몰러의 주장처럼 중상주의가 정부(즉, 프러시아 정부)에 의한 '통일과 중앙집중의 정책'[39]이며, 따라서 중상주의 정책이 스미스의 비판처럼 '강력한 이익집단의 이익을 추구하기 위한 음모'[40]가 아니라 국가 전체의 경제적 이익을 대변하는 것이 된다면, 이는 경제적 공익을 독점하려는 메이지유신 관료(維新官僚)들에게 대단히 유용한 관념이었다. 즉, 메이지의 정치 이데올로기와 중상주의 간에는 선택적 친화성(elective affinity)이 성립되는 것이었다.[41] 말하자면 메이지 지배층은 서양

---

37 Sugiyama(1994), pp.11~12.
38 마루야마(1995), p.321.
39 Gustav Schmoller, *The Mercantile System and Its Historical Significance* (London: MacMillan, 1892), pp.50~61.
40 Adam Smith, *The Wealth of Nations* (Oxford: Clarendon, 1976), p.661.
41 '선택적 친화성'은 From Max Weber, p.62.

으로부터 전파된 다수의 경제지식 속에서 메이지 이데올로기(즉, 공익은 최대다수의 최대행복을 줄 수 있는 전문지식을 가진 제한된 소수에 의해 가장 잘 성취된다는 관념)와 '친화성'을 갖는 중상주의적 관념(즉, 경제영역에 있어 국가관료에의 권력집중)을 '선택'한 것이다.

여기서 '친화성'이 떨어지는 서양의 것은 사상되었다. 앞서 언급하였듯이, 캐리의 지극히 '미국적인 것'이 탈각되었듯이 리스트도 전체(ready-made)로서 받아들여진 것은 아니었다. 사실 리스트는 개인의 경제활동의 자유(즉, 상거래의 자유)를 따짐에 있어서 국제적 차원과 국내적 차원을 구별하였다. 그는 "외국무역의 경우 최고의 개인적 자유가 최고의 제한과 양립될 수 있으며, 오히려 외국무역에 있어 최고도의 자유가 국민적 예속을 결과할 수 있음"을 경고하였지만, 국제무역의 통제, 즉 관세보호가 그 국가의 경제성장을 자동적으로 보장해주는 것은 아니라고 보았다.[42] "관세정책의 유효성은 그 국민의 진보적 문화와 자유주의적 제도에 의해 지탱되는 한도 내에서 성립된다"며, 그는 당시 세계최강 영국의 생산력과 부는 독특한 귀족제도 속에서의 개인적 자유가 바탕이 되었다는 예를 들고 있다.[43] 보호주의 제도에 의한 산업력의 발전은 국내 경제적 자유를 포함한 시민적 자유가 바탕이 될 때 가능한 것이며, 역으로 이러한 자유가 결여되는 경우 산업력의 발전이 불가능하다는 것이고, 그런 만큼 선진국 영국에 대항하고 따라잡기 위해 설치한 보호제도 자체가 무의미함을 경고하였던 것이다.

---

42 Fridriech List, *The National System of Political Economy* (London: Longmans, 1885), p.11.

43 List(1885), p.112. 그는 "시민의 지능, 덕성, 근로는 국민의 복지와 비례하며, 부는 이러한 덕성의 증감에 따라 증감한다. 그런데 개인의 근면, 절약, 발명심 및 기업가정신은 그들의 시민적 자유, 공적 제도 및 법률, 국가행정, 대외정책, 국민의 통일 등에 의해 뒷받침되지 않으면 발달될 수 없다"고 하여 시민적 자유와 경제적 번영, 혹은 산업력과의 관계가 서로 상호작용(interactive)하는 것으로 보았다.

리스트에게 있어서 시민적 자유와 중상주의적 보호주의는 서로 양립하는, 아니 긍정적으로 상호 작용할 수 있는 것이었다. 그러나 실제로 프러시아가 전자 없이 후자만을 선택하였던 것처럼 일본 역시 후자만에 주목하였다.

III. 관념의 제도화

중상주의 관념이 제도화된 대표적 사례는 바로 오쿠보의 유명한 「식산흥업(殖産興業)」에 관한 건의서(建議書)가 된다. 여기서 오쿠보는 국력과 산업력과 국가의 역할과의 관계를 다음과 같이 설정하고 있다.

대저 국가의 강약은 인민의 빈부에 연유하며, 인민의 빈부는 물산의 과다에 관계된다. 또한 물산의 과다는 인민이 공업을 면려(勉勵)하는가에 달렸으나, 그 원천을 찾는다면(일본의 경우) 아직 일찍이 정부정관(政府政官)의 유도장려(誘導奬勵)의 힘을 입은 바 없다…정부정관들은 실제상의 문제에 주의를 기울여 공업을 장려하고 물산을 증식시켜 부강의 기초를 다져야 한다.[44]

이를 위해 국가는 "인민지식을 더 개방하고…나라의 풍토와 풍습에 대응하여 인민의 성정지식(性情知識)에 맞추어 그 방법을 제정하고 이로써 행정상의 기본 축을 삼는" 임무를 수행해야 한다고 진언하였다.[45] 여기서 그는 국가가 민간의 경제생활에 개입하는 명분을 국제상황에서 찾았다.

---

44 『大久保利通文書 第5卷』(東京: 東京大學出版會, 1968), p.561.
45 『大久保利通文書 第5卷』(1968), p.565.

그는 '공업보호'를 곧 '인민보호'로 인식했다.[46] 즉, 인민의 빈부는 국가의 독립에 일차적으로 달려있으므로 인민의 풍요를 담지해주는 공업의 보호는 곧 인민의 보호로 연결되는 것이었다.[47] 그런 만큼 오쿠보는 자유무역을 거부하였다. 그는 자유무역을 서양 제국주의의 은유이며 비서양에 대한 서양의 지배를 영속화하는 도구로 보았다. 당시 그가 목도한 것은 자유무역이라기보다는 함포외교였던 것이다.[48]

그러나 오쿠보가 자유무역을 거부했다고 해서 경제적 자급자족 체제(autarky)를 주장하는 것은 아니었다. 그의 궁극적인 모델은 영국이었다. 즉, 전형적 통상국가 만들기였다. 여기서 그는 리스트 류의 발전단계론을 전개한다. 그는 영국의 사례를 거론하며 영국이 세계제일의 강대국으로 등장한 이유는 항해법(Navigation Acts)으로 대표되는 중상주의 정책을 효과적으로 추진하였기 때문이었다고 보았다. 영국은 이 법을 통해 세계 상권을 장악함으로써 무역을 통제할 수 있었고, 그 결과 국제분업상 지배적인 위치에 이른 후 자유무역으로 전환하였다는 것이었다.[49]

오쿠보는 특히 무역부문, 즉 해운업과 해외무역업의 육성에 역점을 두었다. 일본의 해외무역의 실권이 서양상인의 손에 놓여 있는 현실을 타파하기 위해 그는 국내 민간해운업을 육성하기 위해 '해운보호육성책'(海運保護育成策)을 제안하였고, 또한 상권회복을 위해 '직수출회사설립(直輸出會社設立)의 건의(建議)'를 내어 공적 자금을 대여, 육성하려 하였다. 이런 점에서 오쿠보는 전통적 중상주의, 즉 혼다(本多利明) 등 도쿠가와 기의 상업중시 사고(상업>산업)의 연속선상에 있는 것처럼 보이지만, 사실은 리스

---

46 「大久保利通文書 第5卷」(1968), pp.563~564.
47 「大久保利通文書 第6卷」(東京: 東京大學出版會, 1968), p.354.
48 「大久保利通文書」, 第7卷, p.564.
49 「大久保利通文書」, 第5卷, pp.563~564.

트/캐리 류의 중상주의 영향으로 산업에 상대적 관심을 쏟아 상업과 산업의 균형을 꾀하였다는 데 주목해야 한다. 그는 "물산번식(物産繁殖)의 순서는 농(農)을 권(勸)하고 공(工)을 여(勵)하는 데 있으며…농공권장의 방법은 상업을 신장하고 판로를 소확(疏擴)하는 것"이라 하여, 농공업을 기초로 하되 이를 위해서는 상업(무역)을 발전시켜 판로를 확대해야 하며, 그 수단이 바로 직수출회사의 설립과 해운업의 육성이라고 보았던 것이다.[50]

이는 후쿠자와에 연결된다. 후쿠자와의 '무역입국론' 역시 영국을 모델로 하고 있으며, 국부(國富)와 무역 간의 관계를 국제정치적인 맥락 속에서 설정하고 있는 점에서 혼다와 오쿠보를 잇고 있다. 그는 '오늘날의 전쟁은 병사의 전쟁이 아니라 기계의 전쟁'이라 보면서, 전쟁의 승패는 '기계의 기교(奇巧)와 그 운용의 묘'에 있으며, 이는 그 나라의 '재화의 다소'에 달려있고, 이는 곧 '외국무역을 성(盛)하게 하는' 길 이외에는 없다는 논리를 전개하고 있다.[51] 예컨대 무역은 전쟁이며, 무역이 '일본의 입국(立國)의 제일의 급무'라는 것이다.[52] 그런데 전쟁에서 이기는 쪽이 있으면 지는 쪽이 있듯이, 무역 역시 "우리가 잃는 만큼 상대국이 얻게 되며, 따라서 외국인들은 무역에서 그들의 목적(즉, 이윤확보)을 성취하였고, 일본은 그들이 얻는 만큼 잃어 왔다."[53] 이런 점에서 후쿠자와는 혼다와 오쿠보를 잇는 전형적인 중상주의자, 무역차액주의자, 즉 상대적 이득론자(relative gain seeker)였다.

그러면 어떻게 무역흑자를 이룰 것인가? 여기서 후쿠자와는 오쿠보의 산업론을 구체화, 심화시켜 나간다. 그는 부가가치가 높은 제조품의 수출,

50 『近代日本思想大系 8: 經濟構想』(東京: 岩波書店, 1988), p.429.
51 『近代日本思想大系 8: 經濟構想』(1988), pp.257~258.
52 『近代日本思想大系 8: 經濟構想』(1988), pp.258~259.
53 『福澤諭吉全集 第19卷』, p.519. 이하 『福澤諭吉全集』으로 된 각주는 三原 四郎 外(編)(1990)에서 재인용.

즉 기계를 사용하는 제품의 수출을 염두에 두었다. 이는 이른바 '상공입국론'이었다. 그는 "공업이 발달하지 않으면 상매(商賣)가 번창하지 않으며, 상매가 번창하지 않으면 부국의 실(實)을 볼 수 없다. 부(富)의 본(本)은 공업에 있다"[54]고 하면서, '천연(天然)의 물(物)에 인공(人工)을 가(加)하는', 즉 '물(物)을 제(製)하는' 서양과 '천연(天然)의 역(力)에 의뢰(依賴)하여 소질(素質)의 物(물)을 산(産)하는' 일본과의 차이를 지적하였다.[55]

결단코 농업입국의 구사상을 일신하여 극단적으로 말하면 의식주 일체의 필수품을 외국으로부터 수입할 것을 각오하고라도 국민의 전력을 상공업 한 방향으로 경주시켜 제조무역으로써 나라를 세운다는 결심이 간요(肝要)하다…상공입국이란 안에서 물(物)을 제(製)하여 밖으로 이를 파는 것이다.[56]

상공입국의 핵심은 제조품의 수출에 있었다. 후쿠자와는 당시 일본의 최대 수출품목이었던 생사(生絲)보다는 직물을 제조하여 수출하는 편이 두 배의 이득을 거둘 수 있음을 지적하였다.

무역차액을 확대하기 위해 수출을 진흥해야 하고 이를 위해서는 국내산업(제조업)을 육성해야 한다면, 수입의 측면은 어떻게 해야 할 것인가. 즉, 많이 수출하고 적게 수입해 무역의 차액을 창출하는 것이 중상주의의 핵심이라면, 혼다로부터 오쿠보, 후쿠자와가 수입의 측면에 대해 대체로 침묵하고 있는 이유는 무엇인가. 리스트와 캐리 등 일본에 전파된 중상주의가 보호무역을 정책의 핵심으로 설파한 것이라면, 앞서 언급한 후쿠자와와 오

---

54 「福澤諭吉全集」, 第16卷, p.136.
55 「福澤諭吉全集」, 第4卷, pp.193~194.
56 「福澤諭吉全集」, 第16卷, pp.257~258.

쿠보 등이 보호관세의 설치에 적극적이지 않았던 이유는 무엇인가.

후쿠자와는 자유무역과 보호주의 사이에서 후자에 명확히 동의하고 있지만, "불평등조약으로 인해 수입의 제한조치를 기할 수 없음"을 술회하고 있다.[57] 즉, 당시 집권 엘리트들이 보호주의 주장을 체계적으로 전개할 수 없었던 이유는 바로 일본이 처한 대외적 조건 때문이었다. 이른바 '불평등조약 체제', '자유무역 제국주의 체제', 혹은 '강요된 자유무역 체제' 등으로 불리는 당시의 동아시아 국제경제 레짐은 단위국가들의 관세자주권을 박탈한 개방체제였다. 일본의 경우 1859년 개항과 함께 치외법권, 관세자주권 상실, 최혜국 대우의 3개항으로 대별되는 불평등조약을 서양 제국과 맺게 되었고, 일본은 1899년까지 수입항목에 5퍼센트 이하의 관세를 적용하도록 되어 있었다.

개항 이후 일본은 수입의 홍수 속에서 무역역조에 따른 결제균형의 문제에 직면하였다. 또한 미가의 앙등과 금의 유출(그리고 은화가치의 하락)로 국가재정의 궁핍상황에 처하게 되었던 것이다. 따라서 조약개정은 이후 메이지 정권의 주요한 현안이 되었다. 앞서 언급한 대로 이와쿠라 사절단의 파견 역시 그 즉각적 임무는 조약의 개정이었다. 당초 메이지 정권은 유신과 함께 특권을 박탈당한 구귀족층(다이묘와 사무라이층)을 재정적으로 해결해야 했고, 이러한 재정압력의 탈출구로서 조약개정을 추진하였던 것이다.[58] 이러한 노력은 영국의 강력한 반대에 부딪쳐 무산되었고, 이후 1878~1879년경 재차 시도된 교섭에서 일본측은 여타 국가들의 동의가 확보되는 조건하에서 미국의 양보를 얻어낼 수 있었으나 다시 한 번 영국의 반대로 좌절할 수밖에 없었다. 그 이후 선별적으로 관세설정권이 회복되었고,

---

57 『福澤諭吉全集』, 第4卷, p.632.
58 G. B. Sansom, *The Western World and Japan* (N.Y.: Vintage, 1973), p.328.

1911년에 되어서야 관세자주권을 완전히 회복하게 되는 것이었다.

예컨대 19세기 동아시아 국제체제하에서의 일본의 고민은 중상주의를 실천함에 있어서 수출은 관리할 수 있지만 공식적으로 수입은 관리할 수 없다는 데 있었다. 여기서 공식적이란 의미는 적어도 관세장벽의 설치라는 당시 구미에 보편적인 정책수단을 동원할 수 없었다는 뜻이다. 전파된 중상주의의 핵심 정책수단인 국경의 관리통제, 즉 국경을 넘나드는 상품과 서비스의 흐름을 관리, 통제할 수 있는 수단의 결여는 일본에 있어서 커다란 제약인 동시에 서양의 것을 그대로 적용할 수 없는 상황인 동시에 창조적으로 이를 변형시킬 수 있는 기회이기도 하였다. 메이지 정부의 전략은 무역정책을 산업정책으로 치환하려는 것이었다.

이른바 발전국가, 혹은 발전지향형 국가(developmental state)에서 산업정책은 경제발전의 핵심 수단이었다.[59] 메이지 정부의 산업정책은 크게 두 차원에서 전개되었다. 첫째는 시장형성적(market-creating), 혹은 시장대체적(market-displacing) 개입으로서 메이지 지배층은 1870년 공부성(工部省)을 설치하여 철도건설, 항만개수, 광산경영 등을 관할하는 관청으로 삼고 관영(官營)사업을 추진하였다. 특히 오쿠마를 중심으로 추진되기 시작한 철도건설사업에는 관영사업 추진예산의 약 50퍼센트를 투하하였는데, 이 사업은 물론 국내산업의 개발을 통해 외국무역을 확대하여 부국의 길을 걷는 토대로서의 의미를 갖는 것이었다. 그러나 이과 동시에, 정치적으로는 증기기관차라고 하는 서양문명의 구체적 물건을 도입함으로써 통치자로서 문명개화에 대한 의의와 의지를 표시하고 정치적 통일의 수단으로 삼는 의미를 갖는 것이었고, 군사적으로는 밖으로부터의 반식민

---

59 대표적으로 Chalmers Johnson, *MITI and the Japanese Miracle*(Stanford: Stanford University Press, 1982).

지화의 위기하에서 안으로부터의 `내란, 소용 등에 대응하는 물질적 기반이기도 하였다.[60] 이런 점에서 국가주도 철도사업은 정치적인 것과 경제적인 것이 교차하는, 즉 중상주의의 또 하나의 전형이었다.

그러나 공부성은 당초 창설시 의도했던 '공학개명'(工學開明), '백공포권'(百工褒勸) 등과는 반대로 철도, 광산 등 관영사업에 주력하는 바람에 현업관청(現業官廳)적 모습을 띠게 되었고, 산업정책적 성격, 즉 민간에 대한 식산흥업적, 권장적(勸奬的) 성격은 후퇴하게 되었다. 후자의 과제는 앞서 잠시 언급하였듯이 내무성의 창설로 이어진다.

오쿠보는 내무성 내에 권업료를 설치하여 산업정책의 중심기구로 삼아양잠, 제사(製絲), 재차(製茶) 등 재래산업 수출부문을 육성하기 위해 시험장을 설치하고 서양기구를 도입, 대여하는 기능을 수행하였고, 가공부문(면방, 모방, 제당 등)에 있어서는 외국의 선진기술을 도입하여 모범공장(model factory)을 건설하여 민간기업의 참여를 적극적으로 유도하였다. 또한 일본상인에 의한 직수출을 위해서 직수출회사(直輸出會社)를 설립하여 국내상권을 보호하려 하였다.

보다 의미 있는 시도는 이른바 시장순응적(market-conforming) 산업정책으로서 금융정책이었다. 발전국가에서 국가와 기업을 엮는 고리가 바로 금융이며, 국가는 금융중개 메커니즘을 통제하여 자국경제의 투자패턴과 산업부문간 조정에 영향을 미쳐 특정한 국가적 목표를 수행할 수 있었음은 주지의 사실이다.[61] 일본의 경우 이미 메이지 초기 정부가 재정자금, 즉

---

60 田中時彦,「明治維新の政局と鐵道建設」(東京: 吉川弘文館, 1968).

61 발전국가(developmental state)의 성립과 작동의 핵심을 금융(finance)의 통제에 두고 이를 분석하는 작업은 상당히 보편화되었다. 예컨대 John Zysman, *Governments, Markets, and Growth* (Ithaca: Cornell University Press, 1987); Alice Amsden, *Asia's Next Giant* (Oxford: Oxford University Press, 1989); Jung-en Woo, *Race to the Swift* (N.Y.: Columbia University Press, 1991); Meredith Woo-Cumings(ed.), *Developmental State* (Ithaca: Cornell University Press, 1998).

공적 자금을 민간부문에 저리 대여해주거나 보조금을 지급하여 식산흥업을 추진하려는 시도가 존재하였지만,[62] 보다 본격적인 산업금융정책은 마에다(前田正名)에 의해 구상되었다.

1869년 20세의 젊은 나이에 공식 유학생으로 선발되어 7여 년에 걸쳐 프랑스에 유학한 마에다는 당시 저명한 중농주의자 티세랑(Eugene Tisserand)을 만날 수 있었고, 그로부터 강력한 국가개입의 경제전략을 배웠다.[63] 또한 앞서 언급한 것처럼 당시 일본 국내에서 리스트(List)가 캐리(Carey)를 통해 소개되어졌다면, 마에다는 프랑스에서 이미 1851년 출간된 리스트의 불어 번역본을 접할 수 있었다.[64] 이러한 새로운 문화 공간 속에서 마에다는 프랑스의 금융제도에 주목하였다. 거셴크론은 후발산업화론에서 독일의 성공사례를 국가개입에 의한 선진기술의 획득, 규모의 경제실현, 장기투자를 지원하는 금융제도의 결합으로 설명하면서 후자, 즉 장기대부를 담당하는 은행이 19세기 중반 프랑스에서 등장하여 독일로 전파되었음을 지적한 바 있다.[65] 마에다의 눈에 비친 당시 프랑스는 콥덴-슈발리에 조약(Cobden-Chevalier Treaty)의 체결로 관세장벽이 낮아짐에 따라 국내산업이 국제경쟁의 장에 노출되어 특히 영국 산업자본과의 경쟁 속에서 경쟁력을 확보해야 하는 상황이었고, 이 속에서 산업대부(industrial banking)가 등장한 것이었다. 특정 금융자본(예컨대 Credit Mobilier of Pereire)은 기왕의 상업은행(commercial bank), 즉 단기자본의 대부자로서의 역할에 반해 대규모 프로젝트에 대한 장기투자를 담당하

---

62 石井寬治, 「日本經濟史」(東京: 東京大學出版會, 1993), p.129.
63 Sydney Crawcour, "Kogyo Ikken", Journal of Japanese Studies, 23-1(1997), p.71.
64 리스트의 저작은 티세랑의 소개로 마에다에 전해진 것으로 보인다. (Crawcour, ibid., p.104).
65 Alexander Gerschenkron, Economic Backwardness in Historical Perspective (N.Y.: Belknap, 1962), pp.11~13.

였고, 이러한 활동은 당시 유럽대륙에 상당한 영향을 미쳤다.

프랑스가 영국을 쫓아가는 후발국의 입장에서, 그리고 관세장벽이 축소되는 상황에서 자국산업의 경쟁력 확보를 위해 특정한 형태의 금융제도를 만들어 갔다면, 일본 역시 후발국의 입장에서 관세자주권 상실상태에서 자국산업을 보호, 육성해야 하는 처지에 있었기에 산업은행(industrial bank)의 사례는 일본(즉, 마에다)의 주목을 끌기에 충분한 것이었다. 민간부문에서 싹튼 산업은행 관념(Credit Mobilier)에 대한 착목과 강력한 국가개입주의(Tisserand)의 결합은 마에다에게 국가주도에 의한 산업은행 설립구상으로 이어졌다.

마에다는 귀국 후 농상무성에 배치되면서 이른바 「흥업의견」이란 보고서를 작성하였고, 그 핵심으로 흥업은행(興業銀行)의 설치를 강력히 주장하였다. 그는 먼저 국가정책의 목표를 '일본의 농공상(農工商)을 강국의 농공상(農工商)의 지위로 진전시키는 것'으로 잡고, 그 성취수단으로 흥업은행을 설정했다. 이는 곧 관세장벽을 이용한 보호주의가 불가능한 상황하에서 선진국 따라잡기는 주어진 국내 자원을 특정 전략부문에 집중시키는 일이 되어야 하며, 이는 '장기적 관점에서' 금융의 통제와 전략적 배분을 통해 가능할 수 있다는 전략이었다. 마에다는 구체적으로 생사(生絲), 차, 사탕 등의 부문에는 단기자금(6개월~2년)을, 조선, 인프라 등 공공사업과 같은 전략부문에는 장기저리자금(5~15년)을 대부하여 육성할 것을 제안하였다. 이어서 그는 흥업은행 자금수혜자의 자격을 각 산업별로 엄밀하게 규정하였고, 또한 대부 심사규정을 명시하였다. 그러나 부문별, 혹은 전체 대부규모, 그리고 자금확보계획은 제시되지 않았다.[66]

---

66 『近代日本思想大系 8: 經濟構想』(東京: 岩波書店, 1988), pp.119~129.

마에다의 흥업은행 설치안은 대장성, 특히 오쿠보, 오쿠마 이후 경제정책을 주도한 당시 대장상 마쓰카타(松方正義)의 반대로 무산되었다. 불황극복을 위한 디플레이션 정책을 전개하고 있던 마쓰카타의 정책을 비판하면서 장기적 산업육성을 위한 적극재정을 제시한 마에다안은 대장성과 충돌할 수밖에 없었고, 더욱이 대장성은 자체로 흥업은행안을 준비하고 있었다. 따라서 이들이 농상무성 주도의 흥업은행을 반대하는 것은 당연한 귀결이었다. 마에다의 구상은 좌절되었고, 「흥업의견」에서 흥업은행 설치안은 삭제되었다. 대장성안 역시 보류되어졌다. 그러나 기본관념 자체는 지울 수 없는 것이었고, 결국 이 구상은 10여 년 후 일본권업은행(日本勸業銀行)(1897)의 탄생으로 이어져 발전국가(developmental state) 체제의 중핵으로 자리잡게 된다.

산업자금을 마련하여 전략부문에 집중할 수 있는 금융시스템이 고안되어졌다면, 그 전략부문의 시장구조 역시 특정하게 구성될 수 있는 것이었다. 마에다는 시장구조(market structure)란 시장행위자간의 경쟁의 결과라는 신고전파 경제학의 믿음과는 달리 그 자체가 특정목표(즉, 산업성장)를 달성하는 수단으로 인식하였다. 즉 특정형태의 시장구조, 혹은 산업구조를 구성, 시장행위자(기업)간 경쟁을 관리하여 국가목표를 달성하겠다는 것이었다. 마에다의 눈에 비친 일본의 문제는 국내 동종업계 안에서의 난립과 과당경쟁으로서 이것이 남조(濫造)를 초래하여 국제경쟁력을 약화시킨다는 것이었다. 후쿠자와 역시 "외면적으로 그 모습을 피상하면 인민 각자가 활발히 일을 하며 추호(秋毫)도 정부에 의뢰(依賴)하지 않아 그 자유가 자유 같아 보이지만, 일국 전체로 논하면 이는 불경제(不經濟)"[67]라는 지적

---

67 「福翁諭吉全集 4卷」, p.374.

을 한 바 있을 만큼 국내적 과당경쟁은 당시 엘리트들을 주목하게 하는 문제였다. 이 문제 해소방안의 하나는 합병이었다. 일찍이 오쿠보는 해운산업 부문의 육성작업 중에 외국상권의 압도하에서 두 국내 해운회사간의 과당경쟁을 문제시하였고, 이의 해결책으로 양사의 합병을 유도해 독점적 시장구조를 창출하여 외국과 경쟁시키려 하였다.[68]

마에다는 유럽체재시 목도한 카르텔을 산업정책(산업재편성) 수단으로 사용하려 하였다. 그는 중요산업, 즉 흥업은행의 흥업대상인 산업부문에 일정한 자격을 만족시키는 동업조합을 흥업은행이 승인케 하고, 조합준칙을 정하여 생산자와 판매자를 조직화하여 과당경쟁의 문제를 해소하려 하였다. 이는 동업조합준칙으로 발전하였다. 중요산업의 모든 생산자와 판매자는 동업조합을 결성하고, 그 조합의 기능과 협정조항은 당국, 즉 농상무성의 허가를 받아야 한다는 일종의 정부후원 카르텔이었다. 여기서 카르텔은 경기순환(business cycle)에 대한 대처가 아니라 산업의 경쟁력 강화를 위한 수단으로 인식되는 것이었다.

IV. 결론 : 관념과 정치

메이지유신 이래 일본의 근대추구는 곧 서구화였고, 이는 서양문명의 혜택을 즐기는 것만큼이나 국가독립을 위한 것이었다. 경제영역에서 서구화는 새로운 제도의 구성을 요구하는 것이었고, 따라서 경제전략은 슈몰러의 표현처럼 단순한 부의 증진전략이 아니라 국민국가의 큰 부분, 즉 국

---

68 『大久保利通文書 第6卷』, pp.414~423; 『近代日本思想大系 8: 經濟構想』 (東京: 岩波書店, 1988), pp.34~37.

민경제 만들기 전략이었다.

　(중상주의) 정책의 핵심은 화폐에 관한, 혹은 무역의 균형에 관한 특정 선언 (doctrine)이 아니며 관세장벽, 보호관세, 혹은 항해법(navigation laws) 등에 있지도 않다. 이는 훨씬 더 큰 무엇, 즉 국가와 그 제도들뿐만 아니라 사회와 그 조직들의 전체적 전환에 있는 것이며 지방적, 지역적인 경제정책을 국민국가의 그것으로 치환하는 데 있다.[69]

이는 단순한 무역문제가 아닌 산업, 금융, 조세, 관료체제, 시장구조의 문제가 연결되는 포괄적 정치경제 전략이 되는 것이고, 따라서 부의 체계적 증식을 위한 기술이 아닌 좀더 넓은 의미의 통치술과 새로운 인식론을 담는 언어가 되는 것이었다.

그러나 이 전략적 관념의 등장은 불변하는 일본적 전통가치의 표현이 아니었을 뿐만 아니라 당시 일본이 직면했던 상황적 조건에 대한 합리적인 정치적 · 경제적 대응의 자연스런 결과도 아니었다. 관념은 그를 지지하는 사회적 현실을 단순히 반영하는 것이 아니었다. 버거와 루크만 (Berger & Luckmann)의 표현처럼, 관념은 현실을 구성하고 그와 변증법적 관계를 지속하는 것이다. 여기서 서로 다른 사람들이 그들의 세상을 다르게 구성할 수 있기 때문에 한 사회 내에는 복수의 관념이 존재, 경합하게 된다. 이 글의 사례인 19세기 후반 일본의 역사를 보면 주요 행위자들이 마주친 불확실성의 정도가 대단히 높았고, 또 그들에게 가능한 대응전략의 선택 폭도 주어졌다. 전술하였듯이 메이지 중상주의는 도쿠가와 시

---

69 Schmolle(1892), p.50.

대부터 뿌리내린 오랜 지배적 관념이었다기보다는 메이지 정권 초기 불확실한 상황적 조건 속에 제공된 하나의 선택지였을 뿐이다. 다른 한편으로 정부는 또 하나의 대안으로 서양의 자유주의적 지식을 체계적으로 번역해내고 있었으며, 이는 일정한 지지를 획득하고 있었다.

문제는 어느 관념, 어느 의미체계가 지배적 지위를 차지하는가에 있다. 그람시(Gramsci)에 따르면, 특정 집단이 그들의 관념의 효용성을 타 집단에 성공적으로 설득시킬 때 사회는 이에 동의하게 되고, 그 관념은 상식적이고 자연스러운 지위를 획득하게 된다. 결국, 모든 후발국에서 나타나는 보편적인 현상, 혹은 근대 일본을 관류하는 자연스런 정책관념으로서 중상주의는 사실상 대단히 불확실하고 험난한 경제적 · 사회적 · 정치적 조건하에서 특정하게 세상을 구성하고 그 속에 자신을 위치짓는 주요 행위자간의 경합하는 전략과 갈등의 산물이었던 것이다.

자유주의 관념과 마찬가지로 중상주의 관념 역시 서양으로부터, 즉 우월한 정치 · 경제 세력의 언어로 매개되어 들어왔으며, 피전파지역의 지배층(오쿠보, 이토 등 메이지 과두)이 매체가 되었다. 즉 일본이 자생적인 중상주의 체제를 수립하고 이 과정에서 서양이 단지 내부적 발전의 외적 촉매제로 기능한 것은 아니었다. 도쿠가와 중상주의 관념 역시 서양(네덜란드)의 영향을 받은 것이었으며, 이후 메이지의 지도자들에게 이 관념은 국제적인 것으로, 즉 보편적인 것으로 전파되어진 것이었다. 즉 당시 메이지 일본이란 지역과 사회는 중상주의 정치경제권으로 편입된 것이다. 그러나 전파된 서양의 관념은 완성된 모델(ready-made)로서 체계적으로 수용된 것이 아니라 캐리와 리스트의 수용에서 볼 수 있듯이 당시 일본의 구미에 맞게 수정된 것이었다.

중상주의란 언어가 근대 일본에 새로운 문화적 공간을 열었다면, 그 속에서 새로운 제도적 장치들이 마련되어졌다. 여기서 당시 일본이 처한 외적 환경은 제도구성자들에게 제약이었던 동시에 기회였다. 불평등조약으로 인한 관세자주권의 상실로 그들은 특정한 형태의 중상주의적 제도를 만들어야 했고, 서양의 것을 보고 변형하면서 산업정책 수단을 고안해내었다. 수출을 촉진하고 수입을 억제하기 위해 제조업을 전략적으로 지정한 다음, 모범공장을 직접 제공하거나 민간에 정책융자, 보조금 지급, 산업금융 시스템 설립, 합병과 카르텔 등 산업재편성 정책(혹은 경쟁정책) 등 이른바 전후 고도성장기 일본의 기적을 이룬 산업정책 체계가 메이지 기부터 모색되기 시작한 것이다. 그렇다고 해서 이 글이 현대 일본 정치경제 체제가 메이지 체제로부터 지속되고 있다고 주장하는 것은 아니다. 다만 최근 전전-전후의 제도적 연속성을 주장하는 많은 논자들이 1930년대 후반을 기점으로 한 전시 통제체제에 일본체제의 역사적 원류를 두고 있으며, 그 이전 시기는 영미식 자본주의 체제와 대체로 유사한 모습을 보인다는 인식을 공유하고 있으나,[70] 실제로 중상주의적 산업정책 관념과 그 제도적 장치들은 이미 그 이전부터 모색, 발전해왔음을 지적하고자 하는 것이다.

---

70 Chalmers Johnson, *MITI and the Japanese Miracle* (Stanford: Stanford University Press, 1982); John Dower, *Japan in War and Peace* (N.Y.: New Press, 1993); 岡崎哲二・奥野正寛, 『現代日本經濟システムの源流』(東京: 日本經濟新聞社, 1993); 野口悠紀雄, 『1940年体制』(東京: 東洋經濟新報社, 1995); 山之内靖 外, 『總力戰と現代化』(東京: 柏書房, 1995); Gao, Bai, *Economic Ideology and Japanese Industrial Policy* (Cambridge: Cambridge University Press, 1997).

1870년대 조선의 대일관
— 교린질서와 만국공법질서의 충돌

김수암 | 통일연구원

I. 들어가는 말

조선이 근대 국제질서로 편입되는 과정에서 만국공법질서를 수용하는데 청과 일본은 중요한 전파자로 기능했다. 그러나 식민지 전락이라는 불행한 역사로 인해 일본의 영향에 대한 연구는 등한시되어 온 경향이 있다. 그러나 민족국가 건설 실패에 대한 면밀한 분석을 통하여 역사적 교훈을 도출하기 위해서도 근대 국제질서 편입과정에서의 일본으로부터의 영향에 대하여 체계적으로 연구할 필요가 있을 것이다. 이와 관련하여 순수한 교린질서관념에 입각하여 영위되던 조일관계에 서양이라는 요소가 개입되면서 일본에 대한 인식은 어떻게 변하고 있는가 라는 질문을 던질 수 있을 것이다.

본 논문에서는 메이지유신 이후 정치체제의 변화를 공식 통보하는 것을 계기로 일본이 전통질서를 타파하려는 서계문제로부터 1876년 조일수호조규를 체결한 이후 서양과의 조약체결 문제가 논의되는 1880년까지의 기간의 조선의 대일관에 대하여 살펴보고자 한다. 당시 이양선으로 통칭되는 이질적인 서양 세력에 대한 위기감이 고조되고 있는 상황에서 일본이 서양 문물을 적극 수용하면서 대일관은 서양과 연계된 형태로 정립되기 시작한다. 서양이 결합된 형태로서의 대일관의 핵심 논리가 '왜양일체'(倭洋一體)인데, 왜양일체라는 인식도 만국공법이라는 새로운 질서가 점진적으로 수용되는 과정에서 교린질서와의 충돌 속에서 그 내용이 질적으로 변화를 겪게 된다.[1] 따라서 왜양일체라는 기본적인 인식 틀 속에서 조선 내에서 일본에 대한 인식이 어떻게 질적인 변화를 겪고 있는지를 살펴보고자 한다.

이러한 조선의 대일관은 당시 조선 내 여러 세력의 정치역학 관계와의 연관 하에 정치적 이해관계에 따라 복잡한 양상을 띠면서 전개되고 있다. 각 정치세력의 이해관계에 따른 대일관의 모습과 이에 기반한 정책대안을 중심으로 대일관을 살펴보고자 한다.

II. 서계문제(書契問題)와 대일관

전통적인 교린체제의 틀을 활용하여 서양 세력의 침투에 대한 정보의 제공이라는 형태로 서양이 조일관계에 매개되기 시작한다.[2] 그런데 일본

---

1 이러한 시각의 대표적 업적으로는 김용구, 『세계관 충돌의 국제정치학』 (서울: 나남, 1997); 『세계관 충돌과 한말외교사, 1886-1882』 (서울: 문학과 지성사, 2001)을 참조.
2 구체적 예를 든다면 예조참의 임면호는 교린체제의 전통에 따라 1866년 음력 10월에 쓰시마 번주 宗義達에게 프랑스 침략의 경과를 알리며 일본의 각별한 주의를 환기시키고 있다. 『동문휘고』 (서울: 국사편찬위원회 영인본, 1978), 제4권, pp. 3900-3901.

이 서계를 통하여 만국공법질서를 원용하여 양국관계를 변화시키려고 시도하면서 정보교환의 형태로 서양이 조일관계에 매개되던 단계가 변화를 겪게 된다.[3] 서계는 전통적인 교린질서 안에서 확립된 외교문서로서 서계의 양식을 변경한다는 것은 단순한 형식상의 문제가 아니라 그 국제사회의 규범을 어떻게 해석하느냐 하는 보다 기본적인 문제와 연결되어 있다.[4] 그런데 일본은 메이지유신 이후 자국의 정치체제의 변화를 통보하는 서계를 조선에 보내면서 기존의 양식을 변경시켰다. 이러한 서계를 계기로 형성되는 대일관은 세계질서관이라는 차원, 일본의 일방적인 제도변경에 따라 의도하지는 않았더라도 교섭제도의 변경 차원, 군사적 위협이라는 안보적 차원 등의 다차원적인 관점에서 분석할 수 있을 것이다.

　서계는 만국공법 질서를 적극적으로 수용한 일본이 대외관계를 관장하는 제도를 만국공법에 입각하여 변경하려는 의도를 담고 있다. 전통적인 교린질서를 규율하는 기본제도는 조선→ 쓰시마→ 막부로 연결되어 있었다. 대마도는 조선이 수여한 도서(圖書), 즉 인장(印章)을 사용해야 하며 조선-대마도의 관계는 일종의 상하관계로 조선조정은 인식하고 있었다.[5] 자국 내 정치체제의 변경을 계기로 서계를 통하여 조일관계의 변화를 시도하려는 일본의 의도와 이에 대한 조선의 대응은 교린체제 대 만국공법 체제의 충돌이라는 관점에서 분석할 수 있을 것이다.[6] 이와 관련하여 조선이 서계를 통한 일본의 조일관계 재편 의도를 전통질서 내에서의 위계질서의 재편, 즉 단순히 전통질서의 파괴라고 보았는가 아니면 만국공법에

---

3 본 논문에서의 서계는 일본이 메이지 유신 이후 정치체제의 변화를 통보하는 문서를 지칭하는 용어로 사용한다. 서계 문제를 둘러싼 양국간 자세한 교섭과정에 대해서는 김의환, 「조선근대대일관계사연구」 (서울: 경인문화사, 1974); 荒野泰典, 「近世日本と東アジア」 (東京: 東京大出版會, 1988) 등의 업적을 참조할 것.
4 김용구(2001) p. 148.
5 김용구(2001), p. 149.
6 김용구(2001), 제3장, 1, 2절.

입각하여 전통질서의 해체를 시도한 것으로 인식하고 있었는지를 규명할 필요가 있을 것이다.

서계를 작성하는 양식에 교린질서를 전면적으로 해체하려는 의도가 반영되어 있다는 것이 조선의 대일관의 핵심이었다. 서계의 내용 중 '좌근위소장', '皇'(천하를 통일한 경우에 사용하는 것), 봉칙(奉勅)('勅'은 천자의 명령을 뜻하는 것) 등의 용어는 일본 내에서는 사용할 수 있지만 교린의 문자, 서계의 문자로서는 사용할 수 없다는 인식이었다.[7] 즉 서계를 통하여 황, 칙, 좌근위소장, 새로운 도장을 사용함으로써 일본이 전통질서 하에서의 양국의 위상을 깨려는 의도라고 판단하고 있었다.

특히 조선측의 대일관과 관련하여 대마도를 통한 기존의 양국관계를 사교(私交)로 규정하고 공적인 관계에 해를 끼쳐 왔다는 '이사해공'(以私害公)이라는 일본측 주장에 대한 조선의 반응에 주목해야 한다고 생각한다. '사'(私)에 대해 조선은 쓰시마가 조선의 도서를 받은 것은 쓰시마 번주를 사사로이 대한 것이 아니라 후의에서 나온 것이라고 교린질서의 연장선상에서 인식하고 있다. 반면 '이사해공'(以私害公)의 의미에 대해 일본은 대조선관계는 쓰시마에 위임하여 사교(私交)의 형태로 영위되어 왔는데, 만국공법에 의거하여 열강이 위와 같은 사실을 힐문하여 오면 이를 해명할 수 없다는 입장을 취하고 있다.[8] '이사해공'(以私害公)을 통하여 일본은 기본적으로 조선과의 관계를 만국공법의 규범에 입각하여 새롭게 설정하겠다는 조선과는 다른 세계관으로 접근하고 있다. 그러나 서계 초기단계에서 근대적인 외교제도에 근거하여 조선과의 관계를 재설정하겠

---

7 『일본외교문서』 제2권 제3책, 문서번호 615, pp. 410~412.
8 1869년 10월 29일(구력 9월 29일) 외무성이 태정관에게 제출한 문건 『朝鮮國一件伺書』, 『일본외교문서』 제2권 제2책, 문서번호 488, pp. 855~857; 김수암, "한국의 근대외교제도 연구─외교관서와 상주사절을 중심으로," 서울대학교 박사학위논문, 2000, p. 26.

다는 명확한 플랜을 갖고 있지는 않았다고 판단된다. 일본의 플랜은 대마도의 중개를 통한 조일관계가 만국공법에서 볼 때 정상적인 관계가 아니므로 이를 타파하고 서구와의 관계를 담당하기 위해 새로 설치한 외무성이 대조선관계를 관장하겠다는 것이었다. 이러한 계획에 따라 1871년 8월 외무성이 대조선관계 업무를 직접 관장하기 시작했다. 1871년 신미 음력 9월 동래부사 정현덕과 부산첨사 김철균이 각각 대마수(對馬守) 헤이요시아키(平義達)에 보낸 두 개의 공문에 대해 일본이 새로 외무성을 설치하여 교린의 업무를 맡게 하고 그 직원이 동래에 왔으나 이것은 전에 없던 일이므로 면접할 수 없다고 외무성 직원과 직접 교섭하는 일을 명백하게 거절하고 있다.[9]

　서계문제를 둘러싼 조선 내 정치세력의 대일관은 대원군과 박규수를 중심으로 전개되고 있다. 먼저 제도라는 기준에서 대원군은 일본의 외무부라는 것은 예전의 관백(關伯)이고 외무승(外務丞)은 대마 도주이니 외무승의 서계는 대마 도주 서계의 전례에 따라야 한다고 반박하고 있다.[10] 그러나 박규수는 군주의 칭호를 전통질서를 파괴하려는 의도로 간주하여 서계를 접수하지 않는 조정의 태도에 대하여 일본이 조선에게 천황의 칭호를 강요한 것이 아니고 '자칭자존'(自稱自尊)의 칭호이므로 문제시될 것이 없다고 주장하고 있다.[11] 그리고 대자(大字)를 앞에 두는 것은 이전에 없던 것을 새로 쓰고 있기는 하지만 해양제국이 다투어 중국을 본받아 모두 대자(大字)를 사용하고 있기 때문에 문제시 될 수 없다고 주장하고 있다.[12] 또한

9 『일본외교문서』 제4권, 문서번호 211, pp. 329–330.
10 『용호한록』 (서울: 국사편찬위원회, 1980), 제4권, pp. 326–329, 大院位記錄 및 別論
11 『박규수전집』 (서울: 아세아문화사, 1978) 상권, pp. 751–752. 그러면서 박규수도 관백과 일본천왕과의 관계를 볼 때 關伯은 일본의 대장군으로 王號가 없는데 당당한 일국의 군왕이 隣國의 인신과 더불어 항례로 서로 교린한 것이 문제라는 것은 인정하고 있다. 『박규수전집』 상권, pp. 766–767.
12 『박규수전집』 상권, pp. 760–762.

조선이 조합(造給)한 도서(圖書)를 날인하지 않고 스스로 만든 신장(新印)을 찍은 문제와 관련하여 조선이 도서(圖書)를 조급했다는 것에 대해 조선이 봉건(封建)한 것인지를 반문하고 있다.[13] 일본서계의 본질은 변통한 국제(國制)에 따라서 외무성을 경유하여 통서(通書)하여 강호(講好)하자는 뜻인데 거절할 이유가 없다는 것이다. 따라서 배척할 수 있는 것이 무슨 일이고 허락할 수 있는 것이 무슨 일인지 알지 못하겠다는 것이다.[14]

박규수는 서계문제로 인하여 교착상태에 빠져 있는 조일관계 개선의 실마리를 마련하기 위하여 별견역관과 도해관을 파견하려는 정책에 대하여 외교제도라는 관점에서 실효성이 없다고 주장하고 있다.[15] 도해(渡海)하여 강정(講定)한다고 하는데, 강정(講定)하겠다는 의제가 무엇인지 알 수 없다는 것이다. 또한 일본의 정치체제가 변화한 현실에서 도해관이 도해할 지역과 상대자가 없다는 점을 지적하고 있다. 대마도가 혁파되고 태수가 폐지된 상황에서 누구와 무슨 의제를 논의할 것이며 에도에 도착하여 외무경을 접견한다면 무엇을 강정하려 하는지를 명확하게 새롭게 정립해야 한다고 주장하고 있다.[16] 그러면서 훈도를 통하여 왜관에 나와 있는 사신과 통신하는 제도를 혁파하고 앞으로 보통의 서계는 외무경은 예조판서에게, 외무대승은 예조참판에게, 외무소승은 예조참의에게 보내도록 해야 한다고 제안하고 있다. 그리고 통신(通信)의 서계는 우리의 의정부가 일본의 태정관에게 보내는 것이 바람직하다고 권하고 있다. 끝으로 양쪽 군주가 서로 문서로 통하는 경우에는 모 국왕이 일본국 황제에게 치서(致書)한다고 대자(大字)를 쓰지 않으며 폐하라는 것을 칭하지 않도록 해야 한다는 견해

---

13 『박규수전집』 상권, p. 752.
14 『박규수전집』 상권, pp. 773-774.
15 『박규수전집』 상권, pp. 774-775.
16 『박규수전집』 상권, p. 772.

를 표명하고 있다.[17] 이러한 내용을 감안할 때 박규수는 일본의 서계문제에 대해 교린질서에서 탈피하는 인식을 보이고 있지만 명확히 만국공법에 입각하여 인식하고 있지는 못한 것 같다. 박규수의 전향적인 견해에도 불구하고 정책결정과정에서 서계가 대마도를 거치지 않고 외무성을 통해 온 것, 칭호의 망령됨, 연회절차의 상이함으로 서계를 접수할 수 없다는 인식이 조정 내의 주류를 이루고 있다.[18]

이 시기 대일관은 어느 정치세력에 소속되어 있다고 하더라도 공통적으로 안보라는 관점과 연계된 형태로 전개되고 있다. 박규수는 일본이 서양과 일편(一片) 여양일편(與洋一片)인 상황에서 서계문제로 실화(失和)하여 적국을 하나 더 첨가하는 것은 어리석다는 점을 지적하고 있다. 특히 팔호순숙(八戶順叔)의 신문기고 내용을 거론하면서 일본이 화호(和好)를 잃지 않았을 때에도 맹랑한 말로 트집을 잡았던 것을 기억할 터인데 서양 못지 않게 원한을 품은 일본이 문제를 야기할 가능성을 우려하고 있다.[19] 즉, 안보라는 관점에서 서양의 위협이 극대화하고 있는 상황에서 서양과 한편인 일본을 적대시해서는 안된다는 것이다. 박규수의 왜양일체 의식은 대원군과의 대비에서 보다 분명하게 드러나는데, 대원군은 '왜양일편'(倭洋一片)인 상황에서 서계를 접수하게 되면 약세를 시인하는 것이기 때문에 서계를 접수해서는 안 된다는 견해를 제기하고 있다. 이에 대해 박규수는 강약은 서계의 접수 여부에 직접 관계가 없으며 여양일편(與洋一片)인 상황에서 서계를 접수하지 않는 것은 일본에 병사(兵事)를 일으키는 명분을 제공하게 될 뿐이라고 주장하고 있다.[20]

17 『박규수전집』 상권, pp. 766~767.
18 『고종실록』 고종 12년 5월 10일조.
19 『박규수전집』 상권, p. 753.
20 『박규수전집』 상권, p. 755.

그렇다면 서양이 연계된 형태로서의 대일관인 '왜양일편'(倭洋一片)의 구체적 내용은 무엇인가? 왜양일체가 형성되는 매개물로서 우선 화륜선을 들 수 있을 것이다. 1875년 3월 12일(음 2월 5일) 고종이 주재하는 조정회의에서 고종은 일본사신이 화륜선을 타고 온 것은 그들이 양이(洋夷)들과 서로 통교한 까닭이라고 말하고 있다.[21] 즉, 화륜선을 단순히 문물이 아닌 서양과 양이가 통교하는 매개체로 인식하고 있는 것이다. 그러나 화륜선 자체를 문제삼고 있는 것은 아니다. 화륜선은 현재 사해(四海)의 각국에서 통용되고 있으며 중국도 역시 도처에서 사용하고 있다. 강과 바다에서 통행하는 상선과 조운선이 모두 편리함을 취해 화륜선을 사용하고 있는 마당에 유독 병선(兵船)이 화륜선을 사용해서는 안 된다는 것은 어불성설이라는 것이다. 다만 가장 경계해야 할 것은 양인(洋人)이 혼입(混入)하여 오는 것을 막아야 한다는 것이다. 서양인이 혼입하여 오는 것이 아직 발생하지 않은 상황을 두려워하여 목전의 화패(禍敗), 즉 일본과의 단교를 부추기는 것은 득계(得計)라고 할 수 없다는 것이다.[22] 혼입 가능성과 관련하여 왜양일편이 단순히 문제시된 것이 아니라 개시(開市)를 통하여 서양 세력이 침투하려 한다고 의구심을 나타내고 있다.[23] 즉, 서양 세력이 교역이라는 형태로 일본과 결합되어 있다고 인식하고 있다.

이러한 인식은 연경(燕京) 사행(使行)을 다녀온 박규수에게 양이(洋夷)의 침범가능성을 묻는 고종의 질문에 대한 답변에서 잘 나타나 있다.

서양 각국이 일본과 통상한 것은 대개 백년 이전부터였다. 일본인의 邪敎 배

---

21 「승정원일기」 고종 12년 2월 5일조.
22 「박규수전집」 상권, pp. 764-765.
23 「박규수전집」 상권, pp. 760-762.

척도 엄하였으며 학문하는 선비들 중에 강경하게 척사론을 주장하는 사람도 많았다. 그런데 어떤 연고인지 근년에 일본에서 關伯을 제거하여 황제라고 칭하는 자가 국정을 총람하는데 명분을 바르게 하고 언어를 공순하게 한다. 그런데 그러한 실제 이유는 그 군주가 邪敎에 빠져서 洋夷가 이를 돕기 때문이다. 이로써 일본은 洋夷를 따라서 중국에 교역을 청하였고 중국 또한 이를 허락하였다. 지금 일본은 서양과 한편이 되어 있는데 대저 양이가 하는 일의 괴이함이 이와 같이 극에 이르렀다.[24]

일본인들도 서양과 통상하여 한편이 되었고 중국에서도 교역을 허락하였다는 것이다.[25] 또한 왜양일체가 형성되는 매개물은 양복을 들 수 있는데, 양복을 입는 문제가 서계접수의 또 다른 현안으로 대두되고 있는 데서도 잘 나타나고 있다.[26]

III. 조일수호조규와 대일관

모리야마가 1875년 2월 24일 외무대승 소우(宗中正)가 예조참판에 보내는 서계를 지참하면서 왜관을 거치지 않고 '군함'을 타고 동래부에 나타난 점, 원본이 일본어로 작성된 점, 외무성의 도장을 찍은 점, 대일본, 황상의 용어를 사용하고 있는 점[27] 등이 걸림돌이 되어 결국 서계문제는 평

---

24 『일성록』 고종 11년 6월 25일.
25 손형부, 『박규수의 개화사상연구』 (서울: 일조각, 1997), p. 155.
26 박규수는 일본인들이 양복을 착용하고 鮮에 들어온 것과 관련하여 개가죽을 입든 소가죽을 입든 일본의 일이지 우리가 구실을 삼아 가부를 논할 수는 없다고 주장하고 있다. 『박규수전집』 상권 p. 773.
27 『용호한록』 제4권, pp. 323-326, 을해 음력 1월 19일, 日本書契

화적으로 해결되지 못하게 된다. 이렇게 되자 일본은 서구의 방식을 모방하여 군사적 위협을 통하여 해결을 모색하게 되었고 일본측의 의도에 의해 야기된 운양호사건을 계기로 대두되는 대일관은 일본측이 주장하는 '수호'(修好)에 대한 해석을 중심으로 형성되고 있다.

구체적으로 수호에 대한 해석은 일본이 이끌고 온 병선을 중심으로 이루어지고 있는데, 수호를 청하는 일본의 의도에 대하여 어느 정치세력을 막론하고 안보라는 관점에서 인식하고 대응하고 있다. 다만 서계문제에서 보듯이 안보를 위해 서양과 한편인 일본과 적대하지 않기 위해 수호를 해야 한다는 집권층의 논리와 수호를 하면 일본에 약세를 보이게 되는 것으로 결국 일본을 통한 서양의 진출이라는 더 큰 위협에 처하게 될 것이라는 반대세력의 논리가 충돌하고 있다.[28] 이러한 과정에서 박규수는 일본이 수호(修好)를 일컬으면서 병선(兵船)을 이끌고 온 것은 헤아리기 어렵다. 그러나 수교(修交)의 사신이라고 하니 우리 쪽에서 먼저 공격해서는 안 된다. 그러나 만일 뜻하지 않았던 일이 발생할 것 같으면 군사력을 사용치 않을 수 없다는 주장을 펴고 있다.[29] 그런데 일본이 우호로써 나오면 조선도 우호로써 응대해야 하고 일본이 예로써 오면 조선에서도 예를 가지고 접대해야 하는데 이것이 국가의 통례(通例)라고 예(禮)의 관점에서 수호를 논하고 있다.[30]

일본의 진의에 대한 조선의 공식 입장은 1876년 1월 20일 시원임대신과 의정부 당상회의에서 잘 나타나고 있는데, 안보의 위협 쪽이 대세를 이루고 있다. 그런데 조선이 일본으로부터 안보의 위협을 느끼면서 수호의

---

28 박규수를 필두로 하는 집권층의 논리는 접견대관 신헌의 伴으로 강화도 회의에 참여하였던 강위가 박규수에게 보낸 서한에 잘 나타나고 있다. 『강위전집』 (서울: 국사편찬위원회, 1978), pp. 519~23.
29 『日省錄』 고종 13년 1월 20일조.
30 『박규수전집』 상권, p. 460.

수용 여부를 놓고 고심하고 있는 가운데, 청 예부의 자문이 영향을 미치고 있다. 일본사신이 북경에서 조선과의 수호(修好)문제를 상의하였다는 사실을 알게 되었고 청이 일본과의 대립보다는 강화를 권유하고 있었다.[31]

일본과의 수호를 수용하여 조일수호조규를 체결하면서 왜양일체라는 대일관은 변화를 겪게 된다. 서양과 일체인 일본에 대한 인식이 서양문물과의 결합에서 만국공법규범의 결합으로 질적인 변화를 겪게 되는 것이다. 그런데 근대적인 조약의 체결을 요구하면서 일본측도 조선의 입장을 고려하여 서인지 구호(舊好)를 보존한다는 논리와 만국공법을 동시에 혼재하여 접근하는 자세를 취하고 있다. 구로다가 조약 초안 13개 항목을 제시하면서 양국간에 조약을 체결하여 통상을 하자는 것이라고 설명하자 신헌은 조선은 외국에 통상한 일도 없으며 따라서 만국교제의 법도 모른다고 답변하고 있다. 통상과 만국공법이라는 새로운 규범이 일본에 의해 매개되지만 "우리나라는 해좌(海左)에 벽재(僻在)하여 자수(自守)할 뿐이며 근간(近間)의 사정은 모른다"는 신헌의 답변에서 보듯이 일본과 일체인 서양에 대해 만국공법이라는 관점에서 접근하는 인식이 구체적으로 드러나고 있지 않다.[32]

그렇지만 일본의 초안은 만국공법에 근거하고 있기 때문에 조일수호조규 조문을 교섭하는 과정에서 초안을 매개로 형성되는 대일관에 변화가 발생하는데 제도라는 차원에서 살펴보면 '전권'(全權)이라는 문제가 제기되고 있다. 일본측이 조약을 체결하는 데 필요한 요건으로 전권문제를 제기하였을 때 근대식 전권의 요건을 갖추지는 않았지만 조선측은 '수사재단'(隨事裁斷), 즉 일에 따라 결정하라는 사실상의 전권을 부여하는 조치를

---

31 『고종실록』 고종 13년 1월 13일조.
32 『고종실록』 고종 13년 1월 20일조. 조일수호조규 체결 당시 만국공법에 대한 이해의 수준이 검토되어야 하지만 자료의 빈약으로 단어의 사용, 전파의 경로정도의 연구에 머물고 있는 실정이다. 만국공법의 수용에 대해서는 김용구(1997) 참조.

취하고 있다.[33] 그리고 비준서명의 문제가 대두되고 있다. 일본이 비준서명은 만국보통의 법이라고 주장한 반면, 신헌과 윤자승은 '允'자만 있으면 된다고 반대하였다. 이에 대해 조선과 일본은 고종의 서명 대신에 '조선국왕지보'(朝鮮國王之寶)라는 도장을 새로 만들어 사용하고 조약의 조인과 비준교환을 같은 날에 하기로 절충하여 합의하는 방식을 취하였다.

　다음으로 조일수호조규 문안 협상과정에서 군주의 위호를 사용할 경우와 일본측만 '大'자를 사용한 것을 반박하고 있는데, 이것은 다분히 전통질서하에서의 위계질서라는 관점의 표출이라고 할 수 있을 것이다. 이러한 조선측의 반대가 받아들여져 양측의 국호에 大자를 동시에 사용하는 것으로 결론이 났다. 그리고 대일관의 핵심은 제1조 '자주'의 의미에 대한 양자간의 해석의 차이라고 할 수 있을 것이다. 자주의 의미에 대하여 조선은 사대질서 안에서 외번(外藩)은 내정과 외국교제를 자주로 처리하는 의미로 이 조항을 받아들였다는 것이 일반적인 학계의 해석이라고 할 수 있다. 반면 일본은 자주는 독립을 의미하고 국제법에서 말하는 주권국가로 해석하고 있다. 즉, 자주와 독립을 분리하여 사고하는 인식론이라고 할 수 있다.[34] 후자의 해석에는 이론의 여지가 없다. 그러나 전자에 대해서는 보다 검토가 필요하다고 할 수 있을 것이다. 조선의 집권층은 자주를 독립으로 해석하여 대응하는 경우 청과의 불편한 관계가 문제시되므로 청이라는 존재를 의식하지 않을 수 없었을 것이다. 서양의 위협이 현실화하는 상황에서 조선의 집권층이 자주의 의미로 청과 불편한 관계를 갖게 되는 것은 바람직하지 않다고 판단했을 가능성이 크다. 이 점은 자주의 의미에 대하여 조일수호조규 체결 이후 청에 보낸 자문에서 그대로 표출되고 있다. 일

33 『승정원일기』 고종 13년 1월 25일조.
34 김용구(2001), p. 201.

본이 조선에 보낸 문서에 상국, 대두서법(擡頭書法)을 문제삼은 것과 관련하여 청에 보낸 자문에서 조선은 '자주지방'(自主之邦)의 네 글자는 일본의 사신이 조약에 써넣었지 조선이 스스로 칭하지는 않았다고 변론하고 있다.[35] 그러면서도 서계문제가 제기되었을 때 전통적으로 사용하여 오던 공용어인 한자를 쓰지 않고 일본어를 사용한 것을 전통질서의 타파로 인식하여 서계의 접수를 거절하는 요인으로 내세우던 것과는 달리 조규체결시 양국간 왕래공문에서 일본이 국문을 사용하는 것을 수용하고 있다.

다음으로 새로운 현상을 전통질서의 차원에서 제지하려는 대응 중 중요한 것은 개항지 내에서 일본인의 거주지와 내지 여행의 문제라고 할 수 있다. 이와 관련하여 "개항지에서 일본인이 거주하는 경계를 명백히 정하고 그 경계를 넘으면 사단(事端)이 발생할 것이다. 그 한계의 이수(里數)도 확정하되 초량관의 한계를 넘으면 안 된다"[36]는 입장을 취하면서 내지 여행은 불허하고 있다. 이것은 만국공법적 질서라는 관점에서 접근하는 일본에 대하여 전통질서를 원용하여 인식하고 대응하는 방식이라고 할 수 있을 것이다. 이러한 인식과 대응방식은 개항이라는 근대적 현상에서도 그대로 표출되고 있다. 개항이라는 새로운 현상을 수용하면서도 왜관을 통한 교역의 연장선상에서 접근하고 있고 영흥은 국가 용흥(龍興)의 기로서 원묘를 받들고 있는 곳이고 함흥, 안변, 문천도 선침(先寢)을 받들고 있는 곳이므로 개항할 수 없다는 주장을 펴고 있다. 또한 제7조는 영해주권의 침해임에도 불구하고 이의 없이 수용하고 있다. 이상에서 보듯이 수호조규 체결은 만국공법이 직접 매개되고 있지만 정권안보와 전통질서관에 입각하여 대응하고 있지 만국공법에 입각하여 일본을 바라보는 단계로까지

---

35 『동문휘고』 제4권, pp. 4133~4134.
36 『일본외교문서』 제8권, 문서번호 64, p. 146.

나아가지는 못하고 있다. 다만, 만국공법의 형식적 요건에는 부합되지 않더라도 전권, 일본어 사용의 허용 등에서 보듯이 일본과의 관계를 새로운 각도에서 접근하는 모습은 나타나기 시작하고 있다.

그런데 왜양일체론에 입각한 서양의 진출이라는 반대세력의 저항에 부딪친 집권층은 만국공법에 입각한 조일관계를 수용하면서도 일차적으로 전통적인 교린관계의 회복이라는 논리로 대응하고 있다. 다음 단계로 일본의 의도에 따라 만국공법질서가 조일관계에 적용되는 과정에서 왜양일체론에 대응하여 왜양분리론이라는 논리로 대응하고 있다. 대내적인 저항은 먼저 강화도에서 조약이라는 새로운 형태로 일본이 관계를 설정하려고 시도하고 있을 때 대원군이 2월 12일 조정의 대신들에게 보낸 서한을 통하여 살펴볼 수 있다. 대원군은 3백 년 약조를 깨고 일본의 서계를 받아들인다는 것은 통탄할 일이라는 것과 일본의 군함이나 의복은 모두 양이(洋夷)들의 것으로 양이의 통제를 받아 그들과 함께 오려는 속셈이라고 조약체결을 반대하고 있다.[37] 그런데 서양과 일체인 일본을 앞세워 서양이 진출하려는 속셈이라고 할 때 일본이 서양의 앞잡이라는 인식에 머무르고 있지 만국공법이라는 관점에서 대일관계 개선을 반대하는 견해를 제시하는 것은 아니었다.

다음으로 최익현의 '지부복궐척화의소'(持斧伏闕斥和議疏)를 중심으로 유림세력의 대일관인 왜양일체관을 살펴보기로 한다. 최익현은 수호조규 체결을 '구화'(求和)로 규정하고 이것은 적인(賊人)(일본)을 위한 것이고 국가(國家)를 위한 계책은 아니라고 반박하고 있다. 이러한 대일관은 먼저 문화적 기준에 근거하여 형성되고 있다. 정자는 강화(講和)하는 것을 중화를

---

37 『용호한록』 제4권, pp. 352–53, 정월 18일 「운현서」.

어지럽히는 길이라 하였고 주자는 강화(講和)하는 계책을 결행(決行)하면 삼강(三綱)이 무너지고 만사가 망치게 되어 커다란 환란의 근본이라고 하였다. 정자와 주자의 교훈으로 오늘날의 일을 헤아려 본다면 적(賊)과 더불어 강화(講和)하는 것은 반드시 난리와 멸망을 가져오게 될 것이라는 것이다. 화와 이를 분별(分別)하고 이(夷)와 융화를 할 수 없다는 문화론적인 발상을 여전히 일본에 적용하고 있는 것이다.

최익현의 강화에 대한 인식은 단순히 정자와 주자를 원용한 화이분별론에 머무르고 있는 것은 아니다. 힘의 관계라는 국제정치적 관점에서 강화를 평가하는 측면도 제시되고 있다. 즉, 힘의 우위에 있는 상황에서의 강화는 믿고 추진할 수 있지만 힘의 열세에서 안전을 도모하기 위해 강화를 추진하는 것은 믿을 수 없을 뿐만 아니라 힘의 열세라는 약점으로 인해 상대방이 끊임없이 욕심을 채우려 할 것이라는 점을 지적하고 있다. 이상에서 보듯이 최익현을 비롯한 재야유림들은 조약의 체결을 문화적인 관점과 강화(講和)로 접근하고 있을 뿐 만국공법이라는 서구규범이라는 관점에서 접근하고 있지는 못하다.

그렇지만 일본과의 '강화'를 반대하는 목적에는 서양에 대한 위협의식이 밑바탕에 깔려 있다. 교역을 통해 서학과 서교가 전파될 것인데, 비록 왜인(倭人)이라고 하나 실은 양적(洋賊)이라고 규정하면서 강화가 한번 이루어지면 사학(邪學)의 서적과 천주(天主)의 초상화가 교역하는 속에 섞여서 들어오게 된다는 것이다. 따라서 얼마 안가 선교사와 신자의 전수를 거쳐 사학(邪學)이 온 나라에 퍼져서 넘치게 될 것이라고 주장하고 있다. 사학에 물들면 오륜이 땅에 떨어지고 금수화(禽獸化)된다는 서양배척 논리를 일본에 적용하여 일본인들을 인면수심(人面獸心)으로 규정하고 있다. 또한 전통질서하에서의 이(夷)와의 강화와 서양화한 일본과의 강화는 질적으로 다르다는 점을 지적하고 있다. 일본은 사람의 도리를 모르는 금수일 뿐인데, 사람과 금수가 화호(和好)하여 같이 떼지어 있으면서 근심과 염려가 없기를 보장할 수는 없다는 것이다. 즉, 중국은 이적이지만 중화의 도리를 흉내내어 다스렸기 때문에 강화하여도 사대로서 안전을 보장하고 관용을 베풀었는데 반해, 서양화한 일본은 화색(貨色)만 알고 중화의 도리를 저버린 금수이므로 금수와 화호할 수는 없다는 것이다.

최익현의 상소내용을 통하여 당시 조정이 왜양분리론과 전통적인 교린관계의 회복이라는 설득논리를 구사하였다는 점을 간접적으로 추론하여 볼 수 있다. 집권층에서는 일본과의 강화를 통하여 연해의 안전과 백성들의 생업이 보장될 뿐 아니라 왜양일체가 아니라는 관점에서 사교(邪敎)의 침투 우려도 없다고 왜양분리론을 내세우고 있다. 이러한 왜양분리론은 "저들이 왔는데, 저들이 왜인(倭人)이지 양호(洋胡)가 아니며 저들이 요구하는 것은 구호(舊好)를 닦자는 것 이외에 다른 뜻이 없으므로 왜(倭)와 더불어 구호를 닦는 것이 어찌 도의(道義)에 해롭겠는가?"라는 고종의 인식에 잘 나타나고 있다.

이러한 왜양분리론에 대해 최익현은 왜의 질적인 변화를 제기하고 있다. 옛날의 왜(倭)는 인국이었지만 지금의 왜는 양적(洋賊)의 앞잡이로 구적(寇賊)이므로 구적(寇賊)과는 강화할 수 없다는 것이다. 일본이 서양의 앞잡이라는 것은 왜와 양의 두 추물(二醜)이 중주(中州)를 횡행한 지 오래된 것을 보면 잘 알 수 있다는 것이다. 왜인들이 서양 옷을 입고 서양 대포를 사용하며 서양배를 탔다는 것이 왜양일체(倭洋一體)라는 분명한 증거라고 주장하고 있다. 왜와 구호(舊好)를 맺는 것이 아무런 해가 없는 것 같으나 양적(洋賊)의 앞잡이인 왜와 우호관계를 맺는 것은 서양과 강화하는 것과 마찬가지라는 것이다. 서양과 더불어 강화(講和)를 맺음이 필연코 혼란과

멸망을 가져온다는 사실은 이미 진술한 바와 같다고 주장하고 있다.[38]

지난날의 왜와 질적으로 다른 서양의 앞잡이로서 왜양일체인 왜와 강화를 해서는 안 된다는 주장에 대하여 고종은 다음과 같은 논리로 답변하고 있다.

制倭는 스스로 制倭이고 斥洋은 스스로 斥洋인 즉 이번에 일본사신이 온 것도 어찌 洋과 합동한 것이라고 확실하게 알 수 있겠는가? 설사 倭가 洋의 앞잡이(洋之前茅)가 된다고 하더라도 역시 각각의 應變의 방도가 있을 것이다.[39]

왜양일체가 여전히 강력한 여론을 형성하고 있는 상황에서 조일수호조규 전문에는 '중수구호 이고친목'(重修久好 以固親睦)이라고 하여 옛날의 교린관계의 회복이라는 측면을 강조하고 있다. 그리고 고종은 일본과의 관계를 의논하여 왔던 정부회좌(政府會座)를 철파(撤罷)하라고 지시하였는데 이 자리에서 이최응은 수호라고 칭하여 왔기에 수호하였을 따름인데 재야유림에서 주화(主和), 통양(通洋)을 주장하여 곤혹스럽다는 의견을 개진하자 이에 대해 고종은 구호(舊好)를 닦는 데 불과하므로 괘념하지 말라고 지시하고 있다.[40]

최익현이 말하는 서양의 앞잡이로서 왜양일체인 왜는 다분히 양복, 서양대포, 서양배의 사용 등 서양화한 일본을 의미한다고 할 수 있다. 반면 고종은 나라와 나라 간의 관계에서 실제로 일본이 서양과 결탁하였는지 여부가 중요한 판단의 기준이 되어야 한다고 주장하고 있다. 서양화와 실제 결탁여부라는 상이한 기준에서 일본관이 형성되고 있는 것이다. 그렇

---

38 이상은 최익현의 상소를 중심으로 한 분석이다. 『승정원일기』 고종 13년 1월 23일조.
39 『일성록』 고종 13년 1월 23일조.
40 『고종실록』 고종 13년 2월 5일조.

지만 서양을 단일세력으로 인식하고 있지 구체적인 개별국가라는 차원에서 분리하여 접근하고 있는 것은 아니다. 그런데 실제 결탁여부라는 기준에서 왜양분리론을 전개하면서 왜양분리론을 지지하는 상소도 나타나기 시작하고 있다. 부호군 윤치현은 일본사신이라고 칭하면서 성의를 보이는 이상에는 그저 일본사신으로 대우하는 것이 옳다고 서양과 일본을 분리하여 대응해야 한다는 상소를 올리고 있다. 윤치현은 왜와 양을 한편으로 볼 것이 아니라 서로 분리하여 대응하되 이를 통해 서양의 침습을 방지하는 방책을 세워야 한다고 주장하고 있다. 따라서 동래의 왜관에 개시(開市)하는 것과 같이 규정을 두어 양국물화(洋國物貨)를 교역하지 못하게 한다면 서로 교린(交隣)의 후의(厚誼)에 손해될 것이 없다는 주장이다. 겉으로는 일본과 좋은 관계를 유지하면서 속으로는 서양의 요사스러움을 물리치면 된다는 것이다. 따라서 고종에게 일본과 우호를 계속하는 것이 서양과 화친하는 것이 아니라(與日續好 匪洋伊和)는 내용의 글을 국중에 확실하게 선포할 것을 제안하고 있다.[41]

의도하지는 않았다고 하더라도 일본과의 조약체결로 만국공법적 기준에 따라 조일관계가 질적 변화를 겪게 되는데, 고종은 서양의 수용이 세계사적인 대세라는 것을 인지하면서도 다양한 인식을 가진 집단들을 설득하면서 효율적인 대응책을 강구하는 데 고심하지 않을 수 없었던 것으로 생각된다. 이와 관련하여 앞에서 논의한 대일관을 요약하면 국내적으로 두 가지 인식이 혼재하고 있다. 먼저, 왜양일체이든 왜양분리든 양자 모두 서양의 문물 확산에 지극히 부정적인 입장을 보이고 있다는 사실이다. 전자는 일본이 서양과 일체이므로 서양문물의 확산을 방지하기 위하여 일본과

---

41 『고종실록』, 고종 13년 1월 28일조.

의 관계를 단절해야 한다는 입장이다. 후자는 일본은 서양이 아니므로 일본과는 관계를 개선하되 서양문물의 수용은 별도로 엄하게 금지해야 한다는 입장이다. 이러한 국내적 여건은 만국공법적 질서의 관점에서 일본을 인식하고 대응하는 것이 불가피한 고종에게 적극적으로 대처하지 못하게 만드는 제약요인으로 작용하게 된다.

IV. 수신사의 파견과 대일관

(1) 수신사 김기수와 왜양일체관의 변화

조일수호조규 체결은 질서관, 제도, 서양화한 일본의 실상이라는 차원에서 대일관 형성에 영향을 주고 있다. 먼저, 서양화한 일본의 실상을 파악하려는 시도를 하고 있다는 데서 대일관의 변화를 읽을 수 있다. 수신사 김기수를 접견하면서 고종은 구로다의 권유에 따른 신헌의 제안에 따라 수신사를 파견하기로 결정하였고 고종은 반드시 일본의 실상을 상탐(詳探)하여 오는 것이 좋을 것이고 들을 수 있는 모든 것을 빠뜨리지 말고 일일이 기록하여 오도록 지시하고 있다. 그러나 고종의 대일관의 변화와는 달리 인선과정에서 인물을 잘못 선택하였다는 문제가 있다.[42] 수신사로 임명된 김기수는 "근본이 아니고 말단이므로 정탐을 일삼을 수 없다"고 전통적인 질서관에 입각하여 일본에 접근하고 있다.[43] 김기수가 돌아와 접견하는 자리에서 고종은 일본에 양학자가 있는지 여부, 영환지략, 해국도지에 근거하여 서양 각국의 존재와 지리, 영길리(英吉利)와 미리견(米利堅)에

---

42 김용구(2001), pp. 215–221.
43 「수신사기록」 (서울: 국사편찬위원회, 1958), p. 111.

대해서도 묻고 있다.[44] 이와 같이 수신사 파견단계가 되면 고종은 서양의 문물과 실상을 파악하는 매개체로서 왜양일체론 자체가 변화하고 있다. 또한 통신사와의 차이를 묻고 있는 것으로 보아 수신사는 교린체제의 통신사가 아니라 새로운 공법질서에서 말하는 외교사절의 의미를 어느 정도 지니고 있었다고 평가할 수도 있을 것이다.[45]

그런데 김기수의 인선문제가 있다고 하더라도 왜양일체의 구체적 실상에 대하여 어느 정도 정보가 유입되는 측면도 간과할 수는 없을 것이다. 그리고 단순히 전통질서가 아닌 서양의 질서관의 수용과 결합되어 실상이 파악되고 있다는 점도 유념할 필요가 있을 것이다. 김기수는 부국강병의 술(術)은 오로지 통상을 하는 것이라는 점, 오늘날 일본이 각국과 통상을 하는데 심히 수효가 많다는 점을 지적하고 있다. 이를 통해 일본이 서양과 어떠한 방식으로 연결되어 있는지를 구체적으로 인식하는 계기가 제공되고 있다. 그리고 왜양일체에서 양(洋)이 동일한 위협이 아니라는 점이 일본의 방아론을 통해 구체적으로 인식되기 시작한다는 점이다. 그리고 세력균형을 통하여 이들간의 관계가 규율된다는 것을 인지함으로써 획일화된 형태로서의 왜양일체관에서 벗어나는 계기가 된다고 할 수 있다. 신헌에게 보내는 서한에서 이노우에는 "오늘날의 계책은 각국의 형세를 반드시 통달하여 독립 방법을 세우고 동맹을 많이 체결하여 세계 내의 권형(權衡), 즉 세력균형을 유지해야 한다. 만일 그렇지 못하면 고립되어 그 화가 뒤를 이를 것"이라고 경고하고 있다. 그래서 "속히 유학생을 도쿄에 파견하여 각국의 사정을 알도록 하는 것을 누누이 수신사에게 전달하였다"고 밝히고 있다.[46]

---

44 『수신사기록』, pp. 130–133.
45 김용구 (2001), p. 216.
46 『용호한록』 제4권, pp. 392–393. '倭人答書'

서양을 단일한 세력이 아닌 국가별 차원에서 접근하기 시작하고 있다.

그리고 구체적으로 만국공법을 통하여 왜양일체의 실상이 연결되는 모습을 보이게 된다는 것이다. "이른바 만국공법이라고 하는 것은 제국(諸國)이 동맹을 체결하는 것으로서 마치 육국(六國)간 연형(連衡)의 법칙과 같은 것이다. 어떤 한 나라가 곤란하면 만국이 이를 구하고 또 어떤 나라에 허물이 있으면 만국이 이를 공격하여 애증(愛憎)과 공격함에 치우치는 것이 없다. 이것이 서인(西人)의 법인즉 바야흐로 이를 그대로 지키고 있어서 허물이 감히 있을 수 없다." 그리고 '전권'이라는 제도와 '공사'(公使)라는 제도에 대한 인지를 통하여 왜양일체가 단순한 문화적 차원, 안보적 차원에서 더 진전되는 모습을 보이게 된다는 것이다. 김기수는 "전권대신, 전권공사라는 명칭이 있는데 한 번 군주의 명령을 받으면 국가에 이익 되는 것은 무엇이든 이를 마음대로 할 수 있으며 그가 관할하는 사람들을 죽이고 살리며 내쫓고 승진시키는 일, 그리고 그가 관할하는 일들을 편의적으로 하든지 아니든지 빠르게 하든지 늦게 하든지 모두 그가 마음대로 할 수 있어서 이를 전권이라고 한다"라고 보고하고 있다.[47]

수신사 김기수 파견 이후 양국간 현안은 공사주경(公使駐京), 개항, 관세 협상으로 대별할 수 있을 것이다. 이러한 현안을 다루는 과정을 통하여 점차 대일관은 만국공법에 기반하여 변하게 된다. 특히 공사주경의 문제를 협상하는 과정은 이러한 변화에 커다란 영향을 미치고 있다.[48] 이와 같이 조일관계가 만국공법에 입각하여 질적인 변화를 겪는 과정에서의 대일관은 이유원이 이홍장에게 보낸 서신을 통하여 살펴볼 수 있을 것이다.

---

47 『수신사기록』, p. 70.
48 公使駐京에 대해서는 김수암, "조선의 근대사절제도 수용: 공사의 서울주재와 전권위임을 중심으로," 『국제정치논총』 제40집 4호 (2000) 참조.

이 시기가 되면 대일관은 다분히 만국공법적 견지에서 형성되고 있다. 이유원은 서신에서 일본과의 관계가 입약(立約), 통상이라는 근대적 관계로 변화하고 있고 원산 개항 이후 인천 개항문제가 협의중이라는 점을 밝히고 있다. 그리고 일본의 침략에 대해 만국공법이라는 관점에서 견해를 밝히고 있다. 태서공법에는 이유 없이 남의 나라를 빼앗거나 멸망시키지 못하도록 되어 있는데, 토이기를 멸망의 위기에서 구해 준 것으로 보아서는 공법이 믿을 만한데 멸망한 유구국(琉球國)을 일으켜 세우는 데는 국제법을 적용하기 어려운 사정이 있었는지를 반문하고 있다. 또한 일본 사람들이 횡포하고 교활하여 여러 나라들을 우습게 보면서 방자하게 제멋대로 행동해도 공법을 적용할 수 없는 것인지 문제를 제기하고 있다.

그리고 일본이 서양과 관계를 설정, 특히 통상을 한 이후 경제적으로 피폐하였다는 청에 의한 일본관이 농본경제라는 기본틀과의 연관 속에서 개항과 통상에 대하여 부정적인 인식으로 표출되고 있다.

> 일본사람들이 통상에 경험이 있고 영업에 재능이 있어 부강지도(富强之道)를 다 알고 있지만 그래도 저축은 거덜나고 빚만 쌓이게 된 것을 탄식한다고 한다. 설사 우리나라가 정책을 고쳐 항구를 널리 열고 멀고 가까운 나라들과 통상하고 기술을 다 배운다고 하더라도 틀림없이 그들과 교제하고 거래하다가 결국 창고를 몽땅 털리게 될 것이다. 저축이 거덜나고 빚이 쌓이는 것이 어찌 일본사람의 정도에만 그치겠는가?[49]

이홍장의 권유를 계기로 서양과의 관계를 수용할 것인지가 현안으로 대

---

49 『고종실록』, 고종 16년 7월 9일조.

두되는 상황에서 조선정부는 김홍집을 수신사로 파견하였는데, 김홍집의 수신사 파견은 대일관에 커다란 영향을 미치게 된다. 김홍집의 임무가 관세협상, 공사주경, 인천개항 등으로 일본과의 관계를 만국공법에 입각하여 본격적으로 다루겠다는 인식의 표출이기 때문이다.[50] 이 당시의 대일관은 조선책략에서 제시하고 있는 '결일본'에 대한 견해를 통하여 살펴볼 수 있다. 이와 관련하여 조선책략에서는 자문자답 형식으로 결일본의 타당성을 설득하고 있는데, '의지자 왈(疑之者 曰)'은 당시 조선 내의 대일관을 살펴볼 수 있는 근거를 제공하고 있다.

조선책략에 나타난 대일관은 근대적인 조약체제로 인하여 조일관계가 질적으로 변화하는 현실이 반영되어 있으며 안보라는 관점에서 일본의 침략의도에 집중되는 모습을 보이고 있다. 이러한 위협관은 암창(岩倉)과 대구보(大久保)에 의해 일시적으로 좌절된 사이고(西鄕隆盛)의 정한론에 미치고 있다. 그러면서 정한론은 일시적으로 그친 것이고 궁극적으로 침략 자체를 포기한 것은 아니라는 사실을 거론하고 있다. 이를 통해 보면 사이고를 중심으로 비등했던 정한론에 대해 조선에서도 인지하고 있었다는 사실을 알 수 있다. 그리고 조약이라는 것도 일본의 침략야욕의 한 방편으로 강요에 의해 체결된 것으로 인식하고 있다.

그리고 일본의 침략 의도라는 위협의식은 보다 구체적인 방식으로 조선 내에서 제기되고 있었던 것 같다. 인천항의 개항, 지형과 연해암초의 측량을 허용하여 일본인들이 지도를 작성하였는데, 이는 남의 나라를 도모하려는 의도

---

50 근대적인 관계가 사실상 조일관계를 통하여 정착되기 시작하면서 장차 서양과의 관계개선까지 염두에 두고 조선은 통리기무아문이라는 외무부서를 창설하였다. 교린사를 설치하고 외무성과 동등하다고 통보하는 것은 대일관에 있어서 커다란 변화라고 할 수 있을 것이다. 사대교린이라는 전통적인 용어를 사용하고 있기는 하지만 '예'라는 기준에서 청과 일본을 사대교린이라는 동일선상에서 취급하던 인식에서 탈피하고 있다고 평가할 수 있을 것이다. 교린, 즉 일본을 독립된 하나의 개체로 분리하여 사고하고 있는 것이다. 김수암, "세계관 충돌과 1880년대 조선의 근대외교제도 수용: 외무부서를 중심으로," 『한국정치학회보』 제34집 2호 (2000) 참조.

라는 것이다. 그리고 만국공법에 입각한 새로운 관계의 설정으로 개항장에 거류하는 일본인이 증대하면서 이들의 만행에 따른 일본에 대한 감정이 악화되고 있다는 점이다. 일본 사람의 뜻은 오직 공갈 위협하는 데 있어 관리하는 관원에게도 감히 칼을 뽑아 죽이기까지 한다는 것이다.[51] 이러한 적대의식은 교역에 따른 쌀의 유출 등 경제적인 면과 밀접하게 연관되어 표출되고 있다.

이러한 '결일본(結日本)'과 관련하여 대신들은 결일본이라는 전략을 수용하게 된다면 서울공관의 설치와 인천개항이 현안으로 대두될 수밖에 없다는 생각을 하고 있다. 조정대책회의에서 공사(公使)제도를 통해 조일관계가 영위되고 있다는 인식이 표출되고 있는데, 공사가 올 때에는 반드시 수락(受約)하려는 것이 있을 것인데 본래부터 말해 오던 경성주관(京城住館)과 인천개항일 것으로 판단하고 있다. 그런데 이날의 논의를 보면 서울 공관의 설치보다는 인천의 개항을 더욱 우려하고 있다. 즉, 이 당시 집권층은 통상에 따른 경제적 영향에 대하여 가장 심각하게 고민하고 있었던 것으로 생각된다. 공관(公館) 설치를 허용한다면 인천 개항은 허락하지 말아야 할 것이다. 서울은 인천에 이어져 있으므로 매우 불안하기 때문이다. 만일 인천 개항을 허락하고 서울의 공관 설치를 허락하지 아니 하면 그들은 또 그들이 하고 싶은 대로 억지를 쓰고 떠들어 댈 것이다. 만일 공관 설치와 인천 개항을 한꺼번에 허락하면 그들은 우리말을 듣지 않고 아득히 흘려 보내고 말 것이라고 우려하고 있다.[52]

끝으로 영남만인소를 통해 재야 그룹에서는 결일본에 대하여 어떻게 인식하고 있는지를 살펴보기로 한다. 조선책략에서의 언급과 마찬가지로 임진왜란이라는 일본의 침략역시를 기론하면서 지형을 상세히 파악하고 수륙요충을 점령하고 있는 상황에서 언제든지 침입할 가능성이 있다는 우려

---

51 『조선책략』, 송병기 편, 『개방과 예속』 (서울: 단국대출판부, 2000), pp. 50~51.
52 『조선책략』, 『개방과 예속』(2000), pp. 108~109.

를 제기하고 있다.[53] 이 시기가 되면 일본과의 관계가 만국공법질서로 재편되는 것이 불가피한 현실이라는 점을 수용하면서 왜양일체의식은 상당히 약화되는 모습을 보이고 있다. 다만, 일본이 만국공법질서를 활용하여 침략의도를 더욱 노골적으로 드러낼 것이라는 안보위협론이 지속되고 있다.

V. 맺는말

서양 세력이 진출해 오면서 1870년대 조선이 일본을 바라보는 인식은 서양과 연계된 형태로 형성된다. 1860년대에는 서양 세력의 침투에 대한 정보의 제공이라는 형태로 서양이 조일관계에 연계되고 있다. 그러나 만국공법을 적극적으로 수용한 일본이 만국공법에 입각하여 조일관계를 재편하려고 기도하면서 대일관은 교린질서와 만국공법질서의 충돌이라는 형태로 표출되고 있다. 이러한 세계관 충돌은 서양수용이 세계사적 대세라는 사실을 인지하게 되는 집권층이 대내적 저항을 고려하면서 서양수용을 하도록 제약을 가하는 요인으로 작용하게 된다.

일본이 만국공법에 입각하여 전통적인 교린질서를 타파하려고 시도하면서 일본은 서양과 한편이라는 왜양일체 인식이 정립되기 시작한다. 서계문제 초기단계에서의 대일관은 다분히 일본이 전통교린질서를 파괴하려는 의도에 대해 전통교린질서에 입각하여 문화적 기준에서 인식하여 대응하고 있다. 그러나 이양선으로 표상되는 이질적인 서양 세력의 진출에 위협을 느끼고 있는 상황에서 화륜선, 양복 등 서양문물을 사용하는 일본이 서양의 앞잡이로서

---

53 『일본외교문서』 제14권

서양과 한편이라는 안보위협론의 관점으로 대일관이 변화를 겪고 있다. 이러한 위기의식은 교역을 통한 서양 세력의 침투로 연결되는데, 만국공법질서라는 차원에서 대일관이 형성되는 단계로까지 발전하지는 못하고 있다.

서계문제가 평화적으로 해결되지 못한 상황에서 무력적 위협에 의해 조일수호조규가 체결되면서 대일관은 만국공법질서관이 매개된 형태로 변하기 시작한다. 그러나 왜양일체가 여전히 강력한 여론을 형성하고 있는 상황에서 집권층은 만국공법질서 전파의 한 축인 일본으로부터 공개적으로 만국공법질서를 수용할 수 없는 제약을 안고 대응할 수밖에 없었다. 즉, 만국공법질서관에 입각하여 국내 여론을 적극적으로 설득하기보다는 왜양분리론과 교린질서의 회복이라는 논리로 대응하는 한계를 노출하고 있다.

이러한 한계 속에서도 수신사의 파견에서 보듯이 서양화한 일본의 실상을 파악하게 되면서 하나의 단일한 전체로서 서양을 보던 인식에서 벗어나 점차 개별국가 차원에서 서양을 이해하는 인식이 자리잡아 가게 된다. 이에 따라 국내 반대세력들의 왜양일체론도 점차 약화되고 있다. 그리고 이들의 일본에 대한 인식도 점차 교린질서관에서 탈피하여 만국공법질서로 재편되는 현실을 수용하는 모습을 보이고 있다. 그러나 개항, 측량 등 새로운 질서와 제도를 이용하여 일본이 침략의도를 더욱 노골적으로 드러낼 것이라는 안보위협론이 지속되고 있다. 결론적으로 서양에 대한 안보위협론과 결합된 왜양일체론에 기반한 국내적 저항으로 인해 일본으로부터 공개적으로 만국공법 질서를 수용하지 못함으로써 일본의 의도와 정책에 치밀하게 대응하지 못하는 결과를 초래하게 되었다.

청일전쟁 시기 미국의 대조선정책의 이상과 현실
—미 국무성의 '불개입정책'과 주한 미국공사의 '적극적 관여'를 중심으로

김현철 | 고려대학교

I. 머리말

구한말 일본의 식민지로 전락해간 조선의 정치외교사를 되돌이켜 볼 때, 약소국 입장에서 살아남을 수 있는 현실적 외교정책은 과연 무엇이었는가? 최선의 방법 중의 하나는 국내정치개혁을 통해 국력을 배양하여 외세의 침략을 물리치고 자주독립을 이룩하는 것이겠지만, 현실적으로 미약한 국력과 국내정치세력 간의 갈등과 분열을 염두에 둘 경우, 세력균형 구도하에서 조선에 호의적인 외세의 힘을 활용하여 다른 외세의 침략 내지 진출을 견제해 보는 것도 구상해 볼 수 있는 방안 중의 하나였다.

1882년 조미수호조약[朝美修好條規]의 체결로 분쟁시 미국의 중재역할이 명기됨에 따라, 조선은 미국이 조선의 위기시 적극 지원해 줄 것으로 생각하였으며, 1880년대 후반 약소국 조선이 청·일간의 각축에서 살아

남기 위해서는 '미국 활용'이 여러 대안 중의 하나로 여겨졌다. 그러나 이러한 미국 활용 구상은 조선 현지에 파견된 미국 공사 등 외교관들, 그리고 미 국무장관 등 고위 관리들이 조선의 처지를 이해하고 우호적인 태도를 보여 주여야만 현실적으로 고려될 수 있는 것이었다.

그렇다면, 약 100년이 지난 현재의 시점에서 볼 때, 구한말 조선이 청·일 양국 군대의 전쟁터가 된 1894~95년간의 청일전쟁 당시 과연 미국이 조미수호조약에 의거하여 적극 개입할 의도를 지녔으며, 필요하다면 군대를 파견할 능력과 이에 대비한 정책적 사고를 지니고 있었는가 라는 질문을 제기해볼 필요가 있다. 이러한 질문은 당시 조선의 대미 인식 및 접촉이 미국의 대조선정책에 대해 어느 정도 정확한 인식을 바탕으로 전개되었는지에 대한 일종의 판단기준을 제공해주며, 당시 고종 등 조선 정부와 친미개화파의 '미국 활용' 구상이 왜 성공할 수 없었는가에 대한 해답을 제공하는 데 도움이 되리라고 본다.

청일전쟁 당시 조선측이 요청하고 크게 기대를 걸었던 미국의 주선 내지 중재역할에 대한 기존 연구를 보면, 다음과 같이 상반된 평가를 내리고 있다.[1] 이 시기 미국의 주선은 조선에 대해 조약상의 의무를 완수하였거나,[2] 최소한도로 개입하면서 중립을 지켰다고 보는 견해,[3] 이와 대립적 견해로서 청일전쟁의 개전과 강화교섭 당시 미국의 주선은 매우 형식적인

---

1 청일전쟁과 관련된 국내외 연구현황 및 주요 사료에 대한 자세한 설명은 박영준, "청일전쟁", 김용구·하영선 공편, 『한국 외교사 연구 : 기본 사료·문헌해제』(서울: 나남출판, 1996), pp. 339~416을 참조하기 바람.
2 Dennett, Tyler, "American Good Offices in Asia," *American Journal of International Law*, Vol. 16, No.1 (Jan., 1922).
3 Lee, Yur-Bok, "American Policy toward Korea during the Sino-Japanese War of 1894~1895," *Journal of Social Sciences and Humanities*, No. 23 (Korean Research Center, 1965).
4 최문형, "韓美友誼의 변화", 국제역사학회의 한국위원회, 『한미수교 100년사』(서울: 국제역사학회 한국위원회, 1982a); 최문형, "청일전쟁 이후의 한국과 미국", 국제역사학회의 한국위원회, 『한미수교 100년사』(서울: 국제역사학회 한국위원회, 1982b); 최문형, 『한국을 둘러싼 제국주의 열강의 각축』(서울: 지식산업사, 2001).

외교적 조치에 불과하였으며,[4] 결과적으로 일본의 대조선 진출을 돕는 결과를 가져왔다고 보는 견해 등으로 구별된다.[5] 그리고 이 시기 조선주재 미 외교관들의 역할에 대해서도 상반된 평가를 내리고 있다. 즉 워싱턴 미 정부와 주한 미 공사는 조선에서 가능한 모든 노력을 기울이지 않았으며, 조선 내 다른 서구 열강 공사들의 국제적 중재 노력에 소극적이었다는 견해와,[6] 이와 반대로 주한 미국 공사들은 조선 궁정에 관여함으로써 미 본국 정부의 지시들을 무시하였으며, 1895년에는 일본의 대조선 정책을 비판하는 태도를 보였다고 평가하는 견해 등으로 구별된다.[7]

이러한 상반된 해석 및 평가와 관련, 1890년대 중반 청일전쟁 당시 미국의 대조선 정책의 전개 과정에서 과연 미 국무성과 현지 주한 미 공사들은 조선 문제에 대해 견해를 같이 하였는가, 아니면 국무성의 지시와 훈령에 상관없이, 또는 이를 무시하고 주한 미 공사들이 독자적으로 활동하였는가 라는 질문이 제기된다. 이에 본 논문에서는 1890년대 중반 조선을 포함한 동북아 지역에 대한 미국의 대외정책의 기본 방향 및 성격을 개괄한 후, 당시 미 국무성과 주한 미 공사관 간에 오고간 전보 및 전문의 내용을 중심으로 청일전쟁 시기 조선 문제 및 미국의 중재역할에 대한 미 국무성의 입장과 현지 주한 미 공사들의 태도 및 활동 등을 살펴보겠다. 이어

---

5 이보형, "청일개전 직전의 미국의 거중조정과 한국", 국제역사학회의 한국위원회, 『한미수교 100년사』 (서울: 국제역사학회 한국위원회, 1982).

6 Bonnie B. Oh, "John M. S. Sill, U. S. Minister to Korea, 1894-1897: A Reluctant Participant in International Mediation," The United States and Korea: American-Korean Relations, 1866-1976, eds., by Andrew C. Nahm (Western Michigan University, 1979), pp. 91-109.

7 Spencer J. Palmer, "Introduction," Spencer J. Palmer, ed., Korean-American Relations: Documents Pertaining to the Far Eastern Diplomacy of the United States, Volume Ⅱ, The Period of Growing Influence 1887-1895 (Los Angeles: Univ. of California Press, 1963), pp. 1-8. 이외에도 청일전쟁 시기 및 강화섭시기 미국의 중재 과정과 대조선 정책의 전개 과정에 대한 기존 연구 중 몇 가지를 들면 다음과 같다. Jeffrey M. Dorwart, "The Independent Minister: John M. S. Sill and the Struggle against Japanese Expansion in Korea, 1894-1897," Pacific Historical Review, 44: 4 (Nov. 1975); Payson J. Treat, "The Good Offices of the Unites States during the Sino-Japanese War," Political Science Quarterly, vol. 47 (1932).

서 당시 주한 미국 공사였던 실(J. M. B. Sill) 공사가 조선의 국내 정세와 국제적 지위를 어떻게 파악하였으며, 고종 등 조선의 궁정에 대해 어떤 태도를 취했는가를 살펴보고자 한다. 이를 통해 결론 부분에서는 1890년대 청일전쟁으로 위기에 처한 조선이 조미수호조약에 의거하여 미국에 의존하거나 또는 고종이 주한 미국 공사와 긴밀한 관계를 맺는 등 일종의 '미국 활용'을 시도하는 것의 현실적 가능성과 그 한계 및 시사점을 도출하고자 한다.

II. 19세기 말 미국의 대동북아 정책과 조선 문제

19세기 후반 미국의 대외정책은 기존의 대륙주의에 기반을 둔 전통적 고립주의 및 비개입주의 정책으로부터 점차 적극적인 국제주의로 전환되면서 미국은 대서양 연안국가에서 아·태 지역 등 전세계에 걸쳐 새로운 강대국으로 부상하게 된다. 국내적으로 19세기 중반 남북전쟁의 위기를 극복하고 서부 개척이 끝난 다음, 미국은 새로운 해외시장의 개척을 위해 적극적 해외팽창을 추구하였으며, 동북아 지역을 포함하여 세계 주요 지역에 대해 필요한 경우에는 함포외교에 의한 문호개방(open door) 정책을 추구하였다.[8]

이 시기 중국, 일본 등 동북아에 대한 미국의 상업적, 전략적 이해관계가 크게 증대함에 따라, 당시 미국의 대동북아 정책 및 전략은 중국 시장

---

8 19세기 중·후반 시기 조선, 중국과의 수교 등 동북아지역에 대한 미국의 진출과 군사적 개입에 대한 개괄적 설명은 Kenneth James Hagan, *Protecting American Commerce and Neutrality: the Global Gunboat Diplomacy of the Old Navy, 1877-1889* (Claremont Graduate School and University Center, Ph.D. Thesis, Clarement: 1970), pp. 6-50, 122-147을 참조하기 바람.

의 진출과정에서 다른 열강과의 기회 균등의 보장, 중국 현지에 진출한 자국 선교사, 기업인 및 외교관들을 보호하기 위한 군사적 개입 내지 함포외교의 전개, 그리고 미국의 잠재적 적국으로서 러시아 또는 일본에 대응하는 방안의 마련 등에 중점을 두었다.[9]

이 시기 미국의 전반적인 동북아 정책은 국무성의 대중국 문호개방정책의 고수 등 외교정책 결정, 또는 동북아에서 미·일간 협력관계의 유지라는 외교적 목표 등에 따라 좌우되거나 결정되었다. 또한 당시 미군 수뇌부의 동북아 정세관은 민간 정책 결정자들의 '친일 및 반러'라는 사고의 틀과 크게 차이가 나지 않았다. 20세기 초 러일전쟁 이후 시기에 이르러서야 미국은 하나의 강대국으로서 일본의 성장과 그것이 미국의 방위에 미치는 파급효과에 대해 우려를 표명하였으며, 미 해군 내에서는 러시아 대신 일본이 장차 미국과의 갈등 내지 분쟁 가능성이 높은 국가로 위험시되었다.[10]

19세기 후반 조선에 대한 미국의 관심 및 이해관계는 동아시아 내 중국 및 일본 등 다른 국가들에 비하여 매우 적은 편이었다. 그 이유로서 당시 조선이 하나의 시장으로서 중요성을 띠기에는 매우 빈곤하였으며, 외부의 침입에 취약하여 미국이 상당한 정도의 군사적 뒷받침 없이는 관여하기가 어려웠으며, 당시 미국 정부로서는 그 필요성을 거의 느끼지 못하였던 점

9 Richard D. Challenger, *Admirals, Generals, and American Foreign Policy 1898-1914* (Princeton, N.J.: Princeton University Press, 1973), pp. 198-212, 228-231.

10 Ki-Jung Kim, "Structural conditions of the world-system and foreign policy- making: A study of United States foreign policy toward Korea, 1901-1905," Unpublished Ph.D. Dissertation (University of Connecticut, 1989), pp. 224-229; Challener(1973), pp. 227-228. 19세기 중반부터 청일전쟁을 거쳐, 20세기 초반까지 동북아를 포함한 태평양 지역에서 미국의 팽창 정책을 일본과의 외교관계의 형성 측면에서 자세하게 살펴본 부분에 대해서는 William R. Nester, *Power across the Pacific: A Diplomatic History of American Relations with Japan* (London : Macmillan Press Ltd., 1996), pp. 13-58, 59-104를 참조하기 바람.

을 들 수 있다.[11]

1882년 조미수호조약의 체결을 위한 교섭과정에서 비록 청이 조선에 대해 종주권 등 특수한 입장에 있음을 주장하였으나, 미국은 조선이 하나의 독립국가라는 태도를 취하였다.[12] 그리고 1882년 5월 22일 조인되고 체결된 조미수호조약 제1조에 "양국 중 일국과 제3국간의 분쟁이 발생하면 서로 알린 후에 선처하도록 周旋한다"는 점이 명시되어 있어, 타국은 일종의 자동적 주선을 하도록 규정되어 있다.[13] 그 후 미국 정부는 1883년 5월 19일 조미수호조약을 비준하였으며, 조선주재 미국 공사의 지위를 청국 및 일본 주재 미국 공사의 지위와 동격으로 격상하였다. 이러한 미국의 태도와 위 중재조항의 명기로 조선측은 다른 국가와의 분쟁시 미국 정부가 주선하는 등 개입하는 등 미국에 대해 크게 기대하게 되었다.[14]

1880년대 후반 이후 조선에 대한 청의 속국화 정책이 심화되자, 고종을 비롯하여 조선의 몇몇 지도자들이 청의 속국 상태에서 벗어나려고 시도하였다. 그 일환으로서 1887년 가을 청의 반대에도 불구하고 박정양 초대 주미 공사가 워싱턴으로 출발하였으며, 1888년 1월 박정양 주미 공사는 미국정부로부터 "미국과 조약관계를 유지하는 다른 국가의 대표들과 외교적으로 동등함"을 인정받았다.[15]

---

11 Oh(1979), p. 93; Challener(1973), pp. 227-228.
12 1882년 조미수호조약의 체결을 전후하여 한미관계의 전개 과정과 조약의 구체적 내용 등에 관해서는 동덕모(1980), pp. 43-92; 김용구, 『세계외교사 전정판』 (서울: 서울대학교 출판부, 1997), pp. 273-290; 김용구, 『세계관 충돌과 한말 외교사, 1866-1882』 (문학과 지성사, 2001), 제5-6장 을 참조하기 바람.
13 朝·美修好通商條約에서 그 뒤 미국측의 주선을 규정하고 있는 조약상의 영어원문을 보면 다음과 같다. Article I. ... If other Powers deal unjustly or oppressively with either Government, the other will exert their good offices, on being informed of the case, to bring about an amicable arrangement, thus showing their friendly feelings. 위 조항의 원문 및 번역문은 동덕모(1980), pp. 117-133; 김용구(2001), pp. 420-421 참조.
14 개화기 조선내의 우호적 대미인식에 대한 개괄적 설명은 류영익, "개화기의 대미인식," 류영익·송병기·양호민·박희섭, 『한국인의 대미인식 : 역사적으로본 형성과정』 (민음사, 1994), pp. 55-141을 참조하기 바람.
15 이 시기 조선의 주미공사 파견과 관련된 자세한 설명은 김수암, "한국의 근대외교제도 연구," 서울대 정치학 박사학위 논문, 2000. 2, pp. 196-254를 참조하기 바람.

또한 고종은 주한 미국 공사와 개인적으로 긴밀한 관계를 유지하고자
하였다. 고종은 조선 군대를 근대화시킬 교관으로서 미국 장교의 방한을
요청하였으며, 신식 학교의 교사로서 미국인 선생들을 고용하였다.[16] 그리
고 고종은 정부의 주요 직책에 미국인을 고문으로서 임용하였으며, 청의
반대에도 불구하고 미국에 공사관을 설립 및 지속시키려는 강한 의지를
보여주었다. 그렇지만 미국측의 무관심으로 주한 미 공사직은 여러 차례
후임자가 임명되지 않아 공석인 채로 있었으며, 군사고문 파견 요청도 제
때 처리되지 못하였다.[17]

이와 같이 1880년대 후반 및 1890년대 초반 미국 정부는 조선을 둘러
싼 청·일 등 열강간의 각축 속에서 어느 특정 국가의 입장을 공개적으로
지지하지 않았으나, 조선에 파견된 미국 외교관들은 개인적으로 청의 종
주권 주장에 대해 의문을 제기하고 조선의 독립을 인정하거나 지지하는
태도를 보여주었다.[18]

III. 청일전쟁 시기 미국의 '주선' 역할에 대한 국무성과 주한 미국 공사관의 태도

1894~1895년간 청일전쟁 전후 시기 미국의 외교정책은 클리브랜드

---

16 No. 526. H. N. Allen to Secretary of State, Feb. 12. 1894. Spencer J. Palmer, ed., Korean-American
Relations: Documents Pertaining to the Far Eastern Diplomacy of the United States, Volume II, The
Period of Growing Influence 1887-1895 (Los Angeles: University of California Press, 1963) (이하
Korean- American Relations, Volume II로 약칭함), p. 182.

17 Oh(1979), p. 94; Palmer(1963), p. 1.

18 Department of State U. S. A., A Historical Summary of United States-Korean Relations 1884-1962
(Washington: Historical Office Bureau of Public Affairs, 1962), pp. 10-11; Palmer(1963), pp. 2-7.

(Grover Cleveland) 대통령의 재직시절(1893~1897) 그레샴(Walter Q. Gresham, 1893. 3. 6~1895. 5. 28)과 올니(Richard B. Olney, 1895. 6. 10~1897. 3. 5) 국무장관이 주로 담당하였으나, 이들 국무장관들은 당시 조선에 대해서 사전 지식 내지 관심이 거의 없었다. 당시 미 국무성 관료들도 한반도를 포함한 동아시아 정세에 대하여 사전 지식과 관심이 매우 적어서, 청일전쟁 발발 직전 시기에 가서야 그동안 8개월째 공석중인 주한 미국 공사직에 미시간 주 출신의 교육자인 63세의 실(John Mahelm Berry Sill)을 변리공사(辨理公使) 겸 총영사(總領事)로 임명하였다.[19]

조선에서 청·일 양국 군대가 대치하자, 그레샴 미 국무장관은 1894년 6월 22일 워싱턴 주재 조선공사 이승수(李承壽)로부터 조미수호조약의 '주선' 조항에 따라 미국의 공정한 권고와 우호적 개입을 요청받자, 실 공사에게 "조선 및 조선 국민의 안녕에 대한 미국의 우호적 관심에 비추어 보아, 조선에서 평화적 상태의 유지를 위해 가능한 모든 노력을 기울이라고" 지시하였다. 위 전문을 받은 실 공사는 1894년 6월 24일 미 국무성에 자신은 "조선에서 평화적 상태의 유지를 위해 할 수 있는 한 최대한의 노력을 기울여 왔으며 기울일 것"이라고 보고하였다.[20] 당시 실 공사는 본국의 훈령을 받기 전에 나름대로 중재활동을 전개하였으며,[21] 조선 정부가

---

19 실 공사는 미시간대학 이사로 재직시 이 대학출신이며 클리브랜드 대통령의 선거운동을 지원했던 딕킨슨(Don M. Michigan, 클리브랜드 제1기 행정부의 체신청 장관 역임)과 울(Edwin F. Uhl, 클리브랜드 제2기 행정부의 국무장관 서리 역임)의 추천에 의하여 조선 공사직에 임명되었다. Oh(1979), pp. 92-93; 이민식, 『근대한미관계사』 (서울: 백산자료원, 2001), pp. 591-593; Harrington, Fred H., God, Mammon and the Japanese: Dr. Allen and Korean-American Relations, 1884-1905 (Madison: Univ. of Wisconsin press, 1944), 이광린 역, 『개화기의 한미관계-알렌 박사의 활동을 중심으로』 (서울: 일조각, 1979), p. 104.

20 No. 15. John M. B. Sill to Secretary of State, June 25. 1894. Korean-American Relations, Volume II, p. 333.

21 실 공사는 1894년 6월 16일 제물포에 상륙한 3,000명의 일본군이 외국인 조계에서 다른 열강들의 동의없이 포진하였다는 통지를 받자, 일본군의 이러한 행동은 조선주재 각국의 조약권을 무시한 행위라고 보고 6월 18일 조선주재 서구 공관의 대표들과 공동으로 일본군에 항의를 제기하였다. No. 14. John M. B. Sill to Secretary of State, June 18. 1894. Korean-American Relations, Volume II, p. 331.

미국에 거중조정을 요청하는 데 깊이 관여하였다.[22]

실 공사는 조선 주재 영국, 러시아, 프랑스 외교관들과 함께 청, 일본 양국에 조선에서의 공동 철병을 요청하였으며, 미 국무성에는 당시 조선의 상황이 긴박하며 조선에 체류중인 80여 명의 미국인들의 신변이 위험에 처할 수 있다고 보고하였다. 그러나 미국을 포함한 조선주재 다른 서구 4개국의 동시 철병 권고는 아무런 성과도 거두지 못하였다. 1894년 6월 26일 실 공사는 청의 원세개(袁世凱)측으로부터 일본이 철병을 거부하는 한 청군도 조선에 주둔한다는 입장을 통고받았으며, 이를 그레샴 국무장관에게 보고하였다.[23] 이와 같이 청일전쟁의 발발 직전까지 실 공사는 미 국무성이 내린 지시, 즉 조선에서 평화적 상태의 유지를 위해 노력하라는 훈령에 충실히 따르면서 청일간 무력충돌의 예방을 위해 나름대로 노력하였다.

청일간의 전쟁이 임박해지자 조선 정부는 다시 1894년 7월 5일 워싱턴 주재 이승수(李承壽) 공사를 통해 미국 정부에게 조선 내 청일의 대립을 조정하기 위해 미국의 협력을 요청하였다. 또한 1894년 7월 7일 청국 정부도 미국에게 다른 열강과 함께 일본에게 조선에서 철병할 것을 요청하는 데 주도적 역할을 담당해 줄 것을 부탁하였다.[24] 그러나 그레샴 국무장관은 이후 더 이상 조선 문제로 중재하려는 태도를 취하지 않았다. 그레샴 국무장관은 미국이 청·일간 분쟁에 개입할 의사가 없음을 워싱턴주재 이

---

22 조선 정부가 1894년 6월 24일 서울주재 미, 영, 러, 불, 독의 5개국 공사들에게 중재를 요청하는 공문을 발송하자, 실 공사는 조선 정부의 위 공문 내용을 곧바로 본국정부에 알렸다. No. 15. John M. B. Sill to Secretary of State, June 25. 1894. *Korean-American Relations*, Volume II, p. 333; 이보형(1982), pp. 94–95.

23 No. 15. John M. B. Sill to Secretary of State, June 25. 1894. *Korean-American Relations*, Volume II, pp. 333–334; No. 16. John M. B. Sill to Secretary of State, June 29. 1894. *Korean-American Relations*, Volume II, p. 335.

24 Department of State(1962), pp. 11–12; 최문형(2001), pp. 114–117.

승수 조선 공사와 조선주재 실 공사에게 통고하였다.[25]

이후 조선 내 청일간의 긴장이 고조되고 미국, 영국 공사 등의 중재 노력이 전개되자, 1894년 7월 중순 조선 주재 영국 외교관 일행이 일본인 병사들에 의해 습격받았다. 이 사실을 전해들은 미 그레샴 국무장관은 실 공사가 서울에서 다른 공사들과 함께 중재 노력에 참가함으로써 일본 정부로부터 주목을 받게 되었음을 지적하면서, 실 공사에게 가드너 (Gardner) 등 영국 외교관과 같이 행동하지 말 것을 권고하였다.[26]

청일전쟁의 발발 이후 일본의 승리가 확정적이 되고 삼국간섭 등을 통해 유럽 열강들의 개입 가능성도 높아지자, 미국은 종전의 태도를 바꾸어 1894년 11월 3일자 청의 이홍장의 개입호소에 지지 의사를 표명하였다. 그리고 1894년 11월 17일 미국 클리브랜드 대통령은 청일전쟁의 종전을 위해 청과 일본 사이에 중재하겠다는 의사를 표명하였다.[27] 청·일간 강화조약의 교섭과정에서 미국은 양국간 교섭 창구의 경유지 역할을 담당하였으며, 그 후 1895년 4월 17일 시모노세키 조약이 체결되었으며, 동 조약에서 청은 조선의 독립을 인정하였다.[28]

한편, 청일전쟁 중 일본이 조선을 보호국화하려는 시도의 일환으로서 미국주재 조선 공사관의 폐쇄를 기도하였다. 1895년 1월 4일자로 실 공사가 국무성에 보낸 전문에 의하면, 일본 공사가 조선 정부에게 워싱턴 한국공사관을 더 이상 개설하지 않으며 워싱턴주재 일본 공사가 한국 관련업무를 담당할 것을 권고하였다. 이와 관련, 당시 고종은 실 공사에게

---

25 Telegram, Gresham to Sill, July 9, 1894. *Korean-American Relations*, Volume II, p. 337.
26 Telegram, Sill to Gresham, July 17, 1894. *Korean-American Relations*, Volume II, p. 245; No. 25, W.Q. Gresham to John M. B. Sill, Aug 30. 1894. *Korean-American Relations*, Volume II, pp. 256–257.
27 청일전쟁 당시 서구 열강의 태도와 중재과정, 그리고 강화조약의 체결에 대한 개괄적 설명에 대해서는 김용구(1997), pp. 378–401 참조.
28 Department of State(1962), p. 13–14.

미국 정부가 이러한 계획의 실행을 막기 위해 개입할 수 있는지의 여부를 알고 싶어했다.[29] 며칠 뒤인 1895년 1월 8일 당시 주한 일본 공사관의 스기무라 후카시(杉村 濬) 서기관이 조선의 외부(外部)를 방문하여 주미조선공사의 업무를 주미 일본 공사에게 위임할 것을 요구하였다. 이에 실 공사는 그 다음날인 1월 9일 그레샴 국무장관에게 전보를 보내, 일본이 워싱턴주재 조선 공사의 소환을 주장하고 있으며, 고종은 불쾌한 상태로서 조선이 독립국가임을 상징적으로 나타내는 주미 공사관이 폐쇄될 것을 우려하고 있다고 보고하였다. 그 후 일본 공사관은 주미 공사관 폐쇄 구상에 대한 미국측의 반발을 우려하여 이 계획을 실행에 옮기지 않았다.[30]

이상으로 살펴본 바와 같이 청일전쟁 기간 중 미 국무성은 전시중립을 표방하면서 사실상 불개입 정책을 취하였다. 반면, 주한 미 공사들의 경우, 조선 주재 서구 외교관들과 함께 청·일 양국 군대의 철병과 전쟁 방지를 위한 중재활동에 적극 관여하였다.

IV. 청일전쟁 전후 시기 주한 미국 공사의 활동과 조선 궁정

청일전쟁 당시 및 이후 시기에 미 국무성이 조선에 대해 무관심한 태도 및 불개입 원칙을 지속한 반면, 현지의 실 공사는 다음과 같이 조선 내에서 미국인과 미 공사관의 보호, 그리고 미국의 이해관계의 보전이라는 기

---

29 No. 78, John M. B. Sill to Secretary of State, Jan. 4, 1895. *Korean-American Relations*, Volume II, p. 259.
30 Telegram, Sill to Gresham, Jan. 9, 1895. *Korean-American Relations*, Volume II, p. 259; 류영익, 「갑오경장연구」 (서울: 일조각, 1996), pp. 290-291.

본 임무에 충실하면서, 조선에서 미국의 영향력을 유지하기 위해 일본의 독점적 진출에 저항하면서 조선에 대한 문호개방을 추구하였다.

1894년 청일전쟁의 발발 이후, 실 공사는 1894년 6월 1일 국무성에 "반란 세력이 강해지고 있으며, 조선 정부는 질서를 강제할 가망이 없다"고 보고하면서, 당시 조선에서 미국인의 이익을 보호하며 조선에 체류중인 선교사 등 미국인들의 신변보호를 위해 즉시 제물포에 미국 군함 한 척의 파견을 요청하였다.[31] 이에 미 국무장관 그레샴은 스커렛(Skerrett) 사령관 휘하의 미 태평양 함대소속의 최신식 순양함인 '볼티모어'(Baltimore)호를 파견하도록 조치하여, 50여 명의 선원 및 병사들이 승선한 위 볼티모어호는 1894년 6월 5일 제물포에 도착하였다. 6월 13일 고종은 서울로 입성한 미 제독 일행을 공식 접견하고 미국 군함이 조선에 정박중인 점에 대해 감사의 뜻을 표했으며, 6월 15일 미 제독은 실 공사에게 사태가 호전될 때까지 머무르겠다고 약속하였다. 그 후 실 공사는 당시 제물포에 입항하고 있는 스커렛 제독을 설득하여 주한 미 공사관의 호위 병력을 12명에서 120명으로 증원시키는 조치를 취하였다. 그러나 이후 스커렛 제독이 지휘하는 미 군함이 조선을 떠나자, 실 공사는 자신이 매우 위험한 상황에 처한 것으로 위기의식을 느꼈다.[32]

청일전쟁 당시 고종은 실 공사에게 필요한 경우 국왕, 왕족 및 고관들에게 피신처를 제공해 줄 것을 긴급히 요청하였다. 이에 실 공사는 절대적으로 긴급한 경우가 아니라면 정부의 수뇌부가 거주하는 장소를 바꾸는 것

---

31 No. 11. John M. B. Sill to Secretary of State, June 1. 1894. *Korean-American Relations*, Volume II, pp. 322-323.

32 No. 14. John M. B. Sill to Secretary of State, June 18. 1894. *Korean-American Relations*, Volume II, p. 332; No. 16. John M. B. Sill to Secretary of State, June 29. 1894. *Korean-American Relations*, Volume II, pp. 335-336; Telegram, Sill to Gresham, July 8, 1894. *Korean-American Relations*, Volume II, p. 338.

은 옳지 않다고 지적하면서도 결국 고종의 요청을 수락하였으며, 1894년 7월 8일 그레샴 장관에게 이 사실을 보고하였다.[33]

또한 청일전쟁 당시 실 공사는 고종이 주한 미 공사관 내에 궁중의 보물 등 귀중품들을 보관해 줄 것을 요청하자 이를 수락하였으나, 미 국무성에는 보고하지 않았다. 그러나 위의 사실을 나중에 알게된 미 국무성은 실 공사에게, 그의 이러한 승인행위는 주한 미 공사로서의 재량권 밖의 행위라고 질책하였다.[34]

실 공사 등 주한 미 공사관의 우호적 태도 및 공사와의 개인적 친분 관계에 대한 대가로서 고종은 조선의 주요 금광채굴권을 미국인에게 넘겨주었다.[35] 1895년 8월 고종이 미국인 모스에게 광산채굴을 허가하자, 실 공사는 1895년 8월 15일 이를 국무성에 보고하면서, 조선 내 금광은 매장량이 풍부하며, 광산 채굴사업이 조선의 광산자원 개발을 촉진하며, 조선의 재정적 곤경을 구제할 것이라고 전망하였다.[36]

그리고 실 공사가 1895년 5월 25일자 국무성에 보낸 전문에 따르면, 외국인 공동 거류지역이 인접한 제물포 지역 내에 일본인 거류지를 확대하는 등 일본에 독점적으로 권리를 양여하는 것에 대해 미국 등 조선주재 서구 열강의 외교관들이 공동으로 조선 외부(外部)에 항의하였다. 이에 조선 외부 대신은 일본측 거류지의 확대는 조 · 일간에 체결된 조약에 따라 그

---

33 No. 16. John M. B. Sill to Secretary of State, June 29. 1894. *Korean-American Relations*, Volume II, pp. 335-336; Telegram, Sill to Gresham, July 8, 1894. *Korean-American Relations*, Volume II, p. 338.

34 No. 60. Edwin F. Uhl to John M. B. Sill, Feb. 26. 1895. *Korean-American Relations*, Volume II, pp. 135-136.

35 No. 20 Consular Series. John M. B. Sill to Secretary of State, Aug. 15. 1895. *Korean-American Relations*, Volume II, pp. 188-189; No. 135. John M. B. Sill to Secretary of State, Aug. 15. 1895. *Korean-American Relations*, Volume II, pp. 205.

36 No. 135. John M. B. Sill to Secretary of State, Aug. 15. 1895. *Korean- American Relations*, Volume II, p. 205.

권리를 부여한 것이라고 설명하면서, 이후 철도 등의 양여시에는 외국 대표들과 상의할 것이라는 의견을 전하였다.[37]

한편 갑오개혁 시기인 1894년 말경 조선의 정세에 대해 실 공사는 매우 불안정하며 정치세력간 갈등이 심각해지고 있는 것으로 파악하였다.[38] 이노우에 공사의 부임 이후 1894년 양력 12월 제2차 김홍집 내각이 출범하였으며, 박영효, 서광범 등이 주요 대신으로 등용되었다. 갑오개혁 당시 박영효의 활동에 대한 실 공사의 평가를 보면, 박영효는 이노우에 공사의 도움으로 내부대신에 임명되었으나, 그는 '실질적인 독재자'이며, 당시 정부의 주요 직책을 차지하고 있는 진보적인 청년 관료들로 구성된 정치적 그룹을 이끌고 있다고 보았다. 박영효와 이노우에 일본 공사간의 사이가 점차 소원해지고 두 사람간의 불화가 공개적으로 노정되자, 실 공사는 박영효가 일본인들과 결별한 것으로 파악하였다.[39]

청일전쟁의 결과 조선에서 청국 세력이 패퇴하고 일본이 승리한 것을 기념하기 위하여 1895년 6월 6일 조선 궁궐에서 '조선 독립 기념' 연회를 개최하기 위해 주한 외국 사절들에게 초청장이 전달되었다. 그러나 초대를 받은 실 공사는 조선주재 각국 공사들과 함께 그 초청장을 접수하지 않겠다는 입장을 조선 정부에 전하였다. 이에 당황한 조선 정부는 초청장의 명칭을 변경할 것을 요구하는 실 공사의 제안을 그대로 받아들였으며, 각국 공사에게 보내는 조선측의 초청장은 "조선에서 평화가 정착되었으며,

---

37 No. 115, John M. B. Sill to Secretary of State, May 25. 1895. *Korean-American Relations*, Volume II, pp. 260-261.
38 No. 68, John M. B. Sill to Secretary of State, Dec. 4, 1894. *Korean-American Relations*, Volume II, pp. 258-259.
39 No. 115, John M. B. Sill to Secretary of State, May 25. 1895. *Korean-American Relations*, Volume II, pp. 260-261.; No. 120. John M. B. Sill to Secretary of State, June 7. 1895. *Korean-American Relations*, Volume II, pp. 261-262.

조선의 주권에 대한 어떠한 주장도 중국측에 의해 포기하는 것을 기념하기 위해서"라고 그 문구가 바뀌어 다시 전달되었다.[40]

실 공사는 조선의 독립이 1895년 6월 6일 위 독립기념일 선포로부터 비롯된다는 점을 인정하기를 거부하였으며, 이러한 태도는 미국 정부가 1882년 조선과 조약을 체결하는 과정에서 조선을 하나의 독립된 국가로 간주하는 기존 태도를 견지하는 것이었다. 이에 대해 미 국무성은 1895년 7월 9일 주한 실 공사에게 다음 전문을 보내서, 실 공사가 취한 행동을 승인하였다.

1895년 6월 6일자로 조선의 독립이 비롯된다는 점을 귀하가 인정하기를 거부한 행동은 승인되었다. 1882년 조미수호조약이 체결된 이후 조선에 대한 미국 정부가 취하는 입장은 최근의 사태로 인해 전혀 영향받은 것이 없다. 그때 이래로 조선의 독립은 우리에게 하나의 확립되어 있는 기정사실이다.[41]

그렇지만, 이 당시 미국은 조선의 독립을 유지하기 위해 실질적 도움을 주지 못했으며, 오히려 청일전쟁 강화조약이 체결된 후 미국은 조선에서 자국 군함을 철수시켰으며, 실 공사에게 조선 미 공사관 내 미국인 보호를 위해 다른 방법을 찾아 볼 것을 지시하였다. 그 예로서 미 국무장관 서리 에이디(Alvey A. Adee)가 1895년 7월 8일 실 공사에게 미 해군성으로부터 서울에 있는 주한 미 공사관을 수비하기 위해 체류중인 해군 장교와 사병용 막사를 신축할 예산이 없다는 통보를 받았다고 전하면서, 미 공사관

---

40 No. 120. John M. B. Sill to Secretary of State, June 7, 1895. *Korean-American Relations*, Volume II, p. 261.
41 No. 87. Alvey A. Adee to John M. B. Sill, July 9, 1895. *Korean-American Relations*, Volume II, p. 266.

보호를 미 아시아함대 총사령관에게 요청하지 말며, 유사시 공사관 보호가 필요하다고 판단될 경우 조선 정부에 요청하라고 훈령하였다.[42]

청일전쟁의 종전 이후 몇 개월이 지난 1895년 10월 을미사변(명성황후 시해사건)의 발발 당시 주한 미 실 공사는 일본에서 휴가중이었으며, 당시 알렌 대리공사는 조선 내정에 관여하지 말라는 본국의 경고에도 불구하고, 일본을 견제하며, 고종의 신변 보호를 위해 나서는 등 조선의 궁정정치에 관여하였다.[43] 일본에서의 휴가를 마치고 귀임한 실 공사는 일본측이 명성황후의 시해에 관여하였으며, 자신의 보좌관인 알렌의 행동이 훌륭했다고 본국에 보고하면서 알렌의 행동을 두둔하였다.[44] 당시 실 공사는 일본이 을미사변 이전 상태로 정세를 되돌리려 하지 않으며, 고종의 신변이 여전히 위험하고 을미사변 공모자들에 의해 감금 상태에 있다고 보았다. 그리고 실 공사는 국무성의 비난이 자신에게 집중되었음에도 불구하고, 조선 주재 러·영·불 공사들과 함께 1895년 11월 9일 일본 공사에게 '사태회복의 책임을 지고 국왕의 안전대책을 강구할 것'을 촉구하였다.[45]

청일전쟁의 종전 이후에도 미 국무장관은 주한 미 공사에게 조선의 내정에 관여하는 것을 엄격히 삼가야 한다는 경고와 불개입 훈령을 내렸다. 드디어 올니 미 국무장관은 1896년 1월 11일 실 공사에게 조선의 정세에 계속 관여하는 것을 승인할 수 없다라는 전보를 보냈다. 이에 어쩔 수 없이 실 공사는 1896년 1월 13일 올니 국무장관에게 "자신의 행동이 의도

---

42 No. 86. Alvey A. Adee to John M. B. Sill, July 8. 1895. *Korean-American Relations*, Volume II, p. 136; 최문형(1982b), pp. 119-120.

43 을사변당시 알렌의 행동에 대해서는 Harrington(1944) · 이광린 역(1973), pp. 278-297 를 참조하기바람.

44 Telegram. Sill to Olney, Oct. 26. 1895. *Korean-American Relations*, Volume II, p. 267.

45 Telegram. Sill to Olney, Nov. 9. 1895. *Korean-American Relations*, Volume II, p. 267. Harrington(1944) · 이광린 역(1973), pp. 294-297; 최문형(1982c), pp. 121-122.

하지 않은 가운데 실수를 범했으며, 앞으로 본국의 훈령에 따라 신중하게 행동하고 보고할 것"이라고 사과함으로써 본국과의 마찰 내지 갈등을 최소화하였다.[46]

청일전쟁 당시 및 이후 시기에 실 공사 등 주한 미국 공사들이 고종의 신변 보호를 위해 조치를 취하며, 조선주재 서구 외교관과 공동으로 중재에 나서거나 일본측의 행동에 항의한 점 등은 당시 미 국무성의 기본 방침이나 지시와는 상반되는 것이었다. 특히 실 공사가 자신의 휴가시 알렌이 일본측을 비판한 행동들을 두둔한 점들로 미루어 볼 때, 기존 연구에서의 소극적 평가와는 달리, 실 공사는 고종에 대해 우호적이었으며, 조선측에 대해 유리하게 적극 활동하였다.

V. 맺음말

이상 본문에서 살펴본 바와 같이 청일전쟁 기간 및 이후 조선 문제에 대한 미 국무성의 불개입 지시 및 무관심한 태도와는 달리, 실 공사 등 주한 미국 공사들은 미 국무성의 반대와 경고에도 불구하고 조선에서 청일 양국군의 철병을 위해 중재에 나서며 일본의 독점적 진출을 견제하며 고종의 신변 보호를 위해 적극 나섰다.

청일전쟁 시기 및 그 이후 시기에 걸쳐 조선주재 실 공사 등 미 외교관들은 개인적으로는 조선에 대해 매우 호의적 태도를 보였지만, 그가 취할 수 있는 행동의 폭은 매우 제한될 수밖에 없었다. 그것은 당시 동북아지역

---

46 Telegram, Olney to Sill, Jan. 11, 1896, *Korean-American Relations*, Volume II, p. 140; Telegram, Sill to Olney, Jan. 13, 1896, *Korean-American Relations*, Volume II, p. 141.

에서 미국의 주된 관심이 일본과 중국 정세였으며, 조선에 대한 처리문제도 동아시아의 청, 일, 러, 영 등 주요 열강과의 관계 속에서 해결되어야만 했기 때문에 미 국무성이 조선 국내 정세에 대한 현지 주한 미공사들의 개입을 승인하지 않는 점과도 밀접한 관련이 있다.

결국 1890년대 중반 청일전쟁 시기 실 공사 등 주한 미 외교관의 조선관과 활동들이 보여준 성격과 그 내용들에 비추어 볼 때, 이 시기 조선측의 미국에 대한 기대 내지 대미 접근은 당시 동아시아에 대한 미국의 전략적 이해관계 및 대중, 대일 정책의 전개, 그리고 조선의 낮은 전략적 가치 등으로 인해 구조적으로 크게 제약되었으며 현실적으로 성공하기 힘들었다. 그렇지만 실 공사 등 현지 주한 미 공사들이 현지 외교관의 재량권내에서 미국인의 보호라는 명분하에 미 해군 병력의 파견을 요청하거나 일련의 중재활동에 적극 나선 점들은 궁극적으로는 조선 내에서 미국의 국익을 위한다는 측면도 있었지만, 당시 고종의 신변보호와 일본의 침략에 대한 일종의 견제라는 측면에서는 조선측에 상당한 도움을 주었다.

그러나 조선측으로서는 구한말 국권상실의 위기상황에서 주한 미국공사들이 조선을 도와줄 수 있을 것이라는 기대를 계속 가졌으나, 그 기대는 미 국무성의 반대에 직면하여 점차 실망으로 변했으며, 미국의 힘을 활용하여 일본의 조선 침략을 견제해 보려는 구상은 크게 실효를 거두지 못하였다.

이러한 구한말의 한국 외교사의 비극을 돌이켜 볼 때, 구한말뿐만 아니라 현재에도 우리가 자주독립을 유지하기 위해 미국 등 외국의 힘을 활용하려고 시도할 경우에는 먼저 미국 등 강대국의 외교, 군사정책상의 의도와 현실적인 수단에 대해 철저히 인식해야 할 것이다. 그리고 이를 바탕으로 우리가 추구할 수 있는 대외정책 및 전략이 구체적으로 무엇인지에 대한 대내적 합의가 이루어지고 국가적 차원의 노력이 지속될 때 현실적으로 취할 수 있는 외교정책상의 가능성과 그 선택의 폭이 커질 것이다.

12

개화개혁론에서 국권 · 민권 · 군권의 관계

정용화 | 연세대학교

I. 머리말

19세기 중반 한반도의 개항은 단지 해외 통상개방이라는 의미를 넘어 서구와의 문명적 · 세계관적 충돌과 적응을 의미하였다. 이는 군사 · 정치적 힘을 배경으로 동양을 압도한 서양이 그들의 문명을 '보편문명'의 지위로 끌어올리고 이의 수용을 강요하였기 때문이다. 이때부터 시작된 '근대화' 노력은 유럽문명의 근대적 삶을 따라잡으려는 우리 나름의 총체적 모습이었다. 근대화의 내용은 구체적으로 근대민족주의에 기반한 국민국가 건설로 요약된다. 이는 다시 대외적으로 '국가적 독립'의 확보와 대내적으로 '국민적 통합'의 정치체제를 확립하는 것으로 풀이된다. 밀려오는 외압을 물리치고 나라의 독립을 지키기 위해서라도 대내적으로 봉건적 중앙집권제에 따르게 마련인 이른바 '사이비 통합성'을 지양하고 참된 '국민적 통합'을 도모해야 했다.[1] 새로이 맞게된 세계질서, 즉 근대 국제질서에서 생존하기 위해서는 중국적 세계질서 아래에서의 전통적 삶의 방식을 탈피하여 '힘있는 근대국가'[2]인 근대국민국가로의 체제 변혁이 불가피한 과제로 대두된 것이다. 국제역량 강화를 위한 국내역량의 효율적 결집의 필요, 바꾸어 말하면 '안'과 '밖'의 문제는 이때부터 불가분의 연계를 갖게된다.

그러므로 한국의 근현대 정치외교사는 유럽 중심의 근대 국제질서 속에서 한반도의 근대 국민국가 형성을 위한 노력이라는 차원, 즉 안과 밖의 입체적, 복합적 틀 속에서 분석되어야 한다. 그런데 기존의 연구들은 대체로 대외교섭사로서의 '외교사'와 국내정치변동사로서의 '정치사'를 분리하여 왔다. 특히 약소국인 한반도는 적어도 개항 이래 국내정치의 국제적 요인이 압도적임에도 불구하고 이를 간과해왔다는 지적을 면하기 어렵다. 이 글은 해묵은 주제인 19세기 후반 한국의 초기 근대화의 좌절 원인을 밝히는데 목적이 있지만, 단지 외부 세력의 '충격'에 대해 수동적으로 '반응'하는 입장이 아니라, 우리의 눈으로 당시 세계를 어떻게 이해하고 어떻게 대응코자 했는가를 밝히려는 것이다. 그리고 외세의 압도를 고려하더라도 자주적 역량을 발휘할 수 있는 여지는 없었는가, 그것이 실패한 원인은 무엇인가라는 문제에 관심이 있다.

이 글에서는 개항 이래 대한제국 시기 독립신문 폐간(1899년 12월 4일) 때까지 개화개혁론자들의 근대 국민국가 건설 노력을 국권(國權)·민권(民

---

1 그러므로 "내셔널리즘은 대외적 문제임과 동시에 대내적 문제이기도 하"며, 특히 "동아시아 여러 나라에서의 개항(개국)은 "자신을 외부, 곧 서양적 국제사회에 개방함과 동시에 국제사회에 대해서 자신을 하나의 통일된 독립국가로 마무리짓고 선을 긋는 양면성이 내포"되어 있었다고 한 마루야마 마사오의 지적은 정확한 것으로 보인다. 丸山眞男, 『日本政治思想史硏究』(東京大學出版會, 1952), p. 324 ; 『日本の思想』(岩波新書, 1961), pp. 9-10.
2 서재필, "회고 갑신정변", 『갑신정변과 김옥균』(국제문화협회, 1947), p. 82

權)·군권(君權)의 관계를 중심으로 검토하고자 한다. 이는 다시 콕스(Cox)의 용어로 '국제질서', '국가의 형태(정치체제)', 그리고 '사회세력'과의 관계로 대치될 수 있다.[3] 이를 통해 안과 밖의 역동성을 충분히 파악하고 이를 복합적으로 활용하지 못한데서 초기 근대화 실패의 한 원인을 도출하고자 한다.

II. 주권 개념의 수용과 자주·독립의 의미

국제관계에서 '주권'(sovereignty)개념은 유럽에서 군수의 세속권력에 대한 교회의 도덕적 권위가 종식되면서 진전된 일련의 관념과 이론에 의해 형성되었다. 웨스트팔리아 조약(1648)을 기점으로 국제관계는 국가가 중심적인 행위자이며, 모든 국가는 법적으로 평등하고 각자의 주권은 절대적인 것으로 간주하는 '국제체제'를 형성하였다. 분권화된 국제체제는 질서와 안정을 유지하기 위해 세력균형 원칙, 국제법, 국제회의, 외교적 관행의 발전 등을 이루었고, 이러한 제도들의 등장과 함께 국가들간 체계는 공통의 규범, 규칙, 그리고 의무를 인정하는 '국제사회'(international society)로 전환하게 된다. 이처럼 발전된 새로운 원칙은 1815년 비엔나 회의에서 적용되었고, 이후 유럽 각 국들간의 대외정책과 국제행위의 중심 원칙이 되었다.[4]

그러나 이러한 유럽국가간의 주권평등, 국제법 등의 원칙은 비유럽에는

---

3 Cox는 '행위의 영역'(spheres of activity)을 세가지, 즉 '사회세력', '국가의 형태', '국제질서'로 구분하고 이 세 수준이 서로를 통제하고 영향을 미치는 역사적 구조를 고려해야 함을 주장하고 있다. R. Cox, "Social Forces, States and World Orders: Beyond Internatonal Relations Theory," *Millenium* 10(2) (1981).

4 F. H. Hinsley, Sovereignty, second edition (Cambridge: Cambridge University Press, 1986); Gene M. Lyons and Michael Mastanduno, ed., *Beyond Westphalia? State Sovereignty and International Intervention* (Baltimore: Johns Hopkins University Press, 1995), pp. 5–6

적용되지 않았다. 그들은 19세기에 들어서면서 기독교를 공유하는 유럽을 '문명'(civilization)의 기준으로 설정하고, 비유럽국가들을 '야만(국)', 또는 '반(半)문명(국)'으로 간주하여 국제사회와 국제법의 주체가 아니라 기껏해야 제한된 의미에서만 주체로 간주하였다.[5] 주권평등의 원칙이 적용되는 국제사회와 국제법의 주체가 되기 위해서는 유럽국가들의 '승인'이 필요하였다. 그러므로 비유럽국가의 입장에서 주권 개념은 유럽이 세계팽창을 하면서 '전파'한 개념이다.[6] 그러나 유럽국가들의 비유럽국가들에 대한 주권 개념 전파는 명분과 실제의 괴리를 피할 수 없어 새로운 문제를 배태하였다.

조선에서 주권 개념을 수용한다는 것은 곧 전통 사대질서를 부정하고, 서구 주도의 근대국제질서에 편입함을 의미한다. 주권 개념이 수용되기 이전까지 조선의 대외관계는 주지하듯이 중국을 중심으로 한 사대질서에 속해있었으며, 그 특징은 종주국과 조공국간의 불평등한 질서였다. 개항은 이러한 불평등한 국제질서를 '평등한' 관계로의 대체를 요구하는 것이어서 그 혼란은 예정되어 있었다.

개항을 전후한 시기의 조청관계의 성격에 관한 구체적인 언급은 1866년 병인양요 당시 프랑스의 주청불국임시대리공사 벨로네(Henri de Bellonet)가 조청간의 특수관계에 대해 청국 정부에 질문, 항의했을 때 처음으로 표명되었다. 당시 청은 "조선은 청국의 속방이나 그 내치 외교는 자주에 맡겨 간섭하지 않는다"라고 입장을 밝혔다.[7] 이와 같은 청의 태도

---

5 Gerrit W. Gong, *The Standard of Civilization in International Society* (Oxford: Clarendon Press, 1984); Hedley Bull and Adam Watson, eds., *The Expansion of International Society* (Oxford: Clarendon Press, 1984).
6 이용희, 『일반국제정치학』(상) (서울: 박영사, 1962).
7 甲寅條, 『法國照會』, 『籌辦夷務始末』 (北京: 古宮博物院, 1929~1930), 卷42, 同治5年 5月, 이완재, 『초기개화사상연구』 (민족문화사, 1989), p. 148에서 재인용.

는 신미양요 때도 마찬가지였다. 조선의 내치외교 자주를 밝힌 당시 청의 입장은 '독립'과 '자주'를 개념적으로 분리하여 조선의 대외분규에 가급적 개입하지 않으려는 의도에서 비롯된 것이었다. 물론 '자주'라는 문구에 대한 청의 해석은 독립이 아닌 자율(autonomous)을 뜻하는 것이었다.[8]

한편, 개항 이전 조선의 집권세력은 서구열강의 개항 요구를 회피하기 위한 목적에서 조청종속관계를 거론하였다. 즉 1866년 오페르트(Ernest Opert)일행이 통상을 요구해오자 조선 정부는 "조선의 외교는 모두 청국의 지시에 따라 실시키로 되어있으므로 조선과 통상하기를 희망한다면 속히 청국에 돌아가 청국 정부와 직접 교섭, 청국 정부로부터 조선개국의 지령서를 받아오면 될 것이다"라고 하며 퇴거를 요청하였다.[9] 청에 의존하여 외압을 피해보려 한 것이다. 그러나 일본의 무력시위와 청의 거중조정 하에서 체결된 조일수호조약 제1조에서 일본은 "조선이 '자주'의 나라임과 일본과 '평등'한 권리를 갖는다"(朝鮮國自主之邦 保有與日本國平等之權)는 것을 확인하여, 청과 조선 당국의 주관적 판단과는 상관없이 조청종속관계를 부정하였다. 조선 최초로 체결한 이 근대적인 조약은 앞으로 전통적인 청국과의 종속관계를 어떻게 주권평등의 만국공법(근대국제법)관계로 전환할 것인가 하는 새로운 과제를 조선에 제기하였다.

이른바 동도서기론자들은 대체로 외부로부터 '자주'를 추구하였지만 중국으로부터의 '독립'은 불가하다는 입장을 취해 아직 전통 사대관념을 유지하였다. 외부독판 김윤식은 1881년에 그러한 이중적 국제질서를 일거양득의 실리를 취할 수 있는 '양편'(兩便) 또는 '양득'(兩得)[10]으로 파악

8 김달중, "중국의 대한간섭 및 통제정책," 「사회과학논집」 제12집, 연세대학교 (1972), p. 38
9 「비변사등록」 고종 3년 7월 19일조; 이완재(1989), p. 151.
10 김윤식, 「음청사」 (국사편찬위원회, 1958), pp. 52~53, 57~58.

하였다. 즉, 당시 여전히 조선이 중국의 속방임을 인정한다 하더라도 자주권까지 빼앗기는 것은 아니며, 오히려 각국이 조선을 얕잡아 보지 못하는 실리를 얻을 수 있다고 생각했다. 중국과는 사대의 의리(事大之義)를 저버리는 것이 아니며 각 국과는 평등의 권리(平等之權)를 잃지 않는 양득을 기할 수 있다는 것이다. 어윤중 역시 "내치에서 자주는 가할지 모르나 중국으로부터의 독립은 있을 수 없다"[11]고 하였다. 동도서기파가 주도한 1881년부터 1883년까지의 개화상소문을 분석한 글에 따르면 입약통상(立約通商), 만국통행지규(萬國通行之規), 인국병립(隣國竝立) 등의 용어가 빈번히 사용되고 있는 것으로 보아,[12] 그들의 의식에는 전통 사대질서와 근대 만국공법질서가 중첩적으로 병존한 가운데 중국의 우산 아래 나름대로 조선의 생존 방안을 모색하였던 것으로 보인다.

'자주'와 '독립'이 일치된 개념으로 인식되기 시작한 것은 주권 개념을 적극 수용한 이른바 변법개화론자들에 의해서였다.[13] 그들은 만국공법(근대국제법)에 관한 지식을 적극 섭취하고,[14] 조선의 자주독립은 청의 종속으로부터 벗어나지 않고서는 결코 이루어질 수 없는 것으로 생각했다. 그들의 좌장격인 김옥균은 『조선개혁의견서』에서 "지금까지 청국이 스스로

---

11 『淸季中日韓關係史料』 제2권, 문서번호 417, 부록(1) 『津海關道周馥與朝鮮魚允中筆談節略』, p. 589; 이완재(1989), p. 590.

12 이완재(1989), pp. 195-228.

13 전통 화이질서관에 대한 도전은 18세기 말 홍대용, 박지원, 박제가 등 실학자들에 의해 제기되기 시작했지만, 근대국제질서에 의해 대체되어야 한다는 주장이 형성된 것은 근대 주권 개념을 수용한 변법개화론자들에 이르러서라고 할 수 있다.

14 변법개화론자들은 변화하는 국제질서에서 조선이 생존하기 위해서는 무엇보다 새로운 국제질서의 본질을 파악하는 것이 급선무라고 생각하고 이에 노력을 집중하였다. 김옥균, 박영효 등이 모든 난관을 무릅쓰고 이동인(李東仁, ? -1881. 3. ?)을 일본에 밀파한 첫째 목적이 열강의 공법, 즉 만국공법을 익히게 하려는 데 있었으며, 유길준이 최초의 미국유학생, 그것도 국비유학생으로 파견된 것도 만국의 정세를 살피는 등 국제질서에 관한 지식을 익히는 데 있었다. 이용희, "동인승의 행적(상): 김옥균과 개화당의 형성에 연하여", 『서울대학교 문리과대학 국제문제연구소 논문집』, 창간호, 1973, p. 19; 김용구, 『세계관 충돌의 국제정치학: 동양 禮와 서양 公法』(서울: 나남출판, 1998), p. 189); 정용화, "유길준의 정치사상: 전통에서 근대로의 복합적 이행," 서울대학교정치학박사논문, 1998, p. 42.

(조선을) 속국으로 생각해온 것은 참으로 부끄러운 일이며, 나라(조선)가 진작의 희망이 없는 것은 역시 여기에 원인이 없지 않다. 여기서 첫째로 해야 할 일은 굴레를 물리치고 '독립자주지국'을 수립하는 일이다."[15]라고 하여 청국으로부터의 '독립'을 주장하였다. 박영효 또한 "외국과 교류할 때 주권을 잃거나 국체에 손상을 입혀서는 안 되는 일"[16]이라고 하여 주권 보전을 역설하였다. 이들의 주권 개념 수용은, 중국·일본과 마찬가지로, 일차적으로 미국 선교사 윌리암 마틴(W.A.p. Martin, 1827–1916)이 한역 (漢譯)한 국제법 서적 『만국공법』(초판 1864년)을 통해서였지만, 청으로부터의 자주독립에 대한 강한 의지를 갖게된 것은 1882년 임오군란 후 청의 개입이 조선의 자주적 개화에 방해가 된다고 판단한데다 임오군란의 사죄 사절로 일본을 방문하여 명치유신의 성과를 직접 목격하고 일본을 모델로 한 근대화정책에 확신을 갖게 되면서부터로 보인다. 그러나 갑신정변 (1884)이 실패한 이후 '독립'을 다시 입에 올리는 사람이 없게 되고[17] 대신 중립화론을 포함하여 청의 역할을 어느 정도 인정하는 선에서 자주독립을 추구하였다.[18]

주권 개념에 대한 이론적이고 체계적인 수용과 활용은 유길준의 『국권』 (1888–89년 추정)에서 발견된다.[19] 유길준이 이 글을 쓴 이유는 임오군란 이후 청국이 조선에 대해 직접적, 강압적으로 종속관계를 강화하려하자 근대국제법의 주권평등 원리에 입각하여 조선이 자주독립국임을 입증하

---

15 『김옥균전집』(아세아문화사, 1979), pp. 110–111
16 박영효, 「朝鮮國內政二關スル朴泳孝建白書」, 1888, 『일본외교문서』 21권, p. 309.
17 『윤치호일기』(국사편찬위원회, 1973–1976), 1884/10/27, 12/21.
18 이 시기 중립화론의 의도는 청의 현실적 세력을 무시할 수 없는 제한적 상황하에서도 조선의 자주독립적 위상을 확보하기 위한 고육책이었다. 왜냐하면 중립을 선언하는 자체가 주권국의 권한 가운데 하나이기 때문이다. 이 시기 대표적인 유길준의 「중립론」(1885)과 김옥균의 중립론에 관해서는 정용화(1998), pp. 142–150를 참조.
19 순한문으로 쓰여진 「국권」(『유길준전서』 IV, pp. 25–46)은 일부 내용이 첨삭, 보완되어 「방국(邦國)의 권리」라는 제목으로 『서유견문』(1889년 탈고, 1895년 출간) 제3편에 편입되었다.

기 위함이었다. 청으로부터의 독립을 제일목표로 내걸고 '취신자립'(就新自立)을 표방하면서 감행한 '개화당'의 갑신정변이 실패하자 청은 막강한 군사력을 배경으로 내정간섭을 더욱 강화하였다. 서구열강과 주권평등의 근대국제관계와 청과의 종속관계가 이중적으로 작동하게 되자 1888년경 묄렌도르프와 데니를 중심으로 조선의 국제법적 지위에 대한 논쟁이 발생하였고, 이때 유길준은 조선의 처지를 '양절(兩截)체제'로 규정하고 조선의 자주독립적 지위를 변호한 것이다.[20]

이 글에서 그는 먼저 '증공국'(贈貢國)과 '속국'(屬國)을 구분하는 근대공법의 원리를 들어 조선은 청에 증공국이 될지언정 속국은 아니라고 하여 조선의 자주적 위상을 증명했다. 속국은 조약을 체결하는 권리가 없지만, 증공국은 다른 독립주권국과 동등한 수호통상조약을 체결할 수 있으며 체약상대국에 각급 사절을 파빙할 권리가 있기 때문이다. 다른 한편으로는, 내치외교는 자주라는 전통 사대자소의 원리를 들어 중국의 횡포를 논리적으로 반박하여 조선의 권리를 최대한 확보하려 하였다. 이것은 당시 중국과의 전통적 신의에 일방적으로 기대는 집권세력 친청파의 정책과는 차원이 다른 것이었다.[21] 이러한 전략은 박정양 초대 주미공사가 의전절차에 관한 중국의 요구를 무시함으로써 발생한 이른바 '영약삼단(另約三端)사건'을 변호하는 외교문서(『答淸使照會』)에서 구체적으로 적용되었다. 그렇지만 '양절체제'는 청일전쟁에서 청이 패퇴하면서 비로소 종식된다.

---

20 자세한 내용은 정용화, "유길준의 '양절 체제론: 이중적 국제질서에서의 「방국의 권리」," 「국제정치논총」 제37집3호 (1998)를 보라.

21 당시 집권세력인 외부독판 김윤식은 그러한 이중적 국제질서를 오히려 일거양득의 실리를 취할 수 있는 '양편(兩便) 또는 '양득'(兩得)으로 파악하였다. 앞의 각주(10) 참조.

III. 국권 · 민권 · 군권의 관계 인식

19세기 후반 한반도의 개화개혁론에서 민권 개념의 수용은 그 자체의 매력 때문이라기보다는 국권 개념의 수용과 필연적 연관성을 갖는다. 그리고 민권의 보장을 위해서는 기존의 전제왕권을 제한하는 입헌주의의 도입을 수반하였기 때문에 정치체제의 개편이 필수적인 것으로 인식되었다. 자주독립의 '국권' 보전을 위해서는 '민권' 보장이 필수적임을 자각하게 되었고, 민권보장을 위해서는 다시 '군권'을 제한하는 정치체제의 개편이 불가피한 과제로 대두된 것이다.

민권 및 입헌정치체제에 대한 관심은 서구의 부강 요인을 탐색하는 과정에서 비롯되었다. 『한성순보』에서는 서양의 부강 원인이 "군과 민이 혼연일체가 되어 상하가 서로 융화함"에 있다고 분석하고, 그래서 지금 정치의 급선무는 먼저 상하의 정이 막히지 않아서 인민의 호소가 반드시 윗사람에게 들리어 근심을 상하가 함께 하도록 해야 한다고 하였다.[22] 군민상하 일체가 되기 위해서는 또한 가혹한 정치가 없어야 하며, 이를 위해 장정(章程), 즉 헌법이 있게 되었다고 한다. 다시 헌법의 근거는 "나라를 다스리는 주권이 민에게 있고, 모든 권력이 민에게서 나와 시행되기 때문이며, 그 근본은 모든 인민은 평등하기 때문"[23]이라고 하여 주권재민과 인민평등권을 소개하고 있다. 하지만 현실정치적 수용에는 대단히 신중한 태도를 보였다.

국권과 민권의 필연적 관계 속에서 입헌정치체제의 수립을 체계적으로 주장한 것은 박영효와 유길준에 의해서다. 갑신정변 후 일본에 망명중인 박영효는 1888년 국왕에게 올리는 상소문(일명 『건백서』)에서 서구의 문명

---

22 『한성순보』, 1884. 1. 30., 각국근사, 在上不可不達民情論
23 『한성순보』, 1884. 2. 7, 각국근사, 譯民主與各國章程及公議堂解

부국에 비하여 아시아가 정체성을 띠게된 것은 "정부가 인민을 노예와 같이 보아 인의예지(仁義禮智)로써 이끌지 않은 까닭에 인민이 외국으로부터 점령을 당해도 이를 치욕으로 느끼지 않기 때문"이며, 이것은 "정부의 잘못이지 인민의 잘못은 아니"라고 지적하였다.[24] 그리고 "인간이 정부를 세운 본지는 통의(通義)[25]를 견고히 하고자 하는 것이지 제왕을 위해 세운 것이 아니"[26]라고 하여 본래 자유 평등한 인민이 자신들의 자연권을 더욱 잘 수호하기 위하여 정치사회를 조직했다는 계약론적 정부관을 제시하고 있다. 그리고 "진실로 일국의 부강을 기약하고 만국과 똑같이 대치하고자 한다면 군권을 줄여서 인민으로 하여금 마땅히 부여받은 자유를 누리게 하여 각기 나라의 은혜에 보답할 수 있는 책임을 지게 한 연후에야 점차 문명으로 나아갈 수 있다"라고 하여 인민의 자유 권리를 보장하는 정치체제로의 개혁을 주장하였다. 그는 민이 기본적 권리와 자유가 있음을 아는 것이 바로 '문명'이며,[27] 따라서 압제와 학정의 '야만미개의 정치'와 대비되는, 법률이 관대하고 공명정대한 '문명개화의 정치'를 위해서는 전제군주권의 제한이 필수적이라고 주장하였다.[28]

유길준은 『서유견문』(1889년 탈고, 1895년 출간)에서 서양에 있는 여러 나라가 아시아 주에 있는 나라들보다 '백 배'나 부강한 이유는 인종적인 천질의 차이나 재주와 지식의 등급의 차이에 있는 것이 아니라 정부의 제도나 규범이 다르기 때문이라고 파악하였다.[29] 서구 제국의 정치체제의 요

---

24 박영효(1888), p. 297.
25 '통의(通義)'란 권리(right)의 번역어로 당시 후쿠자와 유키치(福澤諭吉)와 유길준의 저작에서도 발견되지만, 그 뉘앙스는 다르다. 이에 대한 자세한 내용은 정용화(1999, 앞의 글을 보라.
26 박영효(1888), p. 309.
27 박영효, 「인권론」, 김용구 편, 『한일외교미간극비사료총서』 제8권 (아세아문화사, 1995), pp. 248- 249
28 박영효(1888), p. 297, 306
29 유길준, 『서유견문』(동경: 교순사, 1895), p. 148.

점은 바로 국민 개개인의 권리가 잘 지켜지고, 이를 바탕으로 국가의 권리가 보존되는 것이라고 확신하였다. 그는 "외교하는 권리는 내치하는 제도에 따라 보수하는 방책과 형세가 세워진다"[30]고 하여 외교와 내치를 연계하여 파악하고, 개인의 권리가 국가 권리의 기본이며 개인의 권리가 강해져야 '전국의 인민이 자임' 하여 '산과 같은 기세를 이루어' 국가의 권리를 지킬 수 있다고 판단했다.[31] 그래서 그는 인치가 아닌 법치의 실현으로 인권을 보장하는 정치체제로의 변혁의 불가피성을 인정하고, 기존의 '군주가 명령하는 정체(또는 압제정체)'를 '군민이 공치하는 정체(또는 입헌정체)'로 변혁하는 것이야말로 개화의 핵심이라고 주장하였다.[32] 그래서 그는 '인민의 권리'를 보장하고, 나아가 '방국의 권리'도 귀중하게 여길 수 있는 새로운 정치체제로 전통 정치체제가 변혁되지 않으면 안 된다는 결론에 도달하였다. 즉 새로운 국제정치현실에 적응하고 생존하기 위해서는 정치체제 자체를 변혁하지 않으면 안 된다는 위기감에서 근대 국민국가 형성의 필연성을 인식한 것이다.

근대국제질서의 새로운 환경에 대응하기 위한 신정치체제로서 19세기 후반 개화개혁론의 거의 대부분이 '합중공화' 보다 '군민공치', 즉 입헌군주제를 옹호하였다. 그 이유는 현존하는 군주를 부정하는 것이 용납될 수 없는 일이기도 하였지만, 각국의 정체는 토속과 인정에 따라 결정되며 급격한 변동은 더 큰 혼란을 초래할 수 있음을 우려했기 때문이다.[33] 그리고 대체로 영국형을 이상형으로 생각했지만, 현실적으로 실현가능한 것이자

---

30 유길준(1895), p. 98.
31 이러한 생각은 당시 후쿠자와 유키치(福澤諭吉)가 "일신이 독립한 연후에 일국이 독립한다"고 한 것과 같은 맥락으로 볼 수 있다 福澤諭吉, 「學問のすすめ」, pp. 18-20, 「福澤全集」(時事新報社編, 1925-6), 第3卷.
32 유길준(1895), pp. 143-150.
33 「한성순보」, 1883. 12. 20; 유길준(1895), p. 148, 151.

바람직한 모델로 일본형을 선호하였다. 일본은 비서구국가로서 30년 만에 부강을 이룬 나라일 뿐만 아니라, '위로부터 개혁'의 좋은 선례가 되었기 때문이다.[34]

IV. 독립 유지의 국내외적 조건과 대응

청일전쟁에서 청이 패퇴한 이후 조선은 명실상부한 '자주독립'을 획득할 기회를 맞이하였다. 그렇지만 변화하는 국제정세에 주체적, 효과적으로 대처할 수 있는 국내역량의 미비로 그 기회는 오히려 또 다른 위기를 배태하게 된다. 이 시기 국내역량의 강화 조건은 앞에서 지적되었듯이 국내 제 사회세력의 개혁요구를 포괄적 효과적으로 담아낼 수 있는 정치체제를 구성하고, 이를 통해 '국민적 통합'을 이룩하는 한편 대외적으로 '국가적 독립'을 확보하는 것이라고 할 수 있다. 그런데 청일전쟁 중 일본군이 경복궁을 불법 점거함과 동시에 탄생한 '갑오정권'과 '을미정권'은 이른바 갑오경장(또는 갑오 · 을미개혁)을 추진하여 근대적 개혁을 주도하였지만, 권력기반을 전적으로 외세 일본에 의존함으로써 정세변화에 따라 언제 붕괴될지도 모르는 취약성을 내포하고 있었다.

갑오정권은 시작부터 일본의 압도적인 군사력의 지원을 받아 성립하였고, 나아가 내외정세의 난관을 헤쳐 나가기 위해서는 일본의 원조가 불가결하다고 판단하였다. 그래서 군국기무처는 청일전쟁이 선포된 8월 1일에 일본의 조선출병을 변호하고, 전권대사를 속히 파견하여 일본과의 관

---

34 『한성순보』, 1883. 12. 9, 일본사략; 유길준(1895), p. 1.

계를 더욱 돈독히 할 것을 강조하였다. 그들은 제국주의적 침략세력으로서의 일본과 개혁모델이자 지원세력으로서의 일본간의 딜레마 속에서 후자에 더 비중을 두었다. 사실상 조선의 현실에서 왕권을 제약할 수 있는 유일한 세력은 일본의 무력이었으며, 개혁정권을 성립시키고 유지할 수 있는 유일한 방안도 일본의 지원이었다. 개혁의 절박성에 비하여 개혁을 진행시킬 주체적인 역량이 결여되어 있다는 것이 그들의 고뇌였다. 그들은 개혁을 일본군에 의존한 것에 대한 부끄러움과 개혁에 성공하지 못하면 생존경쟁에서 패배하여 도태하고 만다는 위기의식을 가지고 있었고, 개혁의 궁극적인 성공은 국민의 지지에 있다는 것을 알고 있었다.[35]

그러나 그들은 아래로부터 민의 사회변혁 에너지를 정치적으로 수용하여 내부역량을 강화하고 이를 토대로 대외적 의존을 줄이는 데 적극 활용하지 못하였다. 군국기무처는 동학농민군에 대해 처음에는 '유민(莠民)'(몹쓸 백성)으로 규정하고 회유와 탄압의 양면정책을 결의하더니, 그 뒤 그들의 기세가 더욱 높아져 경기도까지 위협하기에 이르자 '비도(匪徒)' 비류(匪類)'로 규정하고, 단호한 탄압 일변도의 진압책을 건의하였다. 그들이 동학농민세력을 비난하고 민의 역량을 적극 활용하지 못한 것은 일본의 힘을 빌려서까지 어렵게 개혁을 추진하려는 마당에 내란은 허용될 수 없다는 판단 때문이었을 것이다. 그들은 혁명보다 체제 내의 점진적 변화, 즉 '경장'을 추구했기 때문에 혁명적 변화의 욕구를 수용할 없었던 것이다.

그러한 한계 속에서도 유길준·박영효 등 정권의 주도자들은 조선의 '독

---

35 고종과 김홍집은 개혁에 임하는 자신의 마음가짐을 "와신상담"과 "상하가 거땅에 있었을 때를 잊지 않는다(上下不忘在 之日)"로 표현하였고(『고종순종실록』 갑오/6/27, p. 494) 유길준은 1894년 10월 일본외상 무쓰 무네미쓰(陸奧宗光)와의 면담에서 스스로 개혁하지 못하고 일본의 원조에 의존하여 경장을 추진하게 된 데 대해 세 가지 부끄러움(三恥), 즉 본국국민과 세계만국에, 그리고 천하후세에 대하여 부끄러운 일이라고 토로하였다. (「外務大臣陸奧宗光問答」, 『유길준전서』IV, pp. 376~377).

립국'임을 상징하는 대내외적 조치들을 실행하였다. 고종의 종묘서고를 통해 조선이 독립국가임을 최초로 선포하고(1894. 12. 2(음)), 독자적인 개국연호(建陽)를 사용하는 한편, 법령 등에서 종래 중국황제만 쓰던 '칙(勅)' '짐(朕)' '주(奏)'를 사용하며, 국왕의 칭호를 '주상전하'에서 '대군주폐하'로 바꾸기로 의결하였다.[36] 또한 '독립경일'(6월 6일)과 '개국기원절'(9월 4일)을 제정 . 경축하고 국기 및 깃발의 사용을 장려하는 조치를 취하였으며, 『왕실제사의례』를 개혁하여 국왕을 일본의 천황이나 중국의 황제와 같이 초월적 권위를 갖도록 시도하였다. 군주의 품격을 중국 · 일본과 같이 높임으로써 자주독립국으로서의 위상을 천명하려 한 것이다. 그렇지만 국내적으로는 군주의 권한을 축소시켰다. 즉 궁내부를 설치하여 왕실을 공적 정치과정에서 배제하고 국왕의 전통적인 인사 · 재정 · 군사권을 크게 축소 제한시키는 한편, 내각제도를 채택하여 총리대신이 실질적인 권력의 중심역할을 담당케 하여 입헌군주제의 토대를 마련하였다. 그리고 『향회규칙』과 『향약판무규정』을 발포하여 지방행정단위에서 지방민의 선거(圈選)와 '공동회의' 등 민주주의적 지방자치제를 입헌군주제의 전단계로서 실시하려 하였다.[37] 새 내각제도와 그에 따른 국왕 권한의 제약은 한편으로 왕실이 일본의 위력에 굴복한 것을 전제로 한 것이었지만, 앞에서 살펴본 대로, 유길준, 박영효 등이 이전부터 주장해온 정체개혁 구상과도 부합하는 것이었다.

한편, 민권보장을 위한 정책들도 추진되었다. 구체적으로 반상과 귀천을 초월한 능력본위의 인재등용, 평등주의(민주주의)적 사회생활 규범의 수립, 노비재생산의 금지, 여성의 대우 향상 등이 제도적으로 이루어졌다.[38] 그렇

---

36 『한말근대법령자료집』I, pp. 155-156.
37 『한말근대법령자료집』1, pp. 600-601.
38 『한말근대법령자료집』1, p. 177, 185.

지만, 갑오경장 때 시도된 대부분의 사회제도 개혁은 조선 고유의 '악법' 내지 '악폐'를 일소하는 데 목적을 둔 '소극적' 성격의 개혁조치들로서 새로운 사회질서를 창출하는 데 필요한 '적극적'인 사회조작(social engineering)의 의지를 결여하고 있었다고 평가된다.[39] 그러한 '적극적' 의지의 부족은 앞에서 언급한 동학에 대한 대처에서 여실히 드러났다. 결국 갑오경장의 주도세력은 '군민공치'를 이상적인 것으로 표방하였지만, 실제로는 개혁관료들이 중심이 된 '군신공치' 체제를 추진하였던 것이다.

군권의 제약을 중심내용으로 한 정치개혁은 일본의 위력에 왕실이 굴복한 결과였기 때문에, 삼국간섭으로 일본의 세력이 위축되고 이노우에가 공사직에서 물러나자 왕실은 권력회복을 위해 반격을 시도하였고, 이에 일본과 집권세력은 군권의 배후로 인식되었던 왕비를 살해하였으나, 국왕이 왕궁을 떠나자(아관파천) 정권은 몰락하고 말았다. 안의 지지기반 확보에 소홀하고 밖의 세력에 전적으로 의존하였을 뿐만 아니라, 안과 밖의 교차점인 국왕을 개혁의 소용돌이에서의 구심점이자 방패막이로 적절히 활용하지 못하고 소외시킨 결과였다. 특히 청의 패퇴와 삼국간섭 후에 발생한 열강의 각축을 효과적으로 이용하여 일본 외에 정치적 선택의 폭을 넓힐 수 있는 기회조차도 내부역량의 한계로 스스로 제한하고 말았던 것이다.

러시아 공사관에서 환궁한 고종은 청일전쟁 이후 만주와 한반도를 둘러싸고 조성된 세력균형 상태를 배경으로 국호를 '대한(제국)'으로 고치고 '칭제건원'(稱帝建元)을 선포하였다. 고종과 측근 세력들이 추진한 칭제는 대외적으로 중국 중심의 국제관계로부터의 실제적인 탈피, 즉 명실상부한 '자주 독립'적 위상을 천명한 것임과 함께 세계 각국과 대등한 관계로서

---

39 유영익, 『갑오경장연구』 (일조각, 1990), p. 206.

만국공법 질서에 편입됨을 의미하는 것이었다. 개항 이후 20년 만의 일이었다. 국호 조선은 기자(箕子)의 옛 강토의 이름으로 책봉국 명나라가 피책봉국 조선에 부여한 것으로 그 관계가 없어진 지금에서 그 이름을 그대로 쓸 이유가 없다는 것이 변경의 변이었다.[40] 특히 칭제는 대외적으로 고종이 '주권'을 수호하는 가장 확실한 묘책 중의 하나라고 판단한 결과이기도 하였다.[41] 또한 대내적으로 군주의 권한을 강화하려는 것으로 갑오정권에서의 그것과는 질적으로 다른 것이었다.

이에 독립협회는 정부의 군권 강화 방침을 대체로 지지하였다. 조정(여)과 재야세력(야)이 군권의 위상을 둘러싼 정치체제개혁 모델에 처음으로 합의를 이룬 것이다. 갑신정변과 갑오경장의 좌절 경험을 통해 독립협회의 지도자들은 개혁과정에서 군주의 중심적 역할을 배제해서는 안 된다고 생각했다.[42] 그들은 우리나라의 정세가 구미 각국과 다르기 때문에 전제황권의 기반을 공고히 하여야 한다는 견해를 반복하여 강조하였다.[43] 군권 강화가 개혁을 추진하는 데 더 적절하다는 입장은 비스마르크, 이토 히로부미(伊藤博文), 캉유웨이(康有爲)를 매우 긍정적으로 소개하는 데서도 드러나고 있다. 즉, 비스마르크와 이또는 강력한 군주권을 배경으로 하여 개혁을 성공적으로 이끈 훌륭한 정치가로, 그리고 캉유웨이는 황제를 중심으

---

40 『고종실록』, 광무원년/10/11, 영의정 심순택의 발언.
41 마틴의 『만국공법』에서 국가는 군주의 이름으로 대표되어지는 것이고, 만일 일단 국가로서 승인받기만 하면 그 이후에는 주권이 전멸하여 나라가 망하는 상황이 올 때까지 국가가 존재하는 것으로 간주한다' 라는 인상을 받게된다. 이것이 고종으로 하여금 '군권'(혹은 황제권)을 공고히 하는 것이 '주권'을 수호하는 가장 확실한 묘책 중의 하나라고 판단할 수 있는 소지를 제공했다는 견해에 대해서는 강상규, "고종의 대외관에 관한 연구," 서울대정치학석사학위논문, 1995, pp. 60~66 참조.
42 독립협회 회장 윤치호는 갑신정변의 실패원인을 왕권의 동의를 얻지 못한 채 개혁을 무리하게 추진한데서 찾고 당시 주동자들을 비판하였다. 『윤치호일기』, 1984/11/13, 12/6 참조.
43 한 예를 들면 "우리나라는 단군 이래로 전제정치하는 나라이다. … 구미 각국 중에 인민공화정치니 민주정치한다는 나라의 정형과는 대단히 다르니 우리들은 남의 나라 정치를 어떻게 하는 것은 말할 것 없고 다만 우리는 우리나라 전제정치하시는 황제를 만수무강 하시도록 …" (『독립신문』, 1898/10/28).

로 한 개혁정책은 옳았으나 보수관료귀족 때문에 개혁에 실패한 것으로 파악하였다.[44] 안과 밖의 길목에 고종이 있음을 분명히 인식하고 이를 구심점으로 활용코자 하였던 것이다. 그래서 정부관료들에 대해서는 비판적이었지만 군주에 대해서는 그 위상과 권한을 철저히 옹호하는 태도를 취하였다.

이러한 군권 옹호론의 배경에는 우리나라 인민이 아직 지식이 부족하여 민권과 자유권이 무엇인지 모르고 있으며, 따라서 인민에 대한 교육이 선행되지 않고 민권행사를 허용할 수 없다는 판단이 있었다.[45] 나라와 인민의 관계에 대해 '다리'인 백성은 '머리'인 정부의 판단에 따라 충실히 따라오면 되는 것이었다.[46] 동학이나 의병은 '비도', '난민'이자 '법률상의 죄인'으로 생각되었다.[47] 인민이 교육에 의해 개명되기 전까지는 정치사회의 주체로 나설 수 없으며, 다만 개화지식인들이 주체가 되어 추진하는 자강개혁의 추종자로서의 가능성만을 기대하였다. "하의원은 급치 않다"고 주장한 이유도 백성이 무식하여 자유니 민권이니 하는 말도 몰라 홀연히 민권을 주어 하의원을 설시하면 도리어 위태롭다고 판단하였기 때문이다.[48] 그래서 만민공동회에서 분출된 인민의 변혁 열망과 에너지를 정치적으로 활용하지 못하고 소극적인 대응에 머물렀던 것이다. 결국 독립협회가 추진한 의회개설론과 인민주권론의 주체는 전체인민이 아니라 신지식을 갖춘 소수엘리트였으며, 정치체제는 황제권을 국민통합의 구심점으로 삼고 자신들이 중심이 된 의회를 설립하여 의정부(관)를 견제하면서 개혁

44 「독립신문」, 1899/1/11, 1/25, 4/21, 10/30, 11/25.
45 「독립신문」, 1898/7/9, 11/27.
46 「독립신문」, 1896/11/24.
47 「독립신문」, 1897/8/12.
48 「독립신문」, 1898/7/27.

을 추진하려는 일본형 입헌군주제에 가까운 것으로 보인다.

대한제국의 탄생 당시 '독립'은 한반도에 대해 정치적 이해관계를 갖고 있는 일본, 러시아, 영국의 상호견제 위에서 이루어진 것이었기 때문에 자주적 역량에 의해서가 아니라 주변정세의 변동에 의해 '표면상' 주어진 것이었다. 그렇지만 당시 외교문서나 한반도에 대한 외국정치인들의 발언, 각국 신문들의 보도를 보면 한국의 독립을 부정하는 분위기가 팽배해 있었음을 알 수 있다.[49] 그러나 고종이나 정부 당국은 강대국의 '보장'에 의해 독립을 유지하려는데 중점을 두고 안보능력 등 자위력 향상에 소홀하였다. 대한제국은 일본과 러시아의 균형 위에서 혹은 이들의 압력을 이겨내기 위해 미국 등에 각종 이권을 제공함으로써 그들을 끌어들여 독립을 지키려 했다.

이에 대해 재야단체인 독립협회도 비슷한 입장을 취했다. 청의 속국상태를 벗어난 상황에서 조선의 '독립됨'을 확인한 독립협회는 독립유지 방안으로서, 갑오정부의 일본에 대한 '편벽교제'를 비판하는 한편,[50] 대외적으로 세력균형개념에 입각하여 편중외교를 지양하고 자주적이며 중립적인 외교의 중요성을 역설하였다.[51] 그런데 열강의 독립보장 확보에 중점을 둔 나머지 자체 국방력 확보보다 열강의 정치적 개입을 끌어들이기 위해 경제적 이권침탈을 반대하지 않았다. 1898년 대한제국정부가 전국 대부분의 광산을 궁내부 소속으로 정하고 외국인에게 앞으로 광산허가를 금지하겠다고 선언하자 '외교는 신의'라고 하면서 오히려 한국정부를 비판하였으며,[52] 또한 외부(外部)가 독일인에게 허가한 금광이권을 환수하려고 하

---

49 구대열, "대한제국시대의 국제관계," 『대한제국연구』 3, 이화여대 한국문화연구원, 1985, pp. 13-15.
50 『독립신문』, 1896/6/20, 1897/5/25.
51 『독립신문』, 1896/8/22, 1896/12/19, 1897/5/25, 1898/1/20.
52 『독립신문』, 1898/7/7.

자 『실신 말지어다』, 『외교는 신의』, 『표리부동』 등의 제목으로 논설을 실어 오히려 한국정부를 비난했다.[53] 독립협회 내에서 열강의 이권침탈에 위기의식을 느낀 사람들에 의해 열강에게 빼앗긴 이권을 조사하여 대책을 강구하자는 의견이 제시되었지만 윤치호를 비롯한 지도부의 제지를 받았고, 조사 후 보고는 하였으나 실질적인 대처방안은 모색되지 않았다.[54] 1897년 중반부터는 러시아의 지원이 기대에 미치지 못하고 그들의 압력이 너무 강하다는 판단에 따라 반러 · 친일/미/영의 노선을 취하였다. 일본은 조선을 독립시켰을 뿐만 아니라 근대적 개혁의 성공모델로서, 미국과 영국은 후진국의 자유와 독립을 지원해 주는 국가로 인식된 반면에 러시아는 침략자이자 각종 이권의 요구자로 비판되었다.[55] 독립협회가 반러 입장으로 선회한데는 국제적으로 1898년 영 · 미 · 일의 동맹체제 형성과 국내적으로 개혁정책을 방해하는 세력인 관료층의 정치적 배경이 러시아 세력이었다는 점, 개화파인물의 형성이 주로 미국과 일본의 영향을 받았다는 점, 독립협회 창립에 공헌한 정동구락부 등에 다수의 친미적 인물이 존재하고 있었다는 점 등이 영향을 끼친 것으로 볼 수 있다.[56]

한편, 대내적으로 독립협회는 '독립'의 최후 보루는 조선 인민임을 분명히 하고, 독립을 유지하기 위해서 '개개인의 독립'을 기반으로 한 국내 '자강'의 필요성을 강조하였는데, 이는 기왕의 개화개혁론보다 진일보한 것이었다. 즉, "원컨대 자기 몸을 사랑하고 자기집안을 사랑하고 대군주폐

53 『독립신문』, 1898/8/24, 논설; The Independent, 1898/8/11, "Diplomacy and Duplicity."
54 정교, 『대한계년사(상)』 (국사편찬위원회, 1971), pp. 228-230; 주진오, "19세기 후반 개화개혁론의 구조와 전개: 독립협회를 중심으로," 연세대 박사학위논문, 1995, p. 208.
55 『독립신문』, 1899/1/17, 2/27. 독립협회의 자주국권 수호와 이권반대운동의 대상이 주로 러시아의 절영도 조차 요구와 러한은행 설치 문제, 러시아 재정고문 및 군사교관 해임에 집중되었다는 사실에 주목한다. 러시아 외의 국가로서 일본이 그 대상이 되었으나 이는 러시아의 절영도 조차 반대를 위한 명분을 제시하기 위해서 발단된 것이었다. 정교, 『대한계년사(상)』, p. 179; 최덕수, "독립협회의 정체론과 외교론 연구," 『한국근대정치사연구』 (사계절, 1985), p. 331.
56 최덕수(1985), p. 332, 335.

하께 충심이 있는 사람들은 아예 남의 나라들을 의지하여 일을 할 생각들을 말고 무식하고 어리석고 미개화하나마 조선사람들을 잘 가르쳐 그 사람들을 데리고 그 사람들을 믿고 그 사람들을 의지하여 조선을 지탱"[57]해야 함을 역설하였다. '국가적 독립'의 확보·유지를 위해서는 국내적 역량의 강화, 즉 각 개인이 남에 의지하지 않고 자주 독립할 수 있어야 하며 '국민적 통합'을 이루어야 함을 자각하게된 것이다.[58] 『독립신문』을 한글전용으로 발행하여 '상하귀천이 다 보게 함'[59]은 이 땅의 모든 사람을 독자이자 장차 '국민'으로 삼겠다는 의미였을 뿐만 아니라 조선의 독립된 문자인 한글을 통해 독립의식을 고취하기 위한 것이었다.

그런데 독립협회는 독립유지에 대한 위기의 초점을 국제적 측면보다는 국내적 측면, 즉 인민의 책임을 지나치게 강조하여 외세에 대한 경계를 소홀히 한 점을 지적하지 않을 수 없다. 그것은 국방력 강화의지의 소멸로 표현되었다. 군대양성의 목적은 외국의 침략 대비보다 국내의 '비도'를 진정시키기는 데 한정되었다.[60] 법치주의의 확립으로 민의 권리를 보호하고 질서를 확립한다는 명분은 옳으나 질서유지에 비중을 둔 법치주의는 오히려 '보수적' 기능을 수행하여 동학·의병 등 민의 요구를 수렴하지 못하는 명분으로 작용하였다. 제국주의 침략이 강화되던 시기에 이렇게 민족의 적 대상을 특정 제국주의 세력과 연결된 국내의 집권층과, 제국주의 세력에 대해 격렬히 저항하던 다수의 민중세력에 설정함으로써, 위로

---

57 『독립신문』, 1897/ 5/25.
58 "우리가 다만 나라이 독립 자주하여야 조흔줄만 알고 우리가 독립하여야 조흔 줄은 모르며 또 나라이라 하는 것은 그 속에 있는 백성들을 모하 된 것이니 만일 그 백성들이 낫낫이 자주독립하는 마음과 행위가 업스면 엇지 그 나라만 독립되기를 발아리오 독립이라 하는 거은 스스로 믿고 남에게 기대지 아니한다는 말이라" 『독립신문』, 1898/7/15, 논설).
59 『독립신문』, 1896/4/7, 창간호 논설.
60 "조선은 세계만국이 오날날 독립국으로 승인하여주어 조선사람이 엇던 나라에게 조선을 차지하라고 빌지만 아니하면 차지할 나라 업슬지라 그런고로 조선서는 해륙군을 만히 길너 외국이 침범하는 거슬 막을 까닭도 업고 다만 국중에 해륙군이 조금 잇서 동학이나 의병갓한 토비나 간정식힐만 하얏스면 넉넉할지라" 『독립신문』, 1897/5/25.

는 독립협회 정치운동을 견제하던 군권과 보수관료층이 결탁하는 데 기여
하였고, 아래로는 그들의 정치적 기반을 마련할 수 있었던 민중적 지지를
상실하게 되는 결과를 초래하였던 것이다.[61] 또한 근대적 국민사상을 흡수
하고 있었지만 농민대중의 혁명적 저력을 흡수하지 못하고 민족의 국민화
라는 정치과제를 계몽 우선의 문화적인 문제로 치환시킴으로써 국민국가
적인 기틀을 잡을 수 있는 기회를 놓쳤다는 비판[62]을 면하기 어렵다.

　독립협회의 활동은 일시적으로 개명적인 박정양 내각의 수립을 이끌어
내고 「헌의 육조」의 수용과 「중추원관제」 개정을 획득하는 등 일정하게 결
실을 거두는 듯 하였으나, 개정된 중추원관제가 실시되기도 전에 고종이
민회해산령을 내리고 군대를 동원하여 만민공동회세력을 강제로 해산시
킴으로써 독립협회운동은 중단되었다. 한편, 일본에 망명해 있던 박영효,
유길준은 고종을 폐위하고 의화군 강을 옹립할 쿠데타계획을 세웠으나 모
두 실패하고 말았다. 여기에 청일전쟁, 을미사변, 아관파천 등 일련의 사
건들을 경험하면서 국민 일반 사이에 심화된 대외적 위기의식은 일견 외
세의존적으로 보이는 개화세력들의 입지를 더욱 축소시켰다. 이러한 분위
기에서 '봉건' 왕실을 구심점으로 국권을 수호하고 구체제를 점진적으로
개혁하자는 주장들이 대의명분을 얻게되었으며, 이는 곧 광무년간 고종
황제의 정국주도권 장악으로 이어졌다.[63] 독립협회가 해산되고 난 후인
1899년 8월에 입법, 사법, 행정 삼권을 모두 군주에게 집중시키는 「대한
국국제」가 선포되어 군주의 절대권이 성문법에 의해 규정되게 되었고, 이
로써 국내정치 질서개편을 둘러싼 논의는 일단락되었다.

---

61 최덕수(1985), p. 333.
62 노재봉, "계몽주의 비판," 「사상과 실천」 (녹두, 1985), pp. 369-379.
63 서영희, "광무정권의 정권운영과 일제의 국권침탈에 대한 대응," 서울대 박사학위논문, 1998, pp. 35-36.

그런데 고종의 황제권 강화의 목적은 일본 명치유신의 경험과 상통하는 면이 있었지만, 군주권의 범위와 절대성은 일본에 비해 훨씬 더 넓고 컸던 것으로 간주된다.[64] 그리고 국민의 대표기구로서의 의회가 결여되고 국민의 권리규정이 전혀 나타나 있지 않다는 점에서 국민통합을 기대하기는 어려웠다. 이때부터 러일전쟁 발발 직전까지 정권을 장악한 친러 수구파는 관인이 정치를 하는 것이라고 주장하면서 국민의 일체의 정치발언, 정치참여, 정치적 결사를 법률과 권력으로써 엄금한 채 정치를 독단하다가 러일전쟁을 맞아 나라의 독립을 지킬 수 없는 형편으로 떨어지고 말았다.

V. 맺음말

이상에서 살펴본 것처럼 19세기 후반 한반도가 '근대화'에 실패하고 국권을 상실한 원인은 안과 밖의 역동성을 충분히 파악하고 이를 복합적으로 활용하지 못한 데서 주원인을 찾을 수 있을 것이다. 이는 다음과 같이 세 가지 차원으로 정리될 수 있다.

첫째, '국제적 차원'에서 국제질서의 변화에 대한 인식 부족과 국제역량의 미흡이다. 전통 사대질서에서 근대 주권평등질서로의 국제질서 전환의 의미를 자각하여 이에 적극 대처하지 못하고 전통체제에 의존하여 정세변화에 소극적으로 대응하는 안이한 자세는 외세 활용은 고사하고 외세에 압도당하는 결과를 가져왔다. 오랜 대외의존 관행에서 벗어나 개인적, 국가적 '자주 독립'의 근대적 의미를 전국민적으로 자각하는데 20여 년이

---

64 이태진, "서양 근대정치제도 수용의 역사적 성찰: 개항에서 광무개혁까지," 『진단학보』 제84호, 1997, p. 126.

필요했으며, 국내역량의 뒷받침 없는 국제역량 강화는 애초부터 기대하기 어려웠다. 그 동안 소수 선각자들의 고군분투가 있었으나 개혁모델 또는 지원세력으로서의 외세와 제국주의적 침략세력으로서의 외세 사이의 딜레마에서 전자에 치우침으로서 그들의 의도와는 달리 외세에 오히려 이용당하는 결과를 초래하였다. 자체 국제역량의 미흡은 결국 국권의 확보 · 유지를 열강의 '보장'과 그들의 균형에 의존하게 하였으며, 이는 다시 '적' 개념을 모호하게 하고 내부역량 강화 노력의 소홀이라는 악순환을 초래하였다.

둘째, '정치체제 차원'에서 국민통합으로 내부 역량을 극대화할 수 있는 체제개혁에 실패했다는 것이다. 서구적 기원의 근대국민국가(nation-state)체제로의 개혁은 그 자체의 선험적 매력 때문이 아니라 그것이 국민적 에너지를 동원(mobilization)하는 데 효율적인 정치체제이기 때문이다. 갑신정변, 갑오경장, 독립협회운동 등 몇 번의 정치체제개혁 노력이 있었지만 군권의 위상을 포함한 개혁모델에 대한 합의실패로 정치세력간의 분열이 계속되었고 전통의 저항도 만만치 않아 그 과정에서 개혁세력은 소진되어 갔다. 「대한국국제」로 체제논의가 일단락되지만 국민의 대표기구로서의 의회가 결여되고 국민의 권리 규정을 전혀 담고 있지 않아 국민통합을 기대할 수 없었다. 정치개혁에 실패한 것은 정변주도세력의 조급함에도 원인이 있지만 그들이 계급적 이해에서 벗어나지 못한 보수적 성격에도 이유를 물을 수 있다. 적극적 '혁명'이 필요한 시점에 소극적 '경장'으로 대응함으로써 내부역량 결집과 개혁의 호기를 활용하는데 실패한 집권세력의 책임을 물을 수 있다는 것이다.

셋째, '사회세력 관계 차원'에서 지도층이 국민통합을 저해하는 계급적 이해관계를 극복하지 못했다는 것이다. 관념적으로는 민의 주체적 역할을 인정하면서도 현실적으로 무식한 자들이 혼란과 무질서를 초래할 것을 우려한 데는 기득권을 잃지 않으려는 엘리트층의 자기중심적 사고가 자리하고 있었다. 개혁의 필요성을 국민에게 설득하여 지지기반을 넓히려는 노력보다는 '위'에서 시키는 대로 조용히 따라오기만을 요구한 것은 스스로 '수족'을 마비시키는 결과를 가져왔다. 외세의 압력에는 '의병'을 활용할수도 있었으나 그들을 외세 보다 더 무서운 '적'으로 규정한 데서 국민통합과 내부역량 강화를 기대할 수는 없었다.[65] 그리고 단발령 등 일부 개혁의 조급성은 민의 지지를 더욱 축소시키는 결과를 초래하였다.

---

65 일부 기존연구에서는 "민의 지지기반이 취약한 상태에서 무리한 개혁추진"이 실패의 주요 원인이라는 분석이 있으나 필자는 의견을 달리한다. 19세기 말까지 민의 지지기반이 성숙된 상태에서 '아래로부터의 개혁'이 성공한 역사적 사례는 영국, 프랑스, 미국 등 서구 선진국 몇 개에 불과하다. 대내외적으로 정치적 위기상황을 겪고 있는 후발국에서 '위로부터의 개혁'은 불가피하며, 대신 '아래'에 대한 설득과 동원이 보다 중요하기 때문에 후발국일수록 정치적 지도력의 중요성은 결정적이다고 생각한다. 위와 같은 일부 기존연구의 주장은 20세기 후반 민중주의적 관점에 비롯된 것으로 보이며, 그 결과는 오히려 지도층의 책임을 축소시키는 의도하지 않은 결론을 도출할 수 있다.

문명의 국제정치학
—19세기 조선의 문명 개념 도입사

하영선 | 서울대학교

I. 서론

역사적으로 오랜 세월 동안 중국 중심의 천하질서 속에서 삶을 엮어 왔던 한반도는 19세기 중반 뒤늦게 구미 중심의 근대 국제질서를 문명의 새로운 표준으로서 받아 들여야 하는 역사적 충격을 맞이하였다. 그 이후 오늘에 이르기까지 구미 중심의 근대 국제질서를 받아들이느라고 힘든 노력을 기울여 왔던 한반도는 21세기를 맞이하면서 다시 한 번 새로운 문명의 표준과 만나야 할 역사적 가능성에 직면하고 있다.

19세기 문명 표준에 성공적으로 대응하지 못하고, 다시 한 번 21세기 문명 표준과 새롭게 만나는 오늘의 시점에서, 바람직한 한반도의 삶을 가꿔나가기 위해서는 19세기 이래 한반도 현실을 문명의 국제정치학이라는 시각에서 새롭게 조명할 필요가 있다. 그리고 한반도를 위한 문명의 국제정치학은 19세기 조선의 문명 개념 도입사 연구부터 출발해야 한다.

19세기 조선의 문명 개념 도입은 단순히 문명이라는 용어의 새로운 사용을 의미하는 것이 아니다. 문명이라는 개념이 한반도에 자리잡기 위해서는 구미 중심의 근대 국제질서와 중국 중심의 천하질서가 서로 만나는 속에 서양의 무력, 금력과 함께 문명 개념이 도입되었으며, 이러한 도입 과정에서 국내의 정치 사회 세력간에 치열한 언어 전쟁이 벌어졌다.

이러한 문명 개념 도입사의 심층 구조를 제대로 드러내기 위해서 코젤렉(Reinhart Koselleck)의 개념사(Begriffsgeschichte) 연구를 주목할 필요가 있다.[1] 개념사 연구의 가장 중요한 특징은 어원사, 지성사, 또는 사상사와 비교하여 사회사의 틀 속에서 개념사를 분석한다는 것이다. 그리고 또 하나의 중요한 특징은 개념 변화의 역사를 사회사와의 밀접한 관련 속에서 분석하기는 하되, 개념사가 사회사에 미치는 영향에 주목하는 것이다. 따라서 개념사와 사회사를 결합함으로써 살아 있는 역사의 모습에 접근하려는 노력을 보여주고 있다.

개념사의 연구는 유럽에서는 독일의 근대 정치 및 사회 개념사 사전과 같은 기념비적 업적을 비롯하여 눈에 띌 만한 성과물을 생산했다.[2] 그러

---

1 Reinhart Koselleck, *Futures Past: On the Semantics of Historical Time* (Cambridge, Mass: MIT Press, 1985); Reinhart Koselleck, "Social History and Begriffsgeschichte," in *History of Concepts: Comparative Perspectives*, ed. Iain Hampsher-Monk, Karin Tilmans, and Frank van Vree (Amsterdam: Amsterdam University Press, 1998); Melvin Richter, *The History of Political and Social Concepts: A Critical Introduction* (New York: Oxford University Press, 1995); Melvin Richter, "Appreciating a Contemporary Classic: The Geschichtliche Grundbegriffe and Future Scholarship," in *The Meaning of Historical Terms and Concepts: New Studies on Begriffsgeschichte*, ed. Hartmut Lehmann and Melvin Richter (Washington, D.C.: German Historical Institute, 1996).

2 Otto Brunner, Werner Conze, Reinhart Koselleck, eds., *Geschichtliche Grundbegriff: Historiches Lexicon zur politische-sozialer Sprache in Deutschland*, 7 vols. to date (Stuttgart, 1972-); Joachim Ritter and Karlfried Gr nder, eds., *Historiches Wörterbuch der Philosophie*, 8 vols., to date (Basel and Stuttgart, 1971-); Rolf Reichardt and Eberhart Schmitt, in collaboration with Gerd van den Heuvel and Anette Höfer, eds., *Handbuch Politisch-sozialer Grundbegriffe in Frankreich, 1680-1829*, 11 vols., to date (Munich, 1985-).

나 유럽의 이러한 시도가 동아시아에서는 현재까지 제대로 이루어지지 못하고 있다.[3] 그 이유는 비교적 자명하다. 동아시아는 자신들의 전통 정치 및 사회 현실과의 갈등 속에서 유럽의 근대 정치 및 사회 현실을 받아들여야 하는 과정에서, 유럽의 근대 정치 및 사회 개념들을 자신들의 전통 언어로서 번역해야 하는 어려움을 겪어야 했기 때문이다. 따라서 동아시아의 개념사 연구는 유럽의 근대 개념사 및 사회사와 동아시아의 전통 개념사 및 사회사의 복합화를 분석해야 하는 이중적 어려움을 가지고 있다.

이러한 어려움에도 불구하고, 동아시아의 개념사 연구는 절실하게 필요하다. 21세기 한·중·일의 자화상을 제대로 보고 미래의 바람직한 자화상을 그리기 위해서는 19세기 이래 전통 동아시아가 유럽의 근대 국제 질서를 어떻게 받아들여서 변모하여 오늘에 이르렀는가를 밝히는 문명의 국제정치학이 제대로 자리잡아야 한다.

그러나, 한반도를 비롯한 동아시아의 개념사 연구 수준은 초보적인 어원사 또는 개념전파 경로사의 차원을 벗어나지 못하고 있다. 따라서, 이 연구는 한반도의 국제정치 개념 도입사를 문명의 국제정치학이라는 거시적 틀 속에서 조명하여 보려는 첫 출발이 될 것이다.

---

3 石田雄, 「日本近代思想史における法度と政治」(岩波書店, 1976); 石田雄, 「近代日本の政治文化と言語象徵」(東京大學出版會, 1983); 石田雄, 「日本の社會科學」(東京大學出版會, 1984); 石田雄, 「日本の政治と言葉, 上下」(東京大學出版會, 1989); 山室信一, 「思想課題としてのアジア: 基軸·連鎖 投企」(岩波書店, 2001); 溝口雄三, 丸山松幸, 池田知久 編 「中國思想文化事典」(東京大學出版會, 2001); 김용구, 「세계관 충돌의 국제정치학: 동양 禮와 서양 公法」(나남출판, 1997); Douglas R. Howland, *Translating the West: Language and Political Reason in Nineteenth Centurury Japan* (Hawaii: University of Hawaii Press, 2002).

II. 조선의 문명 개념 도입

유럽을 중심으로 형성된 근대국제질서는 포르투갈 주도의 16세기, 네덜란드 주도의 17세기, 영국 주도의 18세기를 거쳐, 다시 한 번 영국 주도의 19세기를 맞이하였다. 산업혁명이라는 역사적 변화 속에서 지난 세기에 이어 두 번째로 영국이 주도하게 된 19세기는 16세기 이래 이제까지 이루어졌던 국제화를 넘어선 보다 본격적인 국제화의 세기였다. 이에 따라서 중국은 1840년대에, 그리고 일본은 1850년대에 유럽의 근대 국제질서와의 본격적 만남을 시작하게 되었다.

조선도 1860년대에 들어서서 병인양요(1866), 제너럴 셔먼호 사건(1866), 오페르트 남연군묘(南延君墓) 도굴사건(1868), 신미양요(1871) 등을 거치면서 유럽의 근대 국제질서와의 만남이 불가피하게 되어 갔다. 이러한 속에서 당시 우리 사회의 주도적인 정치, 사회세력들은 서양 세력에 대해 위정척사의 입장을 견지하려는 노력을 기울였다. 위정척사론을 대표하는 사람들 중의 하나인 이항로(李恒老)는 그의『양화(洋禍)』에서 "中國의 道가 亡하면 夷狄과 禽獸가 몰려온다"고 지적하고, 이를 다시 주석에서 "北虜(청)는 夷狄이니 오히려 말할 수 있지만, 西洋은 禽獸이니 可히 말할 것이 못된다"고 설명하고 있다.[4]

이항로의 이와 같은 '화이지별'(華夷之別)에서 '인수지판'(人獸之判)으로 전개된 척사사상(斥邪思想)은 그의 제자인 김평묵(金平默)의 『어양론(禦洋論)』에서 보다 본격적으로 전개되고 있다. 그는 중국과 조선은 인류(人類)이나 서양은 금수(禽獸)라고 주장하고 그 근거로서 중국과 조선은 인도(人

---

4 李恒老,『華西先生文集華西雜言』, 卷十二, 第三五, 洋禍 (學古房, 1986 영인).

道)를 가지고 있으나, 서양은 금수지도(禽獸之道)를 가지고 있기 때문이며, 인도(人道)의 내용으로서는 인(仁), 의(義), 예(禮), 지(智)의 사단지덕(四端之德)과 오품지론(五品之論) 및 예악형정지교(禮樂刑政之敎)를 들고 있다.[5]

척사사상의 이러한 전통은 19세기 조선조의 사고와 행동에 커다란 영향력을 행사했으며 19세기 새로운 문명 표준의 화려한 등장에도 쉽사리 모습을 감추지 않았다. 척사사상의 마지막을 장식한 유인석(柳麟錫)은 『우주문답(宇宙問答)』(1913)에서 사람들이 모두 서양을 문명이라 부르는 것에 대해서 다음과 같이 답변하고 있다.[6]

중국은 옛 聖王聖人이 이를 밝혀 上達道理하였고, 지금의 서양은 이를 밝혀 下達形氣하고 있으니, 설혹 仁讓이 있기는 하지만 어떻게 일만으로 경쟁할 수 있겠는가. 上達道理를 문명이라 하겠는가, 아니면 下達形氣를 문명이라 하겠는가.

옛날 중국이 五常五倫을 밝혔다는 말은 들었으나, 오늘날 서양이 五常五倫을 밝혔다는 말은 들어보지 못하였다. 五常五倫은 사람에게 있는 것이므로 일에서 그것을 밝힐 수 없다. 五常五倫을 밝히는 것이 문명이겠는가, 五常五倫을 밝히지 않는 것이 문명이겠는가.

그들이 하는 말을 들으니 三代가 專制를 했다고 黑陷이라 말하고 서양이 立憲共和를 한다고 해서 문명이라 하는데, 그 법의 옳고 그름은 그만두고라도, 三代의 人物政化가 과연 서양보다 못해서 黑陷이라 하며, 서양의 人物政化가 과연 三代보다 훌륭해서 문명이라고 한다는 말인가.

그들이 말하는 문명은 백가지 기술과 천가지 기교가 극에 이르도록 하는 것으로, 그 궁극적 의도는 맛있는 음식, 사치스러운 옷, 웅장한 집, 강한 병사 등

5 金平默, 「重菴先生文集」, 卷三八, 雜著, 「闢邪論」(宇鍾社, 1975 영인).
6 柳麟錫, 「宇宙問答」, 서준섭 외 번역, 「毅菴 柳麟錫의 思想: 宇宙問答」(종로서적, 1984), pp. 33-34

의 일을 모도 하는 것에 불과하다.

유인석은 이러한 문명관 위에 서서 수구인(守舊人)으로서 개화인(開化人)을 다음과 같이 격렬하게 비판하고 있다.

그들이 비록 舊法이 나라를 망친다고 하나, 나라가 망하는 것은 개화를 행한 후에 일어났다. 개화를 한다면서 그 하는 바는 국모를 시해하고 君父를 폐하며 인륜을 무너뜨리고 법률과 기강을 문란케 하고 나라를 팔아 결국은 나라가 망함에 이르렀다. 구법을 써서 망하더라도 어찌 개화를 해서 망하는 것보다 심하겠으며, 비록 나라가 망하더라도 바르게 하다가 망하고 깨끗하게 하다가 망하는 것이다. 개화를 해서 극악하고 더럽게 망하는 것과는 같지 않다. 비록 수구인을 탁하지만 국모를 시해하고 君父를 폐하고, 나라를 팔아 망하게 한 것은 모두 開化人들이 한 짓이요, 망국을 애통하여 순절하며 의거한 자는 모두 守舊人들이다. 나라의 上下大小人들이 모두 守舊人의 마음을 갖도록 한다면 나라는 망하지 않을 것이며 혹 망하더라도 그렇게 빠르게 망하지는 않을 것이다. 개화를 하여 나라가 망하는데도 오히려 개화를 주장하며 개화를 새로운 법이라 하니, 신법도 또한 미혹함이 심하구나.[7]

그러나 '인수관'(人獸觀)에 기반한 위정척사론으로서는 점증하는 외압의 위기를 효율적으로 관리할 수 없는 현실에 직면하게 되어, 1876년의 한일수호조규의 체결 이후, 1880년대에 들어서서는 임오군란(1882)을 치른 후 개화의 길이 대세를 이루게 되었다. 이러한 속에서 동양(東洋)의 도

---

7 柳麟錫(1984), pp. 95-96.

(道)와 서양(西洋)의 기(器)를 결합하여 보려는 동도서기론(東道西器論)이 본격적으로 등장하게 된다. 신기선(申箕善)은 「농정신편서」(農政新編序)에서 기(道)와 기(器)는 서로 나누어져 있으며 동시에 서로 필요한 것이라는 것을 지적하고 도(道)의 내용으로는 삼강(三綱), 오상(五常)과 효제충신(孝弟忠信)을 들고 있으며 기(器)로서는 예악(禮樂), 형정(刑政), 복식(服食), 기용(器用)을 들고 있다.[8]

그러나 동도서기론의 문명관은 어디까지나 동도(東道)에 위배되지 않는 한도 내에서 서기(西器)의 수용을 받아들이는 것이다. 동도서기론을 대표하는 관료였던 김윤식(金允植)은 1891년에 쓴 자신의 글에서 "나는 일찍이 開化之說을 심히 이상하게 여겼었다. 무릇 개화란 변방의 미개족이 거친 풍속을 고치고 歐州의 풍속을 듣고 점차 고쳐 나가는 것을 말하는데 우리 東土는 문명의 땅이 어찌 개화하겠는가?… 이 開發變化라고 하는 말은 文飾의 말이다. 소위 開化란 時務를 말하는 것이다"라고 지적하고 있으며, 그는 조선의 시무로서 "청렴을 숭상하고 가난을 제거하여 백성을 구휼하는 데 힘쓰며 조약을 잘 지켜 우방과 틈이 벌어지지 않도록 하는 것이다"라고 언급하고 있다.[9]

위정척사(衛正斥邪), 그리고 동도서기(東道西器)의 시각에서 구미국가들과 중국, 일본과 같은 주변국가들을 다루어 보려는 노력들이 쉽사리 성공하기 어려운 현실적 한계 속에서, 문명개화(文明開化)의 시각에서 구미(歐美) 세력을 조심스럽게 19세기 국제화의 새로운 문명기준으로서 받아들이려는 노력이 자리잡게 된다. 일본과 비교하여 전통과 근대의 갈등을 보다 힘들게 겪고 있던 19세기 조선에서 문명(文明)이라는 용어가 처음으로 본

---

8 申箕善, 「農政新編」 (1881).
9 金允植, 「續陰晴史」 1891. 2. 17 宜田記述雜語三十四則.

격적으로 사용되기 시작한 것은 대표적인 개화지식인인 유길준이 일본 유학(1881. 5-1883. 1)의 초기에 후쿠자와 유키치(福澤諭吉)가 경영하는 시사신보(時事新報)에 쓴 「新聞의 氣力을 論함」에서 "大槪 나라를 開化로 가게하고 文明으로 引導케 하는 活發의 氣象과 奮揚의 마음과 維持의 힘을 으뜸으로 한다… 따라서 이 셋을 가진 然後에 開化하려고 하면 開化할 수 있고 文明하려고 하면 文明할 수 있다."라는 표현에서 문명 개념을 사용하기 시작하고 있다.[10]

유길준은 1883년의 「한성순보 창간사」에서 '文明事物', '開化文明의 進步', '文明諸國', '一國文明', '文明혼 新域', '文明혼 境域', '文明이 未開한 國' 등과 같은 용어에서 보다시피 문명 개념을 본격적으로 사용하고 있으나, 이와 함께 '其國의 文化가 未開하며', '文化進步', '本國文化가 아직 廣開치 못ᄒᆞ야', '智愚와 文化' 등에서 문화 개념을 동시에 사용하고 있으며, 그 중에 특히 흥미 있는 것은 유길준이 쓴 "其國의 文明을 增進ᄒᆞ게 ᄒᆞᆫ데 不出ᄒᆞᄂᆞ니…"의 표현 중에서 박영효로 알려져 있는 교정자가 문명(文明)을 문화(文化)로 고쳐 놓은 것이다.[11]

유길준은 1883년에 쓴 것으로 알려져 있는 『세계대세론(世界大勢論)』, 『경쟁론』 등에서 보다 본격적으로 문명론을 전개하고 있다. 그 중에서도 유길준은 『세계대세론』에서 인류를 개화수이(開化殊異)에 따라서 야만, 미개, 반개, 문명으로 나누고 문명을 다음과 같이 설명하고 있다.

第四ᄂᆞ 文明이니 半開地位를 脫하고 一進ᄒᆞ則 文明이니 文明이라 ᄒᆞᄂᆞ 者ᄂᆞ 農工商의 諸業이 盛大ᄒᆞ고 文學技術에 篤實홈이니 歐洲諸國과밋 亞墨利加合衆

10 이광린, 『유길준』 (서울: 동아일보사, 1992), pp. 20-22.
11 유길준, 『兪吉濬全書』, IV.정치경제편 (서울: 일조각, 1971), pp. 5-18.

國 갓튼者을 云홈이라.[12]

유길준은 이어서 오늘의 시점에서는 구주제국과 미국을 문명개화국이라고 할 수 있으나, 이 글이 결단코 개화의 극이 아니며 얼마든지 변할 수 있으므로 노력할 것을 다음과 같이 강조하고 있다.

右四條等級의 殊異을 分知ᄒ야 自己國朝의 耻辱慢侮을 志却ᄒ지 말며 習慣成俗을 輕忽히ᄒ지 말고 他國이 文明에 進就한 以然者을 推察ᄒ야 我國開化進步을 計較ᄒᄂ 者ᄂ 眞可謂憂國賢士며 愛君忠臣이니 我東方同胞兄弟 幾千萬諸公에게 願하노라.[13]

유길준의 이러한 문명관은 그의 대표적 저서인 『서유견문(西遊見聞)』 (1887-1889 집필, 1895 東京 交詢社에서 발행)에서 다시 한 번 요약된 모습을 보여준다. 그는 이 책의 제14편에 포함되어 있는 개화의 등급에서 "大槩開化라 ᄒᄂ 者ᄂ 人間의 千事万物이 至善極美ᄒ 境域에 抵홈을 謂홈이니 然ᄒ 故로 開化ᄒᄂ 境域은 限定ᄒ기 不能ᄒ 者라 人民才力의 分數로 其等級의 高低가 有하나 然ᄒ나 人民의 習尙과 邦國의 規模를 隨ᄒ야 其差異홈도 亦生ᄒᄂ니 此ᄂ 開化ᄒᄂ 軌程의 不一ᄒ 緣由어니와 大頭腦ᄂ 人의 爲不爲에 在홀 ᄯ롭이라."고 지적하고 있다.[14]

다음으로 후쿠자와 유키치가 『문명론지개략(文明論之槪略)』에서 智德의 개화, 政法의 개화, 의식주와 기계의 개화로 나누고 있는 것처럼, 유길준

---

12 유길준, 『兪吉濬全書』 III.역사편, p. 33.
13 유길준, 『兪吉濬全書』 III.역사편, p. 35.
14 유길준, 『兪吉濬全書』 I. 西遊見聞(全), p. 395.

은 이러한 開化의 구체적 내용으로서 行實의 개화, 學術의 개화, 政治의 개화, 法律의 개화, 器械의 개화, 物品의 개화를 다음과 같이 들고 있다.

五倫의 行實을 純篤히ᄒ야 人이 道理를 知혼 則 此ᄂᆞᆫ 行實의 開化며 人이 學術을 窮究ᄒ야 萬物의 理致를 格혼 則 此ᄂᆞᆫ 學術의 開化며 國家의 政治를 正大히 ᄒ야 百姓이 泰平혼 樂이 有혼 者ᄂᆞᆫ 정치의 開化며 法律을 公平히 ᄒ야 百姓이 寃抑혼 事가 無혼 者ᄂᆞᆫ 法律의 開化며 器械의 制度를 便利히 ᄒ야 人의 用을 利ᄒ게 혼 者ᄂᆞᆫ 器械의 開化며 物品의 制造를 精緊히 ᄒ야 人의 生을 厚히 ᄒ고 荒麤혼 事가 無한 者ᄂᆞᆫ 物品의 開化니 此屢條의 開化를 合한 然後에 開化의 具備혼 者라 始謂ᄒᆯ디라.[15]

유길준은 천하고금의 어느 나라라도 이러한 개화의 극진한 경역(境域)에 도달한 나라는 없으나, 그 정도에 따라 등급을 나눈다면 개화(開化), 반개화(半開化), 미개화(未開化)로 구별할 수 있다고 지적하고 있다. 그러나, 동시에 그는 스스로 노력하기를 그치지 않으면 반개화(半開化)한 자와 미개화(未開化)한 자도 개화(開化)한 자의 경역(境域)에 이를 수 있다는 것을 강조하고 있다.

III. 전통과 근대의 복합화

19세기 유럽의 근대 국제질서가 새로운 문명 표준으로서 동아시아에

---

15 유길준, 「俞吉濬全書」 I. 西遊見聞(全), pp. 395-396.

전파되는 과정에서 새로운 질서를 문명으로 받아들이는 문제에 직면하여 19세기 조선은 위정척사, 동도서기, 문명 개화라는 다른 유형의 대응양식을 보여주고 있다. 따라서 문명 개념의 도입사는 곧 치열한 언어의 정치, 언어의 전쟁 모습을 띨 수밖에 없었다.

국내 정치 사회 세력에 오랜 뿌리를 내리고 있는 위정 척사 세력은 전통 언술체계로서 서세동점에 따라 빠르게 변화하는 현실을 담아보려는 힘겨운 싸움을 시도하였으나 한계에 부딪칠 수밖에 없었다. 한편, 문명 개화세력은 국내의 막강한 전통 정치 · 사회 세력의 저항 속에서 새로운 언술체계의 시도가 강한 반발에 부딪칠 수밖에 없었다

특히 문명 개화세력은 갑신정변(1884)의 실패로 인해 정치적으로 치명적 타격을 입고 역사의 전면에서 일단 물러서야 했다. 이러한 역사의 무거운 짐을 등에 지고 작게는 자신들의 생존을, 크게는 조선의 생존을 내다보면서 문명 개화세력은 문명 개념의 도입을 전통과 근대의 복합화라는 시각에서 조심스럽게 추진했다. 이제, 19세기 조선에서 문명 개념 도입의 중심적 역할을 담당했던 유길준의 힘든 노력을 따라가 보기로 하자.

유길준은 『세계대세론』에서 이미 전통과 근대의 균형을 조심스럽게 언급하고 있으며, 『서유견문』에서는 개화를 실상개화(實狀開化)와 허명개화(虛名開化)로 나누어 다음과 같이 설명하고 있다.

且夫 開化ᄂᆞᆫ 實狀과 虛名의 分別이 有ᄒᆞ니 實狀開化라 ᄒᆞᄂᆞᆫ 者ᄂᆞᆫ 事物의 理致와 根本을 窮究ᄒᆞ며 考諒ᄒᆞ야 其國의 處地와 時勢에 合當케 ᄒᆞᄂᆞᆫ 者며, 虛名開化라 ᄒᆞᄂᆞᆫ 者ᄂᆞᆫ 事物上에 知識이 不足ᄒᆞ되 他人의 景況을 見ᄒᆞ고 歆羨ᄒᆞ야 然ᄒᆞ든지 恐懼ᄒᆞ야 然ᄒᆞ든지 前後를 推量ᄒᆞᄂᆞᆫ 知識이 無ᄒᆞ고 施行ᄒᆞ기로 主張ᄒᆞ야 財를 費ᄒᆞ기 不少ᄒᆞ되 實用은 其分數를 抵하기 不及흠이니 外國을 始通ᄒᆞᄂᆞᆫ 者가

一次는 虛名의 開化를 經歷ᄒ나 歲月의 久遠흠으로 無限ᄒ 練歷이 有ᄒ 後에 至ᄒ 則 實狀開化에 始赴흠이다.[16]

따라서 그는 실명개화(實名開化)를 위해서는 "他人의 長技를 取홀쓴 아니오 自己의 善美ᄒ 者를 保守ᄒ기에도 在ᄒ니 大槩 他人의 長技를 取홀쓴 아니오 自己의 善美ᄒ 者를 保守ᄒ기에도 在ᄒ니 大槩 他人의 長技를 取ᄒᄂ 意向도 自己의 善美ᄒ 者를 補ᄒ기 爲흠인 故로 他人의 才操를 取ᄒ야도 實狀잇게 用ᄒᄂ 時ᄂ 則 自己의 才操라 時勢를 量ᄒ며 處地를 審하야 輕重과 利害를 判斷ᄒ 然後에 前後를 分辨ᄒ야 次序로 흠이 可ᄒ거늘"하고 설명하고 있다.[17]

이러한 개화(開化)를 달성하기 위해서는, 그는 개화(開化)의 노예(奴隷)로부터 벗어나서 개화(開化)의 빈객(賓客)을 거쳐 개화(開化)의 주인(主人)이 될 것을 다음과 같이 강조하고 있다.

開化ᄒᄂ 事를 主張ᄒ야 務行ᄒᄂ 者는 開化의 主人이오 開化ᄒᄂ 者를 歆羨ᄒ야 學ᄒ기를 喜ᄒ고 取ᄒ기를 樂ᄒᄂ 者ᄂ 開化의 賓客이며 開化ᄒᄂ 者를 恐懼하고 疾惡호디 不得己ᄒ야 從ᄒᄂ 者ᄂ 開化의 奴隷니… 外國의 新開化를 初見ᄒᄂ 者가 其始에ᄂ 嫌懼ᄒ며 疾惡ᄒ야 不取ᄒ기 不可ᄒ 者가 有ᄒ 則 已ᄒ기 不得ᄒ야 取用ᄒᄂ 形貌가 開化의 奴隷를 不免ᄒ다가 及其 聞見이 廣博ᄒ며 知覺이 高明ᄒ 時를 當ᄒ면 始乃 開化賓客이 되ᄂ니 此를 因ᄒ야 勉行ᄒ기 不已ᄒ면 主人의 堂戶에 入居ᄒ기도 成就홀디라.[18]

---

16 유길준, 「兪吉濬全書」 I. 西遊見聞(全), pp. 400-401
17 유길준, 「兪吉濬全書」 I. 西遊見聞(全), pp. 401-402.
18 유길준, 「兪吉濬全書」 I. 西遊見聞(全), pp. 398-399.

더 나아가서 유길준은 개화의 죄인, 개화의 원수, 그리고 개화의 병신이라는 강한 표현을 사용하여 당시 조선의 현실을 다음과 같이 격렬히 비판하고 있다.

外國이면 盡善ᄒ다ᄒ야 自己의 國에는 始何ᄒ 事物이든지 不美ᄒ다ᄒ며 已甚ᄒ기에 至ᄒ야는 外國의 景況을 稱道ᄒ야 自己의 國을 慢侮ᄒ는 弊俗도 有ᄒ니 此를 開化黨이라 謂ᄒ나 此豈 開化黨이리오 其實은 開化의 罪人이며 不及ᄒ 者는 頑固ᄒ 性稟으로 事物의 分界가 無ᄒ고 外國人이면 夷狄이라ᄒ고 外國物이면 無用件이라ᄒ고 外國文字는 天主學이라ᄒ야 敢히 就近ᄒ지 못ᄒ며 自己의 身이 天下의 第一인듯 自處ᄒ나 甚ᄒ기에 至ᄒ야는 避居ᄒ는 者도 有ᄒ니 此를 守舊黨이라 謂ᄒ나 此豈 守舊黨이리오 其實은 開化의 讎敵이니… 若其口中에 外國卷烟을 含ᄒ고 胸前에 外國時標를 佩ᄒ며 其身이 拚凳이나 交椅에 踞坐ᄒ야 外國의 風俗을 閒話ᄒ야 其言語를 略解ᄒ는 者가 豈曰 開化人이리오 此는 開化의 罪人도 아니오 開化의 讎敵도 아니라 개화의 虛風에 吹ᄒ야 心中에 主見업시 一箇 開化의 病身이라.[19]

전통 없는 근대를 추구하는 개화의 죄인과, 근대 없는 전통을 추구하는 개화의 원수, 전통의 긍정적 측면을 버리고 근대의 부정적 측면만 받아들인 개화의 병신만 존재하고 있는 19세기 후반 조선의 현실 속에서, 유길준이 당면하고 있었던 최대의 과제는 단순한 서양문명의 소개에 있었던 것이 아니라 전통과 근대의 갈등이 아닌 조화를, 더 나아가서 복합화를 당시의 어려운 국내 상황 속에서 어떻게 이루어낼 수 있는가 하는 것이었다.

---

19 유길준, 「俞吉濬全書」 I. 西遊見聞(全), pp. 402–403.

따라서 유길준은 '開化의 等級'에 관한 논의를 끝내면서 다시 한 번 개화와 전통의 복합화를 강조하고 있다. 그는 우선 세상이 엄청나게 변화하고 있는 속에서 제대로 응변하지 못하면 망할 수밖에 없다는 것을 지적한 다음에 다음과 같이 전통의 중요성을 강조하면서 논의를 마치고 있다.

抑此新奇ᄒ고 深妙ᄒᆫ 理致ᄂᆫ 舊世界에 不存ᄒ고 今日에 始有ᄒᆫ 者아니오 天地間의 其自然ᄒᆫ 根本은 古今의 差異가 無ᄒ되 古人은 窮格ᄒ기 不盡ᄒ고 今人은 窮究ᄒ야 擴到ᄒᆫ 者니 此를 由ᄒ야 觀ᄒ면 今人의 才識이 古人에 比ᄒ야 越加ᄒᆫ 듯 ᄒ나 然ᄒ나 實狀은 古人의 草創ᄒᆫ 者를 潤色ᄒᆯ ᄯᅳᆷ이라 火輪船이 雖日 神妙ᄒ나 古人의 作舟ᄒᆫ 制度를 違ᄒ기ᄂᆫ 不能ᄒ고 火輪車가 雖日 奇異ᄒ나 古人의 造車ᄒᆫ 規模를 不由ᄒ면 不成ᄒᆯ디오 此外에도 如何ᄒᆫ 事物이든지 皆然ᄒ야 古人의 成法을 離脫ᄒ고 今人의 新規를 刱出ᄒ기ᄂᆫ 不能ᄒ니 我邦에도 高麗磁器ᄂᆫ 天下의 有名ᄒᆫ 者며 李忠武의 龜船은 鐵甲兵船이라 天下의 最先刱出ᄒᆫ 者며 校書舘의 鐵鑄字도 天下의 最先創行ᄒᆫ 者라 我邦人이 萬若 窮究ᄒ고 又窮究ᄒ야 便利ᄒᆫ 道理를 經營ᄒ얏드면 千萬事物이 今日에 至ᄒ야 天下萬國의 名譽가 我邦에 歸ᄒ얏슬디어늘 後輩가 前人의 舊規를 潤色디아니홈이로다.[20]

유길준의 이러한 꿈의 내용을 보다 선명하게 드러내기 위해서는 그 자신이 그리고 있는 문명개화의 세계를 보다 조심스럽게 들여다 볼 필요가 있다. 그는 앞에서 지적한 것처럼 개화가 모습을 갖추기 위해서는 적어도 여섯 부문의 개화가 필요하다고 말하고 있다. 우선, 후쿠자와 유키치의 지

---

20 유길준, 「俞吉濬全書」 I. 西遊見聞(全), p. 404.

덕(智德)의 개화에 해당하는, 행실(行實)의 개화와 학술(學術)의 개화를 함께 검토해 볼 필요가 있다.

유길준은 『서유견문』에서 개화의 내용을 설명하면서 오륜(五倫)의 행실 (行實)을 순독(純篤)히 해서 사람의 도리(道理)를 아는 행실(行實)의 개화를 강조하고, 이 행실(行實)의 개화만 천하만국을 통하여 동일한 것으로 정치 (政治), 법률(法律), 기계(器械), 물품(物品)의 개화와는 달리 천년만년의 장구한 세월이 흐른다 하더라도 그 규모가 변하는 것이 아니라고 다음과 같이 설명하고 있다.

竊想ᄒ건디 行實의 開化ᄂᆞᆫ 天下萬國을 通ᄒᆞ야 其同一ᄒᆞᆫ 規模가 千萬年의 長久흠을 閱歷ᄒᆞ야도 不變ᄒᆞᄂᆞᆫ 者어니와 政治以下의 諸開化ᄂᆞᆫ 時代를 隨ᄒᆞ야 變改ᄒᆞ기도ᄒᆞ며 地方을 從ᄒᆞ야 殊異ᄒᆞ기도 ᄒᆞ리니 然ᄒᆞᆫ 故로 古에 合ᄒᆞ든 者가 今에ᄂᆞᆫ 不合ᄒᆞᄂᆞᆫ 者가 有ᄒᆞ며 彼에 善ᄒᆞᆫ 者가 此에ᄂᆞᆫ 不善ᄒᆞᆫ 者도 有ᄒᆞᆫ 則 古今의 形勢를 斟酌ᄒᆞ며 彼此의 事情을 比較ᄒᆞ야 其長을 取ᄒᆞ고 其短을 捨흠이 開化ᄒᆞᄂᆞᆫ 者의 大道라.[21]

그는 말년 작품인 『노동야학독본(勞動夜學讀本)』(1908)의 제1과 「인(人)」에서 사람의 사람 노릇하는 6대 근본으로서 사람의 사람되는 권리, 의미, 자격, 직업, 복록과 함께 사람의 사람되는 도리를 첫 번째로 들고, 제2과 「人의 道理」에서 사람의 도리는 곧 사람의 행실이라고 말하면서 가족의 윤기(倫紀)로서 부모의 자애, 자녀의 효도, 부부의 화순(和順), 형제의 우애를 들고, 국가의 윤기(倫紀)로서 임금이 임금의 일을 행하고, 신하와 백성

---

21 유길준, 「兪吉濬全書」 I. 西遊見聞(全), p. 398.

이 임금에게 충성하는 것을 들고, 사회의 윤기(倫紀)로서 사람간의 믿음, 귀천의 등분, 상하의 차례 있음을 들고 있다.[22] 그리고 제33과 「도덕(道德)」에서 "道德은 사람의 착혼 일이라 사람이 此로 以相로 依ᄒᆞ나니 나라가 비록 갈오대 富强ᄒᆞ나 도덕으로써 ᄒᆞ지 아니ᄒᆞ면 그 부강이 참부강이 아니오 社會가 비록 갈오대 文明ᄒᆞ나 도덕으로써 ᄒᆞ지 아니면 그 문명이 참문명 아니라"고 설명하고 이어서 "도덕은 세상일의 벼리이니 사람이 此를 쎠나고ᄂᆞᆫ 착혼 일이 업신, 즉 其範圍가 甚히 廣大ᄒᆞ야 한두가지로 指定ᄒᆞ기는 어려우나 대체로 말삼ᄒᆞᆯ진대 갈오대 私로운 道德은 한사람의 셔로 與러ᄒᆞᄂᆞᆫ 일이오 갈오대 公된 道德은 社會와 國家에 對ᄒᆞᄂᆞᆫ 일이니 가령 자식이 어버이에게 효도홈과 형뎨의 셔로 우애홈이며 夫婦의 셔로 和홈은 私事이어니와 慈善事業을 도으며 公衆利益을 重히ᄒᆞ고 또 부세 밧치기를 잘ᄒᆞ며 병뎡되기를 실혀 아니ᄒᆞᄂᆞᆫ 류ᄂᆞᆫ 公된 일이니라"라고 쓰고 있다.[23]

유길준은 교육과 학술의 개화와 관련하여 『서유견문』 제3편에 포함되어 있는 「人民의 敎育」에서 "邦國의 貧富强弱治亂存亡이 其人民敎育의 高下有無에 在혼 者라"고 교육의 중요성을 강조하면서 교육의 기본취지로서 정의(正德), 이용(利用), 후생(厚生)을 들고, 이에 따라서 교육의 명목을 셋으로 나누어서 "一曰 道德의 敎育이며 二曰 才藝의 敎育이며 三曰 工業의 敎育이라 道德은 人의 心을 敎導하야 倫彝의 綱紀를 建ᄒᆞ며 言行의 節操롤 飭ᄒᆞ니 人世의 交際를 管制ᄒᆞᄂᆞᆫ 者인 則 其 敎育의 無홈이 不可하고 才藝ᄂᆞᆫ 人의 智를 養成ᄒᆞ야 事物의 理由를 達ᄒᆞ며 本末의 功用을 揣ᄒᆞ니 人世의 知識을 掌轄ᄒᆞᄂᆞᆫ 者인 則 其敎育의 無홈이 不可ᄒᆞ고 工業에 至ᄒᆞ야ᄂᆞᆫ 百千般心勞力役의 製造運用을 關係ᄒᆞ니 人世의 生道롤 建成ᄒᆞᄂᆞᆫ 者

---

22 유길준, 『俞吉濬全書』 II.文法·敎育편, pp. 268–269.
23 유길준, 『俞吉濬全書』 II.文法·敎育편, pp. 322–324.

인 則 其敎育의 缺乏흠이 亦不可ᄒ야 此를 謂ᄒ되 敎育의 三大綱이라"고 지적하고 있다.[24]

그리고 유길준은 학업을 허명(虛名)과 실상(實狀)으로 구별하고 "如何혼 學業을 虛名이라 謂ᄒᄂ가 理致를 不究하고 文字를 是尙ᄒ야 靑春으로 自首에 至ᄒ도록 詩文의 工夫로 自娛ᄒ되 利用ᄒᄂ 策略과 厚生ᄒᄂ 方道ᄂ 無흠이오 又 實狀잇ᄂ 學業은 如何혼 者를 指흠인가 事物의 理를 窮格ᄒ야 其性을 盡ᄒ고 晝夜로 勤孜ᄒ야 百千萬條의 實用애 其意를 專흠이니 然혼 故로 學業의 名稱은 彼此가 一般이나 其虛實의 懸殊ᄂ 雲泥의 判異흠이라"라고 설명하고 있다.[25] 이와 함께 그는 서양 학술의 내력을 소개하면서 "大抵 泰西學術의 大主意ᄂ 萬物의 原理를 硏究ᄒ며 其功用을 發明ᄒ야 人生의 便利혼 道理를 助ᄒ거에 在ᄒ니 諸學者의 日夜로 苦心ᄒᄂ 經綸이 實狀은 天下人을 爲ᄒ야 其用을 利ᄒ게 ᄒ고 因ᄒ야 其生을 厚ᄒ게 ᄒ며 又因ᄒ야 其德을 正ᄒ게 흠이니 學術의 功效와 敎化가 엇디 不大ᄒ리오"라고 말하고 있다.[26]

후쿠자와 유키치는 『문명론지개략』에서 국민의 지덕(智德)을 논하면서 덕의(德義)를 정실(貞實), 결백(潔白), 겸손(謙遜), 율의(律儀)와 같이 개인의 마음에 속하는 사덕(私德)과 염치(廉恥), 공평(公平), 정중(正中), 용강(勇强)과 같이 외적 대상과 접속하고 남들과 교제할 때 나타나는 공덕(公德)으로 나누고, 지혜를 사물의 이치를 구명하고 이에 적응하는 사지(私智)와 인간사의 경중대소를 분별하여 경소(輕小)한 것을 뒤로 돌리고 중대한 것을 앞세워 그때와 장소를 살피는 공지(公智)로 나누고, 그 중에서 공지(公智)를

---

24 유길준, 『兪吉濬全書』 I. 西遊見聞, p. 127.
25 유길준, 『兪吉濬全書』 I. 西遊見聞, p. 367.
26 유길준, 『兪吉濬全書』 I. 西遊見聞, p. 352.

가장 중요한 것으로 평가하고 있는 것에 비해서, 유길준은 유교의 전통적 덕목인 오륜을 행실의 개화의 기본으로 삼고, 이의 보편성을 강조하고 있다.[27]

후쿠자와 유키치는 지덕(智德)의 개화에 이어 정법(政法)의 개화를 논의하고 있는 것처럼, 유길준은 행실(行實)과 학술(學術)의 개화에 이어 정치(政治)와 법률(法律)의 개화를 강조하고 있다. 정치(政治)의 개화를 위해서는 첫째, 임오군란과 갑신정변 이후 청의 급격한 영향력의 강화 속에서 당시 조선이 놓이게 된 양절체제(兩截體制)라는 이중구조의 어려움을 풀어 나가기 위해서, 유길준은 우선 구미 근대국제질서의 명분체계로 등장한 만국공법의 논리를 빌어서 국가는 마땅히 현존(現存)과 자위(自衛)하는 권리, 독립하는 권리, 산업(産業)(土地)의 권리, 입법(立法)하는 권리, 교섭(交涉)과 파사(派使)와 통상(通商)의 권리, 강화(講和)와 결약(結約)하는 권리, 중립(中立)하는 권리를 보장받아야 함을 강조하고 있다.[28]

유길준은 국내 정치에서 사람들의 강약과 빈부의 차이가 있더라도 사람들이 같은 지위를 누릴 수 있는 것은 국법(國法)의 공도(公道)로 사람의 권리를 보호하기 때문이라고 설명하고, 이와 마찬가지로 "邦國의 交際도 亦 公法으로 操制ᄒ야 天地의 無偏ᄒ 正理로 一視ᄒᄂ 道를 行ᄒ 則大國도 一國이오 小國도 一國이라 國上에 國이 更無ᄒ고 國下에 國이 亦無ᄒ야 一國의 國되ᄂ 權利ᄂ 彼此의 同然ᄒ 地位로 分毫의 差殊가 不生ᄒ지라"고 지적하고 있다.[29]

그러나 유길준은 만국공법에 기반한 이러한 명분체계를 강조한 다음에,

27 福澤諭吉, 「文明論之槪略」 福澤全集. 第三卷; 丸山眞男, 『文明論之槪略』 を讀む』 全三卷 (東京: 岩波新書, 1986).
28 유길준, 「兪吉濬全書」 I.西遊見聞(全), p. 105-107.
29 유길준, 「兪吉濬全書」 I.西遊見聞(全), p. 108.

나라의 대소와 강약 때문에 그 형세를 대적하지 못해서 강대국이 공도(公道)를 고려하지 않고 그 힘을 자의로 행사하는 현실체계에서 형성되는 수호국(受護國)과 증공국(贈貢國)의 관계에 대해 상세한 분석을 시도하고 있다.

그는 "權利는 天然호 正理며 形勢는 人爲혼 剛力이라 弱小國이 元來 强大國을 向하야 恣橫하는 剛力이 無하고 但 其自有혼 權利를 保守하기에 不暇혼 則 强大國이 自己의 裕足혼 形勢를 擅用하야 弱小國의 適當혼 正理를 侵奪홈은 不義혼 暴擧며 無道혼 惡習이니 公法의 不許하는 者라."고 강조하고,[30] 증공국(贈貢國)과 속국(屬國)을 다음과 같이 명확하게 구분하고 있다. "大槩 屬邦은 其服事하는 國의 政令制度를 一遵하야 內外諸般事務에 自主하는 權利가 全無하고 贈貢國은 强大國의 侵伐을 免하기 爲하야 其不敵혼 形勢를 自思하고 雖本心에 不合하야도 約章을 遵守하야 貢物을 贈遺하고 其享有혼 權利의 分度로 獨立主權을 獲存홈이라."[31]

따라서 유길준은 당시의 한·청 관계에서 조선을 증공국으로 볼 것인가 아니면 속국(屬國)으로 볼 것인가의 논쟁 속에서, 한·청 관계를 속국관계 대신에 증공국과 수공국의 관계로서 설정하고 "夫國은 其處地와 形勢를 自知홈이 貴하니 弱國이 不幸한 事情으로 强國에 贈貢하는 關係가 一有혼 則 兩國間의 交涉하는 禮度와 法例를 遂定하야 强國이 受貢하는 權利를 保有하고 公法의 承認으로 其基礎를 確立하야 他邦의 揷理와 干涉을 不容하는지라"고 설명하고 있다.[32]

결론적으로, 그는 당시 조선이 당면하게 된 새로운 바깥질서를 전통과 근대의 이중적 국제질서로 파악하고 이를 양절체제로 부르면서 다음과 같

---

30 유길준, 「俞吉濬全書」 I, 西遊見聞(全), p. 111.
31 유길준, 「俞吉濬全書」 I, 西遊見聞(全), p. 112.
32 유길준, 「俞吉濬全書」 I, 西遊見聞(全), p. 114.

이 요약하고 있다.

受貢國이 然則 諸國을 向호야 同等의 禮度를 행하고 贈貢國을 對호야 獨尊한 體貌를 擅호리니 此는 贈貢國의 體制가 受貢國及 諸他國을 向하야 前後의 兩截이오 受貢國의 體制도 贈貢國及 諸他國을 對하야 亦前後의 兩截이라 受貢國及 贈貢國의 兩截體制를 一視흠은 何故오 形勢의 强弱은 不顧하고 權利의 有無를 只管호느니 强國의 妄尊은 公法의 譏刺가 自在호고 弱國의 受侮는 公法의 保護가 是存호지라 然호 故로 如是不一호 偏滯는 公法의 不行으로 弱者의 自保호는 道니 强者의 恣行호는 驕習을 助成호기 爲호야는 公法의 一條도 不設흠이라.[33]

유길준은 이러한 양절체제의 현실 속에서 청(淸)과의 관계를 속국이 아닌, 증공국(贈貢國)과 수공국(受貢國)의 관계로 만들어 나가면서 동시에 청(淸) 이외의 다른 국가들과의 관계를 만국공법에 기반한 근대 국제관계로 만들어 나가려는 시도를 보여주고 있다.[34]

그는 정치(政治)의 개화를 위해 '방국(邦國)의 권리' 보장에 이어 자유(自由)와 통의(通義)에 기반한 '인민의 권리'가 보장되어야 한다고 지적하고 있다. 그는 "自由는 其心의 所好호는 ㄷ로 何事든지 從호야 窮屈拘碍호는 思慮의 無흠을 謂흠이로디 決斷코 任意放蕩호는 趣旨아니며 非法縱恣호는 擧措아니오 又 他人의 事軆는 不顧호고 自己의 利慾을 自逞호는 意思아니라 乃國家의 法律을 敬奉호고 正直호 道理로 自持호야 自己의 當行홀 人世職分으로 他人을 妨害호지도 勿호며 他人의 妨害도 勿受호고 其

---
33 유길준, 「俞吉濬全書」Ⅰ.西遊見聞(全), p. 117.
34 김용구, 「세계관 충돌의 국제정치학: 동양 禮와 서양 公法」(서울: 나남, 1997), pp. 244-261.

所欲爲ᄂᆞ 自由ᄒᆞᄂᆞ 權利"라는 것이다.[35]

유길준은 『노동야학독본』 34와 『사람의 自由』에서 자유의 의미를 보다 쉽게 풀어서 다음과 같이 설명하고 있다.

自由ᄂᆞᆫ 字意대로 스사로 말매암이니 스사로 말매암이라 ᄒᆞ믄 일은 말삼대로 解진대 하고 십흔 일을 ᄒᆞ고 하고 십지 아닌 일은 아니ᄒᆞᆫ다ᄒᆞᆷ이오녀 그러나 사람이 獨로 이 세샹에 사지아니ᄒᆞᆫ 즉 엇디 이러ᄒᆞᆫ 리치가 잇시리오… 내가 自由가 잇신즉 남도 自由가 잇시니 사람이 각기 그 自由를 守기만ᄒᆞ고 죠곰도 셔로 사양치 아니ᄒᆞ면 세샹에 어지러운 날리 가이지 아니ᄒᆞ고 닷토는 바람이 ᄯᅳᆫ치 아니ᄒᆞ야 天地間에 獸의 自由만 잇실지니라 그런고로 사람의 自由ᄂᆞᆫ 道德과 法律에 合ᄒᆞᆫ 연후에 비로소 잇나니… 明心ᄒᆞᆯ 지어다 사람의 自由는 착ᄒᆞᆫ 일에 잇고 약ᄒᆞᆫ 일에 업시니 그런고로 갈오대 自由ᄂᆞᆫ 自由치 못ᄒᆞ는 가온대에 잇나니라.[36]

유길준이 『서유견문』에서 인민의 권리로서 자유(自由)와 함께 중시하는 통의(通義)란 한 마디로 말하자면 당연한 정리(正理)라고 말할 수 있다. 이는 곧 "千事万物에 其當然ᄒᆞᆫ 道를 遵ᄒᆞ야 固有ᄒᆞᆫ 常經을 勿失ᄒᆞ고 相稱ᄒᆞᆫ 職分을 自守ᄒᆞᆷ이 乃 通義의 權利"라는 것이다.[37] 이러한 통의(通義)에 기반한 자유로운 행동이 이루어질 때 인간은 임의방탕으로 흐르지 않고 진정한 자유의 권리를 누릴 수 있게 된다는 것이다. 그는 『서유견문』에서 사용하고 있는 통의(通義)를 『노동야학독본』에서는 도덕(道德)과 법률(法律)로서

---

35 유길준, 『俞吉濬全書』 I.西遊見聞(全), p. 129.
36 유길준, 『俞吉濬全書』 II.文法·敎育篇, pp. 324-326.
37 유길준, 『俞吉濬全書』 I. 西遊見聞(全), p. 129.

표현하고 있다. 일본의 경우에, 후쿠자와 유키치는 통의(通義)를 단순히 영어의 right의 번역어로 쓰고 있는 것에 비해서,[38] 유길준은 인권의 기반을 서양적 자유개념과 동양적 통의(通義)개념의 조화 내지는 복합화 속에서 찾으려는 어려운 시도를 보여주고 있다.

유길준은 정치개화(政治開化)의 세 번째로서 19세기 후반의 조선에 바람직한 정치체제를 검토하기 위해서 각국의 정체를 ① 군주가 천단(擅斷)하는 정체, ② 군주가 명령하는 정체 또는 압제정체, ③ 귀족이 주장하는 정체, ④ 군민(君民)이 공치(共治)하는 정체 또는 입헌정체, ⑤ 국민이 공지(共和)하는 정체 또는 합중정체(合衆政體)로 분류하여 비교한 다음에 군민공치(君民共治)의 정체가 가장 훌륭한 것으로 평가하고 있다.[39] 그러나 한 나라의 정체란 오랜 역사 속에서 국민들의 관습에 의해 이루어진 것이므로 선부른 변경을 시도하는 것은 어린애의 장난이 될 위험을 다음과 같이 경고하고 있다.

各國의 正體를 相較ᄒ건디 君民의 共治ᄒᄂ 者가 最美ᄒ 規模라 ᄒ니 然ᄒ 則 何國이든지 其人民의 風俗과 國家의 景況을 不問하고 卽其政體롤 取行ᄒ이 可ᄒ 듯 ᄒ나 然ᄒ나 決斷코 不然ᄒ 者가 有ᄒ니 凡國의 政體ᄂ 歷年의 久長ᄒ 으로 人民의 習慣을 成ᄒ 者라 習慣의 卒然히 變改ᄒ기 不態ᄒ이 言語의 變 改ᄒ기 不能ᄒ과 同一ᄒ니 急遽ᄒ 小見으로 虛理를 崇尙ᄒ고 實情에 朦昧ᄒ야 變改ᄒ 議論을 倡起ᄒᄂ 者ᄂ 小兒의 嬉戲라 君國에 益이 有ᄒ기ᄂ 枯舍ᄒ고 害를 胎ᄒ이 反且不少ᄒ 디라.[40]

38 柳父章, "8. 權利," 『飜譯語成立事情』 (東京: 岩波新書, 1982).
39 유길준, 『俞吉濬全書』 I. 西遊見聞(全), p. 163~171.
40 유길준, 『俞吉濬全書』 I. 西遊見聞(全), p. 171.

유길준 자신이 군민공치(君民共治)를 높이 평가하고 있는 것도 구미의 다양한 정체들의 장단점을 꼼꼼히 따져 본 다음에 19세기 조선이 놓여 있는 정치적 상황 속에서 왕권강화의 필요성, 국민계몽의 필요성 등을 충족시키기 위해 조심스럽게 조선형 군민공치를 구상하고 있는 것이다.

그는 정치개화의 네 번째로서 정부의 직분을 새롭게 검토하고, 자기 나라의 정치를 안온케 하고 국민들로 하여금 태평스러운 즐거움이 있게 하고, 법률을 굳게 지켜 국민들로 하여금 원통하고 억울한 일이 없도록 해야 하며, 외국과의 교섭을 신설하게 하여 국가로 하여금 분란의 걱정을 면하게 하는 세 가지 조항으로 대강령을 삼고, 이를 추진하는 과정에서 전통과 근대의 갈등을 어떻게 풀어나갈 것인가를 조심스럽게 따지고 있다.[41] 대표적 예로서 법률의 개화를 위해 새 법을 제정하고자 하더라도 고전적인 것들을 신중히 참고하여 증강하고, 개정하는 것을 줄기로 하여 윤색하는 조례들을 덧붙이며 국민의 관습에 맞도록 하여, 놀라움이 없게 한 뒤라야 안전한 경역(境域)에 이르고 문명한 길로 나아갈 수 있을 것이라고 지적하고 있다.[42]

유길준은 지덕(智德)과 정법(政法)의 개화에 이어 마지막으로 기계(器械)와 상품의 개화를 들고 있다. 기계의 개화의 경우에는 외국의 기계를 사들이거나 기술자를 고용하지 말고, 반드시 먼저 자기나라 국민에게 기술을 배우게 하여, 그 사람으로 하여금 그 일을 맡도록 해야 한다고 지적하고 있다. 왜냐하면 외국의 기계를 사들이게 될 때 그 기계가 못쓰게 되면 기계는 다시 없게 되는 것이며, 기술자를 고용했을 경우 그 기술자가 본국으로 가버리면 다시는 그런 기술자는 없게 된다는 것이다.[43]

41 유길준, 『俞吉濬全書』 I.西遊見聞(全), p. 175.
42 유길준, 『俞吉濬全書』 I.西遊見聞(全), p. 292.
43 유길준, 『俞吉濬全書』 I.西遊見聞(全), p. 401.

상품의 개화의 경우에도, 19세기의 조선은 오랫동안 상업을 천시해 온 탓으로 이미 개화한 나라들에 비해 상품의 정보와 내용에서 크게 뒤떨어져 있기 때문에 반드시 여러 번의 단련이 있어야 비로소 경쟁해서 이익을 얻을 방책을 터득하게 될 것으로 전망하고 있다.[44]

IV. 문명 개념의 동아시아 전파

19세기 조선이 국내 정치 사회세력들의 치열한 각축 속에서 구미의 근대 국제 질서를 문명이라고 부르는 과정에서 직접 영향을 받은 것은 일본으로부터였다.

19세기 동아시아와 서양의 본격적 만남이 이루어진 것은 중국과 영국의 아편전쟁(1840–1842)이었다. 그러나 중국은 자신을 천하의 중심으로 생각하고 있었으므로 유럽을 새로운 문명으로 받아들이지 않은 것은 당연했다. 중국이 유럽을 문명으로 부르기 위해서는 청일 전쟁의 패배라는 충격을 기다려야 했다.

한편, 17세기 이래 네덜란드를 제외한 서양 세력에 대해 문호를 개방하지 않았던 일본은 19세기에 들어서서 일본 연안에 접근하는 모든 외국 배들을 쳐부수라는 명령(異國船無二念打扎令, 1825)을 내렸으며, 미도학(水戸學)의 아이자와 세이시사이(會沂正志齋)는 존왕양이(尊王攘夷)를 신론(新論)(1825)에서 본격적으로 제기했다.

그러나 중국 중심 천하 질서의 주변에 놓여 있었던 일본은 중국과는 달

44 유길준, 「兪吉濬全書」 I. 西遊見聞(全), pp. 379–384.

리 거칠게 다가오는 유럽 중심 국제 질서에 대해 일방적으로 저항의 국제정치만을 강조하는 대신에 활용의 국제정치를 모색하기 시작하는 유연성을 보여주었다. 따라서 중국이 아편전쟁의 참패를 겪는 것을 보면서, 일본에서는 양이파에 대한 개국파의 등장이 이루어졌다. 이러한 변화를 대표하는 흐름으로서 사쿠마 쇼잔(佐久間象山)은 18세기 아라이 하쿠세키(新井白石)의 '화혼양재'(和魂洋才)를 뒤이어서 '서양예술, 동양도덕'(西洋芸術, 東洋道德)을 강조하게 된다.

서양의 civilization 개념 자체는 막말(幕末)부터 명치(明治) 초기에는 예의(禮儀)와 교제(交際)로 이해되다가 점차 번역어로서 문명과 문화가 함께 쓰이는 짧은 시기를 거쳐, 후쿠자와 유키치를 비롯해서 니시 아마네(西周), 미쓰쿠리 슈헤이(箕作秋坪), 모리 아리노미(森有礼) 등에 의해 문명개화(文明開化) 또는 문명(文明)으로서 자리를 잡게 된다.[45]

명치개명(明治開明) 지식인의 대표주자라고 할 수 있는 후쿠자와 유키치는 『당인왕래(唐人往來)』(1865)에 이어 1868년에 출판한 『서양사정외편(西洋事情外編)』의 '世の文明開化'라는 절에서 인류역사를 만야(蠻野)에서 문명(文明)으로 진보하는 것으로 설명하고 영국과 같은 유럽 국가를 문명 개화국으로 부르고 있다. 후쿠자와 유키치는 다음해인 1869년에 출판한 『장중만국일람(掌中萬國一覽)』과 『세계국진(世界國盡)』에서는 일간들의 삶의 모습을 혼돈(混沌), 만야(蠻野), 미개/반개(未開/半開), 개화문명/문명개화(開化文明/文明開化)의 네 부류로 나누어서 진보의 과정을 설명하고, 중국을 반개화(半開化)로 미국과 유럽국가들을 문명개화(文明開化)로 분류하고 있다.[46]

45 西川長夫, 『國境の越え方: 比較文化論序說』(筑摩, 1992); 西川長夫, 「地球時代の民族=文化理論 脫『國民文化』のために」(新曜社, 1995); 伊東俊太郎, 『比較文明と日本』(中央公論社, 1990); 柳父章, 『文化』(三省堂, 1995).
46 福澤諭吉, 『福澤全集』(時事新報社, 1898), 제1-2권

그는 1875년에 쓴 본격적 일본 문명론의 전개라고 할 수 있는 『문명론지개략』에서 세계의 문명을 논하면서 유럽국가들과 미국을 최상의 문명국, 터키, 중국, 일본 등의 아시아 국가들을 반개화국, 아프리카 및 호주를 야만국으로 분류한 다음에 이러한 분류의 상대성을 강조하고 있다. 따라서 반개화국가인 일본이 문명국이 되기 위해서는 현재의 시간과 장소를 고려한다면 일차로 서양의 문명을 목표로 삼되 우선적으로 지덕(智德)을 개발하고, 다음으로 정법(政法)을 개혁하고, 마지막으로 의식주나 기계를 추구해서 일본 독립을 획득해야 한다는 결론에 이르고 있다.[47]

그리고 후쿠자와 유키치와 함께 明六社의 동인이었던 니시무라 시게키(西村茂樹)는 『명육잡지(明六雜誌)』 제36호(1875년 5월)에 西語十二解(一)로 「文明開化の解」를 게재하여 civilization 개념에 대한 계몽적 설명을 하고 있다.[48]

이러한 과정을 거쳐 일본에서 사용되기 시작한 문명개화라는 개념은 암창사절단(岩倉使節團, 1871년 11월–1873년 8월)의 구미 순방 이후 일본 사회에서 1870년대의 대표적 유행어로서 풍미하게 된다. 이러한 일본의 문명 개념은 1881년 6월부터 1882년 12월까지 후쿠자와 유키치가 경영하는 경응의숙(慶應義塾)에 유학했던 유길준을 비롯한 조선의 개화지식인들에 의해 당시 조선에 본격적으로 알려지게 된다. 특히 유길준의 조선 문명론인 『서유견문』(1887–1889)은 후쿠자와 유키치의 『서양사정(西洋事情)』, 『학문의 권장』, 『문명론지개략』을 종합한 모습을 보여주고 있다. 그러나 가장 주목해야 할 것은 유길준은 후쿠자와 유키치와는 비교할 수 없는 국내외 정치의 어려움 속에서 목숨을 걸고 조선 문명론을 고민하고 글로 써야

---

47 福澤諭吉, 「福澤全集」 (時事新報社, 1898), 제3권
48 明六雜誌, 제 36호

했다는 것이다. 따라서 유길준의 조선 문명론은 후쿠자와 유키치의 일본 문명론에 비해 훨씬 조심스럽고 복잡한 전통과 근대의 복합화를 모색하고 있다.

19세기 조선의 문명 개념 도입이 일차적으로 개화지식인에 의해 일본으로부터 이루어진 후 이차적으로 문명 개념의 폭넓은 사용이 이루어지는 데에는 무술정변(1898)의 좌절을 맛보고 일본으로 망명한 양계초(梁啓超)가 일본 문명론의 영향을 받아 쓴 글들이 조선의 개신 유학자들에게 미친 영향이 컸다.

중국의 영국 주재 공사였던 곽숭도(郭嵩燾)가 1876년 일기에서 서양에서 국가들을 'civilized', 'half-civilized', 'barbarian'으로 분류하고 있다는 것을 소개하면서 발음대로 色維來意斯得, 哈 甫色維來意斯得, 巴伯比里安이라고 쓰고 있다. 이 일기가 증명하는 것은 일본이 이미 문명(文明), 반개(半開), 야만(野蠻) 등의 번역어를 사용하고 있는 것에 반해서, 중국은 아직까지 상응하는 번역어를 가지고 있지 않다는 것이다.[49]

중국에서 처음으로 civilization의 번역어로서 문명(文明)을 사용한 것은 양계초로 알려져 있다.[50] 그는 1896년의 글에서 문명(文明) 개념을 도입한 후 1899년부터 1905년까지 『청의보(淸議報)』, 『신민총보(新民叢報)』에 단속적으로 연재했던 『자유서(自由書)』에서 본격적으로 사용하고 있다. 그는 『자유서』의 1절 '문야삼계지별'(文野三界之別)에서 세계의 인류가 야만, 반개, 문명의 3단계로 나누어져 순서를 밟아 밟아 상승하는 것이 세계 인민 공인의 진화의 공리라고 밝히고 있다.[51] 그리고 3개월 후에 써진 『민국십대원기론(民國十大元氣論)』, 일명 『문명지정신(文明之精神)』에서 중국의

---

49 郭嵩燾, 『倫敦與巴黎日記』(岳麓書社出版, 長汀, 1984) p. 491; 郭嵩燾, 『郭嵩燾日記』(湖南人民出版社, 1982), 第三卷 p. 439

문명화를 위해서는 '形質의 文明' 대신에 '精神의 文明'이 필요하다는 것을 강조하고 있다.[52]

일본 문명론의 도움을 받은 양계초의 중국 문명론은 1900년대 초 단행본, 신문, 잡지 등을 통해 조선의 개신 유학자들에게 커다란 영향을 미치게 된다. 그 중에도 『청국무술정변기(淸國戊戌 政變記)』, 『월남망국사(越南亡國史)』, 『이태리건국삼걸전(伊太利建國三傑傳)』, 『중국혼(中國魂)』, 『음빙실자유서(飮氷室自由書)』, 『십오소호걸(十五小豪傑)』 등은 우리말로 번역되어 널리 알려졌다.[53]

따라서 19세기 중반 조선의 위정척사적 문명관과 문명개화적 문명관의 갈등은 20세기 초 일본을 전파경로로 하는 개화 지식인의 문명 개념과 중국을 전파경로로 하는 개신 유학자의 문명 개념의 접근이라는 새로운 모습으로 전개되었다.

---

50 梁啓超 연구는 중국의 개혁·개방 이후 활발해지고 있다. 丁文江·趙豊田 編 『梁啓超年譜長論』(上海人民出版社, 1983)으로 출판되었으며, 이어서 李華興·吳嘉勛 編 『梁啓超選集』(上海人民出版社, 1984); 李國俊 編 『梁啓超著述繫年』(上海復旦大學出版社, 1986); 林志鈞 編 『飮氷室合集』(全12册: 『文集』1~45卷 『選集』1~104卷, 1936년 출판/北京人民出版社, 1989 影印出刊) 등의 중요 연구 자료가 출판되었다. 중국의 중요 연구로는 孟祥才, 『梁啓超傳』(救國·學術篇) (北京出版社, 1980; 臺灣風雲時代出版公司影印, 1990); 鍾珍維·萬發雲 『梁啓超思想硏究』(海南)人民出版社, 1986); 宋仁主 編 『梁啓超政治法律思想硏究』(新華書店北京發行所, 1990); 李喜所·元靑 『梁啓超傳』(北京人民出版社, 1993); 耿志志, 崔志海 『梁啓超』(廣朱人民出版社, 1994); 吳延嘉, 沈大德 『梁啓超評傳』(百花洲文艺出版社, 1996); 宋鵬鳴 『梁啓超: 學朮思想評傳』(北京圖書館出版社, 1999) 등을 들 수 있다. 중국 이외의 중요 연구로는 Joseph R. Levenson, Liang Ch'i-ch'ao and the Mind of Modern China, 1st and 2nd ed. (Cambridge, Mass: Harvard University Press, 1953/ 1959); Hao Chang, Liang Ch'i-ch'ao and Intellectual Transition in China, 1890-1907 (Cambridge, Mass: Harvard University Press, 1971); Philip C. Huan, Liang Ch'i-ch'ao and Modern Chinese Liberalism (Seattle: University of Washington Press, 1972); Xiaobing Tang, Global Space and the National Discourse of Modernity: The Historical Thinking of Liang Qichao (Stanford: Stanford University Press, 1996); 張明園 『梁啓超与淸李革命』(中央研究院近代史硏究所, 1964); 張明園 『梁啓超与民國政治』(食貨出版社, 1978); 狹間直樹 編 『梁啓超: 西洋近代思想受容と明治日本』(東京: みすず書房, 1999) 등을 들 수 있다.
51 梁啓超 『梁啓超評傳』, 卷2.
52 梁啓超 『梁啓超文集』, 卷3.
53 葉乾坤 『梁啓超와 舊韓末文學』, 고려대학교 박사학위 논문 (1979) 제3장 구한말에 소개된 양계초의 논저, pp. 117-147.

V. 유럽 문명 개념의 등장

일본이 문명으로 번역한 civilization은 유럽 근대 질서의 중심 세력이었던 프랑스와 영국이 18세기 중반 이래 그들의 삶의 진보성과 보편성에 대한 자기 의식을 표현하기 위해 사용하기 시작했다.[54] 이 용어는 어원적으로는 라틴어의 civis(시민), civilis(시민의), civitas(도시)에서 유래하고 있다. 고대 그리스 도시국가와 로마제국의 삶의 차원에서 civitas는 야만과 문명을 구분 짓는 공간이었다. 따라서, 자신들의 삶의 양식을 라틴어로 도시화라고 부른다는 것은 도시 밖의 야만에 대한 도시 안의 문명의 자기 우월감의 표현이었다.

Civilization이라는 용어가 오늘날의 문명의 의미로서 처음으로 사용된 것은 1757년에 프랑스 혁명의 주요인물인 미라보의 아버지이며 중농학파의 일원이었던 미라보 후작에 의해서였다.[55] 그 이후 프랑스에서는 civilization이라는 용어가 1770년대에 들어서서 폭넓게 쓰이게 되었다.

프랑스의 역사학자이자 정치가였던 프랑수아 기조(François Guizot)는 1828년에 소르본 대학에서 14회에 걸쳐 "유럽 문명사(Histoire gènerale de la civilisation en Europe)"라는 제목으로 문명의 발달이라는 시각에서 로마제국의 멸망 이후의 유럽역사에 대한 강연을 하였다. 이 강연에서 기

---

54 Fernand Braudel, *Grammaire de Civilisations* (The History of Civilization), translated by Richard Mayne (New York: Penguin Books, 1993); Norbert Elias, ber der Proze der Zivilisation: Soziogenetische und psychogenetische Untersuchungen (Frankfurt am Main: Suhrkamp, 1976); J rg Fisch, "Zivilization Kultur" in Reinhard Koselleck, Otto Brunner und Werner Conze(hrsg.), *Geschichtliche Grundbegriffe: Historisches Lexicon zur politisch- sozialen Sprache in Deutchland* (Stuttgart: Klett-Cotta, 1989); A. L. Kroeber and C. Kluckhohn, *Culture: A Critical Review of Concepts and Definitions* (New York: Vintage Books, 1963); John Rundell & Stephen Mennell, eds., *Classical Readings in Culture and Civilization* (London: Routledge, 1998).
55 Mirabeau, *L'ami de l'homme* (1756).

조는 civilization이라는 용어가 가지는 첫 번째의 중요한 의미로서 진보와 발전을 강조하고 있다. 다음으로, 진보와 발전의 핵심적 내용으로서는 힘과 행복을 생산하고 분배하기 위한 사회의 발전과 능력, 감정, 생각의 면에서 개인의 발전을 강조하고 있다. 그리고 나서, 기조는 문명의 양 측면 중에 사회의 진보 측면에서 프랑스를 중심으로 하는 유럽의 역사를 검토하고 있다.[56]

"유럽 문명사"에 이은 "프랑스 문명사"(1828-1830) 강의에서, 기조는 보다 구체적으로 영국은 사회의 발전이 개인의 발전을 앞서 있으며, 독일은 개인의 발전에 비해 사회의 발전이 뒤떨어져 있는 것에 반해서, 프랑스는 사회와 개인의 발전이 동시에 이루어졌기 때문에 프랑스를 유럽 문명사의 중심에 놓는다고 지적하고 있다.[57]

프랑스의 역사를 문명사의 틀 속에서 조망하려는 기조의 노력은 프랑스뿐만 아니라 다른 나라의 지식인들에게도 많은 관심을 불러 일으켰다. 동아시아의 경우에는 일본의 태정관번역국(太政官飜譯局)의 무로타 아쓰미(室田充美)가 프랑스 원본을 1872년에 번역하여 1875년 『서양개화사(西洋開化史)』라는 이름으로 인서국(印書局)에서 발행하였다. 그러나 일본 지식인들이 주로 읽은 것은 프랑스 원본이나 무로타 아쓰미의 번역본이 아니라 헨리(C.S. Henry) 역(1842)과 해즐리트(W. Hazlitt) 역(1846)의 영역본

---

56 François Guizot, *Histoire generale de la civilisation en Europe* (The History of Civilisation in Europe), translated by William Hazlitt (London: Penguin Books, 1997). Guizot의 저작 및 연구 문헌에 관해서는 Pierre Rosanvallon, *Le Moment Guizot* (Paris: Gallimard, 1985); Gabriel de Broglie, Guizot (Paris: Perrin, 2002); Marina Valensise, *François Guizot et la culture politique de son temps* (Paris: Gallimard-Le Seuil, 1991); Sister Mary Consolata O'Connor, M.A., *The Historical Thought of François Guizot* (Washington, D.C.: The Catholic University of America Press, 1955); Stanley Mellon, ed., *François Guizot: Historical Essays and Lectures* (Chicago: The University of Chicago Press, 1972) 등을 대표적으로 들 수 있다.

57 François Guizot, *Histoire de la civilization en France depuis la chute de l'Empire romain jusqu'en 1789* (The History of Civilization in France) translated by William Hazlitt (London, 1846)

이었고, 그 중에도 헨리 번역이었으며, 특히 나가미네 히데토시(永峰秀樹)에 의한 헨리 번역본의 중역이었다.[58]

한편, 영국은 프랑스어의 civilit 보다 넓은 뜻으로 civility라는 용어를 사용하고 있었기 때문에 프랑스보다 약간 늦은 1770년대에 들어서서 civilization이라는 용어가 사용되기 시작하여 19세기 초에는 일반화되었다. 그 이후 헨리 버클(Henry Thomas Buckle)은 1857년에 영국사를 문명사의 시각에서 본격적으로 분석한 『영국 문명사History of Civilization in England』라는 미완의 대작을 발표하면서 진보의 핵심 내용으로서 도덕과 지성을 강조하고, 그 중에도 지성의 영향이 유럽 특히 영국의 문명화에 어떻게 기여했는가를 추적하고 있다.[59] 버클의 영국 문명사는 동아시아에서는 일본에서 1874년에 『명육잡지』와 『민간잡지(民間雜誌)』에 처음 초역되었으며, 1875년에 정부 사업으로 공간되었다.[60]

프랑스와 영국이 자신들의 삶의 진보성과 보편성을 강조하기 위해 civilization이라는 용어를 사용하는 것에 대해서 근대국가 형성에 뒤늦었던 독일은 civilization 대신에 재배한다는 라틴어인 colore에서 유래해서 자연과 대칭되는 Kultur의 개별성을 상대적으로 강조하면서 보편성을 강조하는 civilization과 정면으로 맞서게 된다.[61]

---

58 小澤榮一, "『文明論之槪略』とギゾの文明史" 『日本歷史』 144号 (1960. 6), 加藤周一, 丸山眞男 編 『日本近代思想大系』 15 『歷史思想』 (東京: 岩波書店, 1991), pp. 1-120, 416-420.

59 Henry Thomas Buckle, *History of Civilization in England*, 3 vols (London: Longmans Green, 1868). 버클의 저서 및 연구 문헌에 관해서는 Helen Taylor, ed., *Miscellaneous and Posthumous Works of Henry Thomas Buckle* (London, 1872); Henry Huth, *The Life and Writings of Henry Thomas Buckle* (New York: Appleton, 1880); Giles St. Aubyn, *A Victorian Eminance: The Life and Works of Henry Thomas Buckle* (London: Barrie Book Ltd., 1958); Clement Wood, ed., *Henry Thomas Buckle: History of Civilization in England* (New York: Frederick Ungar Publishing Co., 1964).

60 小澤榮一, "『文明論之槪略』とギゾの文明史" 『日本歷史』 144号 (1960. 6); 加藤周一, 丸山眞男 編 『日本近代思想大系』 15 『歷史思想』 (東京: 岩波書店, 1991), pp. 121-158, 421-423.

61 Norbert Elias, 위의 글

이러한 속에서 후쿠자와 유키치를 대표로 하는 일본의 개명(開明) 지식인들은 기조와 버클의 영향 속에서 자신들의 문명개화관을 형성하고 문명이라는 용어를 사용하기 시작하였다.

VI. 조선 문명화의 좌절

19세기 조선은 근대 서양 세력과의 만남에서 일차적으로는 서양을 문명이 아닌 금수로 부르고 전통적 부국강병의 자기 모색을 시도하게 되나 현실적 한계에 부딪히게 된다. 따라서 저항의 국제정치 대신에 활용의 국제정치를 추진하기 위해 중국형 문명화 모델의 수용을 위한 노력을 시작했으며, 보다 뒤늦게 일본형 문명화 모델에 관심을 가지게 된다.

일본형 문명화 모델에 자극을 받은 개화파 유길준은 조선 최초의 일본과 미국 유학생으로서 조선이 당면하고 있는 국내외 정치 현실의 어려움 속에서 이를 극복하기 위해 전통과 근대를 복합화한 조선형 문명화 모델의 가능성을 모색하였다. 그러나 갑신정변의 실패로 인해, 청국의 영향력이 비정상적으로 커지는 반면에 개화세력은 급격히 약화되었기 때문에, 그는 이러한 노력을 행동이 아닌 『서유견문』이라는 글로 남길 수밖에 없었다. 유길준은 갑오개혁(1894)을 통해서 비로소 조선형 문명화의 실천 기회를 가지게 되었으나, 첫째, 조선이 겪고 있었던 전통과 근대의 갈등, 둘째, 청일 전쟁 이후 청의 영향력 대신 급격하게 커지는 일본의 영향력을 현실적으로 견제하기 어려운 국제적 여건, 셋째, 국내 역량의 효율적 동원 실패, 넷째, 조선형 문명화 모델의 실천 전략적 취약성 등으로 19세기 조선의 문명화 모색은 좌절된다.

그 이후 고종을 중심으로 한 대한제국의 문명화를 위한 마지막 노력이 이루어졌으나, 결국 조선은 20세기 상반기에 종속의 정치 현실로서 일본화의 길을 걷게 되었다. 1945년에 제2차 세계대전의 종전과 함께 일본화의 종속으로부터는 벗어나게 되었으나, 미국과 소련을 중심으로 하는 냉전질서의 형성과 함께, 한반도의 남과 북은 다시 한 번 미국형과 소련형의 문명화 모델을 수용하게 되었다.

한반도가 냉전질서의 어려움을 계속해서 겪고 있는 속에, 세계는 21세기를 앞두고 서서히 냉전의 역사를 벗어나서 탈근대 복합국가들의 부국강병을 넘어선 복합 목표를 새롭게 추구하는 신문명의 가능성을 맞이하고 있다. 따라서 한반도는 19세기 유길준이 꿈꾸었던 전통과 근대의 복합화라는 조선형 문명화의 길을 넘어서서 전통, 근대, 그리고 탈근대의 복합화라는 21세기 한반도형 문명화의 꿈을 새롭게 꾸어야 할 절박한 상황에 놓여 있다.

| 필자 소개 |

박상섭(朴相燮)

Southern Illinois University at Carbondale 정치학과 정치학박사(1982). 서울대학교 외교학과 교수

저서 : 『자본주의 국가론』, 『근대국가와 전쟁』, 『국가와 폭력』

관심 분야 : 한국 고대국가의 성격, 제1차 세계대전

최정운(崔丁云)

University of Chicago 정치학과 정치학박사(1989). 서울대학교 외교학과 교수

저서 : 『지식국가론』, 『오월의 사회과학』

관심 분야 : 한국 근현대 정치사상

박의경(朴義卿)

Rutgers-the State University of New Jersey 정치학박사(1993).

성균관대학교 동아시아학술원 연구조교수

논문 : 「자유 개념에 관한 여성주의적 고찰」, 「민족문화와 정치적 정통성: 루소와 헤르더」,
   「칼빈의 그리스도 정치와 기독교 국가: 기독교적 이상국가를 찾아서」

관심 분야 : 21세기 민족주의 사상, 여성과 정치사상 등 다원사회를 위한 연구

전재성(全在晟)

Northwestern University 정치학과 정치학박사(1997). 서울대학교 외교학과 조교수

논문 : 「현실주의 국제제도론을 위한 시론」, 「19세기 유럽협조체제에 대한 국제제도론적 분석:
   현실주의와 구성주의 제도론의 시각에서」

관심 분야 : 국제정치이론, 유럽국제관계사

이철호(李澈昊)

Ecole des Hautes Etudes en Sciences Sociales 역사와 문명 박사(2000).

부산대학교 국제대학원 조교수

논문 : 「지역의 재등장과 아시아: 동아시아 지역화 논의와 새로운 국제공간으로서의 지역에 대한 성찰」,
「동북아 지역화에 있어서 지방도시의 위상과 역할: 도시네트워크 분석을 위한 시론」
관심 분야 : 국제관계/협력, 중국정치경제

남궁곤(南宮坤)
University of Connecticut 정치학과 정치학박사. 경희대학교 정치외교학과 조교수
논문 : 「동맹규범과 탈냉전기 미일안보체제」, 「미국 고립주의 외교의 사회적 기반」,
「라카토스식 '국가안보 프로그램' 발전을 통해 본 안보 개념의 심화와 확대」
관심 분야 : 동아시아 전통적 국제질서의 현대 국제정치이론적 의의

장인성(張寅性)
도쿄대학 총합문화연구과 학술박사(1995). 서울대학교 외교학과 부교수
저서 : 『장소의 국제정치사상』
논문 : 「'아시아적 가치'와 일본적 정체성」, 「동아시아의 문명과 국제사회」
관심 분야 : 동아시아 국제정치사상, 일본지역연구

조성환(曹成煥)
Ecole des Haules Etudes eu Seieuces Sociales 정치학박사(1989). 경기대학교 정치전문대학원 조교수
논문 : 「중국 근대 민족주의의 이론형성과 정치전략」, 「천안문 사태 이후 중국의 권력변동과 중국
사회주의의 장래」, 「개혁과 성장, 체제이행의 정치경제론 : 중국적 탈사회주의 이행패턴의
분석을 중심으로」
관심 분야 : 동아시아 정치사상, 중국지역연구

김용직(金容稙)
University of North Carolina 정치학과 정치학박사(1992). 성신여자대학교 정치외교학과 교수
저서 : 『한국근현대정치론』
논문 : 「문명전파와 동아시아 근대 이행: 동주와 토인비의 전파론을 중심으로」
관심 분야 : 한국정치외교사, 현대정치사회이론 및 사상

손 열(孫 冽)
The Uniersity of Chicago 정치학박사(1994). 중앙대학교 국제대학원 조교수
저서 : 『일본: 성장과 위기의 정치경제학』
관심 분야 : 일본연구, 통상 · 산업의 정치경제

김수암(金壽岩)
서울대학교 외교학과 정치학박사(2000). 통일연구원 기획조정실 연구기획부장
논문 : 「세계관 충돌과 1880년대 조선의 근대외교제도 수용」, 「탈냉전기 인권과 국제정치적 함의」
관심 분야 : 인권과 국제정치(북한인권)

김현철(金顯哲)
서울대학교 외교학과 정치학박사(1999). 고려대학교 평화연구소 연구조교수
저서 : 『유교와 복지』
논문 : 「개화기 박영효의 자주외교론」, 「청일전쟁시 미국의 대한반도 전략분석」,
　　　「개화기 한국인의 대외인식과 동양 평화구상」
관심 분야 : 근대 한국의 대외인식 및 한-일, 한-미관계

정용화(鄭容和)
서울대학교 외교학과 정치학박사(1998). 연세대학교 국학연구원 연구교수
저서 : 『문명의 정치사상』
논문 : 「문명개화론의 덫」, 「전환기 자주외교의 개념과 조건」
관심 분야 : 탈식민주의, 한국계몽사상 비판

하영선(河英善)
University of Washington 정치학과 정치학박사(1979). 서울대학교 외교학과 교수
저서 : 『21세기평화학』, 『한국외교사 연구』, 『현대국제정치학』
관심 분야 : 국제정치이론, 전쟁과 평화연구, 동북아국제정치사, 탈근대지구정치학

총서간행위원

하영선 / 김태현 / 장인성 / 신욱희 / 남궁곤

국제정치와 한국 1
근대 국제질서와 한반도

초판 제1쇄 인쇄 · 2003년 10월 20일
초판 제1쇄 발행 · 2003년 10월 25일

엮은이 · 국제관계연구회
펴낸이 · 정진숙
펴낸곳 · (주)을유문화사

창립 · 1945. 11. 1
등록번호 · 1-292
등록날짜 · 1950. 11. 1
주소 · 서울특별시 종로구 수송동 46-1
전화 · 734-3515, 733-8151~3
FAX · 732-9154
E-Mail · eulyoo@chollian.net
인터넷 홈페이지 · www.eulyoo.co.kr
ISBN · 89-324-6093-0 94340
　　　　89-324-6092-2(세트)
값 12,000원

* 엮은이와의 협의하에 인지를 붙이지 않습니다.